Business Abbreviated

Abkürzungen Wirtschaftsenglisch

Englisch – Deutsch

Dietmar Schanner

Business Abbreviated

Ein Verzeichnis von über 2.000 Abkürzungen aus dem englischsprachigen Wirtschaftsleben.

Verfasser: Dietmar Schanner, Berlin

Beratung: Dr. Dieter Wessels, Witten-Herbede

Redaktion: James Abram, Salzburg

Redaktionelle Mitarbeit: Ursula Fleischhauer, Hannover

Herstellung: Axel Jens Penner

1. Auflage 1997 ✔
2001 00 99 98 97   Die letzten Zahlen bezeichnen
  5.   4. 3. 2. 1.   Zahl und Jahr des Druckes.

Bestellnummer 24652

© Cornelsen & Oxford University Press GmbH, Berlin 1997

Alle Rechte vorbehalten.
Das Werk und seine Teile sind urheberrechtlich geschützt. Jede Verwertung in anderen als den gesetzlich zugelassenen Fällen bedarf deshalb der schriftlichen Einwilligung des Verlages.

Druck & Weiterverarbeitung: Svoboda, Prag

ISBN 3-8109-2465-2

Vertrieb: Cornelsen Verlag, Berlin

Gedruckt auf chlorfrei gebleichtem Papier ohne Dioxinbelastung der Gewässer.

In memoriam Stefan

Vorwort

Die englische Geschäftssprache hat eine Unmenge von Abkürzungen hervorgebracht. Das Bestreben, Zeit und Platz zu sparen, die Gründung internationaler Vereinigungen und Organisationen und die Einführung neuer Technologien erhöhen diese Zahl täglich. Oft bleibt dem Leser die Bedeutung selbst der ausgeschriebenen Variante verschlossen.

Das vorliegende Abkürzungswörterbuch wurde aus der Not heraus geboren. Aus dem Mangel einer Vielzahl von Wörterbüchern, nur Eins-zu-Eins-Entsprechungen anzubieten ohne auf spezifische Inhalte einzugehen, und wegen der weitverbreiteten „Mode", in Fachpublikationen Abkürzungen ohne jegliche Erklärung zu benutzen.

Wenn das Buch auch keinen Anspruch auf Vollständigkeit erheben kann, so bringt es doch mit den etwa 2700 Einträgen aus allen Bereichen des englischsprachigen Wirtschaftslebens und den dazugehörigen deutschen Erläuterungen eine hinreichende Auswahl für den Praktiker. Hier zu finden sind allgemeine Wirtschaftsausdrücke, Begriffe aus der Betriebs- und Finanzwirtschaft, dem Transportwesen, Außenhandel, aus den Bereichen Börse, Steuern, Versicherungen und Marketing sowie Abkürzungen aus der Europäischen Gemeinschaft, von Organisationen und staatlichen Einrichtungen.

Mit dieser Auswahl richtet sich dieses Buch an alle Berufstätigen im Bereich Außenhandel, an Übersetzer, Hochschullehrer, Studenten, an alle, die sich mit „Business English" beschäftigen und einen Schlüssel zum Verständnis originalsprachiger Wirtschaftstexte benötigen.

Das Buch enthält viele Neologismen der täglichen Wirtschaftspraxis und unterscheidet klar zwischen britischen und amerikanischen Ausdrücken. Im Anhang werden Maße und Gewichte, internationale Währungen und Börsenplätze sowie die Leistungs- und Krediteinschätzungen von Anlagemöglichkeiten vorgestellt. Durch die alphabetische Auflistung aller erklärten Begriffe im Sachregister ist dieses Buch außerdem als handliches Wirtschaftslexikon nutzbar.

Die Erläuterungen sind kurz und knapp gehalten und sollen den Leser in die Lage versetzen, mit einem kurzen Blick zu erfahren, wie und wo die Begriffe einzuordnen sind. Anderssprachige Abkürzungen wurden nur einbezogen, insofern eine Bedeutung für die englische Geschäftssprache nachgewiesen werden konnte.

Der aufrichtige Dank des Verfassers gilt Herrn Dr. Dieter Wessels aus Witten-Herbede für die aufmerksame und kritische Durchsicht des Manuskripts und seiner sowohl inhaltlichen als auch sprachlichen Unterstützung.

Zum Abschluss noch eine Bitte: Die Dynamik der englischen Sprache wird auch in den Abkürzungen ihren Ausdruck finden. Aus diesem Grunde bittet der Verfasser ihm mitzuteilen, welche Begriffe und Definitionen vermisst werden oder zusätzlicher Erläuterungen bedürfen. Ihre Kommentare, Anregungen und Korrekturen sind ausdrücklich erwünscht und werden es ermöglichen, dieses Wörterbuch in Folgeauflagen aktuell und lebendig zu halten.

Dietmar Schanner

Benutzerhinweise

Alle Stichworte sind alphabetisch angeordnet.

Die Schreibung von Abkürzungen ist im Englischen nicht generell geregelt (groß oder klein, mit oder ohne Punkt, Schrägstrich etc.) und kann deshalb entsprechend unterschiedlicher Traditionen, Herkunft oder Dienstverwendung in der Zeichensetzung erhebliche Unterschiede aufweisen.

Aus diesem Grunde folgt die Auflistung nach Streng alphabetischen Prinzipien. Um die Sammlung nicht durch die Aufzählung aller dieser Schreibarten und Möglichkeiten zu überlasten, wurde versucht, die jeweils häufigsten auszuwählen.

Auf jeden Fall empfiehlt es sich, die gesuchte Abkürzung an entsprechender Stelle unter Vernachlässigung der Zeichensetzung (Gedanken- und Schrägstrich, Punkte, &-Zeichen und Sonderzeichen) nachzuschlagen.

Die Zahl der in den Erläuterungen verwendeten Abkürzungen hält sich in Grenzen. Sie orientieren sich an denen im Duden verzeichneten und in der deutschen Rechtschreibung anerkannten Regeln oder werden als Eintrag selbst erklärt. Hier die zusätzlich verwendeten Abkürzungen:

EG	Europäische Gemeinschaft
EU	Europäische Union
Engl.	Englisch
Franz.	Französisch
GB	Großbritannien (in GB gebräuchlich)
Ital.	Italienisch
Lat.	Lateinisch
Pl.	Plural
Syn.	Synonym
US	Vereinigte Staaten von Amerika (in den USA gebräuchlich)
☞	siehe

Inhaltsverzeichnis

Vorwort	4
Benutzerhinweise	5
Inhaltsverzeichnis	6
Abkürzungsverzeichnis	7
Sachregister	135
Anhang	157
Maße und Gewichte	158
Währungen	160
Börsen	161
Credit-Rating	163
Literatur	164

Abkürzungsverzeichnis

Abkürzungsverzeichnis

Aa

A Single A *Sehr gut* Auf internationalen Finanzmärkten übliche standardisierte Kennziffer zur Beurteilung und Einstufung der Bonität eines internationalen Schuldners oder der Güteklasse einer Anlage. **Single A** bezeichnet Schuldner mit sehr guter Bonität. Bei den bekanntesten Rating-Unternehmen Moody's und Standard & Poors reicht die Klassifizierung von AAA bis C oder D.

a. Acre *Morgen* Flächenmaß in GB und USA. 1 **Acre** entspricht etwa 0,404 **ha** (4046,86 m²).

A1 A1 *Allerbeste Qualität* Qualitätseinstufung für Produkte unterschiedlicher Art, Anlagen und Unternehmen. Im Schiffsregister von Lloyd's werden damit Schiffe klassifiziert, die sich in einem ausgezeichneten technischen Zustand befinden.

AA Double A *Ausgezeichnet* Auf internationalen Finanzmärkten übliche standardisierte Kennziffer zur Beurteilung und Einstufung der Bonität eines internationalen Schuldners oder der Güteklasse einer Anlage. **Double A** bezeichnet Schuldner mit ausgezeichneter Bonität. Bei den bekanntesten Rating-Unternehmen Moody's und Standard & Poors reicht die Klassifizierung von AAA bis C oder D.

a.a. Always afloat *Immer flott* Bedingung in Frachtverträgen des Seefrachtgeschäfts (Charterverträge). Der Verfrachter verpflichtet sich, immer eine Kielbreite Wasser unter dem Schiffsrumpf zu halten. Die Schiffe dürfen bei Ebbe nicht auf Grund liegen.

a/a After arrival *Nach Ankunft*

AAA *US:* **American Accounting Association** *Vereinigung amerikanischer Hochschullehrer des Rechnungswesens* Gegründet 1916 mit Sitz in Sarasota, Florida.

AAA *US:* **American Arbitration Association** *Amerikanische Schiedsgerichtsstelle* Sitz in New York. International tätiges Schiedsgericht der US-amerikanischen Handelskammern zur Schlichtung privatrechtlicher Streitigkeiten im Außenhandel.

AAA Triple A *Höchste Qualität* Auf internationalen Finanzmärkten übliche standardisierte Kennziffer zur Beurteilung und Einstufung der Bonität eines internationalen Schuldners oder der Güteklasse einer Anlage. **Triple A** bezeichnet bonitätsmäßig erstklassige Schuldner, die höchste Sicherheiten bieten. Bei den bekanntesten Rating-Unternehmen Moody's und Standard & Poors reicht die Klassifizierung von AAA bis C oder D.

AAA1 Triple A1 *Höchste Qualität, allererste Güte* Höchste Einstufungskategorie für die Kreditwürdigkeit von Unternehmen oder für die Erstklassigkeit eines Produktes oder einer Anlage.

AAD Arab accounting dinar *Arabischer Rechnungsdinar* Verrechnungseinheit. Künstliche Währungseinheit beim Handel unter den Mitgliedstaaten des Arabischen Währungsfonds ☞ **AMF** (Arab Monetary Fund).

AAII *US:* **American Association of Individual Investors** *Amerikanischer Verband privater Investoren* Vereinigung von Privatpersonen, die ihre eigenen Investmententscheidungen treffen und durchsetzen wollen, ohne auf die Dienstleistungen professioneller Beraterfirmen zurückgreifen zu müssen. Über Bildungsprogramme und Kurse sollen die Mitglieder zur effektiven Anlage ihrer Vermögenswerte befähigt werden.

AAR Against all risks *Alle Gefahren* Volle Deckung. Deckung A. Englische Seetransportversicherungsklausel. Auch: Institute Cargo All Risks ☞ **ICC** (Institute Cargo Clauses). Schiff und Fracht sind gegen fast alle Risiken versichert: Havarie-, See- und Süßwasserschäden und Diebstahl. Schäden durch Transportverzögerungen sind nicht gedeckt. Der Versicherungsschutz entspricht etwa der deutschen vollen Deckung, ohne Sonderrisiken. Die Güter sind transportsicher und nicht handelsüblich zu verpacken. Syn.: **A/R** (All risks)

AARP *US:* **American Association of Retired Persons** *Amerikanischer Verband der Pensionäre* Interessenvertretung der amerikanischen Rentenempfänger. Die Organisation wacht über die Einhaltung der von der Regierung gemachten Versprechen bezüglich der Renten und des Rentenalters.

AB Alberta *Alberta* Provinz in Kanada.

a/b Airborne *Per Luft* Beförderung von Personen, Post und Fracht mit Luftfahrzeugen. Die Beförderungsleistung kann als regelmäßiger flugplanmäßiger Linienverkehr oder als Gelegenheitsverkehr (Charterverkehr) stattfinden.

ABA *US:* **American Bankers Association** *Vereinigung amerikanischer Banken* Die Vereinigung setzt sich für die qualifizierte Aus- und Weiterbildung des Bankpersonals ein und erarbeitet Vorschläge für Verbesserungen in der Bankgesetzgebung und der Kundenbetreuung. Ihr gehören fast alle nationalen Banken an.

abb./abbrev. Abbreviation *Abkürzung*

ABC

ABC Audit Bureau of Circulations *Auflagenüberwachungsstelle* Informationsbüro zur Feststellung der Verbreitung von Werbeträgern. Unabhängige, gemeinnützige Organisation von Werbefachleuten und -agenturen sowie Herausgebern von Printmedien zur Sammlung, Auswertung und Veröffentlichung der Verkaufszahlen von Zeitungen und Zeitschriften. Die Zahlen bilden die Grundlage für die Anzeigenpreise in den einzelnen Publikationen.

ABC Argentina, Brasil, Chile (countries) *ABC-Staaten* Argentinien, Brasilien, Chile. Staatengruppe in Südamerika.

ABCC *GB:* Association of British Chambers of Commerce *Verband der Britischen Handelskammern* Dachorganisation der regionalen britischen Handelskammern. Er fördert die Zusammenarbeit zwischen den Kammern und ist Interessenvertreter der gewerblichen Wirtschaft gegenüber der Regierung und der Gesetzgebung.

ABECOR Associated Banks' of Europe Corporation *Kooperationsunternehmen europäischer Bankpartner* Vereinigung europäischer Großbanken als Partnerinstitute, um grenzüberschreitende Dienstleistungen im Finanz- und Kreditbereich anzubieten und eine intensivere Zusammenarbeit in Drittländern durchzuführen.

ABEDA Arab Bank for Economic Development in Africa *Arabische Bank für wirtschaftliche Entwicklung in Afrika* Einrichtung der Arabischen Liga zur technischen und finanziellen Unterstützung von nichtarabischen Ländern in Afrika. 1976 mit der ☞ **SAAFA** (Special Arab Assistance Fund for Africa) fusioniert.

ABI *US:* American Business Initiative *Amerikanische Handelsinitiative* Programm der US-Regierung, um die Handelsbeziehungen kleinerer und mittlerer Unternehmen in den USA mit dem Ausland zu fördern.

abr. Abridgement *Kurzfassung* Gekürzte Fassung eines Buches oder eines Textes.

ABS *US:* American Bureau of Shipping *Amt für Schiffsklassifikation, Schiffsregister* Amtliche Einrichtung in den USA zur Überwachung, Klassifizierung und Registrierung von Schiffen. Ähnlich Lloyd's Schiffsregister in Großbritannien.

abs. Absent *Abwesend, nicht anwesend*

abs. Absolute *Absolut, als Ganzes*

abt About *Über, etwa, ungefähr* Auch Telexabkürzung.

ABWA American Business Women's Association *Vereinigung amerikanischer Geschäftsfrauen* Der 1949 gegründeten Vereinigung gehören mehr als 2000 lokale Gruppen an. Zu den Mitgliedern gehören Selbständige, Frauen in der Unternehmensführung und Akademikerinnen. Die Organisation präsentiert jährlich die Top Ten Business Women, die zehn erfolgreichsten Geschäftsfrauen.

abv Above *Oben (im Text)* Telexabkürzung.

AC Assessment center *Eignungsuntersuchung* Ein- oder mehrtägiges Seminar mit etwa zehn Mitarbeitern oder Bewerbern, die von Führungskräften und Personalfachleuten in Rollenübungen und Fallstudien beobachtet und beurteilt werden. Die Übungen sind charakteristisch für zukünftige Arbeitssituationen und Aufgabenfelder und sollen Personalentscheidungen erleichtern.

A/C Account current *a) Kontokorrentbuch* Der Nachweis und die Aufzeichnung in der betrieblichen Rechnungsführung des gesamten, nach einzelnen Kunden und Lieferanten geordneten Kreditverkehrs. Die Aufzeichnungen geben über Forderungen und Verbindlichkeiten des Unternehmens Auskunft. *b) Kontokorrentkonto* Konto zur Einräumung kurzfristiger Kredite. Ein Kontokorrentkredit entsteht, wenn der Kontoinhaber über ein Konto auch dann noch bis zu einer festgelegten Obergrenze verfügen kann, wenn das Guthaben zur Bezahlung von Verbindlichkeiten nicht ausreicht.

a/c Account *Konto* Allgemeiner banktechnischer Begriff. Auch Telexabkürzung. Syn.: **acc.** (Account)

ACA *GB:* Associate of the Institute of Chartered Accountants in England and Wales *Mitglied des Interessenverbandes der Wirtschaftsprüfer von England und Wales* ☞ **ICAEW** (Institute of Chartered Accountants in England and Wales) Die Abkürzung wird hinter dem Namen des Mitglieds geführt.

ACAS *GB:* Advisory, Conciliation and Arbitration Service *Beratungs-, Schlichtungs- und Schiedsgerichtsstelle* Vom britischen Parlament eingerichtete Beratungs- und Schiedsstelle, die bei Tarifverhandlungen zwischen Gewerkschaften und Unternehmen tätig werden kann. Die Stelle wird bei erfolglosen Tarifverhandlungen und bei Streitigkeiten zwischen den Tarifparteien angerufen.

acc. Account *Konto* Allgemeiner banktechnischer Begriff. Syn.: **a/c** (Account)

acc. Acceptance *Akzept* Akzeptierter Wechsel. Schriftliche Annahmeerklärung zu einem Wechsel. Der Akzeptant/Bezogene verpflichtet sich durch seine Unterschrift, eine bestimmte Geldsumme zu zahlen. Erst das Akzept verpflichtet zur Zahlung.

acc(ly) According(ly) *Entsprechend* Telexabkürzung.

ACCA *GB:* Association of Certified and Corporate Accountants *Verband der Abschlussprüfer*

Die Abschlussprüfer nehmen die gesetzlich vorgeschriebene Prüfung des Jahresabschlusses von Unternehmen vor. Voraussetzung für eine Mitgliedschaft im Verband ist eine hohe fachliche Qualifikation, die in einem Wirtschaftsprüferexamen nachgewiesen werden muss. Die Abkürzung wird hinter dem Namen des Mitglieds geführt.

accptbl Acceptable *Annehmbar, akzeptierbar* Telexabkürzung.

ACE *US:* **AMEX Commodities Exchange** *Warenbörse der Amerikanischen Wertpapierbörse* ☞ **AMEX** (American Stock Exchange) *in New York*

ACE AIBD, CEDEL, EUROCLEAR system *ACE-System* Technisches System zur Rationalisierung des Wertpapiergeschäftes an den internationalen Kapitalmärkten. Das 1987 geschaffene System soll den Abwicklungsabteilungen der Banken und den Investmenthäusern einen Teil des entstehenden Verwaltungsaufwandes beim Ausstellen und Prüfen von Bestätigungsfernschreiben abnehmen. Die Abkürzung setzt sich aus den beteiligten Vereinigungen zusammen: ☞ **AIBD** (Association of International Bond Dealers), ☞ **CEDEL** (Centrale de Livraison de Valeurs Mobilières) und **EUROCLEAR.**

ACI *Franz.:* **Association Cambiste Internationale** *Internationale Vereinigung der Devisenhändler* Die Organisation mit Sitz in Paris will das Ansehen des Berufsstandes fördern und bietet berufliche Anregungen und Weiterbildungsmöglichkeiten. Die Mitglieder sind auf nationaler Ebene in den ☞ **FOREX** -Clubs (Foreign Exchange Clubs) organisiert.

ack'd Acknowledged *Anerkannt* Information an den Absender eines Briefes, Pakets o.Ä., dass die Sendung den Adressaten erreicht hat.

ACORN *GB:* **A classification of residential neighbourhoods** *Einteilung nach Wohngegend* Marketingschema, bei der die Bevölkerung nach ihrer Wohngegend klassifiziert wird (z. B.: reiche Vororte in Städten, von der Landwirtschaft dominiertes Dorf usw.) Der Klassifizierung liegt die Idee zugrunde, dass sich in einer Wohngegend spezifische Kaufgewohnheiten und -präferenzen ihrer Bewohner beobachten lassen.

ACP African, Caribbean and Pacific (states) *AKP-Staaten* Staaten Afrikas, der Karibik und des pazifischen Raums. Gruppe von Entwicklungsländern, die mit der Konvention von Lomé, 1975, mit der EU verbunden sind und besondere Hilfe von den EU-Staaten erwarten können.

ACRS Accelerated Cost Recovery System *Modell der erhöhten vorzeitigen Abschreibung* Mittel staatlicher Investitionsförderung, unter bestimmten Voraussetzungen höhere oder kürzere Abschreiberaten auf Maschinen und Ausrüstungen zu gestatten als sonst üblich.

ACT *GB:* **Advanced Corporation Tax** *Vorausgezahlte Körperschaftssteuer* Auf Dividenden oder zu erwartende Gewinne aus Kapitalgesellschaften und gewerblichen Betrieben ist die Körperschaftssteuer im Voraus zu entrichten.

ACV *US:* **Air cushion vehicle** *Luftkissenboot* Transportmittel.

ad Advertisement *(Werbe-)Anzeige, Annonce, Inserat* Werbemittel. Werbliche Mitteilung in Printmedien.

a/d After date *Dato nach heute* Festlegung des Termins der Fälligkeit eines Wechsels. Der Schuldner muss sofort nach dem auf dem Wechsel genannten Termin die Leistung erbringen.

A-D Advance-decline *Aufwärts-Abwärts-Index* Grafische Darstellung des Kursanstiegs oder Rückgangs eines oder mehrerer Wertpapiere. Die Darstellung veranschaulicht die Gesamttendenz eines Papiers oder Marktes.

ADA *US:* **Americans with Disabilities Act** *Gesetz über die Gleichstellung und Förderung von Behinderten am Arbeitsplatz und in der Ausbildung*

ADAB Australian Development Assistance Bureau *Amt für Entwicklungshilfe Australiens* Die Einrichtung koordiniert die Finanzierung von Entwicklungsprojekten in Australien und Ozeanien.

ADB African Development Bank *Afrikanische Entwicklungsbank* Gegründet 1963 mit Sitz in der Elfenbeinküste. Das internationale Finanzierungsinstitut gewährt Kredite und technische Hilfe für Entwicklungsprojekte in Afrika insbesondere in den Mitgliedsländern. Gefördert werden Projekte privater und öffentlicher Investoren. Mitglieder sind neben unabhängigen afrikanischen Staaten auch Industrieländer. Syn.: **AfDB** (African Development Bank)

ADB Asian Development Bank *Asiatische Entwicklungsbank* Gegründet 1965 mit Sitz in Manila (Philippinen). Finanzierung und technische Unterstützung von Regierungen oder Privatunternehmen bei Entwicklungsprojekten im asiatischen oder südpazifischen Raum. Mitglieder sind eine große Anzahl von Regierungen dieser Region. Syn.: **AsDB** (Asian Development Bank)

ADF African Development Fund *Afrikanischer Entwicklungsfonds* Von der Afrikanischen Entwicklungsbank und ☞ **AfDB** (African Development Bank) und verschiedenen nichtafrikanischen Ländern eingerichteter Fonds, der vor allem den ärmsten Staaten Afrikas zinsgünstige Darlehen gewährt.

ADF Asian Development Fund *Asiatischer Entwicklungsfonds* Von der Asiatischen Entwick-

adm.

lungsbank ☞ **ADB** (Asian Development Bank) eingerichteter Fonds, der über Mitgliedsbeiträge finanziert wird, und aus dem kostengünstige Kredite für Entwicklungsprojekte zur Verfügung gestellt werden können.

adm. *Admitted Einverstanden, akzeptiert, richtig, anerkannt*

adman *Advertising manager Werbeleiter, Werbemanager* Leitender Angestellter eines Unternehmens oder einer Organisation mit der Verantwortung, Werbepläne zu entwickeln, zu überarbeiten und in die Tat umzusetzen.

Admin. *US:* **Administration** *Administration* Umschreibung für die US-Regierung, oft im Zusammenhang mit dem Namen des amtierenden Präsidenten gebraucht.

admin. *Administration Verwaltung* Die Abkürzung wird meist umgangssprachlich gebraucht.

ADP **Automatic data processing** *Automatische Datenverarbeitung* Jede maschinelle Verarbeitung von Daten mit elektronischen Datenverarbeitungsgeräten (Computer). Syn.: **EDP** (Electronic data processing)

ADR **European Agreement Concerning the International Carriage of Dangerous Goods by Road** *Europäisches Übereinkommen über die internationale Beförderung gefährlicher Güter auf der Straße* Das Übereinkommen regelt die Verantwortlichkeiten bei Gefahrguttransporten auf der Straße. Ein Verlader darf dem Beförderer nur zugelassenes Gefahrgut überlassen und hat es entsprechend zu deklarieren.

ADR *US:* **American depositary receipt** *Amerikanischer Depotschein, Hinterlegungsschein* Einlagenzertifikat amerikanischer Banken. Eine von einer US-amerikanischen Bank herausgegebene Urkunde, die dem Besitzer einen Anteil an ausländischen Einlagen/Aktien bescheinigt, die im Besitz der Bank sind. Die Zertifikate werden zwecks Erleichterung und Beschleunigung des Handels anstelle der Aktien gehandelt.

ADR(S) *US:* **Asset depreciation range system** *Vermögensabschreibungsmodell* Das Modell regelt die vom US-Finanzamt ☞ **IRS** (Internal Revenue Service) vorgegebenen Abschreibungszeiten für eine Reihe von Vermögenswerten. Die vollständige Abschreibung soll über die gesamte geschäftliche Nutzungsdauer der Vermögenswerte erfolgen.

ADS *US:* **Alternative depreciation system** *Alternatives Abschreibungsmodell* Die Möglichkeit, Vermögenswerte über einen längeren Zeitraum linear abschreiben zu können. Das Modell wird vorzugsweise bei der Behandlung von ausländischen Vermögen, Luxusautomobilen und bei der steuerfreien Nutzung von Immobilien verwendet.

ADST *GB:* **Approved deferred share trust** *Anerkannter Treuhandfonds für Nachbezugsaktien* Treuhandfonds eines Unternehmens, der den dort beschäftigten Mitarbeitern einen Steuervorteil bringt, wenn sie Aktien des eigenen Unternehmens erwerben. Dabei kauft das Unternehmen für die Mitarbeiter Aktien und überträgt sie dem Fonds. Eine steuerliche Belastung fällt erst bei Verkauf an und ist umso geringer, je länger die Aktie gehalten wird.

adv *Advice Ratschlag, Hinweis* Telexabkürzung.

ad. val. *Lat.:* **Ad valorem** *Wertgemäß* Wertsteuer oder Abgabe, die als prozentualer Anteil des Wertes einer Ware erhoben wird. Syn.: **a.v** (Ad valorem)

advnce *Advance Im Voraus* Telexabkürzung. Meist in Zusammensetzungen wie: in advance (im Voraus).

AE *AE Minderwertig* Klassifizierung des Alters, der Bauweise und des Zustands eines Schiffes durch Lloyd's Schiffsregister. Das so gekennzeichnete Schiff ist minderer Qualität. Das Versicherungsrisiko dieser Schiffe und ihrer Ladung ist entsprechend höher.

AEA **Association of European Airlines** *Verband der europäischen Luftverkehrsgesellschaften* Zusammenschluss namhafter europäischer Luftverkehrsgesellschaften für die Bereitstellung von Daten und Analysen über den europäischen Luftverkehr. Der Verband nimmt die Funktion einer politische Interessenvertretung gegenüber den EU-Gremien und internationalen Luftverkehrsverbänden wahr.

AEEU *GB:* **Amalgamated Engineering and Electricians Union** *Gewerkschaft der Beschäftigten im Maschinenbau und der Elektroindustrie* Mitglieder sind Elektriker, Gas- und Wasserinstallateure sowie Ingenieure und Verwaltungsangestellte aus den Bereichen Maschinenbau, Bau und Telekommunikation. Die Gewerkschaft ist Mitglied im Gewerkschaftsdachverband ☞ **TUC** (The Trades Union Congress).

AEL **After event letter** *Nachfassbrief* Werbemittel. Ein Empfänger erhält einige Tage, Wochen oder Monate nach Erhalt der Hauptwerbebotschaft einen Nachfassbrief, der das Interesse am umworbenen Produkt noch einmal bestärken und einen Kaufentschluss hervorrufen soll.

AET *US:* **Accumulated earnings tax** *Akkumulierte Ertragssteuer* In den USA erhobene Zusatzsteuer auf einbehaltene Gewinne von US-Tochterunternehmen im Ausland. Der Steuersatz des Mutterunternehmens wird dadurch angehoben.

A/F **August und February** *August und Februar* Auszahlungstermin für Anleihen oder Aktien mit halbjährlicher Zins- oder Dividendenauszahlung.

AfDB

AFBD *GB:* **Association of Futures Brokers and Dealers** *Verband der Broker und Händler im Terminhandel* Selbstverwaltungseinrichtung für die an den Terminkontrakt- und Optionsmärkten tätigen Broker und Institute. Die Organisation gehört zu den ☞ **SROs** (Self-regulatory organizations) und versteht sich als ein Überwachungsorgan für das geschäftsmäßige Betreiben von Kapitalanlagegeschäften am britischen Wertpapiermarkt. Zu den Aufgaben des Verbandes zählt weiterhin die Förderung des Berufsstandes und die Klärung aktueller Probleme des Terminhandels.

AfDB African Development Bank *Afrikanische Entwicklungsbank* ☞ **ADB** (African Development Bank)

AFESD Arab Fund for Economic and Social Development *Arabischer Fonds für wirtschaftliche und soziale Entwicklung* Fonds zur Finanzierung von Entwicklungsprojekten in 16 arabischen Staaten.

AFL/CIO *US:* **American Federation of Labor and Congress of Industrial Organizations** *Amerikanischer Gewerkschaftsdachverband* 1955 aus einer Reihe von Einzelgewerkschaften entstanden.

aflt. Afloat *Schwimmend, an Bord, umlaufend* Unterwegs befindliche Ware, schwimmende Ware.

AFR Accident frequency rate *Unfallhäufigkeit* Anzahl der tödlichen Betriebsunfälle oder solcher mit schweren Verletzungen innerhalb eines Jahres. Die Zahl gibt die Unfallhäufigkeit pro 1 Million Arbeitsstunden an.

AFRASEC Afro-Asian Organization for Economic Cooperation *Afro-Asiatische Organisation für wirtschaftliche Zusammenarbeit* Gegründet 1960 mit Sitz in Kairo. Die Organisation soll die regionale und bereichsspezifische Zusammenarbeit der etwa 45 Mitgliedsländer vor allem im wirtschaftlichen Bereich unterstützen.

afsd. Aforesaid *Vorgenannt, vorher erklärt*

aft. After *Nach*

ag. Agent *Vertreter* a) Handelsvertreter. Selbständiger Gewerbetreibender, der für ein anderes Unternehmen oder eine andere Person Geschäfte vermittelt oder in dessen/deren Namen abschließt. Die Beziehungen zwischen den beiden sind in der Regel durch einen Vertrag geregelt. b) Verwaltungs- und Zahlstelle. Eine Bank, die an internationalen Finanzmärkten wesentliche Aufgaben der Kreditabwicklung übernimmt und als Verbindungsstelle zwischen Kreditnehmer und den Mitgliedern des Bankenkonsortiums tätig wird. Syn.: **agt.** (Agent)

agcy. Agency *Agentur, Vertretung* Vertragshandlung oder Handelsvertretung.

agd. Agreed *Zugestimmt, abgesprochen* Telexabkürzung.

AGI Adjusted gross income *Bereinigtes Bruttoeinkommen* Das zu versteuernde Einkommen vermindert um Freibeträge oder sonstige vom Einkommen abzuziehende Beträge und Belastungen.

AGM(S) Annual general meeting(s) (of shareholders) *Ordentliche Jahreshauptversammlung(en)* Jährliche Zusammenkunft von Aktionären und Unternehmensleitung (Vorstand und Aufsichtsrat) zur Beschlussfassung über die Gewinnverwendung und zur Entgegennahme des Jahresberichtes der Gesellschaft. Auch: Hauptversammlung von Vereinen, Organisationen und Klubs.

agn Again *Noch einmal, wieder* Telexabkürzung.

agt. Agent *Vertreter* a) Handelsvertreter. b) Verwaltungs- und Zahlstelle. ☞ **ag.** (Agent)

AGW Atlantic, Gulf, West Indies (warranty) *Atlantik, Golf von Mexiko, Westindische Inseln* Bedingung in Seeversicherungspolicen. Die Versicherung ist auf Schiffsbewegungen im Gebiet der Atlantikküste von Nord-, Mittel- und Südamerika bis hin nach Surinam begrenzt.

a.g.w. Actual gross weight *Effektives Bruttogewicht* Das tatsächliche Gewicht einer Ware einschließlich Verpackung.

AHC *GB:* **Accepting Houses Committee** *Akzeptbankenausschuss* Eine Gruppe der wichtigsten Londoner Akzept- und Handelsbanken, deren Mitglieder höchstes Ansehen genießen. Auf diese Banken gezogene Wechsel können zu günstigen Sätzen diskontiert werden.

AHP *US:* **Aetna Health Plan** *Aetna-Gesundheitsprogramm* Staatlich gefördertes Programm zur Einführung einer Pflichtmitgliedschaft aller Arbeitnehmer in einer Krankenkasse mit der Absicherung der Basisversorgung.

A.I. Artificial intelligence *Künstliche Intelligenz* Forschungsgebiet der Informatik. Ziel ist die Erstellung „intelligenter" Computersysteme und die Erforschung „intelligenter" Problemlösungsverhalten. Es wird angestrebt, die Computer solche Aufgaben lösen zu lassen, die auch beim Menschen Intelligenz erfordern würden.

AIA Average-issue audience *Durchschnittliche Leserzahl* Die geschätzte Anzahl von Lesern einer Zeitung oder Zeitschrift. Die Anzahl wird durch die ☞ **TTB** -Methode (Through-the-book method), die Wiedererkennungsmethode (Wiedererkennung einer Werbeanzeige), die Lesehäufigkeit oder durch die Kombination dieser Methoden ermittelt. Die Zahl hat in der Werbebranche Einfluss auf die Anzeigenpreise. Syn.: **AIR** (Average-issue readership)

AICPA

AIBD Association of International Bond Dealers *Verband international tätiger Händler von Schuldverschreibungen* Vereinigung von Emissionsbanken und Händlern, die im Anleihegeschäft tätig sind. Die berufsständische Organisation umfasst zur Zeit Mitglieder aus etwa 30 Ländern und befasst sich bevorzugt mit Fragen der Handels- und Emissionspraktiken an den Euromärkten. Der Verband unterhält Sekretariate in Zürich und London.

AICPA *US:* **American Institute of Certified Public Accountants** *Interessenverband der amerikanischen Wirtschaftsprüfer* In den USA sind detaillierte, gesetzliche Regelungen zur Rechnungslegungspflicht weitgehend unbekannt. Der Verband erarbeitet Regelungen zur Rechnungslegung und Prüfungsgrundsätze, die allgemein anerkannt und eingehalten werden.

AID *US:* **Agency for International Development** *Amt für internationale Entwicklung* US-Behörde zur Unterstützung von Projekten in Entwicklungsländern. Das Amt ist für die Auslandshilfe verantwortlich und untersteht dem Außenministerium.

AIDA **Attention, interest, desire, action (model)** *AIDA-Modell; Aufmerksamkeit, Interesse, Kaufwunsch, Kauf* Marketing-Stufenmodell zur Bestimmung der Werbewirksamkeit eines Produktes. Es soll helfen, den Verarbeitungsprozess von Werbeinformationen beim Verbraucher darzustellen. Das Modell beschreibt die einzelnen Stufen, auf denen das Verhalten des Konsumenten beeinflusst werden muss. Die Kette bedeutet: Aufmerksamkeit wecken, Interesse für das Angebot erzeugen, den Besitz- oder Kaufwunsch bestärken, den Kauf vollziehen.

AIDPA **Attention, interest, desire, proof, action** *AIDPA-Modell Aufmerksamkeit, Interesse, Beweis, Kaufwunsch, Kauf* Stufenmodell im Marketing zur Bestimmung der Werbewirksamkeit eines Produktes. Es soll helfen, den Verarbeitungsprozess von Werbeinformationen zu veranschaulichen. Das Modell beschreibt die Stufen, auf denen das Verhalten des Konsumenten beeinflusst werden muss. Es ist eine Weiterentwicklung des ☞ **AIDA** -Modells (Attention, interest, desire, action), bei dem die Beweise für aufgestellte Behauptungen, Vorteile und Nutzen aufgeführt werden.

AIIM *US:* **Annualized income installment method** *Modell von Abschlagszahlungen auf die Einkommensteuer* Verfahren zur Festsetzung der Einkommensteuer. Wenn die Einkünfte eines Steuerzahlers über das Jahr unterschiedlich hoch ausfallen, brauchen für einen gewissen Zeitraum auf Antrag nur Abschlagszahlungen vorgenommen werden.

AIM *US:* **American Institute of Management** *Forschungs- und Weiterbildungsorganisation für Führungskräfte*

AIME *US:* **Average Indexed Monthly Earnings** *Durchschnittliches Monatseinkommen* Eine Formel zur Beitragsfestsetzung nach dem Sozialversicherungsgesetz ☞ **SSA** (Social Security Act). Sie gründet sich auf das Einkommen, das ein Steuerpflichtiger während seiner Beitragszeit zur Sozialversicherung angegeben hat.

AIR **Average-issue readership** *Durchschnittliche Leserzahl* Die geschätzte Anzahl von Lesern einer Zeitung oder Zeitschrift. ☞ **AIA** (Average-issue audience)

AL oder Ala. **Alabama** *Alabama* Bundesstaat der USA.

Alas. **Alaska** *Alaska* Bundesstaat der USA. Syn.: **AK** (Alaska)

A.J.O.J. **April, July, October and January** *April, Juli, Oktober und Januar* Auszahlungstermine für Anleihen mit vierteljährlicher Zinszahlung. Die Zinsen oder Dividenden werden in der Regel jeweils zum 1. des Monats fällig.

ALGOL **Algorithmic language** *ALGOL* Computer-Programmiersprache insbesondere für mathematisch-naturwissenschaftliche Aufgabenstellungen.

AK **Alaska** *Alaska* Bundesstaat der USA. Syn.: **Alas.** (Alaska)

A licence *GB:* **A licence** *A-Lizenz* Staatliche Genehmigung im gewerblichen Güterkraftverkehr. Der Frachtführer darf gewerbsmäßig Güter im Fremdverkehr für andere Parteien transportieren.

alt. **Altitude** *Höhe*

AM **Associate member** *Außerordentliches oder assoziiertes Mitglied*

AM **Assistant manager** *Stellvertretender Leiter* Angestellter eines Unternehmens, der die Arbeit seines Vorgesetzten in dessen Verantwortungsbereich unterstützt.

A/M **Airmail** *Luftpost*

a.m. *Lat.:* **Ante meridiem** *Vormittags* Zusatz zu Zeitangaben in den Ländern, in denen keine 24-Stunden-Angabe erfolgt. Sie bezieht sich auf die ersten 12 Stunden des Tages.

a/m **Above-mentioned** *Oben erwähnt*

AMA *US:* **American Medical Association** *Amerikanischer Ärzteverband*

AMA **Asset management account** *Anlagekonto, Konto zur Vermögensverwaltung* Meist separat geführtes Konto für Kapitalanlagen aller Art bei einer Bank, Sparkasse oder Brokerfirma, mit dem sämtliche banküblichen Dienstleistungen in Anspruch genommen und Sicherheiten aufgekauft oder Kredite gewährt werden können.

AMA *US:* **American Management Association**

Verband von Führungskräften aus Industrie, Handel und Regierung Ziel der Organisation ist es, Kenntnisse und Fähigkeiten in der Unternehmensführung zu verbessern.

AMC *GB:* **Agricultural Mortgage Corporation Ltd** *Agrarhypothekengesellschaft* Staatlich gestützte Einrichtung für England und Wales zur Vergabe von Langzeitkrediten an Bauern, die hypothekarisch abgesichert werden.

AMEX American Stock Exchange *Amerikanische Börse* Zweitgrößte Wertpapierbörse der USA mit Sitz in New York. An ihr werden vorwiegend Wertpapiere von kleinen und mittelgroßen Unternehmen gehandelt, die nicht an der ☞ **NYSE** (New York Stock Exchange) zugelassen sind. Syn.: **AMSE** oder **ASE** (American Stock Exchange).

AMF Arab Monetary Fund *Arabischer Währungsfonds* Institution der Arabischen Liga zur Förderung der finanziellen Unabhängigkeit ihrer Mitgliedsländer und zur Unterstützung von Entwicklungsprojekten in der Region.

AMSE American Stock Exchange *Amerikanische Wertpapierbörse* ☞ **AMEX** oder **ASE** (American Stock Exchange).

AMT *US:* **Alternative minimum tax** *Ersatzweise erhobene Mindeststeuer* Eine Steuer an Stelle der Einkommensteuer, wenn der Steuerpflichtige spezielle vom Gesetzgeber festgelegte Bedingungen erfüllt, und sich die reguläre Einkommensteuer durch Abzug von Freibeträgen u.Ä. unterhalb einer bestimmten Grenze bewegt.

AMT Advanced manufacturing technology *Moderne Produktionstechniken* Die Umwandlung und Einführung modernster wissenschaftlicher Erkenntnisse in Verfahren und Prozesse und wirtschaftlich nutzbare Produktionssysteme unter Einsatz der Informationstechnik.

amt. Amount *Menge*

a.m.t. Airmail transfer *Luftpostüberweisung* Internationale Geldüberweisung.

anch. Anchored *Vor Anker gegangen* In Verbindung mit der Angabe eines Hafens die Meldung über eine aktuelle Schiffsposition.

ANSI *US:* **American National Standards Institute** *Normenausschuss der USA* Sitz in New York. Nachfolger der ☞ **ASA** (American Standards Association). Der Ausschuss ist für die einheitliche Festlegung von Begriffen, Kennzeichen, Verfahren, Messtechniken und materialspezifischen Eigenschaften verantwortlich.

AO All ordinaries (index) *Sämtliche Stammaktien* Index aller Stammaktien an der Australischen Börse.

A/O April and October *April und Oktober* Auszahlungstermin für Anleihen mit halbjährlicher Zinsauszahlung. Die Zinsen oder Dividenden sind in der Regel am 1. April und 1. Oktober fällig.

a/o Account of *Rechnung über oder von; auf Rechnung von; zur Kenntnisnahme von* Verweis auf eine oder mehrere Personen, die von einem Schriftstück, in der Regel einer Rechnung, Kenntnis nehmen sollen. z. B.: **a/o** Mr. Green.

a.o.b. Any other business *Verschiedenes* Der letzte Tagesordnungspunkt einer Sitzung. Hier können die bis dahin noch nicht behandelten Themen und Probleme angesprochen werden. Die Punkte werden erst zu Beginn der Sitzung festgelegt.

a/or And/or *Und/oder, sowie*

ap. Apothecaries' (weight) *Apothekergewicht* Alte Gewichtseinheit, örtlich verschieden, die erheblich vom metrischen System abweicht. Es werden grains (**gr.**), scruples (**s.**), drams (dr.), ounces (oz.) und pounds (lb) verwendet. Die Abkürzung erscheint in Kombination mit der Maßeinheit, wenn Verwechslungen zu anderen Systemen wie den Avoirdupoisgewichten und -maßen möglich sein können. z. B.: 1 **oz. ap.** (ounce apothecaries).

A.P. Additional premium *Zusatzprämie* Zusätzliche Prämie für eine Versicherung zur Deckung einer besonderen Gefahr oder eines erhöhten Risikos.

A.P. Account purchases *Einkaufskonto* Abrechnung eines Kommissionsgeschäftes, bei dem der Kommissionär mit dem Einkauf von Waren oder Wertpapieren beauftragt wird. Der Kommissionär eröffnet ein Konto, auf dem die Einkaufsrechnung, Spesen und Provision dargestellt werden.

A&P Advertising and promotion *Werbung und Absatzförderung* Alle Werbemittel zur Förderung des Bekanntheitsgrades eines Produkts und zur Absatzsteigerung.

APB *US:* **Accounting Principles Board** *Ausschuss zur Festlegung von Rechnungslegungsgrundsätzen* Gegründet 1959 vom Interessenverband der amerikanischen Wirtschaftsprüfer ☞ **AICPA** (American Institute of Certified Public Accountants) zur Festlegung von Rechnungslegungsgrundsätzen für Unternehmen, deren Anteilspapiere am amerikanischen Wertpapiermarkt gehandelt werden. Die Aufgaben des Ausschusses hat seit 1973 das ☞ **FASB** (Financial Accounting Standards Board) übernommen.

APC Advanced postcard *Ankündigungskarte* Werbemittel. Die Ankündigungskarte kündigt dem Empfänger für die nächsten Tage ein Angebot, ein Mailing oder einen Telefonanruf an. Die Methode soll beim Empfänger eine besondere Erwartungshaltung bezüglich des kommenden Angebots hervorrufen.

APEX

APCS *GB:* **Association for Payment Clearing Services** *Verband der Zahlungsverrechnungsstellen* Einrichtung der wichtigsten Banken und Kreditinstitute zur Steuerung, Abwicklung und Verrechnung aller Zahlungs- und Verrechnungsvorgänge untereinander.

APEX *GB:* **Association of Professional, Executive, Clerical and Computer Staff** *Gewerkschaft öffentlicher Dienst*

APEX Advance-purchase excursion (ticket) *Exkursionsticket* Reiseticket im Vorverkauf. Sondertarif im Luftverkehr. Reservierung, Flugscheinausstellung und Bezahlung für die gesamte Reise müssen je nach Gebiet zwischen sieben Tagen und drei Wochen vor Reiseantritt abgeschlossen sein. Reservierungsänderungen sind in der Regel nur bis zu diesem Termin und gegen Bezahlung einer Gebühr möglich.

APL A programming language *APL* Computer-Programmiersprache für vorzugsweise technische und kommerzielle Aufgabenstellungen. Die Sprache basiert auf einem eigenen Zeichensatz und wird über eine spezielle Tastatur eingegeben.

app. **Appendix** *Anhang, Zusatz* Anhang insbesondere bei Verträgen und Dokumenten.

appr. **Approximately** *Ungefähr, etwa*

appro. **Approval** *Zustimmung, Bestätigung*

apps. **Appendices** *Anhänge, Zusätze*

APR Annual(ized) percentage rate (of interest) *Effektiver Jahreszins* Effektiver Jahreszins oder -ertrag einer Anleihe in Prozenten. Er stimmt in der Regel nicht mit der nominellen Verzinsung überein und erlaubt den Vergleich von verschiedenen Kreditangeboten. Die Verzinsung wird u.a. von Faktoren wie Börsenkurs, Agio und Disagio, Laufzeit, Zeitpunkt und Form der Tilgung und Zinsterminen bestimmt.

APR *GB:* **Advanced passenger train** *Moderner Hochgeschwindigkeitszug*

apr **April** *April* Telexabkürzung.

APTU African Posts and Telecommunications Union *Afrikanischer Post- und Telekommunikationsverein* Aufgabe ist die Förderung und Erhaltung sowie die Koordinierung der Kooperation von Post- und Fernmeldeunternehmen aus den afrikanischen Mitgliedsländern. Mitglieder sind die Regierungen der Staaten.

AR Arkansas *Arkansas* Bundesstaat der USA. Syn.: **Ark.** (Arkansas)

A/R All risks *Alle Gefahren* a) Alle Gefahren. Volle Deckung. Deckung A. Englische Seetransportversicherungsklausel. Auch: Institute Cargo All Risks ☞ **AAR** (Against all risks) b) *US:* Sachschadenversicherungsform. Die Versicherung deckt sämtliche nicht ausdrücklich vertraglich ausgeschlossenen Gefahren.

ar. **Arrived** *Angekommen, erhalten* Telexabkürzung.

arb. **Arbitrager** *Arbitrageur* Eine Person, die Kurs-, Preis- und Zinsunterschiede bei Waren, Währungen u.Ä. an verschiedenen Börsenzentren ausnutzt, um durch fast gleichzeitiges Kaufen und Verkaufen einen Gewinn zu erzielen.

ard **Around** *Herum, rum, um* Telexabkürzung.

ARF *US:* **American Retail Federation** *Verband der Amerikanischen Einzelhändler* Vereinigung von mehr als 30 verschiedenen nationalen und 50 lokalen Einzelhandelsverbänden.

ARIEL Automated Real-Time Investment Exchange Limited *Elektronische Echtzeit-Investmentbörse* Computergestütztes System zur Abwicklung umfangreicher Wertpapiergeschäfte zwischen Investmentfirmen außerhalb des Börsenparketts.

Ariz. **Arizona** *Arizona* Bundesstaat der USA. Syn.: **AZ** (Arizona)

Ark. **Arkansas** *Arkansas* Bundesstaat der USA. Syn.: **AR** (Arkansas)

ARM Adjustable rate mortgages *Hypothek mit Zinsanpassung* Hypothek mit variablen Zinssätzen, die sich vor allem an der allgemeinen Zinsentwicklung auf dem Markt orientieren. Syn.: **VRM** (Variable rate mortgage)

A road *GB:* **A road** *Straße erster Ordnung* Straßen von nationaler oder regionaler Bedeutung. Die **A roads** entsprechen etwa den Bundesfernverkehrsstraßen in Deutschland.

ARPS *US:* **Adjustable rate preferred stocks** *Vorzugsaktien mit Dividendenanpassung* Vorzugsaktien, die aufgrund der Satzung gegenüber den Stammaktien mit besonderen Vorrechten ausgestattet sind. Sie sind in der Regel stimmrechtslos, haben aber ein Nachbezugsrecht. Ausfallende Dividenden wegen zu geringen Bilanzgewinns können in den folgenden Jahren nachgeholt werden. Auf **ARPS** wird eine jeweils dem allgemeinen Zinsniveau angepasste veränderliche Dividende ausgezahlt.

ARR Accounting rate of return *Kapitalrendite* Nettogewinn einer Investition, ausgedrückt als Prozent des Buchwertes der in das Projekt investierten Gelder.

ARR Arrival *Ankunft*

arrd. **Arrived** *Angekommen, eingetroffen* Telexabkürzung.

arrgmts **Arrangements** *Vereinbarungen, Abmachungen* Telexabkürzung.

arrvl Arrival *Ankunft* Telexabkürzung.

art(cl) **Article** *Artikel* Bezeichnung eines Abschnitts in Gesetzen oder Verträgen. Auch Telexabkürzung.

arts. **Articles** *Artikel* Abschnitte/Teile in Gesetzen oder Verträgen.

arv a) Arrival b) arrive *Ankunft* Telexabkürzung.

A.S. Able seaman *Fähiger Seemann* Klausel in Seeversicherungsverträgen. Die versicherten Waren dürfen nur durch ausgebildetes Personal bewegt werden.

A.S. Account sales *Verkaufskonto* Abrechnung eines Kommissionsgeschäftes, bei dem der Kommissionär mit dem Verkauf von Waren oder Wertpapieren beauftragt wird. Er eröffnet ein Konto, auf dem der Wareneingang, Gutschriften und schließlich der Warenverkauf dargestellt werden.

A&S Advisory and service (responsibility) *Beratungsfunktion* Verpflichtung eines Beraters, Ratschläge, Empfehlungen und Vorschläge an eine letztendlich verantwortliche Person zu geben. Dabei ist die beratende Person nur für die Qualität und Herkunft der Ratschläge, nicht aber für deren Umsetzung verantwortlich.

a/s After sight *Nach Sicht* Die Angabe der Zahlungsfälligkeit eines Sichtwechsels. Der Verfall richtet sich nach dem in der Annahmeerklärung angegebenen Tag.

ASA *US:* American Standards Association *Amerikanischer Normenausschuss* Abgelöst von ☞ **ANSI** (American National Standards Institute).

ASA *GB:* Advertising Standards Authority *Amt für die Festlegung von Normen für die Werbung* Es legt Regeln zum Inhalt von Werbematerialien fest, die sich vor allem auf den Wahrheitsgehalt von Werbung beziehen. Das Amt dient auch als öffentliche Beschwerdestelle.

asap As soon as possible *So bald wie möglich* Eine Floskel, die vor allem in Kurznotizen und Telegrammen Verwendung findet. Auch Telexabkürzung.

ASB *GB:* Accounting Standards Board *Rechnungslegungsausschuss* Nachfolgeorganisation des ☞ **ASC** (Accounting Standards Committee). 1990 vom Interessenverband der Wirtschaftsprüfer von England und Wales ☞ **ICAEW** (Institute of Chartered Accountants in England and Wales) gegründet. Ziel ist die Erarbeitung von allgemein anerkannten Prinzipien der Rechnungslegung und Betriebsprüfung.

ASC *GB:* Accounting Standards Committee *Rechnungslegungsausschuss* Vom Interessenverband der Wirtschaftsprüfer von England und Wales ☞ **ICAEW** (Institute of Chartered Accountants in England and Wales) 1976 gegründet. Die Aufgabe des Ausschusses war die Erarbeitung von Grundsätzen zur externen Rechnungslegung und von verbindlichen Empfehlungen. Er wurde 1990 vom ☞ **ASB** (Accounting Standards Board) abgelöst.

ASCII American Standard Code for Information Interchange *Amerikanischer Standardcode für den Informationsaustausch* International genormter Binärcode für die Darstellung und Übertragung von Daten. Jedes Zeichen wird in eine 7-stellige Binärkombination umgesetzt.

AsDB Asian Development Bank *Asiatische Entwicklungsbank* ☞ **ADB** (Asian Development Bank).

ASE *US:* American Stock Exchange *Amerikanische Wertpapierbörse* Zweitgrößte Wertpapierbörse der USA mit Sitz in New York. ☞ **AMEX** (American Stock Exchange).

ASEAN Association of South-East Asian Nations *Vereinigung südostasiatischer Nationen* Wirtschaftsgemeinschaft im südostasiatischen Raum. Gegründet 1967 mit Sitz in Bangkok. Zu den Zielen der Organisation gehört die Verbesserung der politischen, wirtschaftlichen und sozialen Zusammenarbeit ihrer Mitglieder. Mitgliedsländer sind u. a. Singapur, Malaysia, Indonesien, Thailand und die Philippinen.

ASECC American Stock Exchange Clearing Corporation *Verrechnungsstelle der Amerikanischen Wertpapierbörse* Tochtergesellschaft der ☞ **AMEX** (American Stock Exchange). Sie unterstützt ihre Mitgliedsorganisationen bei der Abwicklung ihrer Handelsaktivitäten und der Verrechnung von Zahlungen untereinander.

A shares A shares *Stimmrechtslose Aktien mit Dividendenberechtigung* Durch die Ausgabe von stimmrechtslosen oder stimmrechtbeschränkten Aktien mit besonderen Vorzugsbedingungen kann eine Aktiengesellschaft ihr Eigenkapital erhöhen und die Mitsprache der neuen Kapitalgeber ausschließen. Als Ausgleich wird häufig eine höhere Dividende gezahlt.

ASLEF *GB:* Associated Society of Locomotive Engineers and Firemen *Eisenbahnergewerkschaft* Mitglieder sind Lokomotivführer und andere Eisenbahner sowie Feuerwehrmänner.

ASME *US:* American Society of Mechanical Engineers *Amerikanischer Verband der Maschinenbauingenieure* Der Verband legt Normen für amerikanische Erzeugnisse fest, die den deutschen DIN-Normen vergleichbar sind.

ASP *US:* American selling price *Amerikanischer Verkaufspreis* Fiktiver Wert eines Produktes bei der Einfuhr in die USA zur Bestimmung des Einfuhrzolls. Dabei wird ein Preis angenommen, den ein Hersteller in den USA für ein ähnliches Produkt erzielen würde.

ASP Adjusted selling price *Berichtigter Verkaufspreis* Methode zur Ermittlung des Wertes von Warenbeständen für buchhalterische Zwecke besonders in Einzelhandelsgeschäften. Der Ladenverkaufspreis wird um den zu erwartenden Gewinn und die anteiligen Kosten vermindert.

Assn.

ASP Accelerated surface post *Eilzustellung, Eilbotensendung* Spezielle Versandform für Postsachen (Briefe, Drucksachen, Pakete). Die Beförderung erfolgt auf dem Landweg.
assly Assembly *Montage, Zusammensetzen* Telexabkürzung.
Assn. Association *Vereinigung, Verband* Oft gemeinnütziger Interessenverband.
AST Automated screen trading *Computer-Handelssystem* Automatisiertes, rechnergestütztes Börsenhandelssystem. Wertpapiere werden mittels Computer automatisch ge- und verkauft.
asst. Assistant *Assistent, Hilfs-*
ASTMS *GB:* Association of Scientific, Technical and Managerial Staffs *Gewerkschaft für Industrie und Handel* Ihre Mitglieder kommen aus allen privaten und staatlichen Bereichen der Industrie und des Handels sowie aus dem staatlichen Gesundheitswesen.
ATA *Franz.:* (Carnet) Admission temporaire *Vorübergehende Zollgutverwendung* Internationales Zollpassierscheinheft für den vorübergehenden Export oder Import von bestimmten Gütern und den eventuell erforderlichen Transitverkehr. Nur die zuständige Industrie- und Handelskammer kann ein entsprechendes Papier ausstellen. Die vorübergehende Zollgutverwendung betrifft vor allem Berufsausrüstung, Messe- und Ausstellungsgut, pädagogisches und wissenschaftliches Material, Warenmuster und Werbefilme sowie Reisegerät. ☞ **T.A.** *(Temporary Admission)*
ATI *US:* Andean Trade Initiative *Anden-Handelsinitiative* Abkommen zwischen den USA und Andenländern zur zollfreien Einfuhr einer Vielzahl von Waren aus dieser Region in die USA.
ATIS Advanced traveler information system *Modernes Reiseinformationssystem* Bestandteil des ☞ **IVHS** (Intelligent vehicle highway system). Ein im Kraftfahrzeug installierter Computer gibt dem Reisenden mittels elektronischer Karten alle notwendigen Orientierungsinformationen.
ATL *GB:* Association of Teachers and Lecturers *Lehrergewerkschaft* Die Gewerkschaft ist nicht Mitglied im Gewerkschaftsdachverband ☞ **TUC** (The Trades Union Congress).
A.T.L. Actual total loss *Totalschaden* Versicherungsbegriff. Das versicherte Gut ist vollständig verloren gegangen oder so beschädigt, dass eine Reparatur nicht möglich oder unrentabel ist.
Atl. Atlantic *Atlantik* Im Schiffsverkehr Bezeichnung für die Häfen an der atlantischen Küste.
ATM Automated teller machine *Bankautomat, Geldautomat.* Computergestützter Bankautomat zur Abwicklung von Bankgeschäften (Geldabhebungen, Belegdruck, etc.). Der Automat wird mithilfe einer Magnetkarte und der persönlichen Geheimnummer bedient.
ATMS Advanced traffic management system *Modernes Verkehrssteuerungs- und -leitsystem* Das computergestützte System erfasst und bewertet die Verkehrssituation und bietet den Kraftfahrern alternative Wegstrecken an.
ATP Advanced technology product *Hochtechnologieprodukt*
ATS *US:* Automatic transfer services *Automatische Überweisung* Service von US-Banken an natürliche Personen. Er ermöglicht den Transfer von Sparguthaben auf Verrechnungskonten, um die vom Kontoinhaber ausgestellten Schecks zu decken oder um das Konto auf einem zuvor vereinbarten Stand zu halten. Das Sparkonto wird nur belastet, wenn ein tatsächlicher Zahlungsgrund vorliegt, und kann in der Zwischenzeit weiter verzinst werden.
att. Attached *Beigeheftet, beigefügt*
attn Attention *Zu Händen (von)* Hinweis in der Korrespondenz auf den unmittelbaren Empfänger. Auch Telexabkürzung.
ATV All-terrain vehicle *Geländegängiges Fahrzeug*
AUA Agricultural unit of account *Agrarverrechnungseinheit* Verrechnungseinheit für landwirtschaftliche Produkte in der EU. Sie vergleicht die staatlich gestützten Preise für landwirtschaftliche Produkte zwischen den einzelnen Mitgliedsländern.
AUEW *GB:* Amalgamated Union of Engineering Workers *Metallgewerkschaft* Sie steht traditionell der Labour Party nahe.
aug August *August* Telexabkürzung.
Av. Avenue *Straße*
av. Avoirdupois (weight) *Avoirdupois-Gewicht* Gewichtssystem in GB und den USA, das erheblich vom metrischen System abweicht. U. a. werden Unzen und Pfund benutzt. Die Abkürzung erscheint in Kombination mit der Maßeinheit, wenn Verwechslungen zu anderen Systemen wie den Apothekergewichten und -maßen (apothecaries' weight) möglich sein können. Syn.: **avoir.** oder **avdp.** (Avoirdupois)
av. Average *a) Durchschnitt b) Havarie, Seeschaden*
a v. *Lat.:* A vista *Bei Sicht*
a.v. *Lat.:* Ad valorem *Dem Werte nach, wertgemäß* ☞ **ad val.** (Ad valorem)
AVCS Advanced vehicle control system *Modernes Kraftfahrzeugsteuersystem* Bestandteil des ☞ **IVHS** (Intelligent vehicle highway system). Das computergestützte System warnt den Fahrer vor potenziellen Gefahren im Straßenverkehr und veranlasst entsprechende Gegenmaßnahmen, wie Einleitung des Bremsvorganges o. ä.

AVCs *GB:* **Additional voluntary contributions** *Freiwillige Sonderbeitragszahlung* Möglichkeit der Einzahlung zusätzlicher Beträge in die Rentenversicherung. Arbeitnehmer können sich entweder für die Betriebsrente entscheiden oder bei freien Rentenversicherern zusätzliche Verträge, die ☞ **FSAVC** (Free standing additional voluntary contributions), abschließen. Die Beiträge sind bis zu einer Höchstgrenze steuerlich absetzbar.

avdp. **Avoirdupois (weight)** *Avoirdupois-Gewicht* Gewichtssystem in GB und den USA. ☞ **av.** (Avoirdupois)

avoir. **Avoirdupois (weight)** *Avoirdupois-Gewicht* Gewichtssystem in GB und den USA. ☞ **av.** (Avoirdupois)

AWB **Air waybill** *Luftfrachtbrief* Der Luftfrachtbrief ist eine vom Absender der Fracht oder in seinem Namen ausgestellte Urkunde, die den Vertragsabschluss über die Frachtbeförderung per Luftfahrzeug dokumentiert. Der Brief ist kein Wertpapier und wird nur an den namentlich genannten Empfänger ausgestellt, nicht an dessen Order. Er hat deshalb nur Beweisfunktion über den Abschluss eines Frachtvertrages.

AZ Arizona *Arizona* Bundesstaat der USA. Syn.: **Ariz.** (Arizona)

Bb

b **Be** *Sein* Telexabkürzung.

b. **Bale** *Ballen, Bündel* Angabe der Verpackungsart von leichten Waren, wie Wolle, Häute, Baumwolle usw., die mit Seilen, Draht oder Metallbändern zu Ballen gebunden werden. In den USA beträgt das Gewicht eines **Bale** Baumwolle etwa 500 pounds (lb). Syn.: **bdl.** (Bundle) oder **bl.** (Bale)

b. **Bag** *Sack, Tüte* Syn.: **bg.** (Bag)

b. **Born** *Geboren*

BA Bachelor of Arts *Bakkalaureus der Künste (der allgemeinen Studienfächer)* Gewöhnlich der erste akademische Grad, den ein Student einer Universität in einer nichttechnischen Fachrichtung erreichen kann.

B.A. **Banker's acceptance (bank acceptance)** *Bankwechsel* Internationales Geldmarktpapier. Auf eine Bank bezogener Wechsel im Rahmen eines Wechselkredites, der überwiegend zur Finanzierung eines Handelsgeschäftes dient. Die Laufzeit beträgt höchstens 180 Tage. Der Wechselbetrag muss von der finanzierten Ware gedeckt sein.

B.A. **Bankable asset** *Bankfähiger Vermögensgegenstand* Vermögenswert, der von einer Bank als Sicherheit für Kredite angenommen, gehandelt oder akzeptiert wird.

BACAT **Barge aboard catamaran** *Lastkahn an Bord eines Auslegerbootes* Schiffssystem bei dem größere Schiffe Lastkähne mit sich führen, die ihren Bestimmungshafen auf Binnenschifffahrtswegen erreichen. Sie sind besonders bei kürzeren Seetransporten im Einsatz.

Baco **Barge-container (ship)** *Lastkahn-Container-Schiff* Spezialschiff für den Transport von Containern und flachgehenden oder ungedeckten Lastfahrzeugen (Schuten). Die Schuten werden durch eine Bugpforte in das Schiff ein- und ausgeschwommen und können in Bestimmungshäfen mit flachen Hintergewässern den Empfänger direkt und ohne Umladung erreichen.

BAF **Bunker adjustment factor** *Bunkerausgleichsfaktor* Zuschlag bzw. Abschlag bei den Transportkosten im Seeverkehr, der im Seefrachtvertrag vereinbart wird. Der **BAF** wird in Zeiten steigender Ölpreise berechnet.

bal. **Balance** *a) Saldo* Differenz zwischen Soll und Haben auf dem Bankkonto. *b) Bilanz, Abschluss* Bilanz, Kontenausgleich. Abschluss des Rechnungswesens eines Unternehmens für einen bestimmten Zeitpunkt. Vermögen (Aktiva) und Kapital (Passiva) werden gegenübergestellt.

ball. **Ballast** *Ballast* Schwere Materialien wie Steine oder Sand, die zur Sicherung der Fahrstabilität eines Schiffes im Innern verwahrt werden.

bar. **Barrel** *a) Fass* Behälter zum Transport und zur Einlagerung von vorzugsweise Flüssigkeiten wie Erdöl, Wein oder Bier, aber auch für Kartoffeln. Syn.: bl oder brl. *b) Barrel, Fass* Volumeneinheit für Flüssigkeiten wie Erdöl, Wein oder Bier aber auch für Trockengüter wie Mehl, Butter oder Fisch. Je nach Produkt und Land sind die Volumenangaben unterschiedlich. Z. B.: Erdöl: in GB: 35 britische Gallonen, in den USA: 42 US-Gallonen. Mehl: (USA) 196 lb.,

bar.

Butter: 224 lb.Syn.: **bl** oder **brl** (Barrel)

bar. *GB:* **Barrister** *Rechtsanwalt (bei Gericht)* Rechtsanwalt mit Zulassung zum Berufungsgericht. Rechtsanwalt, der durch die (Londoner) Gerichtshöfe berufen wird und dadurch das Recht erwirbt, vor höheren Instanzen im Namen anderer Personen zu sprechen und zu handeln.

barg. **Bargain** *a) Geschäft, Handel, Übereinkunft b) Gelegenheitskauf*

BASIC **Beginner's All Purpose Symbolic Instruction Code** *BASIC* Einfache Computer-Programmiersprache.

B.B. **Bearer bond(s)** *Inhaberschuldverschreibung, Inhaberobligation* Eine Schuldverschreibung, die den Emittenten verpflichtet, bei Fälligkeit der Papiere die Zinsen und den Rücknahmepreis an den jeweiligen Inhaber der Anleiheurkunde zu leisten. Der Name des Inhabers muss nicht registriert werden.

b.b. **Below bridges** *Unter Brücken* Vertragsklausel im Seetransport. Durch häufige Brückenunterquerungen können mehr Kosten entstehen, die zu Lasten des Schiffes gehen (beispielsweise bei der Fahrt von und nach London).

b.b. **Bid bond** *Ausschreibungsgarantie, Bietungsgarantie* Diese Garantie wird häufig bei Ausschreibungen im Auslandsgeschäft verlangt, wenn das sich bewerbende Unternehmen unbekannt ist. Dabei übernimmt die Bank die Gewähr, dass das Unternehmen die Bedingungen der Ausschreibung erfüllt, den Vertrag ausführen wird und die Vertragsstrafe im Falle des Rücktritts nach Vertragsabschluss zahlen kann.

BBA *US:* **Bachelor of Business Administration** *Bakkalaureus der Betriebswirtschaft* Akademischer Grad im Rahmen einer betriebswirtschaftlichen Ausbildung.

BBC *GB:* **British Broadcasting Corporation** *Britischer Rundfunk* Bekannteste Rundfunk- und Fernsehanstalt in GB mit weitreichenden internationalen Aktivitäten vor allem im Hörfunk. Die Anstalt steht seit 1927 unter staatlicher Kontrolle, kann die Programmgestaltung aber selbst bestimmen.

bbl. **Barrels** *Fässer, Barrel* ☞ **bar.** (Barrel)

BC **British Columbia** *British Columbia* Provinz in Kanada.

B/C **Bills for collection** *Inkassowechsel, Einzugswechsel* Wechsel, der vom Kunden bei einer Bank zur Einziehung bei Fälligkeit hinterlassen wird. Durch eine auf der Rückseite des Orderpapiers angebrachten Erklärung überträgt der bisherige Inhaber das Eigentum an dem Wechsel mit den damit verbundenen Rechten an die Bank.

b.(c.)c. **Blind (carbon) copy** *Exemplar an Unbekannt* Ein Brief oder Informationsblatt, das zu Informations- oder Werbezwecken unaufgefordert an potenzielle Kunden verschickt wird.

BCCG **British Chamber of Commerce in Germany** *Britische Handelskammer in Deutschland* Nichtstaatliche Organisation zur Förderung von Industrie und Handel zwischen GB und Deutschland mit Hauptsitz in Köln.

BCE *GB:* **Board of Customs and Excise** *Staatliche Behörde für Zölle und Verbrauchsteuern* Sie zieht alle Zölle, Verbrauchsteuern und die Mehrwertsteuer ein. Syn.: **BOCE** (Board of Customs and Excise)

Bd. **Board** *a) Behörde b) Unternehmensleitung c) Ausschuss, Beirat, Kammer*

bd. **Bond** *Schuldverschreibung, Obligation, Anleihe* Sammelbezeichnung für Wertpapiere mit fester Verzinsung. Die Schuldverschreibungen werden am Kapitalmarkt ausgegeben und dienen in der Regel zur langfristigen Kreditaufnahme.

B.D. **Bank draft, banker's draft** *Banktratte, Bankscheck* Von der Bank ausgestellter Scheck, der auf die Bank selbst gezogen ist. Bankschecks können von Schuldnern erworben werden, deren Gläubiger keinen persönlichen Scheck des Schuldners akzeptieren wollen.

B/D **Broker/Dealer** *Kursmakler/Wertpapierhändler* Person mit Doppelfunktion an der Börse. Sie ist sowohl berechtigt, Börsenaufträge der Banken und des Publikums anzunehmen und auszuführen als auch auf eigene Rechnung Geschäfte abzuschließen.

B/D **Bill discounted** *Diskontierter Wechsel* Wechsel, der von einer Bank zu einem Preis angekauft wird, der unter dem Wert bei Fälligkeit liegt. Der Begünstigte des Wechsels erhält somit vor Fälligkeit des Wechsels eine Auszahlung und überträgt das Risiko eventueller Zahlungsunfähigkeit des Ausstellers auf die Bank.

b.d. **Brought down** *Übertrag* Eintragung am Beginn einer Rechnung. Sie gibt einen Gesamtbetrag an, der aus einer anderen Rechnung weiter oben auf derselben Seite heruntergezogen wurde.

b/d **Barrels per day** *Barrels pro Tag* Angabe der täglichen Fördermenge, vorzugsweise von Erdöl oder Erdgas.

BDA *GB:* **British Dental Association** *Zahnarztgewerkschaft* Die Gewerkschaft gehört nicht dem Gewerkschaftsdachverband ☞ **TUC** (The Trades Union Congress) an.

BDC *US:* **Business Development Center** *Handelsentwicklungszentrum für Unternehmen* Regionale Zentren zur Förderung des internationalen Handels. Aufgaben sind: Geschäftsberatung, Partnersuche, Organisierung von Geschäftsreisen, das Abhalten von Workshops, Symposien und Konferenzen.

b.d.i. Both days inclusive *An einem der beiden Tage* Ungefähre Terminvorgabe bei Transportleistungen im Seeverkehr.

bdl. Bundle *Ballen, Bündel* Angabe der Verpackungsart von leichten Waren, wie Wolle, Häute, Baumwolle usw. ☞ **b.** (Bale)

BE *GB:* Bank of England *Die Bank von England* Staatliche Zentralbank von GB, die eng mit dem Finanzministerium zusammenarbeitet und u. a. das Kreditvolumen, die Herausgabe von Banknoten und die Staatsschulden kontrolliert. Die Bank besteht aus zwei voneinander unabhängigen Abteilungen, der Noten- und der Bankabteilung.

B/E Bill of entry *Zolleinfuhrschein, Zolldeklaration* Schriftliche Erklärung des Importeurs oder Exporteurs zu den Waren, die zwecks Prüfung den Zollbehörden zur Ansicht übergeben werden.

B/E Bill of exchange *Wechsel* Wertpapier als schriftliche Anweisung des Ausstellers, an den genannten Empfänger oder laut dessen Order an einem bestimmten Tag eine bestimmte Geldsumme zu zahlen.

Beds. Bedfordshire *Bedfordshire* Englische Grafschaft.

BEP Break-even-point *Break-Even-Punkt, Gewinnschwelle, Kostenschwelle, Deckungspunkt* Schnittpunkt, bei dem die Gesamterlöse eines Geschäftes oder Unternehmens den Gesamtkosten entsprechen. Der Punkt stellt den Übergang von der Verlust- in die Gewinnzone und umgekehrt dar. Die Analyse verdeutlicht die quantitativen Beziehungen zwischen Absatzmenge, Kosten und Gewinn.

BERI Business environment risk information (index) *Länderrisikoindex* Spezieller Risikoindikator für das Geschäftsklima in einzelnen Ländern. Der Index beurteilt die wirtschaftlichen, politischen und gesellschaftlichen Strukturen eines Landes, das Investitionsklima, das Transferrisiko und die Entwicklungsaussichten. Es werden Noten für 15 verschiedene Kriterien vergeben.

Berks Berkshire *Berkshire* Englische Grafschaft.

BES *GB:* Business Expansion Scheme *Existenzgründungs- und Investitionsförderprogramm* Staatliches Programm zur Förderung von Investitionen in kleineren, nicht am Aktienhandel beteiligten Unternehmen durch Steuererleichterungen für den Investor.

BET Break-even-time *Break-Even-Zeitraum* Messgröße für Entwicklungszeiten. Zeitspanne bis zum Erreichen der Gewinnschwelle ☞ **BEP** (Break-even-point) in einem Unternehmen, d. h., bis zum Erreichen eines Zustandes, bei dem die Erlöse gleich den Kosten sind.

b.f(wd). Brought forward *Saldoübertrag* Eintragung am Anfang einer Rechnung. Sie zeigt eine Gesamtsumme, die von der letzten Rechnung oder von einer vorhergehenden Seite des Kontobuches übertragen wird.

bg. Bag *Sack, Tüte* ☞ **b.** (Bag)

b.g. Bonded goods *Zollgut* Waren unter Zollverschluss. Waren, die sich im zollrechtlich gebundenen Verkehr befinden. In der Regel wird jede in ein anderes Land eingeführte Ware Zollgut und bleibt es, bis sie nach den zollrechtlichen Bestimmungen zum Freigut wird (Bezahlung der Zollgebühren) oder wieder ausgeführt oder vernichtet wird.

bgs. Bags *Tüten, Säcke* ☞ **b.** (Bag)

B.H. Bill of health *Gesundheitszeugnis* Schriftliche Erklärung über den Gesundheitszustand der Mannschaft eines Schiffes und den gesundheitsrelevanten Bedingungen im Hafen. Das Dokument wird von einem Konsul oder einem Hafenbeamten unterzeichnet und dem Schiffsmeister übergeben.

BIC Bank identifier code *Bankkennzahl* Bankkennzahlsystem der ☞ **SWIFT** (Society for Worldwide Interbank Financial Telecommunication) zur Identifizierung von Finanzinstituten bei elektronischen Mitteilungen.

BIFU *GB:* Banking, Insurance and Finance Union *Gewerkschaft Banken und Versicherung* Die Gewerkschaft ist Mitglied im Gewerkschaftsdachverband ☞ **TUC** (The Trades Union Congress).

BIMCO Baltic and International Maritim Council *Baltischer und internationaler Seefahrtsrat* Internationale Organisation von Reedern, Schiffsmaklern und staatlichen Schifffahrtsstellen mit dem Ziel, Probleme der internationalen Schifffahrt zu bewältigen. Sie tritt ein für die Schaffung fairer Wettbewerbsbedingungen zwischen den Mitgliedsländern, für die Erarbeitung neuer Schiffsdokumente und die Schaffung internationaler Vereinbarungen. Der Rat entwickelte Vordrucke und Zusatzvereinbarungen für Charterverträge ☞ **CP** (Charter party). Sitz in Kopenhagen.

BIS Bank for International Settlements *Bank für Internationalen Zahlungsausgleich* Als zwischenstaatliches Institut 1930 gegründet mit Sitz in Basel (Schweiz). Zu ihren Aufgaben gehören die Förderung der Zusammenarbeit der Notenbanken und die Erleichterung internationaler Finanzoperationen. Sie ist insbesondere aktiv beim Aufbau des Europäischen Währungsfonds. Viele ehemalige Aufgaben werden heute vom Internationalen Währungsfonds ☞ **IMF** (International Monetary Fund) übernommen.

BIT *US:* **Bilateral Investment Treaty** *Bilaterales Investitionsabkommen* Staatliches Abkommen der USA mit einem anderen Land zur Förderung wechselseitiger Investitionen.

bk. **Backwardation** *Deport, Kursabschlag* Differenz zwischen dem Preis für die Kassaware und dem niedrigeren Preis für Terminware im Waren- und Devisentermingeschäft.

bk. **Bank** *Bank*

bkd **Booked** *Gebucht* Telexabkürzung.

bkg **Banking** *Bankwesen*

bkge **Breakage** *Bruch* In der Seeversicherung als Bruchklausel. Güter wie Glas, Keramik, Möbel, Maschinen etc. sind während des Transports besonders gefährdet. Auch bei normalem Verlauf des Transports, ohne besonderen Ereigniseintritt (Einfluss der Luftfeuchtigkeit etc.), können Schäden auftreten, die üblicherweise nicht mitversichert sind. Eine Zusatzversicherung ist möglich.

bkrpt. **Bankrupt** *Konkurs* Die Zahlungsunfähigkeit eines Schuldners. In der gewerblichen Wirtschaft ist dieser Zustand mit der Eröffnung eines Konkursverfahrens verbunden.

bkgs **Bookings** *Buchungen* Telexabkürzung.

B/L **Bill of Lading** *Konnossement, Seefrachtbrief* Von der Reederei ausgestelltes Dokument mit allen wichtigen Einzelheiten über die Fracht. Für den Inhaber ist der Brief Besitzurkunde für die darin aufgeführten Waren. Die Ware wird nur an den im Konnossement als empfangsberechtigt Ausgewiesenen gegen Vorlage des Konnossements ausgehändigt. Als Telexabkürzung auch **b/l** (Bill of lading).

bl. **Bale** *Ballen, Bündel* Angabe der Verpackungsart von leichten Waren wie Wolle, Häute, Baumwolle etc. ☞ **b.** (Bale)

bl. **Barrel** *Fass, Barrel* ☞ **bar.** (Barrel)

bldgs. **Building(s)** *a) Gebäude* Verwendung in Anschriften. *b) Bauaktien*

BLEU **Belgium-Luxemburg Economic Union** *Belgisch-Luxemburgische Wirtschaftsunion* Wirtschaftliche Assoziation der beiden Länder aus dem Jahre 1921, aus der sich trotz Mitgliedschaft in der EU auch heute noch Sonderrechte und bevorzugte Behandlungen ableiten.

B licence *GB:* **B licence** *B-Lizenz* Staatliche Genehmigung im gewerblichen Güterkraftverkehr. Der Frachtführer darf gewerbsmäßig Güter im Fremdverkehr für andere Parteien und eigene Güter transportieren.

blk. **Bulk** *Große Menge, Volumen* Verwendung in Zusammenhang mit losen Massengütern, z. B. Zement, oder bei Großabnahmen von Waren und Mengeneinkauf.

bls. **Barrels** *Fässer, Barrel* ☞ **bar.** (Barrel)

bls. **Bales** *Ballen* Angabe der Verpackungsart von leichten Waren wie Wolle, Häute, Baumwolle etc., die mit Seilen, Draht oder Metallbändern zu Ballen gebunden werden. ☞ **b.** (Bale)

Blvd. **Boulevard** *Boulevard*

B.M. **Bench mark** *Bezugspunkt, Bezugsmarke* Genau bestimmte Wirtschaftsdaten, die als Bezugspunkt zum Vergleich mit anderen, nachfolgenden Zahlen dienen.

B.M. *US:* **Board measure** *Bordmaß* Raumeinheit für die Verschiffung von Holz. 1 board foot = 1 **in.** x 12 in. x 12 **in.** = 144 **cu.ft.** (Cubic foot)

BMT **Basic motion timestudy** *Filmische Arbeitsablaufstudie* Methode zur Analyse von Arbeitsprozessen mittels Filmaufnahmen im Produktionsbereich. Die Studie analysiert jeden einzelnen Arbeitsablauf und Handgriff.

B.N. **Banknote** *Banknote* Papiergeld, das als Landeswährung und gesetzliches Zahlungsmittel von der Zentralbank eines Staates herausgegeben wird.

bn. **Billion** *Milliarde* Die Abkürzung erscheint grundsätzlich hinter einer Zahl. Z. B.: US$134 **bn.**

BNF *GB:* **British Nuclear Fuels (PLC)** *Britische Kernbrennstoffe* Britischer Staatsbetrieb zur Herstellung und Wiederaufbereitung von Kernbrennelementen.

bnk **Bank** *Bank* Telexabkürzung.

BNS **Buyer(s) no seller(s)** *Kaufangebote vorhanden, aber keine Verkaufsangebote* Situation an der Börse, bei der Kaufabsichten für bestimmte Werte geäußert werden, aber keine Angebote vorliegen.

BO **Branch office** *Zweigstelle, Niederlassung, Agentur* Geschäft oder Büro als Zweigstelle eines Unternehmens.

BO **Buyer's option** *Kaufoption* Vertrag im Termingeschäft. Der Käufer erwirbt gegen Bezahlung eines Betrages (Optionspreis) das Recht, jederzeit während der Laufzeit der Option eine bestimmte Anzahl von Wertpapieren zu dem bei Abschluss des Geschäftes festgesetzten Preis (Basispreis) von seinem Kontrahenten zu kaufen.

b.o.b. **Barge on board (system)** *Lastkahn an Bord (System)* Verfahren zur Aufnahme von Fracht bei Schiffstransporten. "Barges" (Leichter) sind schwimmende Ladeeinheiten. Sie können an Flussmündungen von größeren Schiffen aufgenommen oder abgesetzt werden und sich dann mit eigener oder fremder Antriebskraft wie Binnenschiffe fortbewegen. Oft ist die Be- und Entladung durch eine Heckwanne im Mutterschiff auch schwimmend möglich.

BOCE *GB:* **Board of Customs and Excise** *Staatliche Behörde für Zölle und Verbrauchsteuern* Sie zieht alle Zölle, Verbrauchsteuern und die

Mehrwertsteuer ein. Syn.: **BCE** (Board of Customs and Excise)

BoM Bill of materials *Materialstückliste* Dokument aus einem Konstruktionsbüro, das in allen Einzelheiten die Materialien, Einzelteile und deren Anzahl und Preis beschreibt, die zur Herstellung eines bestimmten Produktes notwendig sind.

BOOT Build-own-operate transfer *Überlassung nach Bau und Betrieb* Errichtung eines Entwicklungsprojektes in einem Entwicklungsland. Der Investor ist zunächst auch Eigentümer und leitet das Unternehmen, bis die Investitionskredit refinanziert und ein Gewinn realisiert ist.

BOP Balance of payments *Zahlungsbilanz* Summe aller Transaktionen eines Landes mit dem Ausland innerhalb eines bestimmten Zeitraumes (meist 1 Jahr). Es gilt der Grundsatz der doppelten Buchführung, wodurch die Bilanz formal immer ausgeglichen ist. Die Bilanz unterteilt sich im wesentlichen die Leistungs-, Kapitalverkehrs- und Devisenbilanz.

BOT Balance of trade *Handelsbilanz* Gegenüberstellung der Werte der in einem bestimmten Zeitraum (meist 1 Jahr) von einer Volkswirtschaft aus- und eingeführten Waren. Die Handelsbilanz verzeichnet nur bewegliche Sachen, aber keine Dienstleistungen.

BOT *GB:* Board of Trade *Handelsministerium* Später vom Industrie- und Handelsministerium ☞ **DTI** (Department of Trade and Industry) abgelöst.

bot. Bought *Gekauft, verkauft*

bot. Bottle *Flasche*

BOTB *B:* British Overseas Trade Board *Britische Behörde für den Überseehandel* Institution zur Förderung des Handels mit der ganzen Welt. Sie untergliedert sich in Regionalgruppen und arbeitet eng mit dem Industrie- und Handelsministerium ☞ **DTI** (Department of Trade and Industry) zusammen.

Boul. Boulevard *Boulevard*

B.P. Bills payable *Zu zahlender Wechsel, Wechsel zahlbar* Aus der Sicht des Schuldners ein Wechsel, der bei Fälligkeit auszuzahlen ist.

b.p.d. Barrels per day *Barrels pro Tag* Tägliche Förder- oder Liefermenge einer in Barrel gemessenen Ware (z. B.: Öl).

BPI Buying power index *Kaufkraftindex, Kaufkraftkennziffer* Kennziffer zur Bestimmung der Kaufkraft eines nationalen Marktes. Sie berücksichtigt solche Elemente wie Bevölkerungszusammensetzung, verfügbares Einkommen, Einzelhandelsverkaufszahlen usw. Syn.: **BPQ** (Buying power quota)

b.p.i. Bytes per inch. Bits per inch *Bytes/Bits pro Zoll* Maß für die Aufzeichnungsdichte bei einem Magnetband. Computertechnik.

BPQ Buying power quota *Kaufkraftindex, Kaufkraftkennziffer* ☞ **BPI** (Buying power index)

b.p.s Bytes per second. Bits per second *Bytes/Bits pro Sekunde* Maß für die Geschwindigkeit der Übertragung von binär dargestellten Daten in der Computertechnik.

BR *GB:* British Rail *Eisenbahngesellschaft in GB*

B.R. *GB:* Bank rate *Bankzinssatz* Wöchentlich veröffentlichter niedrigster Einlagenzinssatz, zu der die Bank von England bestätigte Wechsel diskontieren würde. Der Zinssatz hatte Leitzinscharakter für alle anderen Kreditinstitute. 1972 durch die „minimum lending rate" und „base rate" abgelöst.

B.R. Bills receivable *Offener Wechsel, einzulösender Wechsel, ausstehende Wechselforderungen* Aus der Sicht des Gläubigers ein Wechsel, der bei Fälligkeit von ihm eingelöst werden kann. Syn.: **b/rec** (Bills receivable)

B/R Building risks *Baurisiken*

b/rec Bills receivable *Offener Wechsel, einzulösender Wechsel* ☞ **B.R.** (Bills receivable)

BRI Brand rating index *Markenbekanntheitsgrad* Bekanntheitsgrad von Markenartikeln. Der Bekanntheitsgrad wird durch landesweite Befragungen ermittelt. Dabei werden Fragen gestellt wie nach der Häufigkeit des Einkaufs von bestimmten Markenprodukten, nach ihrem Bekanntheitsgrad und nach ihrer Auffälligkeit in den unterschiedlichen Werbeträgern. Der Index führt zu Definitionen von Zielgruppen für bestimmte Produkte und zu Erkenntnissen über die Beziehungen zwischen Werbung in den Medien und dem Kaufverhalten.

brl. Barrel *Fass, Barrel* ☞ **bar.** (Barrel)

Bros Brothers *Gebrüder* Verwendung in Firmennamen.

B road *GB:* B road *Straße zweiter Ordnung*

BS *US:* Bachelor of Science *Bakkalaureus der Wissenschaften* Gewöhnlich der erste akademische Grad in naturwissenschaftlichen und technischen Fächern. Syn.: **BSc.** (Bachelor of Science)

BS *GB:* British Standard *Britische Industrienorm* Staatliche Norm für britische Industrieerzeugnisse. Vergleichbar mit der deutschen DIN. Hinter der Abkürzung erscheint eine mehrstellige Ziffernfolge. Z. B.: **BS** 5750.

B.S. Balance sheet *Bilanz, Jahresabschluss* Bilanz eines Unternehmens am Ende des Finanzjahres, die die finanzielle Position darstellt. Die Bilanz ist in Verbindlichkeiten und Vermögenswerte (Passiva und Aktiva) unterteilt.

B.S. *GB:* Building society *Bausparkasse* Gemeinnützige Finanzorganisation zur Unterstützung des privaten Hausbaus oder -kaufs. Die Kreditgewährung erfolgt mit langen Laufzeiten.

B/S *GB:* **Bill of store** *Wiedereinfuhrschein* Zollpapier, das den Reimport von Waren nach GB zollfrei gestattet, sofern diese innerhalb von 5 Jahren zum Ausfuhrdatum wieder eingeführt werden.

B/S Bill of sight *Zollerlaubnisschein* Dokument der Zollbehörden an den Importeur, wenn dieser die Einfuhrpapiere aus Unkenntnis des Aussehens der Ware nicht ordnungsgemäß ausfüllen kann. Der Zoll erlaubt dem Importeur, die Waren zu besichtigen und danach die Papiere zu vervollständigen.

B/S Bill of sale *Verkaufsbescheinigung* Dokument, das den Verkauf persönlichen Eigentums an eine andere Person bescheinigt.

bs. a) **Bales** b) **bags** *a)* Ballen ☞ **bl.** (Bale) *b)* Säcke ☞ **b.** (Bag)

b.s. Bottom stowed *Unterste Lage* Verladungshinweis für Waren auf einem Schiff.

BSc *GB:* **Bachelor of Science** *Bakkalaureus der Wissenschaften* Gewöhnlich der erste akademische Grad in naturwissenschaftlichen und technischen Fächern. Syn.: **BS** (Bachelor of Science)

bsh. Bushel *Scheffel* Hohlmaß für Trockengüter wie Getreide, Früchte, Mehl. Das Gewicht eines **bsh.** ist je nach Warenart unterschiedlich. Z. B.: 1 bsh. Mehl = 56 lb. 1 bsh. Gerste = 48 lb. 1 bsh. Hafer = 34 lb. 1 bsh. Fisch = 56 lb. Syn.: **bu.** oder **bush.** (Bushel)

B shares B shares *Mehrstimmrechtsaktien* Vorzugsaktie mit erhöhtem Stimmrecht. Sie werden in der Regel vom Unternehmensbesitzer erworben und können als eine Art Schutz gegen das Eindringen fremder Einflüsse durch den Aufkauf von Aktienkapital dienen.

BSI *GB:* **British Standards Institution** *Britisches Normeninstitut* Unabhängige, von der Regierung unterstützte Einrichtung, die Qualitätsstandards für den Maschinenbau, die Bauindustrie, für die Herstellung von Haushaltswaren usw. festlegt. Die Hersteller sind nicht zur Einhaltung der Normen verpflichtet.

BSP Bank settlement plan *Bankabwicklungsverfahren* Zentrales Abrechnungsverfahren des Internationalen Luftverkehrsverbandes ☞ **IATA** (International Air Transport Association) zur Verrechnung von Forderungen zwischen Agenturen und Fluggesellschaften. Das **BSP** wurde für jedes Land speziell modifiziert.

BSR Banker's selling rate *Bankverkaufsrate* Umrechnungskurs zwischen zwei Währungen, zu dem Banken international verrechnen. Für die Bewertung von Währungen ist die aktuelle Bankrate maßgebend, die periodisch festgelegt wird. Es erfolgt also keine automatische Anpassung an die Wechselkursentwicklung.

BSR Business Strategy Reviews *Planung der Unternehmensstrategie* Mittel- bis langfristige Unternehmensplanung größerer Unternehmen mit größerer Betonung der qualitativen Aspekte der Arbeit, wie besseres Verstehen von Kundenanforderungen, Konkurrenzanalysen und Marketingplänen. Weiterentwicklung der ☞ **IRP** (Intermediate range plans).

BST *GB:* **British summer time** *Britische Sommerzeit* Sie gilt gewöhnlich von März bis Oktober.

BT *GB:* **British Telecom** *Britische Telekom* Privates Fernmeldeunternehmen in GB. Nach der Herauslösung aus dem allgemeinen Postdienst im Jahre 1984 wurde **BT** zu einer Aktiengesellschaft.

B.T. Berth terms *Liegeplatzbedingungen* Allgemeine Geschäftsbedingungen am Liegeplatz eines Schiffes für das Be- und Entladen.

BTG *GB:* **British Technology Group** *Britische Technologiegruppe* Eine Einrichtung zur Förderung der technologischen Entwicklung besonders in Schwerpunktgebieten der Industrie und zur finanziellen Unterstützung kleinerer Firmen bei der Technologiebeschaffung.

bth. Bath(room) *Bad(ezimmer)*

BTI *GB:* **British Telecom International** *Britische Telekom International* Im Auslandsgeschäft tätiges Tochterunternehmen von ☞ **BT** (British Telecom).

BTN Brussels Tariff Nomenclature *Brüsseler Tarifnomenklatur* Erste internationale Konvention zur Klassifizierung und Kodierung aller im internationalen Handel gebräuchlichen Waren zur Vereinheitlichung der Zolltarife. Später von ☞ **CCCN** (Customs Cooperation Council Nomenclature) abgelöst.

BTU British thermal unit. *Britische Einheit der Wärmemenge* Erforderliche Wärmemenge, um ein 1 **lb.** (pound) Wasser um 1 Grad Fahrenheit zu erhitzen.

bu. Bushel *Scheffel* Hohlmaß für Trockengüter wie Getreide, Früchte, Mehl. ☞ **bsh.** (Bushel)

Bucks Buckinghamshire *Buckinghamshire* Englische Grafschaft.

bull(s). Bulletin(s) *Bulletin, amtliche Bekanntmachung(en)*

bush. Bushel *Scheffel* Hohlmaß für Trockengüter wie Getreide, Früchte, Mehl. ☞ **bsh.** (Bushel)

BV *Franz.:* **Bureau Veritas** *Amt für Schiffsklassifizierung* Staatliche Einrichtung Frankreichs zur Überwachung, Klassifizierung und Registrierung von Schiffen. Ähnlich Lloyd's Schiffsregister in GB.

B.V. Book value *Buchwert* Wert des Vermögens und der Schulden in der Bilanz eines Unternehmens. Er wird nach den Anschaffungs- bzw. Herstellungskosten bewertet und um die Ab- bzw. Zuschreibungen korrigiert.

BW

BW Bid wanted *Angebot gesucht* Ankündigung der Verkaufsbereitschaft eines Wertpapierhändlers an der Börse.

B.W. Bonded warehouse *Zolllager* Gebäude, in dem zu verzollende Waren bis zur Entrichtung der Gebühren eingelagert werden können. Die Waren stehen dabei unter Aufsicht. Zolllager können staatlich oder nach Genehmigung auch privat betrieben werden.

BWMB *GB:* **British Wool Marketing Board** *Marketingbeirat für britische Wolle* Marketingunternehmen für den Vertrieb britischer Schurwolle auf internationalen Märkten.

bx.(s) Box(es) *Kiste(n), Karton(s)*

Cc

C C *C* Universell einsetzbare Computer-Programmiersprache.

C *US:* **Copyright** *Urheberrecht* Das Urheberrecht an Werken der Literatur, Tonkunst, bildenden Kunst usw. Mit dem Antrag an das Register of Copyrights in Washington, D.C., unterliegt das Werk dem Urheberrechtsschutz.

C Century *Jahrhundert* Verwendung z. B.: 20 **C** (= 20. Jahrhundert).

C C *Römische Zahl für 100*

C Cape *Kap* Geographische Bezeichnung.

c Circa *Etwa, ungefähr* Verwendung u.a. bei Zahlenangaben, auch Jahreszahlen. Z. B.: **c** 1790 (um 1790).

c. Cent *Cent* Kleinste Unterteilung des Dollar. 100 Cent = 1 Dollar.

c. Case *Karton, Kiste* Eine feste Kiste oder Karton, in der mehrere Produkte gleicher Art transportiert werden können. (Z. B. Wein – 12er Kiste.)

c Carat *Karat* Gewichtsmaß vorzugsweise für Diamanten und andere Edelsteine. 1 **c** entspricht 3,17 troy grains oder 200 Milligramm. Ursprünglich diente diese Maßeinheit zur Gewichtsangabe vom Samen des Johannisbrotbaumes in der Mittelmeerregion. Syn.: **car.** (Carat) Oft wird „carat" synonym zu „karat", der Maßangabe des Reinheitsgehaltes von Gold, verwendet. ☞ **kt.** (Karat)

CA *GB:* **Chartered accountant** *Wirtschaftsprüfer* Berufsbezeichnung. Mitglied einer Gesellschaft der Wirtschaftsprüfer in GB. Nach mehrjähriger Berufspraxis muss sich das zukünftige Mitglied einer Prüfung am Institute of Chartered Accountants unterziehen. Syn.: **CPA** (Certified public accountant) oder **PA** (Public accountant)

CA Commission agent *Handelsvertreter auf Provisionsbasis* Ein Handelsvertreter im Außenhandel, der für eine vereinbarte Provision im Auftrag und auf Anweisung einer Person oder eines Unternehmens im Ausland Waren ver- oder ankauft.

CA California *Kalifornien* Bundesstaat der USA. Syn.: **Cal.** oder **Calif.** (California)

C.A. Commercial agent *Handelsvertreter* Selbständiger Gewerbetreibender, der für ein anderes Unternehmen oder andere Person Geschäfte vermittelt oder in dessen Namen abschließt. Die Beziehungen zwischen beiden sind in der Regel durch einen Vertrag definiert.

C.A. *GB:* **Credit account** *Laufendes Konto mit Kreditsaldo* Vereinbarung zwischen einem Kunden und einem Handelsunternehmen. Der Kunde kann mittels einer Identitätskarte laufend Einkäufe tätigen. Die Bezahlung erfolgt erst zu einem späteren Zeitpunkt. (Syn.: *US:* Charge account.)

C/A Capital account *Kapitalkonto* Konto, auf dem alle Transaktionen zwischen den Gesellschaftern von Personengesellschaften und der Gesellschaft selbst festgehalten werden. Es zeigt sowohl Kapitaleinlagen als auch Entnahmen an. Das Kapitalkonto weist das Eigenkapital der Gesellschafter aus.

C/A Current account *Laufendes Konto, Kontokorrentkonto* Bankkonto, über dessen Bestände jederzeit verfügt werden kann.

ca. Circa *Ungefähr, etwa*

CAA *GB:* **Civil Aviation Authority** *Zivile Luftverkehrsbehörde* Halbstaatliche Einrichtung zur Überwachung der Sicherheit und Wirtschaftlichkeit des britischen Passagier- und Frachtflugverkehrs.

CAAT Computer-aided auditing testing, Computer-assisted auditing testing *Computergestütztes Prüfungsverfahren* Das Verfahren ist ein Hilfsmittel in der automatisierten Rechnungsprüfung. Verschiedene Prüfinstrumente wie Flussdiagramme, Kommunikation, Berichterstattung, Textverarbeitung etc. werden mittels eines PC verknüpft und die Daten ausgewertet.

CAB *GB:* **Citizen's Advice Bureau** *Verbraucher-*

beratungsstelle, Bürgerberatung Gemeinnützige, freiwillige Organisation mit Büros in allen größeren Städten in GB. Bürger können sich Rat in allen Lebensfragen holen und erhalten Hinweise, welche Stellen bei der Lösung eines Problems behilflich sein können.

CAB *US:* **Civil Aeronautics Board** *Zivile Luftverkehrsbehörde* Staatliche Einrichtung, die Regeln für den kommerziellen Flugverkehr in den USA erlässt und deren Einhaltung überwacht.

CACM **Central American Common Market** *Mittelamerikanischer gemeinsamer Markt* Regionale Organisation mittelamerikanischer Staaten mit dem Ziel, den Lebensstandard, Handel und Industrie zu entwickeln. Gegründet 1960. Das langfristige Ziel ist die Errichtung eines gemeinsamen Marktes. Die Liberalisierung des gegenseitigen Warenaustausches ist bereits weitestgehend realisiert. Mitgliedstaaten sind Costa Rica, Guatemala, Honduras, Nicaragua und El Salvador.

CAD **Computer-aided design, Computer-assisted design** *Computergestütztes Konstruieren* Rechnergestützte, technische Konstruktionsarbeiten, die bisher von Ingenieuren am Zeichenbrett durchgeführt wurden.

CAD **Cash against documents** *Zahlbar gegen Dokumente, Dokumente gegen Kasse* Der Kaufpreis ist bei Übergabe der Dokumente (Faktura, Verschiffungspapiere, Versicherungspolice) zu zahlen. **CAD** ist ein Mittel der Zahlungsbeschaffung im internationalen Warengeschäft. Der Exporteur schickt die Verschiffungspapiere an eine Bank am Bestimmungsort, die dem Importeur nur bei Rechnungsbegleichung in der Bank ausgehändigt werden. Syn.: **c.v.d.** (Cash versus documents)

CAE **Computer-aided engineering, Computer-assisted engineering** *Computergestütztes Konstruieren* Durchführung von Berechnungen zu Alternativlösungen und dynamischen, grafischen Überprüfungen des Produktverhaltens von zumeist langlebigen Investitionsgütern. Teilgebiete sind ☞ **CAD** (Computer-aided design) und ☞ **CAM** (Computer-aided manufacturing).

CAF **Currency adjustment factor** *Währungsausgleichsfaktor* Zuschlag bzw. Abschlag bei den Transportkosten im Seeverkehr, der im Seefrachtvertrag vereinbart wird. Der **CAF** wird immer dann in Rechnung gestellt, wenn Reedereien ihre Frachtraten nicht in der Heimatwährung angeben und die Wechselkurse stark schwanken.

CAF *US:* **Cost, Assurance, Freight** *Kosten, Versicherung, Fracht* Veraltete Bezeichnung für die Handelsklausel **CIF**. ☞ **CIF** (Cost, insurance, freight)

CAFC *US:* **Court of Appeal for the Federal Circuit** *Berufungsgericht* Gericht in den USA mit Sitz in der Hauptstadt Washington, D.C. Es ist verantwortlich für Patentstreitsachen.

CAI **Computer-aided instruction, Computer-assisted instruction** *Computergestützte Lehre* Im Dialogbetrieb ablaufende Lernprogramme, die das Grundwissen und die Lerngeschwindigkeit des Benutzers messen und den Programmablauf entsprechend anpassen können.

Cal(if). **California** *Kalifornien* Bundesstaat der USA. Syn.: **CA** (California)

cal. **Calendar** *Kalender*

CAM **Computer-aided manufacturing, Computer-assisted manufacturing** *Computergestützte Fertigung* Computergestützte Steuerung und Überwachung von Produktionsabläufen, mit dem Ziel der Kostensenkung in den Fertigungsprozessen.

Cambs **Cambridgeshire** *Cambridgeshire* Englische Grafschaft.

Can. **Canada** *Kanada*

CAP **Common Agricultural Policy** *Gemeinsame Agrarpolitik* Agrarpolitik der EU. Sie orientiert sich an den Grundsätzen von einheitlichen Preisen, Gemeinschaftspräferenzen und finanzieller Solidarität. Subventionen sollen die Wettbewerbsfähigkeit auf den Weltmärkten verbessern. Es ist vorgesehen, durch Preissenkungen und den Abbau von Überschüssen die landwirtschaftlichen Strukturen in der Gemeinschaft grundlegend zu reformieren.

CAP **Computer-aided planning, Computer-assisted planning** *Computergestützte Planung* Erstellung von Arbeitsvorgaben, Arbeitsgängen und Arbeitsplänen im Dialogbetrieb mit einem Computer. Das System gibt Vorgabewerte im Rahmen eines Arbeitsplanes (wie Bearbeitungs- oder Übergangszeiten, Vorschläge für Betriebsmittelzuordnungen etc.) aus.

CAPM **Capital asset pricing model** *Kapitalmarktgleichgewichtsmodell* Modell zur grafischen Darstellung der erwarteten Rendite und des Risikos einer Aktie oder Portefeuilles.

capt. **Captain** *Kapitän*

CAQ **Computer-aided quality (assurance), Computer-assisted quality** *Computergestützte Qualitätssicherung und -kontrolle* **CAQ** wird mit anderen Computersystemen im Fertigungsbereich gekoppelt und dient der Betriebsdatenerfassung. Bei Abweichungen vom normalen Betriebsverlauf werden die Ursachen ermittelt.

CAR **Contractor's all risk insurance** *Bauleistungsversicherung* Technische Versicherung, die insbesondere unvorhersehbar eintretende Sachschäden am entstehenden Objekt und am vorhandenen Eigentum bei der Durchführung von Bauarbeiten abdeckt. Neben einer Sachschadendeckung kann die Versicherung zusätzlich Haftpflichtrisiken der versicherten Unternehmer, Subunternehmer und Auftraggeber decken.

CAR Compounded annual rate (of interest) *Zusammengesetzter Jahreszinssatz* Zinssatz unter Berücksichtigung der wieder angelegten Zinseszinsen. Mehr als einmal jährlich zur Auszahlung kommende Zinsen werden sofort reinvestiert. Damit wird insgesamt ein höherer Zinssatz als beim Jahreszins erreicht.

car. Carat *a) Karat* Gewichtsmaß vorzugsweise für Diamanten und andere Edelsteine. ☞ **c (Carat)** *b) Karat* Qualitätsmaß für den Feingehalt einer Goldlegierung. Reines Gold hat einen Feingehalt von 24 Karat. ☞ **kt.** (Karat)

CARICOM Caribbean Community *Karibische Gemeinschaft* Gemeinsamer Markt der Karibikregion, gegründet 1973. Regionale Organisation von 13 englischsprachigen Ländern in der Karibikregion zur Errichtung eines gemeinsamen Handelsmarktes und zur Förderung der wirtschaftlichen Zusammenarbeit zwischen den Mitgliedstaaten. Mitgliedstaaten sind Anguilla, Antigua und Barbuda, Bahamas, Barbados, Belize, Dominica, Grenada, Guyana, Jamaika, Montserrat, Saint Christopher und Nevis, Saint Lucia, Saint Vincent und die Grenadinen, Trinidad und Tobago.

carr.fwd. Carriage forward *Fracht bezahlt Empfänger* Der Käufer trägt die Transportkosten einer bestellten Ware. Syn.: **c.f.** oder **c./fwd.** (Carriage forward)

CASE Council of American States in Europe *Rat der amerikanischen Staaten in Europa* Dachverband der offiziellen Wirtschaftsvertretungen der einzelnen US-Bundesstaaten in Europa. Die Niederlassungen befinden sich vor allem in Brüssel, London und Frankfurt/M.

CAT Computer-aided testing, Computer-assisted testing *Computergestütztes Testverfahren* Hilfsverfahren bei der Bewerber- und Personalbeurteilung. Klassische psychologische Testverfahren werden auf Computer übertragen. Die Anwendungsmöglichkeiten liegen in den Bereichen Erstellung, Durchführung und Auswertung von Tests.

CAT Computer-aided trading, Computer-assisted trading *Computergestützter Handel* Die Abwicklung von Börsengeschäften mittels Computer. Dadurch kann eine hohe An- und Verkaufsgeschwindigkeit erzielt werden.

cat(alg) Catalogue *Katalog* Telexabkürzung.

CATI Computer-aided telephone interviewing (system), Computer-assisted telephone interviewing *Computergestützte Telefonbefragung* Marktforschungsmethode, bei der Telefonbefragungen durchgeführt und die Antworten während der Interviews in den Computer eingegeben werden. Die Vorteile bestehen insbesondere in einer schnelleren Datenauswertung und der Möglichkeit für den Interviewer, bei bestimmten Antworten weitere Fragen gemäß Computerprogramm zu stellen.

C.B. Chartering Broker *Befrachtungsmakler, Seespediteur* Vermittler zwischen Verlader und Transportunternehmer. Der Makler stellt Ladungen zusammen und sorgt für den wirtschaftlichen Einsatz des Transportmittels. In der Regel übernimmt er eine Vielzahl verschiedener Nebenleistungen wie das Erstellen von Seefrachtbriefen, der Frachtabrechnung, die Erledigung von Zollformalitäten und Schadensregulierung.

CBA Cost-benefit analysis *Kosten-Nutzen-Analyse* Verfahren zur vergleichenden Bewertung von Vorschlägen zur Realisierung eines öffentlichen Infrastruktur-Investitionsvorhabens. Die Kosten und Erträge/Nutzen des Projektes werden bestimmt und mit Berechnungen zu alternativen Investitionsobjekten verglichen. Die Alternative mit der größten Differenz zwischen Kosten und Nutzen/Erträgen wird gewählt. Dabei geht man davon aus, dass die Erträge/Nutzen gleichzeitig einen Zuwachs gesellschaftlicher Wohlfahrt darstellen und so hoch wie möglich sein sollten.

CBD Central business district *Zentrales Gewerbegebiet* Das Zentrum einer Stadt, in dem traditionell der größte Teil aller kommerziellen Aktivitäten durchgeführt wird, und wo die größte Ansiedlung von Einzelhandelsgeschäften, Kaufhäusern und Spezialläden zu verzeichnen ist.

c.b.d. Cash before delivery *Vorkasse, Bezahlung vor Lieferung, Vorauszahlung* Bedingung des Verkäufers, die georderte Ware vor Verschickung im Voraus zu bezahlen. Diese Bedingung wird vor allem bei in Zeitungen und Zeitschriften annoncierten Waren oder Dienstleistungen gestellt.

cbf. Cubic foot *Kubikfuß* Raummaß. 1 cbf. = 0,0283 m^3. Syn.: **c.f.** oder **c.ft.** oder **cu.ft.** (Cubic foot)

CBI GB: Confederation of British Industry *Britischer Industrieverband* Unternehmerverband. Der Verband vertritt die Interessen der Unternehmen gegenüber der Regierung und den Gewerkschaften. Gegründet 1965.

CBI US: Caribbean Basin Initiative *Karibikinitiative* Abkommen zwischen den USA und Anrainerstaaten der Karibik über den fast völlig zollfreien Export einer Vielzahl von Produkten in die USA.

CBNM Central Bureau for Nuclear Measurements *Zentralbüro für nukleare Messverfahren* Zentrale Einrichtung der EU, die die Anwendung nuklearer Messmethoden, z. B. Neutronenmessung, untersucht.

CBO *US:* Congressional Budget Office *Haushaltaufsichtsbehörde* Kongressbehörde zur Überwachung und Planung des Staatshaushaltes in den USA.

CBOE Chicago Board of Options Exchange *Chicagoer Optionsbörse* Größte und älteste Optionsbörse der Welt. Sie führte als erste Börse den Handel mit standardisierten Kaufoptionen ein und ist heute der wichtigste Markt für Optionen. Eine Kontraktgröße beträgt in der Regel 100 Aktien.

CB(O)T *US:* Chicago Board of Trade *Chicagoer Handelsbörse* Älteste und größte Rohstoff- und Warenbörse der Welt, gegründet 1848. Sie ist aktiv im Terminhandel mit Finanztiteln und Optionen. Haupttätigkeitsfelder sind der Handel mit landwirtschaftlichen Produkten wie Getreide und Sojabohnen, Metallen und ausländischen Währungen. Der Handel ist nur über Mitgliedsfirmen möglich. Die Abwicklung erfolgt über Clearinghäuser ☞ **CH** (Clearing houses).

CBT Computer-based training *Computergestützte Ausbildung* Rechnergestüzte Lernprogramme und Tests, bei denen die Antworten direkt in den Computer eingegeben und sofort ausgewertet werden.

CBU Completely built-up *Vollständig montiert, komplett gefertigt* Beschreibung des Zustandes von Waren bei der Übergabe an den Käufer. Sie sind vollständig zusammengebaut und können sofort in Betrieb genommen werden.

CBX Computerized branch exchange *Computerisierte Vermittlungseinrichtung* Sie ist mit digitalen Kommunikations- und Nebenstellenanlagen verbunden. Neben der Datenübertragung sind Text- und Sprachkommunikation innerhalb des Unternehmens möglich. In der Regel besteht eine Verbindung zu öffentlichen Vermittlungsnetzen.

CBX Company branch (telephone) exchange *Betriebs-Telefonvermittlungsstelle* Vermittlungsstelle in größeren Betrieben, in denen nicht alle Apparate direkt erreicht werden können oder sollen.

CC Chamber of Commerce *Handelskammer, Industrie- und Handelskammer* Die Interessenvertretung für die gewerbliche Wirtschaft einer Region. Sie vertritt ihre Mitglieder gegenüber den kommunalen Instanzen, erstellt Gutachten, tritt als Schlichter in Wettbewerbsstreitigkeiten auf, erteilt Auskünfte zu Unternehmen u. v. m.

C.C. Civil commotion *Öffentlicher Aufruhr* Starke Störung der öffentlichen Ordnung, meist einhergehend mit der Bedrohung von Leben und Schädigung von Eigentum. Dieses Risiko wird nur von speziell ausgehandelten Versicherungen abgedeckt.

C.C. Collision course *Kollisionskurs* Bewegungsrichtung zweier Schiffe, die zum Zusammenstoß führt.

C/C Clean credit *Barkredit* Die Bereitstellung von Geld in laufender Rechnung oder auf einem Kreditkonto. Über Geld kann jederzeit in bar verfügt werden. Zu den Barkrediten gehören Kontokorrent- und Konsumentenkredite.

cc Copy circulated to *Ausfertigung an* Briefvermerk zum Verteilerschlüssel.

cc Cubic centimetre *Kubikzentimeter*

cc Charges collect *Nachnahme* a) Nachnahme für Fracht und Nebenkosten im Transportwesen. Die Gebühren werden bei Anlieferung der Ware beim Empfänger kassiert. b) Vermerk auf einem Luftfrachtbrief ☞ **AWB** (Air waybill). Die Luftfracht wird am Bestimmungsflughafen bezahlt.

cc Carbon copy *Durchschlag, Durchschrift, Kopie* Kopie eines handschriftlichen oder maschinengeschriebenen Textes durch Kohledurchschlagpapier.

CCA Current cost account *Aktuelle Kostenrechnung, Kostenlegung zum Tageswert* Methode zur Bestimmung der Auswirkungen von Preisänderungen auf die Geschäftsergebnisse eines Betriebes. Dabei wird der Einfluss der Inflation auf den Wert der Firmenvermögenswerte berücksichtigt.

CCAB *GB:* Consultative Committee of Accountancy Bodies *Beratender Ausschuss der britischen Wirtschaftsprüferinstitute* Beratungsgremium zur Koordinierung der Arbeit der verschiedenen Wirtschaftsprüferinstitute in GB.

CCC *US:* Commodity Credit Corporation *Rohstoff-Kredit-Gesellschaft* US-Behörde für die technische und finanzielle Hilfe und Unterstützung des Exports von landwirtschaftlichen Produkten aus den USA.

CCC Customs Cooperation Council *Rat für die Zusammenarbeit auf dem Gebiet des Zollwesens* Internationale zwischenstaatliche Organisation mit Sitz in Brüssel und mit mehr als 100 Mitgliedsländern. Ziele sind die Weiterentwicklung internationaler Zollstandards, der Export- und Importverfahren, der Kontroll- und Sicherungsmechanismen u. v. m.

CCC Consumer's Consultative Council *Verbraucherberatungsrat* Das Gremium vertritt die Interessen der Verbraucherschutzorganisationen bei der EU-Kommission. Er besteht aus 45 Mitgliedern, in der Mehrheit Vertreter europäi-

CCCN

scher und nationaler Verbraucherverbände.

CCCN Customs Cooperation Council Nomenclature *Internationales Klassifizierungs- und Kodierungssystem für Waren im Zollverkehr* Die Nomenklatur wird von der Mehrheit der Staaten in der Welt genutzt.

CCIO Classification of Commodities by Industrial Origin *Gütersystematik nach Herkunftsbereichen* Von den Vereinten Nationen erstellte Güter- und Wirtschaftszweigsystematik, gegliedert nach dem industriellen und landwirtschaftlichen Ursprung der Güter. Die Waren werden als fünfstellige Positionen aufgeführt.

CCITT Consultative Committee for International Telephony and Telegraphy *Beratungsausschuss für Fernmeldebeziehungen* Auschuss der Vereinten Nationen und beratender Ausschuss der Internationalen Fernmeldeunion ☞ **UIT** (Union Internationale de Telecommunication) mit Sitz in Genf, der die Bestimmungen und Ordnungen für internationale Fernmeldebeziehungen erarbeitet und regelt und sich mit Standardisierungsfragen beschäftigt.

CD(s) Certificate(s) of Deposit *Depositenzertifikat* Kurzfristige Schuldverschreibungen von Banken mit einer Laufzeit von maximal einem Jahr. Sie werden zur kurzfristigen Passivgeldbeschaffung emittiert. Sie weisen einen hohen Liquiditätsgrad auf, weil sie als Inhaberpapiere jederzeit vor Fälligkeit formlos veräußert werden können.

C/D Collection and delivery *Nachnahme, Inkasso und Zustellung* Auf Rechnungen extra ausgewiesene Gebühr für die Zustellung einer Ware. Der Rechnungsbetrag wird bei Übergabe der Ware fällig.

c.d. *Lat.:* **Cum dividend** *Mit Dividende* Anmerkung zu Börsenkursen von Aktien. Der Kurs erscheint ohne Dividendenabschlag. Syn.: **cum div** (Cum dividend)

c.d. Closing date *Schlussdatum, Schlusstermin* Abschlusstag, der das Ende eines Bilanzjahres o.Ä. festlegt. Im Konkursverfahren wird damit die Gläubigerversammlung vor der Aufhebung des Verfahrens bezeichnet. Der Termin und die Schlussrechnung des Konkursverwalters müssen vorher veröffentlicht bzw. ausgelegt worden sein.

c.d. Carried down *Übertrag* Eintragung am Ende einer Rechnung als Gesamtsummenangabe, die auf eine spätere Rechnung auf derselben Seite des Kontobuches zu übertragen ist.

CDB Carribean Development Bank *Karibische Entwicklungsbank* Finanzinstitut der Mitglieder der Karibischen Gemeinschaft ☞ **CARICOM** (Carribean Community). Gegründet 1969 mit Sitz in Barbados. Ziel der Bank ist eine harmonische wirtschaftliche Entwicklung der Mitgliedstaaten in der Karibik. Zu den Mitgliedern gehören neben der **CARICOM** -Staaten die USA, Kanada, Großbritannien und Deutschland.

CDC *US:* **Center for Disease Control** *Staatliches Gesundheitsamt* Staatliche Einrichtung zur Überwachung und Bekämpfung von vorwiegend epidemisch auftretenden Krankheitssymptomen.

cd.fwd. Carried forward *Saldovortrag* Eintragung am Ende einer Rechnung als Gesamtsummenangabe, die auf die nächste Rechnung oder auf eine der nächsten Seiten des Kontobuches zu übertragen ist. Syn.: **C/fwd** (Carried forward) oder **c/o** (Carried over)

CDW Collision damage waiver, Car damage waiver *Vollkasko, Haftungsbefreiung* Bei selbst verschuldeten Unfällen wird der Unfallverursacher gar nicht oder nur bis zu einer festgelegten Höchstsumme zur Verantwortung gezogen. Die Klausel findet vor allem bei Kfz-Vermietungen Anwendung und bietet keinen Diebstahlschutz. Schäden an den Rädern oder Reifen sowie an der Unterseite des Fahrzeugs sind meist ausgeschlossen.

CE Council of Europe *Europarat, Europäischer Rat* Gipfelkonferenz der Staats- und Regierungschefs der Mitgliedstaaten der EU und dem Präsidenten der Europäischen Kommission, die mindestens zweimal jährlich stattfindet. Der Rat soll die allgemeinen politischen Leitlinien für das europäische Einigungswerk festlegen. Er erlässt politische Grundsatzentscheidungen und formuliert Aufträge und Richtlinien für seine Arbeit. Im Rahmen der politischen Zusammenarbeit liegen die Aufgaben vor allem in der Abgabe von Stellungnahmen zu weltpolitischen Fragen sowie in der Koordinierung der Außenpolitik der Mitgliedsländer.

c.e. *Lat.:* **Caveat emptor** *Es hüte sich der Käufer* Ausschluss der Gewährleistung. Alte Regel des Gewohnheitsrechts. Der Verkäufer einer Ware ist nicht verpflichtet, auf eventuelle Mängel hinzuweisen. Allerdings darf er keine falschen Informationen oder unrichtige Beschreibungen des Produktes an den Käufer übergeben.

CEA *US:* **Council of Economic Advisors** *Sachverständigenausschuss für Konjunktur* Eine Gruppe von Wirtschaftsexperten, die nach Berufung den Präsidenten der USA in wirtschaftlichen Fragen beraten. Der Rat bereitet in der Regel auch die Haushaltsrede des Präsidenten vor dem Kongress vor.

CEDEL *Franz.:* **Centrale de livraison de valeurs mobilières** *Clearingstelle* Internationale Organisation zur Abwicklung von Wertpapiertransaktionen an den Euro- und internationalen

CEO

Wertpapiermärkten. Die Umbuchungsgeschäfte erfolgen in der Regel automatisch.

CEO Chief Executive Officer *Vorstandsvorsitzender, Generaldirektor, Vorsitzender der Geschäftsführung* Höchster Vertreter eines Unternehmens oder einer Organisation mit der Verantwortung für den ordnungsgemäßen Ablauf aller Geschäftsaktivitäten. Unternehmensinterne Bezeichnung für „president" oder „chairman".

CER Closer economic relations *Engere Wirtschaftsbeziehungen* Wirtschaftsdoktrin für die besonderen Beziehungen zwischen Australien und Neuseeland.

cert. Certificate *Zertifikat, Zeugnis, Urkunde, Beglaubigung* Ein von einer berechtigten Person unterzeichnetes Dokument (Urkunde), das den Wahrheitsgehalt einer Tatsache erklärt und den wesentlichen Inhalt einer vertraglichen Vereinbarung oder Abmachung wiedergibt.

cert.inv. Certified invoice *Beglaubigte Exportrechnung* Die Rechnung trägt ein unterzeichnetes und beglaubigtes Ursprungszeugnis auf der Rückseite.

CET Central European Time *Mitteleuropäische Zeit* Lokale Zeit in Mitteleuropa, eine Stunde vor ☞ **UTC** (Central time coordinated). Sie gilt u.a. für Spanien, Frankreich, Norwegen, Schweden, Deutschland und Österreich.

CET Common external tariffs *Gemeinsame Außenhandelstarife* Versuch der Zollharmonisierung im Handel zwischen den Ländern Mittelamerikas bei der Schaffung eines gemeinsamen Marktes.

C.F. Compensation fee *Entschädigungsgebühr, Schadenersatzgebühr* Gebühr, die zusätzlich für die Versendung eines Paketes durch den Postdienst fällig wird. Bei Beschädigung oder Verlust der verschickten Ware erhält der Sender eine Entschädigung in Höhe des Marktwertes.

C/F Cost and freight *Kosten und Fracht (benannter Bestimmungshafen)* ☞ **INCOTERM** -Klausel 1990 (International Commercial Term); Haupttransport vom Verkäufer bezahlt. Der Verkäufer trägt die Kosten und die Fracht zum benannten Bestimmungshafen und macht die Ware zur Ausfuhr frei. Die Gefahr des Verlustes oder der Beschädigung sowie zusätzliche Kosten an Bord gehen nach Überschreiten der Schiffsreling an den Käufer über. Syn.: **CFR** (Cost and freight).

C&F Cost and freight *Kosten und Fracht (benannter Bestimmungshafen)* ☞ **CFR** (Cost and freight).

cf. *Lat.*: **Conferatur** *Vergleiche* Hinweis auf eine Stelle in einem Text, die einen Bezug zur gemachten Aussage beinhaltet.

c.f. Cubic foot *Kubikfuß* Englisches/amerikanisches Raummaß. 1 **c.f.** entspricht 0,0283 Kubikmeter. Syn.: **cbf. oder c.ft.** oder **cu.ft.** (Cubic foot)

c.f. Carriage forward *Fracht bezahlt Empfänger* Der Käufer trägt die Transportkosten einer bestellten Ware. Syn.: **carr. fwd.** oder **c./fwd.** (Carriage forward)

CFCs Chlorofluorocarbons *Fluorchlorkohlenwasserstoffe* Umweltschädliche Treibmittel.

CFE *GB:* **College of further education** *Weiterbildungseinrichtung* Eine nichtuniversitäre Bildungseinrichtung, an der nach dem regulären Schulabschluss Vollzeit- oder Teilzeitkurse belegt werden können.

CFI Cost, freight, insurance *Kosten, Fracht, Versicherung (benannter Bestimmungshafen)* Lieferklausel im internationalen Handel. ☞ **CIF** (Cost, insurance, freight)

cfm(d) Confirmed *Bestätigt* Telexabkürzung.

cfmtn Confirmation *Bestätigung* Telexabkürzung.

CFO Chief financial officer *Stellvertretender Vorstandsvorsitzender Finanzen* Der leitende Angestellte in einer Aktiengesellschaft mit weitreichenden Vollmachten zur Erarbeitung und Durchsetzung der Finanzpolitik des Unternehmens.

CFP Certified Financial Planner *Geprüfter Finanzplaner* Eine Person, die die Prüfungen im Fach Finanzplanung an einer anerkannten Universität bestanden hat und nunmehr in der Lage ist, Bank-, Steuer-, Grundstücks-, Versicherungs- und Investmentangelegenheiten seiner Kunden kompetent zu erledigen. In der Regel spezialisiert sich der Finanzplaner auf einige Fachgebiete.

CFP Common fisheries policy *Gemeinsame Fischereipolitik* Gemeinsame Politik der Länder der EU. Die Fischereipolitik ist eine der wenigen Politiken mit gemeinsamen Regelungen für alle Mitgliedstaaten, die sämtliche Aspekte des Fischereiwesens vom Fischfang bis zum Verbraucher abdecken.

CFR *GB:* **Construction Forecasting and Research** *Konjunkturforschung in der Bauindustrie* Forschungsanstalt der britischen Industrie für die Aufstellung von Wirtschaftsprognosen im Bereich der Bauwirtschaft.

CFR Cost and freight *Kosten und Fracht (benannter Bestimmungshafen)* ☞ **INCOTERM** -Klausel 1990 (International Commercial Term). Haupttransport vom Verkäufer bezahlt. Der Verkäufer trägt die Kosten und die Fracht zum benannten Bestimmungshafen und macht die Ware zur Ausfuhr frei. Die Gefahr des Verlustes oder der Beschädigung sowie zusätzliche Kosten an Bord gehen nach Überschreiten der Schiffsre-

ling an den Käufer über. Syn.: **C&F** (Cost and freight)
CFS Container freight station *Containerladestel-le, Containerfrachtstation* Ort, an dem ein Reeder oder sein Beauftragter Waren vom Versender im Empfang nimmt und diese mit anderen Sendungen, die ebenfalls für den Empfängerhafen bestimmt sind, in einem Container zusammen staut.
c.ft. Cubic foot *Kubikfuß* Englisches/amerikanisches Raummaß. 1 **c.ft.** entspricht 0,0283 Kubikmeter. Syn.: **cbf. oder c.f.** oder **cu.ft.** (Cubic foot)
CFTA Canada Free Trade Agreement *Kanada-Freihandelsabkommen* Freihandelszone zwischen Kanada und den USA. Form der wirtschaftlichen Integration der beiden Länder, bei der Zölle und sonstige Handelsbeschränkungen weitestgehend abgeschafft wurden. Zu Drittländern werden die nationalen Zölle aufrechterhalten.
CFTC *US:* **Commodity Futures Trading Commission** *Handelskommission für Warenterminkontrakte* Staatliche Aufsichtsbehörde in den USA mit Sitz in Washington, D.C., die den Handel mit Gemeinschaftsoptionen sowie den Terminhandel mit Ausnahme von Aktien und die Warenbörsengeschäfte auf nationaler Ebene kontrolliert.
c./fwd. Carriage forward *Fracht bezahlt Empfänger* Der Käufer trägt die Transportkosten einer bestellten Ware. Syn.: **carr. fwd.** oder **c.f.** (Carriage forward)
c./fwd. Carried forward *Saldovortrag* Eintragung am Ende einer Rechnung als Gesamtsummenangabe, die auf die nächste Rechnung oder auf eine der nächsten Seiten des Kontobuches zu übertragen ist. Syn.: **cd.fwd.** (Carried forward)
CGBR Central Government Borrowing Requirements *Kreditbedarf der Zentralregierung* Die Geldmenge, die eine Zentralregierung leihen muss, um ein Haushaltsdefizit auszugleichen.
cge. Carriage *a) Transport* Der Transport von Gütern. *b) Transportgebühren* Die vom Transporteur auf einen Warentransport erhobenen Gebühren.
CGH Cape of Good Hope *Kap der Guten Hoffnung* Geographischer Punkt im Seeverkehr. Südlicher Seeweg um Afrika.
CGI *Franz.:* **Code Général des Impôts** *Allgemeines Steuergesetzbuch* Es enthält die steuerrechtlichen Bestimmungen für die einzelnen Steuern sowie die Vorschriften über das Steuerverfahrensrecht und das Steuerstrafrecht in Frankreich.
cgo. Cargo *Fracht- und Transportgut* Insbesondere als Schiffsladung oder -fracht.

CGT Capital gains tax *Kapitalgewinnsteuer, Veräußerungsgewinnsteuer* Steuer auf den Wertzuwachs beim Verkauf von Vermögenswerten eines privaten Steuerzahlers. Einige Werte wie Haus, Auto usw. sind oft bis zu einer festgesetzten Grenze steuerfrei.
CH Clearing house *Abrechnungsstelle, Clearingstelle* Abwicklungseinrichtung im Zahlungsverkehrs-, Devisen- und Wertpapierbereich. Einrichtung an den Terminbörsen, die sämtliche Transaktionen zwischen den Börsenmitgliedern abwickelt und die Erfüllung der Verträge zwischen den Parteien garantiert.
CH Carrier's haulage *Transportkosten an den Reeder* Klausel im Frachtverkehrsvertrag. Der Landlauf eines Containers wird durch die Reederei besorgt.
C.H. Custom(s) House *Zollhaus, Zollandungsplatz* Büros der Zollbehörden in einem Hafen, an denen einfahrende Schiffe anlegen und von denen ausfahrende Schiffe ablegen können. An diesem Platz werden die zollrelevanten Einfuhr- und Ausfuhrmodalitäten erledigt sowie anfallende Gebühren entrichtet.
ch. Chain *Kette* Längenmaß für Vermessungsarbeiten. 1 **ch.** entspricht 66 **ft.** (feet). 1 **mi.** (mile) entspricht 80 ch. 1 chain untergliedert sich in 100 li. (link)
ch. Charge *Gebühr, Kosten* Oft: Verbindlichkeiten und Ausgaben eines Unternehmens für Mieten, Steuern, Zinsen usw. Syn.: **chg(s)** (Charge(s))
ch(s). Chapter(s) *(Buch-) Kapitel*
c.h. Central heating *Zentralheizung*
chaf. Chafage *Reibeschaden* Ein Schaden, der während eines Warentransports durch das Aneinanderscheuern der Waren entsteht.
CHAPS *GB:* **Clearing House Automated Payment System** *Automatisches Abrechnungs- und Verrechnungssystem* Das System ermöglicht den angeschlossenen Banken die sofortige elektronische Überweisung und Wertverrechnung ihrer gegenseitigen Forderungen.
Ches Cheshire *Cheshire* Englische Grafschaft.
ch.fwd Charges forward *Kosten und Frachtnachnahme* Die Gebühren bezahlt der Empfänger.
chg(s) Charge(s) *Gebühr(en), Kosten* Oft: Verbindlichkeiten und Ausgaben eines Unternehmens für Mieten, Steuern, Zinsen usw. Auch Telexabkürzung. Syn.: **ch.** (Charge)
CHIPS *US:* **Clearing House Interbank Payment System** *Zahlungsverkehrabrechnungssystem* Das System der New York Clearing House Association erlaubt die Verrechnung des Zahlungsverkehrs unter Banken. Es ermöglicht den angeschlossenen Banken die sofortige elektronische

chn.

Überweisung und Wertverrechnung ihrer gegenseitigen Forderungen. Die Abrechnungsbeträge stehen dem Begünstigten am gleichen Tage nach Verrechnungsabschluss der Banken zur Verfügung.

chn. Chairman *Vorsitzender, Präsident eines Gremiums* Als „chairman of the board" Aufsichtsratsvorsitzender oder Vorstandsvorsitzender.

ch.pd. Charges paid *Gebühren bezahlt* Die Gebühren für einen Warentransport sind bereits bezahlt.

ch.ppd. Charges prepaid *Kosten vorausbezahlt* Die Gebühren für einen Transport oder eine andere Dienstleistung sind bereits vom Verkäufer bezahlt.

chq. GB: Cheque *Scheck* Syn.: *US:* ck (Check)

CHU Centigrade heat unit *Einheit der Wärmemenge* Wärmemenge, die erforderlich ist, um 1 **lb.** (pound) Wasser um 1° Celsius zu erhitzen.

c.h.w. Constant hot water *Fließend Warmwasser*

CI Corporate Identity *Einheitliches Erscheinungsbild* Ganzheitliches Erscheinungsbild eines Unternehmens, das oft verbindlich festgelegt ist und die grundsätzlichen Wertvorstellungen des Unternehmens widerspiegeln soll. Das **CI** wird nach außen hin durch Firmenlogo, Schriftzüge, Produktnormen sowie das Verhalten und Auftreten des Unternehmens und seiner Mitarbeiter in der Öffentlichkeit repräsentiert.

CI Channel Islands *Kanalinseln* Inseln im Ärmelkanal vor der bretonischen Küste. Durch die günstige Steuergesetzgebung sind sie Sitz zahlreicher Banken und Firmen. Die Abkürzung erscheint gewöhnlich hinter einem Firmennamen und gibt deren Stammsitz an. Die Inseln gehören offiziell nicht zum Vereinigten Königreich, sie sind selbst verwaltete Schutzgebiete der britischen Krone mit eigenen Parlamenten.

C.I. Consular invoice *Konsulatsfaktura* In bestimmten Ländern erforderliche beglaubigte Exportrechnung, die von einem Konsul im Herstellerland unterzeichnet und bestätigt wird. Sie wird vom Konsulat des Empfängerlandes im Ursprungsland ausgestellt. Die Rechnung wird vom Zoll des Empfängerlandes als Einfuhrpapier behandelt und zur Berechnung von Einfuhrzöllen anerkannt. Die **C.I.** enthält eine genaue Warenbeschreibung, genaue Wertbeschreibungen und das Ursprungsland. Syn.: **con.inv** (Consular invoice)

C/I Credit insurance *Kreditversicherung* Die Versicherung trägt für den Kreditgeber die Gefahr des Ausfalls der Rückzahlung.

c/i Certificate of Insurance *Versicherungspolice* Urkunde über den Abschluss eines Versicherungsvertrages.

Cia. Spanisch: Compañía *Gesellschaft, Unternehmen, Firma* Die Abkürzung erscheint am Ende eines Firmennamens.

CIB Counterfeiting Intelligence Bureau *Untersuchungsorgan für Markenfälschungen* Einrichtung der Internationalen Handelskammer ☞ **ICC** (International Chamber of Commerce). Gegründet 1985 mit Sitz in London. Seine Aufgabe ist die Bekämpfung der Markenpiraterie.

CICCA Committee for International Cooperation between Cotton Associations *Internationaler Ausschuss für die Zusammenarbeit der Baumwollverbände* Gegründet 1975. Mitglieder im Ausschuss sind Verarbeitungsbetriebe der Baumwollwirtschaft, Händler und Baumwollbörsen.

CIDA Canadian International Development Agency *Kanadische internationale Entwicklungsbehörde* Die Behörde vermittelt Finanzierungen für Entwicklungsprojekte in den ärmsten Ländern der Welt und unterstützt multinationale Programme der UNO, von Entwicklungsbanken und humanitären Organisationen.

Cie. Franz.: Compagnie *Gesellschaft, Unternehmen, Firma* Die Abkürzung erscheint am Ende eines Firmennamens.

CIF Corporate income fund *Investmentfonds* Investmentgesellschaft mit Anlagen in börsennotierten Unternehmen. Häufig zahlen diese Fonds die Überschüsse aus den Investmenteinkünften monatlich an der Anleger aus.

CIF Cost, insurance, freight *Kosten, Versicherung und Fracht (benannter Bestimmungshafen)* Lieferklausel ☞ **INCOTERMS** 1990 (International Commercial Terms). Haupttransport vom Verkäufer bezahlt. Der Verkäufer hat die gleichen Verpflichtungen wie bei ☞ **CFR** (Cost and freight), hat aber zusätzlich eine Seetransportversicherung gegen die vom Käufer getragenen Gefahren abzuschließen und zu bezahlen. Syn.: **CFI** (Cost, freight, insurance)

c.i.f.c. Cost, insurance, freight, commission *Kosten, Versicherung, Fracht, Käuferprovision* Erweiterte ☞ **CIF** -Klausel (Cost, insurance, freight). Lieferklausel im Außenhandel. Der Preis schließt neben den gesamten Beförderungskosten eine Einkaufsprovision oder Kommission des Exporteurs ein.

c.i.f.c.i. Cost, insurance, freight, commission and interest *Kosten, Versicherung, Fracht, Käuferprovision und Bankzinsen* Erweiterte ☞ **CIF** -Klausel (Cost, insurance, freight). Lieferklausel im Außenhandel. Der Preis umfasst neben den gesamten Beförderungskosten und einer Vermittlungsprovision die Bankzinsen bis zur Fälligkeit der Tratte.

c.i.f.e. Cost, insurance, freight, exchange varia-

c.i.f.e.

tions *Kosten, Versicherung, Fracht, Wechselkursschwankungen* Erweiterte ☞ **CIF** -Klausel (Cost, insurance, freight). Lieferklausel im Außenhandel. Der Preis umfasst die gesamten Beförderungskosten und richtet sich automatisch nach der Wertentwicklung eines Wechselkurses.

c.i.f.i. Cost, insurance, freight, interest *Kosten, Versicherung, Fracht, Zinsen* Erweiterte ☞ **CIF** -Klausel (Cost, insurance, freight). Transportklausel im Exportgeschäft. Außer den gesamten Beförderungskosten trägt der Verkäufer die Bankzinsen bis zur Fälligkeit der Tratte.

c.i.f.w. Cost, insurance, freight and war risk *Kosten, Versicherung, Fracht und Kriegsrisiko* Erweiterte ☞ **CIF** -Klausel (Cost, insurance, freight). Transportklausel im Exportgeschäft. Außer den gesamten Beförderungskosten trägt der Verkäufer eventuelle Schäden durch kriegerische Einflüsse.

CII Confederation of Irish Industry *Irischer Industrieverband* Der irische Unternehmerverband. Der Verband vertritt die Interessen der Unternehmen gegenüber der Regierung und den Gewerkschaften.

CIM Computer-integrated manufacturing *Computerintegrierte Produktion* Die Herstellung von Waren durch die Kombination von rechnergestützter Konstruktion ☞ **CAD** (Computer-aided design) und rechnergestützter Herstellung ☞ **CAM** (Computer-aided manufacturing).

CIM *Franz.*: Convention internationale concernant le transport des marchandises par chemin de fer *Internationale Eisenbahnverkehrsordnung* Internationales Übereinkommen über den Eisenbahnfrachtverkehr im zwischenstaatlichen Transport. Das Übereinkommen ist Rechtsgrundlage für die Frachtbriefgestaltung im internationalen Eisenbahnverkehr.

CIM Computer input on microfilm *Computereingabe mittels Mikrofilm*

CIO Chief investment officer *Stellvertretender Vorstandsvorsitzender für Investitionen* Der leitende Angestellte in einer Aktiengesellschaft mit weitreichenden Vollmachten zur Ausarbeitung und Durchsetzung der Investitionspolitik des Unternehmens.

CIP Continuation-in-part application *Antrag auf Teilweiterbehandlung* Antrag auf die Teilweiterbehandlung einer endgültig zurückgewiesenen Patentanmeldung. Die neuerliche Anmeldung enthält Änderungen und Zusätze.

CIP Carriage and insurance paid (to) *Frachtfrei versichert (benannter Bestimmungsort)* Lieferklausel aus ☞ **INCOTERMS** 1990 (International Commercial Terms). Haupttransport vom Verkäufer bezahlt. Der Verkäufer hat die glei-

chen Verpflichtungen wie bei der ☞ **CPT** -Klausel (Carriage paid to), schließt aber zusätzlich eine Transportversicherung ab und bezahlt diese. Diese Klausel kann für jede Transportart verwendet werden.

CIS Commonwealth of Independent States *Gemeinschaft Unabhängiger Staaten* Vereinigung eines Teils der ehemaligen Sowjetrepubliken zur Förderung von Handel und Industrie untereinander.

CISG Convention on contracts for the international sale of goods *Übereinkommen über internationale Kaufverträge* UN-Kaufrecht. Übereinkommen für Kaufverträge über Waren zwischen Parteien, die ihre Niederlassung in verschiedenen Staaten haben.

CIT Critical incidents technique *Analyse kritischer Ereignisse* Beobachtungsverfahren bei Personalbeurteilungen. Bestimmte Verhaltensweisen bei der Abarbeitung von Arbeitsaufgaben werden als besonders erfolgreich oder nichterfolgreich im Hinblick auf ein bestimmtes Arbeitsziel eingestuft. Die zu befragende Person hat aus dem eigenen Erlebnisbereich über wichtige, „kritische" Ereignisse in der Vergangenheit zu berichten. Ziel der Untersuchung ist es, Verhaltensweisen aufzuzeigen, die für eine Position im Unternehmen besonders förderlich oder hinderlich sind.

CITES Convention on International Trade in Endangered Species of Wild Fauna and Flora *Übereinkommen über den internationalen Handel mit gefährdeten Arten freilebender Tiere und Pflanzen* Internationales Übereinkommen zum Schutz bestimmter Tiere und Pflanzen. Die betroffenen Tier- und Pflanzenarten sind in drei Listen erfasst. 1) Von Ausrottung bedrohe Arten, die einem grundsätzlichen Handelsverbot unterliegen. 2) und 3) für potenziell gefährdete Arten, die einer besonderen Handelskontrolle unterliegen.

CIV *Franz.*: Convention internationale concernant le transport des voyageurs et des bagages par chemins de fer *Internationales Abkommen über den Personen- und Gepäckverkehr mit der Eisenbahn*

ck *US:* check *Scheck* Syn.: *chq.* (Cheque)

ck. Cask *Fass* Fassähnlicher Behälter zum Transport von Flüssigkeiten vorzugsweise Bier oder Wein. Üblich in mehreren Größen (butt, hogshead, kilderkin, firkin, peg) mit unterschiedlichem Fassungsvermögen. Syn.: **csk.** (Cask)

CKD Completely knocked down *Vollkommen zerlegt, demontiert* Waren, vor allem Maschinen, werden demontiertz an den Käufer geliefert. Der Käufer trägt die Kosten für Aufbau und Zusammensetzung. Syn.: **KD** (Knocked down)

cl. Clause *Satz, Klausel, Bedingung* Ein verbindlicher Satz oder Paragraph in einem Rechtsdokument oder einer Versicherungspolice.

c.l. Car load a) *Wagenladung* b) *Waggonladung*

CLC Commercial Letter of Credit *Handelskreditbrief* Sonderform des Akkreditivs, das besonderes in anglo-amerikanischen Ländern verbreitet ist. Der Exporteur wird ermächtigt, eine Tratte auf den Importeur oder die eröffnende Bank zu ziehen. Diese verpflichtet sich, die Tratte zusammen mit den entsprechenden Dokumenten von jedem gutgläubigen Einreicher aufzunehmen und zu honorieren. Im Gegensatz zum üblichen Akkreditiv wird der **CLC** durch die eröffnende Bank an den begünstigten Exporteur avisiert. Dieser hat freie Bankenauswahl beim Zahlungseinzug.

cld. Cleared *Abgefertigt* Bezeichnung für Waren nach der zollamtlichen Abfertigung.

C licence *GB:* **C licence** *C-Lizenz* Staatliche Genehmigung im gewerblichen Güterkraftverkehr. Der Frachtführer darf den Transport eigener Güter betreiben.

CM Cash management *Liquiditätsorientierte Unternehmensführung* Planungs-, Kontroll- und Dispositionstätigkeit im Unternehmen mit dem Ziel, eine optimale Geld- und Liquiditätssteuerung zu erreichen. Neben den Zahlungsmitteln des Unternehmens können Warenanforderungen und -verbindlichkeiten, Devisenpositionen u. a. in die Berechnung einbezogen werden.

C.M. *US:* **Credit memorandum** *Gutschriftanzeige* Ist dem Käufer einer Ware auf einer Rechnung zu viel berechnet worden oder hat er die Ware erlaubterweise an den Absender zurückgeleitet, schickt der Lieferant ihm eine Gutschriftanzeige. (Syn.: *GB:* **C.N.** Credit note)

C&M Care and maintenance basis *In Pflege und Wartung* Ausdruck für die weitere Instandhaltung und Pflege von Maschinen, Gebäuden, Schiffen usw., die im Augenblick nicht genutzt werden, aber jederzeit wieder in Betrieb genommen werden können.

CMA *US:* **Chemical Manufacturers Association** *Verband der Hersteller aus der chemischen Industrie* Interessenverband der Produzenten chemischer Produkte.

CME *US:* **Chicago Mercantile Exchange** *Chicagoer Warenbörse* Zweitgrößte Waren- und Finanzterminbörse der Welt in Chicago, gegründet 1874. Im internationalen Handel widmet sie sich vor allem dem Handel mit Terminkontrakten in Devisen, Schatzwechseln und Optionen. Sie ist führend im Fleischhandel (Rinder).

CMEA Council for Mutual Economic Assistance *Rat für Gegenseitige Wirtschaftshilfe* Ehemalige zwischenstaatliche Handels- und Wirtschaftsorganisation der sozialistischen Länder. Gegründet 1949, aufgelöst 1991. Syn.: **COMECON** (Council for Mutual Economic Assistance)

cml. Commercial a) *Handels-, kaufmännisch, kommerziell* b) *Werbesendung*

CMO *US:* **Collateralized mortgage obligation** *Hypothekarisch gesicherte Schuldverschreibung* Schuldverschreibung mit unterschiedlich langen Laufzeiten innerhalb eines Pools, für die vom Schuldner verpfändete Hypotheken als Sicherheit dienen. Regelmäßig werden vorher festgelegte Zinsen ausgezahlt.

CMR *Franz.:* **Convention relative au contract de Transport international de Marchandises par Route** *Internationale Güterkraftverkehrsordnung* Übereinkommen über den Beförderungsvertrag im internationalen Straßengüterverkehr. Das Übereinkommen ist Rechtsgrundlage für die Frachtbriefgestaltung im internationalen Straßengüterverkehr. Zum Versand über die Grenze übergibt der Versender dem Frachtführer die ordnungsgemäß verpackte Ware zusammen mit dem ausgefüllten **CMR** -Frachtbrief. Mit der Unterzeichnung des Frachtbriefes schließt der Frachtführer den Vertrag ab.

CMV Current market value *Aktueller Marktwert* Der Wert eines Fonds-Portfolios eines Kunden zu aktuellen Marktpreisen. Die Werte werden in der Regel monatlich in einer Information an den Kunden bekannt gegeben.

CN Combined nomenclature *Kombiniertes Verzeichnis* Wörterverzeichnis der EU zur Harmonisierung der Terminologie für Handelsprodukte und Dienstleistungen und deren Klassifizierung. Es ist das statistische Verzeichnis der EU für Waren im internationalen Handel.

CN Cover note *Deckungsnote* Vorläufige und zeitlich begrenzt gültige Bescheinigung eines Versicherungsunternehmens über den Abschluss eines Versicherungsvertrages. Der Versicherungsschutz wird mit der Unterzeichnung sofort wirksam. Die Bescheinigung wird mit dem Zusenden der Versicherungspolice ungültig.

CN Consignment note *Frachtbrief* Frachtdokument für den Inlandtransport, das als Quittung für die Übernahme der Ware durch den Empfänger und als Transportvertrag gültig ist. Der Frachtbrief dient als Empfangsbescheinigung, Beweisurkunde, Begleit- und Sperrpapier. Syn.: **W/B.** (Waybill)

C.N. *GB:* **Credit note** *Gutschriftanzeige* Wurde dem Käufer einer Ware auf der Rechnung zu viel berechnet oder hat er die Ware erlaubterweise an den Absender zurückgeleitet, schickt der Lieferant ihm eine Gutschriftanzeige. *US:* Credit memorandum.

CNC Computerized numerical control *Numerische Steuerung durch Computer* Anwendung in Herstellungsprozessen bei programmierbaren Werkzeugmaschinen. Die Anlage wird von einem Computer gesteuert und erlaubt beliebige Änderungen am zu bearbeitenden Werkstoff.

CO Colorado *Colorado* Bundesstaat der USA. Syn.: **Col.** oder **Colo.** (Colorado)

CO Co-operative *Genossenschaft* Gesellschaft, in der eine unbegrenzte Anzahl von Mitgliedern in gemeinschaftlichem Geschäftsbetrieb die Erwerbstätigkeit aller Mitglieder fördern.

Co. Company *Gesellschaft, Unternehmen, Firma*

Co. County *Kreis, Grafschaft* Verwaltungseinheit.

C.O. Certificate of origin *Ursprungszeugnis* Formelle Erklärung zum Herkunftsland der in der Handelsrechnung aufgeführten Waren. Entsprechend den Bedingungen des Importlandes ist das Zeugnis vom Exporteur oder einer offiziellen Stelle (Handelskammer) zu unterzeichnen.

C/O Cash order *Bestellung mit vereinbarter Barzahlung* Eine Bestellung, die im Voraus oder zum Zeitpunkt der Lieferung bar zu zahlen ist. Ein Kreditkauf ist nicht möglich.

c.o. Carried over *Saldovortrag* Eintragung am Ende einer Rechnung als Gesamtsummenangabe, die auf die nächste Rechnung oder auf eine der nächsten Seiten des Kontobuches zu übertragen ist. Syn.: **c/fwd** (Carried forward)

c/o Care of *Per Adresse, bei, zu Händen von* Verwendung in Briefanschriften in Verbindung mit einem Namen.

COA Court of Auditors *Europäischer Rechnungshof* Organ der EU, gegründet 1975. Der Rechnungshof hat die Aufgabe, die Recht- und Ordnungsmäßigkeit der Einnahmen und Ausgaben der EU zu prüfen und sich von der Wirtschaftlichkeit der Haushaltsführung zu überzeugen. Er verfügt über keine gerichtlichen Kompetenzen zur zwangsweisen Durchsetzung seiner Kontrollbefugnisse und zur Ahndung von Rechtsverstößen. Der Rechnungshof besteht aus je einem Vertreter der einzelnen Mitgliedstaaten. Jedes Mitglied wird nach Anhörung des Europäischen Parlaments auf 6 Jahre ernannt.

COBOL Common Business Oriented Language *COBOL* Computer-Programmiersprache. Die Sprache ist zur Verarbeitung größerer Datenmengen geeignet, nicht aber für komplizierte mathematische Berechnungen.

COCOM Coordinating Committee for Multilateral Export Controls *Koordinierungsausschuss für mehrseitige Exportkontrolle* Internationales Gremium zur Kontrolle der Ausfuhr von Rüstungs- und Hochtechnologiegütern in andere Staaten (früher vor allem in den Ostblock). Als informelle Organisation mit Sitz in Paris 1950 gegründet. Der Ausschuss führt eine Embargoliste, in der die zu kontrollierenden Waren verzeichnet sind.

c.o.d. *GB:* Cash on delivery, *US:* Collect on delivery *Kasse gegen Ware, Barzahlung bei Lieferung, Nachnahme* Der Kaufpreis ist bei Übergabe der Ware, meist durch die Post, zu zahlen. Versandkosten und Nachnahmegebühren werden dem Kunden auferlegt. Bei Handelsverträgen ist der Kaufpreis auch ohne Übergabe der Dokumente zu zahlen. Syn.: **DVP** (Delivery versus payment) oder **d.a.p.** (Delivery against payment) oder **p.o.d.** (Payment on delivery)

COFACE *Franz.:* Compagnie Francaise d'Assurances pour le Commerce Extérieur *Französische Aktiengesellschaft mit Beteiligung staatlicher Unternehmen und privater Versicherungsgesellschaften* Das Unternehmen verwaltet die staatliche Exportkreditversicherung Frankreichs.

COHSE *GB:* Confederation of Health Service Employees *Gewerkschaft der Beschäftigten im Gesundheitswesen* Die Gewerkschaft fusionierte mit der ☞ **NALGO** (The National Association of Local Government Officers) und der ☞ **NUPE** (The National Union of Public Employees) zur Gewerkschaft ☞ **UNISON**

COI *GB:* Central Office of Information *Zentrales Informationsamt* Staatliche Einrichtung zur Propagierung von Regierungsentscheidungen und -politik im In- und Ausland.

col(s). Column(s) *Spalte(n), Kolumne(n)*

Col(o). Colorado *Colorado* Bundesstaat der USA. Syn.: **CO** (Colorado)

COLA Cost-of-Living Adjustment *Dynamisierung auf der Basis veränderter Lebenshaltungskosten* Die Dynamisierung beruht auf den Zahlen des Preisindexes ☞ **CPI** (Consumer Price Index) und bewirkt eine Erhöhung der Grundrenten und Lebensversicherungen. Ziel ist es, einen Inflationsausgleich zu schaffen.

coll(n) Collision *Kollision* Zusammenstoß zweier Fahrzeuge.

collr. Collector *Einnehmer, Kassierer* Eine Person, die Barsummen wie Mieten, Steuern, Gebühren oder Schulden persönlich eintreibt bzw. kassiert.

COM Computer output on microfilms *Rechnerausgabe über Mikrofilm* Die vom Computer geschriebenen Ausgabedaten werden in einem speziellen, von einer Zentraleinheit gesteuerten System automatisch auf Mikrofilm gespeichert. Die so gespeicherten Seiten können über Lesegeräte gelesen werden.

com. Commission *Provision* Eine regelmäßig berechnete Form der Vergütung für geleistete Dienste, die in der Regel eine feste Wertgröße, z. B. einen Prozentsatz des Umsatzes, darstellt. Häufig wird unter Provision die Vermittlungs- oder Abschlussgebühr eines Handelsvertreters verstanden.

COMECON Council for Mutual Economic Assistance *Rat für Gegenseitige Wirtschaftshilfe* Ehemalige Handels- und Wirtschaftsorganisation der Ostblockländer. ☞ **CMEA** (Council for Mutual Economic Assistance)

COMEX *US:* **Commodities Exchange** *Warenbörse* Bedeutende Warenbörse der USA mit Sitz in New York, gegründet 1933. Haupttätigkeitsfelder sind der Handel mit Finanzterminkontrakten und Optionen, hauptsächlich mit Nichteisenmetallen (Kupfer, Zinn, Blei, Silber) und Währungen.

COMPROs Committee on Trade Procedures *Handelsverfahrenausschuss* Ausschuss der EU für die Vereinfachung und Vereinheitlichung internationaler Handels- und Versandverfahren. Der Ausschuss gibt Empfehlungen an die EU-Kommission.

con. Consul *Konsul* Amtlicher Vertreter eines Landes, der in einem anderen Land die Interessen seines Heimatlandes vertritt. Er verfügt nicht über solch weitreichende Vollmachten wie ein Botschafter, kann aber für den vertretenen Staat u.a. auf dem Gebiet des Urkunden- und Passwesens tätig werden.

con. Contra *Gegen*

con(s). *GB:* **Consols** *Konsols, konsolidierte Staatsanleihen* Festverzinsliche Staatsanleihen (Rentenanleihen) ohne festgelegten Fälligkeitstermin.

con.cr. Contra credit *Kreditierte Geldsumme* Sie begleicht eine zuvor eingegangene Schuld.

condock Container-dock (ships) *Container-Dock-Schiffe* Spezialschiffe für die Beförderung von Containern, Stückgut und Ro-Ro-Fahrzeugen aller Art. Sie sind besonders geeignet für die Beförderung schwimmender Container, da sich der Schiffsrumpf zum Be- und Entladen wie ein Schwimmdock absenken läßt.

con.inv. Consular invoice *Konsulatsfaktura* ☞ **C.I.** (Consular invoice)

Conn. Connecticut *Connecticut* Bundesstaat der USA. Syn.: **CT** (Connecticut)

consgt. Consignment *a) Sendung, Partie b) Kommission, Konsignation* Waren, die in einem Kommissionsgeschäft an einen Handelsagenten zwecks Weiterverkauf auf Provisionsbasis geliefert werden. Der Vertreter betätigt sich als Kaufmann im eigenen Namen für fremde Rechnung.

cont. *GB:* **Continent** *Kontinent* Umgangssprachlicher Begriff für das europäische Festland.

cont. Continued *Wird fortgesetzt* Syn.: **ctd.** (Continued)

cont. Content(s) *Inhalt*

cont. Container *Container* Standardisierter Metallbehälter im Güterverkehr zum Transport auf Spezialfahrzeugen, die leicht zu be- und entladen, sicher zu verschließen und zwischen unterschiedlichen Transportmitteln als eine Einheit umzuschlagen sind. Unterschieden wird vor allem in 20- und 40-Fuß (**ft.**)-Container. Im Luftverkehr existieren außerdem 10-Fuß-Container. Um im Schiffsverkehr auch im Unterdeck feste Ladeeinheiten einsetzen zu können, werden Container mit abgeschrägten Wänden gefertigt.

contg. Containing *beinhaltend, Inhalt*

conv Conversation *Gespräch* Telexabkürzung.

COO Chief operating officer *Verwaltungschef* Vorsitzender im Verwaltungsvorstand einer Aktiengesellschaft.

COP Central order processing system *Zentrale Auftragsbearbeitung* Sämtliche Planungs-, Steuerungs-, Durchführungs- und Kontrolltätigkeiten, die bei der Erstellung einer Leistung anfallen. Diese Tätigkeiten werden von einer zentralen Stelle geleitet, die auf alle beteiligten Unternehmenszweige Einfluss ausüben kann.

Corn Cornwall *Cornwall* Englische Grafschaft.

c.o.s. Cash on shipment *Barzahlung bei Verschiffung* Die Ware ist bei Verschiffung bar zu bezahlen.

COTIF *Franz.:* **Convention relative aux transports internationaux ferroviares** *Übereinkommen über den internationalen Eisenbahnverkehr* Das Übereinkommen regelt den grenzüberschreitenden Eisenbahngüterverkehr und gilt für alle direkten Schienentransporte zwischen mindestens zwei dem Übereinkommen beigetretenen Staaten.

court. Courtage *Maklergebühr, Maklerprovision, Courtage* Vermittlungsprovision von Maklern. Im Börsenhandel ist sie die Provision des Börsenmaklers für die Vermittlung von Börsengeschäften. Für eine Reihe von Maklern ist sie einheitlich per Gesetz oder von Berufsverbänden festgelegt.

CP Clean payment *Zahlung mit Scheck oder Überweisung* Zahlungsbedingung bei der Exportabwicklung. Aus der Sicht des Exporteurs ist diese Abwicklung ungünstig, da sie einem Verzicht auf jegliche Zahlungssicherung gleichkommt.

CP *US:* **Commercial Paper** *Handelspapier* Kurzfristiger Schuldtitel von Unternehmen mit Laufzeiten von einem bis neun Monaten.

CP Charter party *Chartervertrag, Charterpartie* Formelles Dokument zwischen dem Eigner eines Schiffes oder Flugzeuges, in dem das Anmieten von einzelnen oder den gesamten Frachträumen vertraglich festgehalten wird. Die Urkunde regelt nur die Beziehung zwischen Be- und Verfrachter, ohne den Empfänger zu nennen. Die Charterpartie entspricht dem Frachtbrief im Landfrachtgeschäft. Für den Seefrachtvertrag sind eine Vielzahl von Chartervertragsformularen vorgesehen, die durch weitere Zusatzklauseln ergänzt werden können.

cp. Compare *Vergleiche*

c/p *GB:* **Carriage paid** *Frachtfrei, Fracht bezahlt* Handelsklausel. Der Verkäufer trägt zwar die Kosten der Frachtbeförderung bis zum Bestimmungsort, die Gefahr aber nur bis zum Zeitpunkt der Übergabe der Ware an den ersten Frachtführer.

CPA Classification of products by activity *Sektorspezifische Produktklassifizierung* EU-Klassifizierung von verkehrs- und nichtverkehrsfähigen Waren und Dienstleistungen innerhalb der Gemeinschaft. Die Einteilung soll die Vergleichbarkeit der Statistiken der Mitgliedsländer und der EU sicherstellen.

CPA Critical path analysis *„Kritischer Weg"-Analyse* Projektbewertungsverfahren. Planungsmethode für komplizierte Bauten, bei der die einzelnen Baustufen auf von einander unabhängigen Zeitstrahlen dargestellt werden. Das Ergebnis sind eine Reihe von parallelen Ketten die am Endpunkt zusammengeführt werden. Die zeitaufwendigste Kette ist der „kritische Weg". Syn.: **CPM** (Critical path method) oder **PERT** (Project Evaluation and Review Technique)

CPA *US:* **Certified public accountant** *Wirtschaftsprüfer* ☞ **CA** (Chartered accountant)

CPC Central Product Classification *Zentrale Gütersystematik* Umfassendes Verzeichnis der Vereinten Nationen über alle internationalen Güter und Dienstleistungen. Die Güter sind nach ihrer industriellen Herkunft gegliedert.

CPC Community Patent Convention *Gemeinschaftspatentübereinkommen* Einheitliches Patentrecht für die Mitgliedstaaten der EU. Es wird angestrebt, dass nur ein einziges Patent erteilt und überstaatlich durchgesetzt wird. Die ausführende Behörde ist das Europäische Patentamt ☞ **EPO** (European Patent Office).

c.p.d. Charterer pays dues *Charterer zahlt Gebühren, Befrachter zahlt Gebühren* Vertragsklausel beim Frachtguttransport. Anfallende Abgaben werden vom Charterer bezahlt.

CPFF Cost plus fixed fee (contract) *Herstellungskosten und Gebühren* Vertragsklausel. Der Vertrag sieht vor, dass sich der Verkaufspreis eines Produktes aus den Herstellungskosten plus einer festgesetzten Geldsumme (Gebühr) zusammensetzt.

CPI Consumer Price Index *Preisindex für die Lebenshaltung, Lebenshaltungskostenindex* Darstellung der Entwicklung der Verkaufspreise der Einzelhandelsgeschäfte. Das Zahlenmaterial gliedert sich nach Wirtschafts- und Warengruppen und wird gewöhnlich monatlich errechnet. Die Entwicklung wird zu vorangegangenen Monaten und Jahren in ein Verhältnis gesetzt. Der **CPI** setzt sich aus ausgewählten Kosten für Wohnung, Lebensmittel, Verkehrsmittel und Elektrizität zusammen. In GB auch: „Cost of living index" oder „Retail price index".

CPM Critical path method *„Kritischer Weg"-Analyse* Projektbewertungsverfahren. ☞ **CPA** (Critical path analysis)

CPM Cost per mille *Tausenderpreis, Kosten pro Tausend* Vergleichsmethode zu Werbeaktionen in unterschiedlichen Medien. Dabei werden die Werbekosten für je 1000 Einheiten einer Zielgruppe errechnet, die durch eine Aktion im Fernsehen oder in den Printmedien erreicht werden können. Gewöhnlich werden die Werbekosten für tausend Haushalte oder Frauen oder Männer o.Ä. errechnet. Syn.: **CPT** (Cost per thousand)

CpO Cost per order *Kosten pro Bestellung, Kosten pro Auftrag* Die durchschnittlichen Kosten, die ein Kunde durch eine Bestellung beim Versender einer Ware verursacht. Die Kosten werden wesentlich von Nachfolgebestellungen, den Versandkosten und eventuellen Rücksendungen beeinflusst und hängen insbesondere vom Bestellwert und der Qualität und Bonität des Kunden ab. Aus dem Vergleich zwischen durchschnittlichem Auftragswert und den Kosten des Auftrags ergibt sich die Rentabilität einer Bestellung.

CPPC Cost plus a percentage of cost (contract) *Herstellungskosten und Prozente* Vertragsklausel. Der Vertrag sieht vor, dass sich der Verkaufspreis eines Produktes aus den Herstellungskosten plus einem festgelegten Prozentsatz zusammensetzt.

c.p.s. Characters per second *Zeichen pro Sekunde* Maßeinheit für die Schreibgeschwindigkeit eines Druckers.

CPSA *GB:* **Civil and Public Services Association** *Gewerkschaft öffentlicher Dienst* Die Gewerkschaft ist Mitglied im Gewerkschaftsdachverband ☞ **TUC** (The Trades Union Congress).

CPT *GB:* **Cost per thousand** *Tausenderpreis* Kosten pro Tausend. ☞ **CPM** (Cost per mille)

CPT Carriage paid to *Frachtfrei (benannter Bestimmungsort)* Lieferklausel ☞ **INCOTERMS**

CPU

1990 (International Commercial Terms). Haupttransport vom Verkäufer bezahlt. Der Verkäufer trägt die Frachtkosten für die Beförderung der Ware bis zum Bestimmungsort. Der Gefahrenübergang erfolgt bei Übergabe der Ware an den Frachtführer. Der Verkäufer macht die Ware zur Ausfuhr frei.

CPU Central processing unit *Zentraleinheit* Zentraler Teil eines Computers mit Speicher, Steuer- und Rechnereinheit.

C.R. Carrier's risk *Risiko des Frachtführers* Verluste oder Schäden an zu transportierenden Waren werden vom Transporteur bezahlt. Üblicherweise wird dafür eine höhere Frachtrate vereinbart.

C/R Current rate *Tageskurs, Marktpreis, aktueller Preis* Im Versicherungswesen die aktuellen Sätze und Tarife. Auch: „Current costs".

cr. Creditor *Gläubiger* Der Gläubiger steht zum Schuldner in einem Schuldverhältnis und ist berechtigt, von ihm eine Leistung zu fordern.

CRADAs *US:* Cooperative research and development agreements *Kooperative Forschungs- und Entwicklungsvereinbarungen* Die Möglichkeit für staatlich geförderte wissenschaftliche Laboratorien, insbesondere aus dem militärischen Bereich, eigenständig Kooperationsbeziehungen mit der freien Industrie herzustellen und militärisch nutzbare technische Kenntnisse einer zivilen Nutzung zuzuführen.

CRCE *US:* Chicago Rice and Cotton Exchange *Reis- und Baumwollbörse* Bedeutende Warenbörse in Chicago, USA, für Reis und Baumwolle. Sie ist insbesondere aktiv im Handel mit Finanzterminkontrakten.

CRRB *GB:* Cargo Registration and Review Board *Nationale Verkehrskonferenz zur Überwachung und Registrierung von Speditionsunternehmen* Das Gremium erteilt Genehmigungen für den Aufbau von Transportagenturen.

CRS Computer reservation system *Computerreservierungssystem* Globale Vernetzung von Vertriebsagenturen und Reiseveranstaltern zur Effektivierung der Reservierungssysteme. Das System ermöglicht eine hohe Flexibilität hinsichtlich schneller Buchungs- und Umbuchungswünsche sowie die unverzügliche Bekanntmachung von neuen Angeboten.

CRT *GB:* Composite rate of tax *Zinssteuer* Besondere Form der Einkommensteuer, die Banken von den Zinsen auf Einlagen inländischer Bürger mit Wohnsitz in GB abziehen und an den Staat abführen. Einlageninhaber, die nach dem Mindeststeuersatz veranlagt werden, sind von der Zinssteuer befreit.

CS *GB:* Civil service *Staatsdienst* Zum Staatsdienst gehört die Beamtenschaft ohne Richter und Lehrer.

c/s Cases *Kartons, Kisten* Feste Kisten oder Kartons, in der mehrere Produkte gleicher Art transportiert werden können. (Z. B. Wein – 12er Kiste.)

CSC Container service charge *Kosten für Containerabfertigung* Umschlagkosten in der Containerabfertigung. Die Abfertigungskosten von Containerladungen ☞ **FCL** (Full container load) auf einer Container-Station. Syn.: **THC** (Terminal handling charge)

CSCE *US:* Coffee, Sugar and Cocoa Exchange *Kaffee-, Zucker- und Kakaobörse* New Yorker Warenbörse für den Handel in Futures und Optionen für Kaffee, Zucker und Kakao.

CSE *GB:* Certificate of Secondary Education *Schulzeugnis für den Abschluss der Sekundarstufe*

csk. Cask *Fass* Fassähnlicher Behälter zum Transport von Flüssigkeiten. ☞ **ck.** (Cask)

CSO *GB:* Central Statistical Office *Zentrales Statistisches Amt* Regierungseinrichtung mit der Aufgabe, detaillierte Informationen zur Volkswirtschaft in Tabellen und Zahlen zu sammeln, zu sortieren, zusammenzustellen und zu veröffentlichen.

CSRS *US:* Civil Service Retirement System *Altersrentensystem für Staatsbeamte* Seit 1920 gültiges Modell für die Altersversorgung von Staatsbediensteten. Die Altersversorgung soll Schritt für Schritt durch das ☞ **FERS** System (Federal Employees' Retirement System) abgelöst werden.

CST Central Standard Time *Zentrale Standardzeit* Zeitzone in Nordamerika, 6 Stunden nach ☞ **UTC** (Universal time coordinated). Sie gilt u.a. für Mexiko, die mittelamerikanischen Staaten sowie für Texas, Kansas, Mississippi, Alabama, Wisconsin und Minnesota in den USA.

cstms. Customs *Zollstelle* Dienststelle für die Zollabfertigung an der Grenze. Staatliches Organ für die Kontrolle und Überwachung des grenzüberschreitenden Waren- und Devisenverkehrs nach den landesspezifischen Zollgesetzen.

CSVLI Cash surrender value of life insurance *Rückkaufswert einer Lebensversicherung* Die Geldmenge, die ein Versicherer bei Kündigung einer Lebensversicherung an den Versicherten zurückzahlt. Der Wert bestimmt auch die Höhe des Kredits, den ein Versicherter bei Beleihung seiner Lebensversicherung eingeräumt bekäme.

CT Cable transfer *Kabelüberweisung* Telegrafische Banküberweisung von Geldbeträgen. Die Kabelauszahlung ist heute weitgehend durch die Zahlung über ☞ **SWIFT** (Society of Worldwide Interbank Financial Telecommunication) ersetzt. Syn.: **TT** (Telegraphic transfer)

CT Corporation tax *Körperschaftsteuer* Ertragssteuer auf das Einkommen juristischer Personen, vor allem von Kapitalgesellschaften und gewerblichen Betrieben.

CT Countertrade *Gegengeschäft, Kompensationsgeschäft, Tauschhandel* Bezeichnung für verschiedene internationale Vereinbarungen über Formen des Waren- oder Dienstleistungsaustausches und der Bezahlung. In der Regel zwingt der Importeur eines Gutes den Exporteur, oft auch unter Druck staatlicher Stellen, eine Gegenlieferung von Gütern und nicht von Geld zu akzeptieren. Gegengeschäfte werden besonders von devisenschwachen Ländern angestrebt.

CT Connecticut *Connecticut* Bundesstaat der USA. Syn.: **Conn.** (Connecticut)

CT Circle trip *Rundreise* Die Reise von einem Ausgangsort und wieder dahin zurück mit einem Verkehrsmittel.

Ct. Court *Hof* Verwendung in Anschriften.

C.T. Conference terms *Konferenzbedingungen* Frachtraten, die von mehreren Reedereien in kartellartiger Stellung in „Schifffahrtskonferenzen" festgelegt werden. Sie beziehen sich auf eine Linie, die von ihnen befahren wird.

ct. Carat *Karat* Maßangabe für Gewicht und Größe von Diamanten. 1 **ct.** = 0,2 g. ☞ **car.** (Carat) und **kt.** (Karat)

ct(s). Cent(s) *Cent(s)* Kleinste Unterteilung des Dollar.

CTA *GB:* Chartered accountant *Wirtschaftsprüfer* ☞ **CA** (Chartered accountant)

CT-B/L Combined transport bill of lading *Kombiniertes Transportkonnossement* Anwendung bei Warentransporten mit verschiedenen Transportmitteln insbesondere beim Haus-zu-Haus-Verkehr. Der Vorteil besteht darin, dass für die gesamte Reise nur ein Dokument ausgestellt wird.

CTD Cheapest-to-deliver *Günstigste Lieferung* Vom Verkäufer lieferbarer Titel aus einem Terminkontrakt, ausgewählt bei Fälligkeit, der beim Verkauf den vergleichsweise höchsten Nettogewinn oder geringsten Nettoverlust mit sich bringen würde.

ctd. Continued *Wird fortgesetzt* Hinweis am Ende einer Seite oder Abhandlung, dass eine Fortsetzung folgen wird. Syn.: **cont.** (Continued)

ctge. Cartage *Rollgeld, Anfuhrgebühren, Fuhrgeld* Entgelt für eine Dienstleistung von Bahnunternehmen. Die Bahn organisiert auf Wunsch den Straßentransport der mit der Bahn beförderten Güter zwischen Bahnhof und Empfänger/Absender.

CTL Constructive total loss *Angenommener Totalschaden* Begriff aus der Seeversicherung. Ist ein Schiff oder die Fracht so beschädigt, dass die Reparaturkosten höher ausfallen würden als der Marktwert, wird die Beschädigung als Totalschaden behandelt. Der Versicherer zahlt die volle Versicherungssumme.

ctn Carton *Karton, Stange* Telexabkürzung.

CTO Combined transport operator *Kombinationstransport-Unternehmer, Gesamtfrachtführer, Spediteur im gebrochenen Verkehr* Das Unternehmen organisiert alle Verkehrsleistungen für einen Warentransport mit unterschiedlichen Transportmitteln (z. B. teilweise Straße und teilweise Schiene) und gibt ein kombiniertes Transportdokument heraus. Die Beförderung der Waren kann auch mittels beauftragter Unterfrachtführer erfolgen. Syn.: **MTO** (Multimodal transport operator)

CTSE Commodity Classification for Transport Statistics in Europe *Internationales Güterverzeichnis für die Verkehrsstatistik in Europa* Einstufung von in Europa gehandelten Waren in unterschiedliche Kategorien, Divisionen und Positionen. Das Verzeichnis ist ähnlich dem Einheitlichen Güterverzeichnis für die EU-Verkehrsstatistik ☞ **NST** (Nomenclature uniforme de marchandises pour les statistiques de transport). Das Warenverzeichnis wurde für den Eisenbahngüterverkehr geschaffen.

CTT *GB:* Capital transfer tax *Kapitalverkehrssteuer* 1975 von der britischen Regierung als Ersatz für die Erbschaftssteuer eingeführt. 1986 durch Neufassung der Regelungen zur Erbschaftssteuer wieder abgelöst.

cu(b). Cubic *Kubik-*

CUED *US:* National Council for Urban Economic Development *Rat für städtische Wirtschaftsentwicklung* Der in den 60er Jahren gegründete Rat befasst sich mit der Entwicklung und dem Ausbau der Städte als Industrie- und Handelszentren und mit allen dazugehörenden Fragen wie allgemeine Stadtentwicklung und Verbesserung der Infrastruktur.

cu. ft. Cubic foot *Kubikfuß* Raummaß. 1 cu. ft. = 0,0283 m³. Syn.: **cbf.** oder **c.f.** oder **c.ft.** (Cubic foot)

Cumb Cumbria *Cumbria* Englische Grafschaft.

cum div. Cum dividend *Mit Dividende* Anmerkung zu Börsenkursen von Aktien. Der Kurs erscheint mit Dividendenabschlag. Syn.: **cd** (Cum dividend)

cum int. Cum interest *Inklusive Zinsen* Der angegebene Wert versteht sich ausschließlich angefallener Zinsen.

cum.pref. Cumulative preference (share) *Kumulative Vorzugsaktie* Vorzugsaktien mit einem Nachbezugsrecht. Ausfallende Dividenden aufgrund geringen Bilanzgewinns sind in den folgenden Jahren nachzuholen.

CUNA

CUNA *US:* **Credit Union National Association** *Aufsichts- und Versicherungsgesellschaft für gemeinnützig arbeitende Kreditgenossenschaften* Aufsichtsorgan für bankähnliche Unternehmen, die von Mitgliedern bestimmter Interessengruppen, Mitarbeitern eines Unternehmens oder Mitgliedern einer Gewerkschaft, religiösen Gruppen o.Ä. gegründet werden und als Genossenschaften arbeiten. Syn.: **NCUA** (National Credit Union Association)

cur. **Currency** *Währung* Syn.: **cy.** (Currency)

cur. **Current** *Derzeitig, aktuell, laufend, marktfähig, verkehrsfähig*

CUSIP *US:* **Committee on Uniform Securities Identification Procedures** *Ausschuss zur einheitlichen Kennzeichnung von Wertpapieren* Der Ausschuss vergibt die Kennnummern und Codes für alle an der Börse gehandelten Wertpapiere. Die Kennzeichnung enthält ein Firmenkürzel als Buchstaben und eine mehrstellige Nummer.

CV **Curriculum Vitae** *Lebenslauf* Darstellung des persönlichen und beruflichen Werdegangs, z. B. als Teil einer Bewerbung.

C/V **Convertible** *Konvertierbar, umwandelbar*

c.v.d. **Cash versus documents** *Zahlbar gegen Dokumente, Dokumente gegen Kasse* ☞ **CAD** (Cash against documents)

CVO **Commercial vehicle operations** *Bewegungen von Nutzfahrzeugen* Ein computergestütztes Projekt, bei dem Nutzfahrzeuge in ihrer Bewegung auf der Straße identifiziert und lokalisiert werden sollen. Dabei soll das Gesamtgewicht automatisch erfaßt und eventuell anfallende Gebühren zugeordnet werden.

CVP *US:* **Central Valley Project** *Central Valley Projekt* System von Kanälen und Dämmen in Kalifornien, mit dem das Wasser aus den Bergen aufgefangen und auf die Baumwoll- und Reisfelder sowie Obstplantagen im Bundesstaat umgeleitet werden. Das System deckt etwa 20% des Gesamtbedarfs an Wasser in der Region.

cvr. **Cover** *Deckung* Versicherungstechnischer Begriff. Die Übernahme von Risiken durch den Versicherer und der Umfang der Deckung.

c/w **Commercial weight** *Handelsgewicht* Das absolute Trockengewicht einer Ware. Der durch Handelsbrauch festgelegte und zulässige Feuchtigkeitsgehalt wird mit einberechnet.

CWD **Consecutive-weeks discount** *Wiederholungsrabatt, Malrabatt* Rabatt, der je nach Häufigkeit der Ausstrahlung oder Veröffentlichung einer Werbebotschaft über mehrere Wochen hinweg vom Werbeträger eingeräumt wird.

c.w.o. **Cash with order** *Zahlung bei Auftragserteilung* Verkaufsbedingung. Die Ware kommt nur zur Auslieferung, wenn die Kaufsumme im Voraus bezahlt wird.

CWS *GB:* **Co-operative Wholesale Society** *Großhandelsgenossenschaft* Gesellschaft, die von einer Reihe von Einzelhandelsgeschäften als Genossenschaft geführt wird und als Warenzulieferer für ihre Mitglieder zu Sonderkonditionen auftritt. Gewinne werden unter den Mitgliedern nach dem jeweiligen Einkaufsvolumen verteilt.

cwt. **Hundredweight** *(Etwa:) Zentner* Gewichtsmaß mit landesspezifisch unterschiedlichen Maßangaben. In GB 1 cwt. = 50,80 kg, in USA 1 cwt. = 45,36 kg.

CWE **Cleared without examination** *Verzollt ohne Untersuchung* Die Erhebung eines Zolls ohne Prüfung der Übereinstimmung von Ware und den dazugehörigen Dokumenten.

CWU *GB:* **Communication Workers Union** *Postgewerkschaft* Die Gewerkschaft ist Mitglied im Gewerkschaftsdachverband ☞ **TUC** (The Trades Union Congress).

CY **Contract year** *Vertragsjahr, Geschäftsjahr* Die vertraglichen Beziehungen von Geschäftspartnern über ein ganzes Jahr, gerechnet vom Tag des Vertragsbeginns.

CY **Container yard** *Containerdepot* Containersammelstelle bei einem Transportunternehmen.

cy. **Currency** *Währung* Syn.: **cur.** (Currency)

Dd

d. Date *Datum*
d. Dime *Zehncentstück* Geldmünze in den USA und Kanada mit einem Wert von 10 Cent.
d. Dollar *Dollar* Währungseinheit in den USA, Kanada, Australien und weiteren Staaten. Umgangssprachlich ist häufig der ☞ **USD** (US-Dollar) gemeint. Syn.: **dol.** (Dollar)
d. Died *Gestorben* Angabe zur Person, z. B.: **d.** 1934 (gestorben 1934).
d. Dividend *Dividende* Ausgeschütteter Betrag pro Aktie vom Bilanzgewinn einer Aktiengesellschaft. Die Höhe der Dividende schwankt in Abhängigkeit insbesondere von der Gewinnentwicklung. Sie ist der Teil des Reingewinns, der nach Ausgleich eines Verlustvortrages und nach Einstellungen in die gesetzliche Rücklage und in die anderen Gewinnrücklagen verbleibt. Syn.: **div(i).** (Dividend)
D- *US:* **Democrat** *Demokrat* Mitglied der Demokratischen Partei im Repräsentantenhaus oder Senat. Nach dem Bindestrich folgt die Abkürzung des Bundesstaates, aus dem der Abgeordnete kommt.
D/A a) **Deed of arrangement** b) **Deed of assignment** *a) Vergleichsvereinbarung b) Abtretungsurkunde* Formelle Vereinbarung zwischen einem Schuldner und Kreditgeber. Der Kreditgeber ist mit der Begleichung eines Teils der Schulden einverstanden und verzichtet auf die volle Summe.
D/A **Deposit account** *Sparkonto* Konto bei einer Bank, das einen festgesetzten Zinssatz garantiert. Üblicherweise kann der Kunde erst nach Ablauf einer Sperrfrist oder Vorankündigung über das Gesamtguthaben oder Teile davon verfügen.
D/A **Days after acceptance** *Tage nach der Annahme* Angabe der Zahlungsfälligkeit auf einem Wechsel. Der Wechsel wird nach Ablauf der vereinbarten Frist (in Tagen) ab Akzept fällig.
D/A **Documents against acceptance** *Akzept gegen Dokumente* Zahlungsbedingung bei der Exportabwicklung. Der Importeur erhält erst die Ware, wenn er oder seine Bank die Tratte des Verkäufers akzeptiert hat.
DAC **Development Assistance Committee** *Ausschuss für Entwicklungshilfe* Fachausschuss, der regelmäßig die Leistungen der Mitgliedsländer der ☞ **OECD** (Organization for Economic Cooperation and Development) in der Entwicklungshilfe überprüft und in entwicklungspolitischen Fragen berät.
DAF **Delivered at frontier** *Geliefert Grenze (benannter Ort)* ☞ **INCOTERM** -Lieferklausel 1990 (International Commercial Term). Ankunftsklausel. Der Verkäufer erfüllt seine Lieferverpflichtung, wenn er die zur Ausfuhr freigemachte Ware an der benannten Stelle des benannten Grenzortes zur Verfügung stellt (vor der Zollgrenze des benachbarten Landes).
d.a.p. **Delivery against payment** *Lieferung gegen Zahlung* Verfahren beim Handel mit Wertpapieren. Die Lieferung der verkauften Wertpapiere an die Bank des Kunden erfolgt nur gegen Bezahlung, die üblicherweise bar zu erfolgen hat. Syn.: **DVP** (Delivery versus payment)
DARPA *US:* **Defense Advanced Research Projects Agency** *Amt für militärische Forschungsprojekte* Regierungsbehörde zur Koordinierung wissenschaftlicher Forschungsarbeiten für militärische Zwecke und zur Vergabe von Aufträgen an Rüstungsfirmen.
DAS **Delivered alongside ship** *Geliefert Längsseite Schiff* Lieferklausel im Außenhandel. Der Verkäufer liefert bis Längsseite des Transportschiffes.
DATEL **Data Telecommunications Service** *Dateldienst* **DATEL** -Nutzer haben mittels digitaler Datenübertragung Zugang zu den Datenbanken eines fernverbundenen Computers. Die Verbindung wird über besondere Telefonleitungen hergestellt.
D.B. **Day book** *Journal, Tagebuch* Grundbuch in der Buchführung. Sämtliche Geschäftsvorfälle werden chronologisch eingetragen und für die spätere Eintragung in das Hauptbuch gesammelt.
D&B **Dun & Bradstreet** *Dun & Bradstreet* Älteste und größte Wirtschaftsauskunftei der Welt.
DBA **Doctor of Business Administration** *Doktor der Unternehmensführung/Betriebswirtschaft* Neuer akademischer Grad für ☞ **MBA** -Absolventen (Master of Business Administration). Die Erlangung des **DBA** ist wegen der deutschen Gesetzgebung über die Führung von akademischen Graden zur Zeit nur im Ausland möglich.
d.b.b. **Deals, boards, battens** *Bohlen, Balken, Bretter* Typenbezeichnungen für Schnittholz.
dbk. **Drawback** *Rückzoll* Die Rückzahlung von Zollgebühren für Waren oder Materialien, die erst später ausgeführt werden und für die bereits Zoll bezahlt worden ist.
dble **Double** *Doppel-, doppelt*

DC

DC *US:* **District of Columbia** *Gebiet Columbia* Gebiet in den USA mit der Hauptstadt Washington. Es wird vom Kongress regiert und gehört zu keinem Bundesstaat.

D/C **Documents against cash** *Dokumente gegen Barzahlung* Seltenere Zahlungsbedingung im Außenhandel. Der Empfänger einer Ware erhält erst dann alle zugehörigen Papiere, wenn er den Rechnungsbetrag bar beglichen hat.

d/c **Delivery clause** *Lieferklausel* Klausel in internationalen Kaufverträgen. Der Warenlieferant legt die Bedingungen fest, unter denen der Frachtführer oder Lagerhalter die Ware an den Empfänger ausliefern darf. Die Lieferklausel ist Teil des Auslieferungsauftrages ☞ **D/O** (Delivery Order).

d/c **Deviation clause** *Abweichungsklausel* a) Handelsklausel in internationalen Kaufverträgen. Bestimmte Toleranzen bei der Warenbeschaffenheit werden zugestanden. b) Eine Abweichung vom Reiseweg gilt in der Seeversicherung als eine Gefahränderung. Der Versicherer kann Prämienzuschläge erheben.

DCE **Domestic credit expansion** *Inlandkreditausweitung* Erweiterung des volkswirtschaftlichen Kreditvolumens durch die Notenbank und die Geschäftsbanken. Zu den währungspolitischen Mitteln der Zentralnotenbank gehören die Herabsetzung des Diskontsatzes und der Mindestreservesätze.

dct(ly) **Direct(ly)** *Direkt* Telexabkürzung.

DD *GB:* **Direct debit** *Lastschrift* Zahlungsweise, bei der der Bankkunde seine Bank anweist, fällige Forderungen von benannten Organisationen, Unternehmen oder Personen bei Vorlage zu begleichen und sein Konto zu belasten.

DD **Dry dock** *Trockendock* Ein längliches Becken für die Durchführung von Reparaturarbeiten an Schiffen.

DD **Dock dues** *Dockgebühren, Löschgeld, Kaigeld* Vom Schiffseigner zu zahlende Gebühren, die bei Dockbenutzung fällig werden und deren Höhe sich gewöhnlich nach den Nettoregistertonnen des Schiffes richtet.

D.D. **Demand draft** *Sichtwechsel, Sichttratte* Ein Wechsel, auf dem kein bestimmtes Fälligkeitsdatum angegeben ist. Er wird sofort bei Vorlage fällig. Allerdings kann der Aussteller bestimmen, dass der Wechsel nicht vor einem bestimmten Termin vorgelegt werden soll. (Syn.: demand bill.)

D/d **Days after date** *Tage nach Dato* Angabe der Laufzeit eines Wechsels bis zum Eintritt der Zahlungsverpflichtung. Die Laufzeit wird ab Ausstellungsdatum gerechnet.

dd **Dated** *Datiert vom* In Briefen Bezug auf vorhergehende Schreiben oder Dokumente mit Angabe des Datums. Auch Telexabkürzung.

dd **Delivered** *Geliefert, zugestellt* Syn.: **del.** (Delivered)

d.d. **Dangerous deck** *Gefährliche Deckladung* Sehr gefährliche Güter, die nur auf Deck eines Seeschiffes verladen werden dürfen. Transportversicherungen gewähren nur dann Versicherungsschutz, wenn die Güter im Versicherungsvertrag eindeutig als Deckladung ausgewiesen sind.

d/d **Delivered at docks** *Geliefert an Hafen* Lieferklausel, bei der die Waren im Hafen zur Verschiffung übergeben werden.

DDB *US:* **Double-declining-balance (depreciation method)** *Doppelte Abschreibung* Methode der beschleunigten Abschreibung, wobei das Zweifache der bei linearer Abschreibung möglichen Rate im Jahr abgeschrieben werden kann. Jährlich kann dabei die Hälfte der Anschaffungskosten bzw. der verbleibenden Summe abgeschrieben werden. Das Wechseln in die lineare Abschreibung ist einmal möglich.

DDD **Deadline delivery date** *Lieferfrist, Liefertermin* In einem Vertrag oder von einer berechtigten Person angewiesene Frist für die Ausführung eines Transportauftrages.

DDD **Direct distance dialling** *Selbstwählferndienst*

DDP **Delivered duty paid** *Geliefert verzollt (benannter Bestimmungsort)* ☞ **INCOTERM** - Lieferklausel 1990 (International Commercial Term). Ankunftsklausel. Der Verkäufer stellt die Ware am benannten Ort im Einfuhrland zur Verfügung. Er hat alle Kosten und Gefahren der Lieferung bis zu diesem Ort einschließlich Zöllen, Steuern und andere Abgaben zu tragen.

DDU **Delivered duty unpaid** *Geliefert unverzollt (benannter Bestimmungsort)* ☞ **INCOTERM** - Lieferklausel 1990 (International Commercial Term). Ankunftsklausel. Der Verkäufer stellt dem Käufer die Ware am benannten Ort im Einfuhrland unverzollt zur Verfügung. Diese Klausel ist für jede Transportart verwendbar.

DD/Shpg. **Dock dues and shipping** *Dockgebühren und Verschiffung* Vertragsklausel im internationalen Seefrachtverkehr. Ein Partner trägt alle anfallenden Kosten der Verschiffung.

DE **Double entry** *Doppelte Buchführung* Grundsystem der modernen Buchhaltung. Jede durch einen Geschäftsvorgang ausgelöste und aufgrund eines Beleges vorgenommene Buchung wird in zwei Konten eingetragen.

DE **Delaware** *Delaware* Bundesstaat der USA. Syn.: **Del.** (Delaware)

D/E (ratio) **Debt-equity ratio** *Verschuldungsgrad, -koeffizient* Das Verhältnis zwischen der geliehenen Geldmenge eines Unternehmens und seinem Stammkapital (einschließlich Reserven und zurückbehaltenen Gewinnen). Die Bilanzkennzahl ist der Quotient aus Fremdkapital und Eigenkapital.

deb. Debit *a) Soll, Lastschrift b)Sollseite*

deb. Debenture *Schuldverschreibung, Anleihepapier, Obligation* Schuldverschreibungen dienen der langfristigen Beschaffung von Finanzierungsmitteln. Sie können von Körperschaften des öffentlichen Rechts, von Banken, Industrieunternehmen oder auch von internationalen Organisationen ausgegeben werden. Sie unterscheiden sich durch ihre Verzinsung (fest oder variabel), ihre Laufzeiten und ihre Tilgung.

dec. December *Dezember* Telexabkürzung.

dec. Decimal *Dezimal*

dec(l). Declaration *a) Erklärung, Zolldeklaration, Zollanmeldung* Im Außenhandelsgeschäft eine Meldung über Einzelheiten eines geplanten oder abzuwickelnden Geschäfts an die Außenhandels- oder Zollbehörden. Diese Erklärungen sind als Ausfuhrerklärung oder Zollanmeldung formgebunden. *b) Anzeige, Erklärung* Die Wertangabe einer Ware im Transportwesen für die Prämienberechnung der Versicherung. Im Schadensfall wird ein Ersatz gemäß der Erklärung gewährt.

DECT Digital European Cordless Telephone *Digitales, schnurloses Telefonsystem in Europa* Neuer Standard für digitale Nebenstellenanlagen in einem Haus. Neben einer Basisstation für externe Gespräche gibt es schnurlose Telefone für interne Gespräche. Es können mehrere externe Gespräche parallel geführt werden. Für die internen Gespräche werden keine Gebühren erhoben.

def. Deficit *a) Defizit* Ungedeckter Ausgabenteil. Ein Ausgabenbetrag, der die laufenden Einnahmen übersteigt. Häufige Verwendung in der öffentlichen Haushaltsrechnung. *b) Fehlbetrag.* Im Rechnungswesen ein Fehlbetrag, der sich auf einem Kassenkonto ergibt.

def(t). Defendant *Beklagte(r), Angeklagte(r)* Syn.: **dft.** (Defendant)

def. a/c Deferred account *Gestundete Ratenzahlung* Vereinbarung zwischen Versicherungsunternehmen und Versicherten. Der Versicherte kann eine Prämie in Raten abzahlen.

deg Degree *Grad, Stufe* Verwendung meist in Temperaturangaben.

Del. Delaware *Delaware* Bundesstaat der USA. Syn.: **DE** (Delaware)

del. Delivered *Geliefert, zugestellt* Syn.: **dd** (Delivered)

del. Delete *Streichen, löschen*

del(y) Delivery *Lieferung, Übergabe, Zustellung* Übergabe einer gekauften Sache an den Käufer oder Übertragung der Verfügungsmacht. Auch Telexabkürzung. Syn.: **dy.** (Delivery)

dem. Demand *Forderung, Gesuch, Bitte*

dem. Demurrage *a) Überliegezeit b) Liegegeld* Gebühr an den Schiffseigner, wenn der Auftraggeber einer Transportleistung die vereinbarten Lade- und Löschzeiten nicht einhält und eine Verzögerung bei der Abfahrt des Schiffes verursacht. Die Höhe des Liegegeldes hängt vom Gewicht oder von der beanspruchten Lagerfläche und von der Lagerzeit ab. Liegegelder werden auch im Eisenbahnverkehr verlangt.

Den. Denmark *Dänemark*

dep Departure *Abfahrt, Abflug* In Flug-, Bus- und Eisenbahnfahrplänen angegebene Abflug- bzw. Abfahrtzeit. Auch Telexabkürzung.

dep Depot; Deposits *a) Depot* Ein Platz zum Sammeln und Lagern von Waren vor dem Transport zum Endempfänger (z. B. Einzelhandel). Syn.: **dpt. (Depot)** *b) Einlage, Depot* Der Ort, an dem Sachen aufbewahrt werden. Insbesondere handelt es sich dabei um Wertpapiere, die gewerbsmäßig zumeist von einer Bank verwahrt und verwaltet werden. Syn.: **Ds** (Deposits)

dep(t) Department *Abteilung* Organisatorischer Teilbereich innerhalb eines Unternehmens. Auch Telexabkürzung. ☞ **dpt.** (Department)

DEQ Delivered ex quay (duty paid) *Geliefert ab Kai (verzollt benannter Bestimmungshafen)* ☞ INCOTERM -Lieferklausel 1990 (International Commercial Term). Ankunftsklausel. Der Verkäufer stellt dem Käufer die zur Einfuhr freigemachte Ware am Kai des Bestimmungshafens zur Verfügung. Die vertragliche Vereinbarung als „unverzollt" ist möglich.

Derbys Derbyshire *Derbyshire* Englische Grafschaft.

DES Delivered ex ship *Geliefert ab Schiff (benannter Bestimmungshafen)* ☞ INCOTERM -Klausel 1990 (International Commercial Term). Ankunftsklausel. Der Verkäufer erfüllt seine Lieferverpflichtungen, wenn die Ware, die vom Verkäufer nicht freizumachen ist, dem Käufer an Bord des Schiffes im benannten Bestimmungshafen zur Verfügung gestellt wird. Der Verkäufer trägt Kosten und Gefahr.

desp. Despatch, Dispatch *Absenden, verschikken*

destn. Destination *Bestimmungsort* Der Ort, an den eine Ware oder Leistung übermittelt wird. Syn.: **dstn.** (Destination)

Devon Devon *Devon* Englische Grafschaft.

df. Draft *Wechsel, Tratte* Wertpapier mit einem Zahlungsversprechen oder einer Zahlungsverpflichtung. Bei Fälligkeit ist eine bestimmte Geldsumme an eine im Wechsel benannte Person oder ein Unternehmen zu zahlen.

d.f. Dead freight *Fehlfracht* Gebühren für georderten, aber schließlich nicht genutzten Frachtraum auf Schiffen, die vom Verfrachter beim Befrachter eingefordert werden.

dft. Defendant *Beklagte(r), Angeklagte(r)* Syn.: **def(t).** (Defendant)

dft. Draft *Tratte* ☞ **df.** (Draft)

DGR Dangerous Goods Regulations *Regelungen zur Beförderung von Gefahrgut im Transportwesen* Sicherheitsvorschriften, deren Einhaltung vom Absender bzw. Eigentümer einer Ware zu bestätigen sind. Das Gefahrgut wird nur befördert, wenn alle Vorschriften eingehalten wurden. Jeder Sendung ist ein vollständig ausgefülltes Formular vom Absender beizufügen. Die internationalen Verbände der unterschiedlichen Transportträger (Schiene, Straße, See und Luft) haben unterschiedliche Verfahrensweisen ausgearbeitet.

DHSS *GB:* Department of Health and Social Security *Gesundheitsministerium*

dia(m). Diameter *Durchmesser*

DIC. Difference in conditions (insurance) *Unterschiedlicher Schutzumfang* Transportversicherung, die mögliche Lücken bei einem standardisierten Versicherungsschutz deckt. Die Lücken können durch den unterschiedlichen Schutzumfang der Klauseln A, B, und C der englischen Seeversicherung ☞ **ICC** (Institute Cargo Clauses) entstehen. So erfasst beispielsweise die Klausel „alle Gefahren", ☞ **A/R** (All risks), keine Schäden durch inneren Verderb und durch Verzögerung. Die **DIC** -Versicherung kann ein solches Risiko decken.

dict. Dictation *Diktat*

dicta. Dictaphone *Diktaphon, Diktiergerät*

DIDC *US:* Depositary Institutions Deregulatory Committee *Deregulierungsausschuss für Depotbanken* US-Bundesausschuss mit der Aufgabe, neue Bestimmungen und Regelungen für das Bankwesen zu entwerfen und die alten nach und nach abzuschaffen. Mitglieder sind der Finanzminister, der Vorsitzende des Bundesbankvorstandes ☞ **FRB** (Federal Reserve Board), der Bundessparkassenrat ☞ **FHLB** (Federal Home Loan Bank Board), die Bundeseinlagenversicherungsgesellschaft und die Aufsichts- und Versicherungsgesellschaft **FDIC, NCUA** ☞ (Federal Deposit Insurance Company) und (National Credit Union Administration).

diff. Difference *Differenz, Unterschiedsbetrag*

dig. Digit *Ziffer*

dil. Diluted *Verwässert* An der Börse: Verwässerung von Aktienkapital. Der Gewinn pro Aktie wird reduziert, indem neue Aktien herausgegeben werden. Der Gesamtgewinn ändert sich nicht.

dim. Dimension *Abmessungen* Maßangabe von Verpackungsbehältern oder Containern. Angabe in Höhe, Länge und Breite (Tiefe).

din. Dinner *Dinner, Abendessen*

DIP *US:* Dividend investment plan *Modell zur Investition von Dividenden* Angebot von Aktiengesellschaften an die Aktionäre, die Kapitalrückflüsse wie die zur Auszahlung kommende Dividende ganz oder teilweise in neue Aktien des Unternehmens zu reinvestieren. Syn.: **DRP** (Dividend reinvestment plan)

dir. Director *Vorstandsmitglied* Bei Aktiengesellschaften die von den Aktionären gewählten Mitglieder des Verwaltungsrates mit bzw. ohne Aufgaben der Unternehmensführung. Syn.: **dr.** (Director)

dis. Discharge *Entlastung, Bezahlung, Tilgung* Im Versicherungswesen: Bei Auszahlung eines Anspruches erklärt der Versicherte sowohl den Erhalt des Geldes als auch den Verzicht auf das Geltendmachen weiterer Ansprüche.

dis. Disagio *Disagio* Unterschiedsbetrag zwischen dem Rückzahlungs- und dem Ausgabebetrag von Verbindlichkeiten und Anleihen. Ein Disagio bedeutet für den Schuldner eine Verteuerung der Verzinsung einer Verbindlichkeit, für den Gläubiger eine Verbesserung der Verzinsung gegenüber der Nominalverzinsung.

dis(c). Discount *a) (Preis-)Nachlass b) Niedriger Preis für Güter des täglichen Bedarfs c) Bankdiskont* Zinsabzug bei noch nicht fälligen Zahlungen, insbesondere beim Ankauf von Wechseln. Der Verkäufer des Wechsels erhält die um den Diskont verkürzte Wechselsumme ausgezahlt. Syn.: **disct.** (Discount)

disbs. Disbursements *a) Auszahlung, Ausgabe, Auslage b) Havariegelder* Die Aufwendungen eines Reeders zur Beseitigung eines durch Seeunfall entstandenen Schadens (z. B. Ausbesserungskosten).

DISC *US:* Domestic International Sales Corporation *Exportgesellschaft* Steuerbegünstigte Export-Tochtergesellschaft mit Sitz in den USA. Die Haupteinnahmen des Unternehmens müssen aus dem Exportgeschäft resultieren.

disct. Discount *a) Nachlass b) Bankdiskont* Telexabkürzung. ☞ **dis(c).** (Discount)

displ. Displacement *a) Verschiebung b) Ersatz c) anderweitige Verwendung*

dist. Distant *Weit entfernt* Der Ausdruck erscheint im Transportwesen im Zusammenhang mit Entfernungsangaben: z.B.: „10 miles distant".

distr. Distribution *a) Vertrieb, Verteilung* Der Vertrieb von Gütern oder Dienstleistungen aller Art an verschiedene Endkunden und an verschiedene Plätze. Der Begriff wird häufig synonym mit dem Begriff Absatz verwendet. Zum Vertrieb gehören vor allem der Verkauf, die Warenverteilung, die Anleitung der Außendienstorganisationen und die Kontaktpflege zu den Kunden. b) *Ausschüttung* Bei Investmentfonds die Ausschüttung von Erträgen.

DIT Double income-tax (relief) *Vermeidung von Doppelbesteuerung* Um dem Steuerzahler bei ausländischen Einkünften vor einer Doppelbesteuerung der Einnahmen zu schützen, verzichten die Steuerbehörden in den meisten Ländern auf nochmalige Veranlagung, wenn eine Steuerzahlung nachgewiesen werden kann. Syn.: **DTR** (Double taxation relief)

div. Division *Abteilung* Teile von Unternehmen, Behörden und Organisationen, die mit speziellen Aufgaben befasst sind.

div(i). Dividend *Dividende* Ausgeschütteter Betrag pro Aktie vom Bilanzgewinn einer Aktiengesellschaft. ☞ **d.** (Dividend)

div net Dividend net *Nettodividende* Anmerkung zu Börsenkursen von Aktien. Die Dividende wird ohne die fällige Kapitalertragssteuer ausgewiesen.

divs. Dividends *Dividenden* ☞ **d.** (Dividend)

div./share Dividend per share *Dividende pro Aktie* Gewinn einer Aktiengesellschaft, der auf die einzelne Aktie entfällt. Syn.: **DPS** (Dividend per share)

DJI US: Dow Jones Index *Dow Jones Index* US-Aktienindex für die New Yorker Aktienkurse von 30 Industrie-, 20 Eisenbahn- und 15 Versorgungswerten. Aus den Entwicklungen und Veränderungen des **DJI** werden weitgehende Schlüsse für die Gesamtlage und Zukunftsaussichten der US-Wirtschaft gezogen. Wegen seiner geringen Basis ist die Aussagefähigkeit des **DJI** umstritten. Der Index wird seit 1897 von der Börsenzeitung des Verlages Dow Jones and Comp. ermittelt.

DJIA US: Dow Jones Industrial Average *Dow Jones Industrieaktienindex* International maßgebender Börsenindex der New Yorker Börse, der sich am Durchschnittskurs der 30 führenden Industrieunternehmen der USA orientiert. Die Indexziffern werden halbstündlich veröffentlicht. Der Index wird von der Börsenzeitung des Verlages Dow Jones and Comp. ermittelt.

DJTA US Dow Jones Transportation Average *Dow Jones Verkehrsaktienindex* Durchschnittskurs der 20 führenden Verkehrs- und Transportunternehmen in den USA. Der Aktienindex erfasst in erster Linie Eisenbahn- und Luftverkehrswerte. Der Index wird von der Börsenzeitung des Verlages Dow Jones and Comp. ermittelt.

DJUA US: Dow Jones Utilities Average *Dow Jones Index der Versorgungswerte* Durchschnittskurs der 15 führenden Energie- und Gaszulieferer in den USA.

DK US: Don't know *Fraglich* Wallstreet-Slang für einen „in Frage gestellten" Handel im Börsengeschäft. Broker tauschen untereinander die Angaben zu ihren Transaktionen aus und vergleichen sie miteinander. Jede Diskrepanz wird als „Don't know" oder ☞ **QT** (Questioned Trade) bezeichnet.

dk. Deck *(Schiffs-)Deck*

dk. Dock *Dock* Hafenbecken zum Be- und Entladen von Personen und Gütern.

Dk.L Deck load *Deckladung* Die auf Deck eines Seeschiffes verladenen Waren sind allgemein einem höheren Risiko ausgesetzt als die unter Deck. Transportversicherungen gewähren nur dann Versicherungsschutz, wenn die Waren im Versicherungsvertrag eindeutig als Deckladung ausgewiesen sind.

Dk.L Deck loss *Verlust an Deck* Ein Schaden an der Fracht, die auf Deck eines Seeschiffes verwahrt wurde. Nicht jeder Schaden wird von der Versicherung gedeckt, da auch bei normalem Verlauf des Transportes Schäden ohne besondere Ereignisse wie durch Seewasser oder Luftfeuchtigkeit eintreten können.

dkyd. Dockyard *Werft* Betrieb für Bau, Ausrüstung und Einrichtung von Wasserfahrzeugen. Syn.: **Dyd.** oder **DY** (Dockyard)

DLC Deadweight loading capacity *Schiffstragfähigkeit* Tragfähigkeit eines Seeschiffes, ausgedrückt in Gewichtstonnen von 2240 **lbs** oder 1016,047 kg.

DLO GB: Dead Letter Office *Amt für unzustellbare Sendungen* Abteilung der britischen Post, die unzustellbare Postsachen bearbeitet und sie schließlich an die Absender zurückschickt. Syn.: **RLO** (Returned Letter Office)

d.l.o. Dispatch loading only *Nur beim schnellen Beladen* Vertragsklausel im Seefrachtverkehr. Beim schnellen Beladen eines Schiffes wird ein Eilgeld gezahlt, nicht aber beim Löschen.

dlvd. Delivered *Geliefert, zugestellt*

dly. Daily *Täglich*

DMA US: Direct Marketing Association *Direktmarketing-Vereinigung* Nationale Vereinigung mit Sitz in New York. Sie arbeitet unabhängig und nicht gewinnorientiert und vertritt die Interessen der Anwender und Anbieter des Direktmarketing.

DMECs Developed market economy countries *Entwickelte marktwirtschaftlich orientierte Länder* Bezeichnung für marktwirtschaftlich orientierte Industrieländer.

D.M.J.S. December, March, June and September *Dezember, März, Juni und September* Auszahlungstermine für Anleihen mit vierteljährlicher Zins- oder Dividendenauszahlung. Die Zinsen oder Dividenden sind üblicherweise zum 1. des Monats fällig.

DMS **Diploma in Management Studies** *Diplom in Unternehmensführung* Diplom für Absolventen einer „business school". Es ist Voraussetzung für den Erwerb des Magisters für Unternehmensführung/Betriebswirtschaft ☞ **MBA** (Master of Business Administration).

DMU **Decision-making unit** *Entscheidungsträger, Entscheidungsinstanz* Gruppe von leitenden Angestellten eines Unternehmens, die aus ihren spezifischen Verantwortungen heraus Entscheidungen zum Ankauf von Ausrüstungen und Materialien treffen.

D/N **Debit note** *Belastungsanzeige, Lastschriftanzeige* Ist dem Käufer einer Ware auf der Rechnung zu wenig berechnet worden, schickt der Lieferant ihm eine Belastungsanzeige über den entsprechenden Betrag.

DNC **Direct numerical control** *Direkte numerische Steuerung* Mehrere numerisch gesteuerte Anlagen, die mit einem Computer verbunden sind. Die Einzelanlagen können zentral gesteuert und mit Programmen versorgt werden. Die Anlagen verwalten und verteilen die Steuerinformationen, erfassen Betriebs- und Messdaten, werten sie aus und ändern sie.

D.O. **Deferred ordinary (shares)** *Nachzugsstammaktien, Gründeraktien* Heute nur noch selten anzutreffende Aktien an die ursprünglichen Gründer eines Unternehmens. Die Aktionäre haben Stimmrecht, können aber erst einen Anspruch auf Dividende erheben, nachdem auf die Stammaktien eine Dividende ausgeschüttet wurde.

D/O **Delivery order** *Auslieferungsauftrag, Lieferschein, Begleitschein* Schriftliche Anweisung des Besitzers einer Ware an den Lagerhalter oder Frachtführer, die Ware an eine benannte berechtigte Person oder deren Vertreter auszuliefern. Die Auslieferung kann an besondere Bedingungen (z. B. Zahlungsbedingungen) gebunden sein.

d/o *Lat.:* Ditto *Dasselbe, ebenso, gleichfalls*

doc(s) **Document(s)** *Dokument(e)* Telexabkürzung.

DOD *US:* **Department of Defense** *Verteidigungsministerium*

DOE *US:* **Department of Energy** *Energieministerium* Geschaffen 1977 als Folge der weltweiten Energiekrise. Das Ministerium ist für die Erforschung, Entwicklung und Verbreitung neuer Technologien in der Energieerzeugung, für Methoden der Energiespeicherung, für die Überwachung der Energieproduktion, die Preisfestle-

gung für Öl und für die Sammlung und Auswertung von Daten aus dem Energiebereich verantwortlich.

DOJ **Double open jaw (trip)** *Doppelte Gabelreise* Eine Reise, bei der der Ausgangspunkt der Hinreise nicht identisch ist mit dem Endpunkt der Rückreise, und zugleich auch der Ausgangspunkt der Rückreise nicht identisch ist mit dem Endpunkt der Hinreise. Z. B. Hinreise: Berlin–London, Rückreise: Birmingham–Frankfurt.

dol. **Dollar** *Dollar* Währungseinheit in den USA, Kanada, Australien und weiteren Staaten. Umgangssprachlich ist häufig der ☞ **USD** (US-Dollar) gemeint. Syn.: **d.** (Dollar)

dols. **Dollars** *Dollar(s)* ☞ **dol.** (Dollar)

dom. **Domestic** *Heim-, Innen-, Inland-* Meist Bezug auf den inländischen Markt (domestic market) oder auf Warenkosten im Inland (domestic value).

Dors **Dorset** *Dorset* Englische Grafschaft.

DOT *US:* **Department of Transportation** *Verkehrsministerium* Geschaffen 1966. Das Ministerium bestimmt die Verkehrspolitik des gesamten Landes. Zu den Arbeitsgebieten gehören Planung und Bau von Fernverkehrsstraßen und Autobahnen, der städtische Nahverkehr, die Eisenbahn, die zivile Luftfahrt und die Sicherheit der Wasserwege, Häfen, Straßen und Öl- und Gasleitungen.

doz. **Dozen** *Dutzend* Mengenangabe. 12 Stück.

D/P **Delivery point** *Lieferort, Erfüllungsort* Ort, an dem eine Schuld zu erfüllen ist.

D/P **Duty paid** *Zoll bezahlt* Angabe des Preises einer Ware im Außenhandel. Der Preis berücksichtigt bereits zu zahlende Importzölle, die vom Exporteur zu begleichen sind.

D/P **Documents against payment** *Dokumente gegen Bezahlung* Zahlungsbedingung in der Exportabwicklung. Der Empfänger einer Ware erhält die zugehörigen Dokumente erst dann, wenn er die Zahlung geleistet hat. Die Abwicklung des Geschäfts kann auch über eine Bank erfolgen.

DPB **Deposit pass book** *Einlagenbuch, Depositenbuch, Sparbuch* Bankbuch, das sämtliche Geldbewegungen auf dem Sparkonto eines Kunden festhält. Das Buch bleibt im Besitz des Kunden und muss bei Abhebungen vorgelegt werden.

DPI **Disposable personal income** *Verfügbares persönliches Einkommen* Das verbleibende Einkommen eines Steuerpflichtigen nach Abzug der Steuern und Sonderausgaben.

dpi **Dots per inch** *Punkte/Zeichen pro Zoll* Gängige Maßeinheit für die Auflösung von Druckern.

DPP *GB:* **Director of Public Prosecutions** *Leiter der Anklagebehörde* Leitender Justizbeamter, der nur in speziellen und bedeutenden Fällen und unter Aufsicht des Generalstaatsanwalts strafrechtliche Verfahren einleitet. Er berät staatliche Justizorgane und die Polizeipräsidenten in wichtigen juristischen Angelegenheiten.

DPS Dividend per share *Dividende pro Aktie* Gewinn einer Aktiengesellschaft, der auf die einzelne Aktie entfällt. Syn.: **div./share** (Dividend per share)

dpt. Department *Abteilung* Organisatorischer Teilbereich innerhalb eines Unternehmens. Syn.: **dep(t)** (Department)

dpt. Depot *a) Depot* Ein Platz zum Sammeln und Lagern von Waren vor dem Transport zum Endempfänger (z. B. Einzelhandel). Syn.: **dep.** (Depot) *b) Einlage, Depot* Der Ort, an dem Sachen aufbewahrt werden. Insbesondere handelt es sich dabei um Wertpapiere, die gewerbsmäßig zumeist von einer Bank verwahrt und verwaltet werden. Syn.: **Ds** (Deposit)

Dr. Drive *Straßenbezeichnung in Postanschriften*

Dr Doctor *Doktor* Akademischer Grad, der von Hochschulen und Universitäten nach einem Promotionsverfahren verliehen wird. Der Titel erscheint vor einem Namen und wird in keinem Fall ausgeschrieben. Z. B. **Dr** Michael Green.

Dr. Drawer *Aussteller, Wechselgeber* Der Aussteller einer Urkunde als Wertpapier.

D/R Deposit receipt *Depotschein* Schriftliche Bestätigung einer Bank über die Hinterlegung einer bestimmten Geldsumme, die zu einem vereinbarten Termin zurückgezahlt wird, oder über in Verwahrung genommene Wertpapiere. Die Herausgabe von Geld oder Papieren erfolgt nur bei Vorlage des Depotscheins.

dr. Director *Vorstandsmitglied* ☞ **dir.** (Director)

dr. Debtor *Schuldner, Debitor* Eine Person, die ein Schuldverhältnis eingegangen ist, und verpflichtet ist, dem Gläubiger eine Leistung zu erbringen.

dr. *GB:* **Dram** *Drachme* Kleine Gewichtseinheit. Entweder als ein Sechzehntel einer Avoirdupois-Unze = 1,772 g oder als Apotheken-Unze = 3,885 g.

DRP *US:* **Dividend reinvestment plan** *Modell zur Reinvestition von Dividenden* ☞ **DIP** (Dividend investment plan)

DRT Disregard tape *Gegen den Börsentelegrafen handeln* Veraltete Anweisung auf einer Marktorder an den Broker auf dem Börsenparkett zum Ankauf oder Verkauf von Wertpapieren. Dem Broker wird Zeit und Preisspielraum gegeben, ein bestmögliches Geschäft abzuschließen. Er muss nicht auf das erstbeste Angebot eingehen. Allerdings ist der Broker von jeder Verantwortung freigesprochen, sollte er diesen Zeitpunkt verpassen. Syn.: **NH** (Not held)

Ds Deposits *Einlage, Depot* ☞ **dep** (Depot, Deposits)

D.S. Debenture stock *Hypothekarisch gesicherte Schuldverschreibung* Von einer Bank, einem Industrieunternehmen oder einer Organisation herausgegebene Schuldverschreibung, die hypothekarisch gesichert wird.

D/S Days after sight *Tage nach Sicht* Bei Wechseln Laufzeitangabe der Zahlungsverpflichtung ab Datum des Akzepts.

DSS *GB:* **Department of Social Security** *Abteilung Sozialversicherung* Abteilung im Gesundheitsministerium mit Verantwortung für alle Fragen der Sozialversicherung und Rentenzahlungen.

DSS Decision support system *Verfahren zur Entscheidungsunterstützung* Rechnergestütztes Planungs- und Informationssystem, das der Entscheidungsvorbereitung in der Unternehmensleitung dient. Das System arbeitet im Dialogbetrieb und nutzt umfangreiche Datenbanken.

DST Daylight saving time *Sommerzeit* Abweichung von der ortsüblichen Normalzeit zur besseren Ausnutzung des Tageslichtes. Syn.: **S.T.** (Summer time)

dstn. Destination *Bestimmungsort* Der Ort, an den eine Ware oder Leistung übermittelt wird. Syn.: **destn.** (Destination)

d.t.b.a. Date to be advised *Datum wird noch mitgeteilt* Meist Vorankündigung über Art und Umfang einer Lieferung ohne genaue Terminvorgabe.

DTC *US:* **Depository Trust Company** *Zentrale Verwahrungsstelle für Wertpapiere und Schuldscheinzertifikate* Ihr Sitz ist in New York. Die **DTC** gehört zum US-Geld- und Kreditsystem ☞ **FRS** (Federal Reserve System).

dte Date *Datum, Termin* Telexabkürzung.

DTI *GB:* **Department of Trade and Industry** *Wirtschaftsministerium*

DTR Double taxation relief *Vermeidung von Doppelbesteuerung* ☞ **DIT** (Double income-tax relief)

dun. Dunnage *Staumaterial, Stauholz* Material zum Schutz von Seefrachtgütern auf Deck gegen Aneinanderreiben und Wasserschädigung. Dazu dienen Reisig, Textilien, Decken usw.

DUNS *US:* **Data Universal Numbering System** *Dun's number* Allgemeines Datennummerierungssystem. Das System listet Firmen auf und vermittelt Informationen wie Identifizierungsnummern, Adressencodes, Anzahl der Angestellten, Geschäftsfelder etc.

dup. Duplicate *Duplikat, Kopie*

Dur Durham *Durham* Englische Grafschaft.

D/V Delivery verification (certificate) *Wareneingangsbescheinigung* Amtliches Schreiben einer Zollstelle oder Regierungsbehörde im Bestimmungsland einer Ware, dass diese in dem betreffenden Land eingetroffen ist.

DVP Delivery versus payment *Lieferung gegen Zahlung* Verfahren beim Handel mit Wertpapieren. ☞ **d.a.p.** (Delivery against payment)

D.W. Dock warrant *Docklagerschein, Kailagerschein* Formelles Dokument an den Besitzer einer Ware oder seinen Agenten, das die Benutzung des Hafenlagers quittiert und das Recht zusichert, jederzeit die Waren wieder in Besitz zu nehmen.

d.w. *US:* Dead weight *a) Eigengewicht* Das Eigengewicht eines Transportmittels. Das Gewicht eines LKWs oder Güterwaggons ohne Ladung. *b) Schwergut* In der Schiffahrt die Beladung eines Schiffes mit schweren Materialien wie Erz, Steine oder Kohle zur Stabilisierung des Fahrzeugs. *c) Schwergutfracht* Die aus schweren Materialien wie Erz, Steine oder Kohle bestehende Fracht, deren Transport nicht nach Volumen sondern nach Gewicht berechnet wird. Meist als: „deadweight cargo".

dwat Deadweight all told *Tragfähigkeit eines Schiffes* Das Höchstgewicht, mit dem ein Schiff insgesamt belastet werden kann. Die Größe berücksichtigt die Ladung sowie das Gewicht für Brennstoffe, Proviant, Wasser, Ersatzteile etc.

d.w.c.(c.) Deadweight (cargo) carrying capacity *Schiffsladefähigkeit* Das zulässige Gewicht der Ladung eines Seeschiffes wie Fracht, Passagiere etc. ohne Berücksichtigung von Proviant, Wasser und Ersatzteilen. Die Ladefähigkeit wird in GB in Langtonnen ☞ **L/T** (Long ton), also 2240 lbs., und in den USA in Nettotonnen ☞ **s.t.** (Short ton), 2000 lbs., oder als mögliche Anzahl von 40-ft.-Containern ausgedrückt. Über die vermessene Ladefähigkeit wird ein Messbrief erstellt, der bei Eintragung des Schiffes in das Schiffsregister vorzulegen ist. Syn.: **d.w.t.** (Deadweight tonnage)

dwt. Pennyweight *Pennygewicht* Kleines Gewichtsmaß für Edelmetalle (Troygewicht). 1 **dwt.** entspricht einem Zwanzigstel einer Troy-Unze oder 1,5552 g. Syn.: **pwt.** (Pennyweight)

d.w.t. Deadweight tonnage *Schiffsladefähigkeit* Gewichtsaufnahmefähigkeit eines Schiffes. ☞ **d.w.c.** (Deadweight carrying capacity)

DY Dockyard *Werft* Betrieb für Bau, Ausrüstung und Einrichtung von Wasserfahrzeugen. Syn.: **dkyd.** oder **Dyd.** (Dockyard)

dy. Delivery *Lieferung, Übergabe, Zustellung* Übergabe einer gekauften Sache an den Käufer oder Übertragung der Verfügungsmacht. Syn.: **del(y)** (Delivery)

Dyd. Dockyard *Werft* Betrieb für Bau, Ausrüstung und Einrichtung von Wasserfahrzeugen. Syn.: **dkyd.** oder **DY** (Dockyard)

Ee

E East *Osten* Himmelsrichtung.

ea. Each *Jeder*

EAC East African Community *Ostafrikanische Gemeinschaft* Zollunion von 1967 bis 1977 zwischen drei ostafrikanischen Ländern: Tansania, Uganda und Kenia.

EAFE *US:* Europe, Australia, Far East *Europa, Australien, Ferner Osten* Meist als Zusammenfassung von wirtschaftlich starken Handelspartnern und -konkurrenten der USA, wenn deren Wirtschaftskraft als Ganzes mit der amerikanischen verglichen werden soll.

EAGGF European Agricultural Guidance and Guarantee Fund *Europäischer Ausrichtungs- und Garantiefonds für die Landwirtschaft* Einrichtung der EU. Mit gezielten Investitionen soll die Wettbewerbsfähigkeit landwirtschaftlicher Betriebe gefördert werden.

EAN European Article Number *Europäische Artikelnummer* Kennzeichnung von Handelswaren mit einem 13-stelligen Strichcode zur Rationalisierung der Warenwirtschaft und zur artikelgenauen Erfassung der Verläufe im Handelsbetrieb. Dabei werden Kassenterminals mit Beleglesern eingesetzt, die das automatische Ablesen des Codes ermöglichen. Die Codierung enthält 2 Stellen für die Länderkennung, 5 für die Betriebsnummer, 5 für die eigene Artikelnummer des Herstellers und 1 Stelle zu Prüfzwecken.

e.a.o.n. Except as otherwise noted *Wenn nicht anderweitig festgelegt* Klausel in Beförderungs- und Handelsverträgen. Wenn keine besonderen Abmachungen getroffen wurden, gelten in der Regel die allgemeinen Geschäftsbedingungen.

EAR Erection all risks (insurance) *Montageversicherung* Technische Versicherung, bei der Montageobjekte, Ausrüstungen und fremde Sachen gegen unvorhergesehen eintretende Schäden versichert werden. Nach Vereinbarung sind auch Streiks, Unruhen u.Ä. versicherbar. Der Deckungsschutz beginnt mit Aufnahme des Probebetriebes oder Errichtung des Montageortes. Neben einer Sachschadendeckung können zusätzlich auch Haftpflichtrisiken der versicherten Unternehmer, Subunternehmer und Auftraggeber gedeckt werden.

EBIC European Banks' International Company *Internationale Gesellschaft europäischer Banken* Zusammenschluss führender Banken aus den EU-Staaten. Mit Gemeinschaftsgründungen in Übersee soll den Kunden ein Service zur Verfügung gestellt werden, der der fortschreitenden internationalen Integration auf dem Gebiet der Wirtschaft Rechnung trägt.

EBIT *US:* **Earnings before interests and taxes** *Einkommen vor Zinsen und Steuern* Die Einkünfte eines Unternehmens vor der Zinsauszahlung von Schuldverschreibungen an die Inhaber und vor Steuern.

EBRD European Bank for Reconstruction and Development *Europäische Bank für Wiederaufbau und Entwicklung* Hauptrichtung der Finanzierungspolitik ist die Unterstützung privater sowie die Privatisierung staatlicher Unternehmen. Zusätzlich wird in Infrastruktur und Umweltprojekte investiert.

EC Electronic cash *Elektronische Barzahlung* Die Möglichkeit, an der Ladenkasse durch die Verwendung einer entsprechend codierten Karte und durch die Eingabe einer persönlichen Geheimzahl bargeldlos zahlen zu können. Der Betrag wird direkt mit dem Konto des Zahlungspflichtigen verrechnet. Mögliche Karten sind: Eurocheque-, Bank- oder Kreditkarte, wenn sie mit diesen Funktionen versehen sind.

EC European Community *Europäische Gemeinschaft* Vereinigung europäischer Länder nach dem Zweiten Weltkrieg mit dem Ziel, Frieden und Wohlstand durch einen immer engeren Zusammenschluss der europäischen Völker zu schaffen. Eine Einigung wurde vor allem auf wirtschaftlichem, politischem und sozialem Gebiet angestrebt. Die Liberalisierung des gemeinschaftlichen Handels führte zur Schaffung eines grenzfreien Binnenmarktes ☞ **ECM** (European Common Market), in dem der freie Verkehr von Personen, Waren, Dienstleistungen und Kapital genauso gewährleistet ist wie auf nationaler Ebene. Die zwölf Mitgliedstaaten unterzeichneten 1992 den Vertrag über die Europäische Union ☞ **EU** (European Union), die im November 1993 die Nachfolge der **EC** antrat.

EC Extended coverage (insurance) *Erweiterte Deckung* Gebündelte Versicherung zusätzlicher Gefahren vorzugsweise in der Feuer- und Betriebsunterbrechungsversicherung. Die **EC** deckt Risiken ab, die von üblichen Versicherungen nicht berücksichtigt werden. Dazu können Schäden durch innere Unruhen, böswillige Beschädigung, Streik und Aussperrung, Leitungswasser, Sturm und Hagel etc. gehören.

ec Eurocheque *Euroscheck* Scheckformular. Der Scheckempfänger erhält durch entsprechende internationale Abkommen die Garantie, in Europa den Gegenwert bis zu einer vereinbarten Höchstsumme zu erhalten.

ECA Economic Commission for Africa *Wirtschaftskommission für Afrika* UN-Regionalorganisation der ☞ **ECOSOC** (Economic and Social Council) für Afrika mit Sitz in Addis Abeba (Äthiopien). Gegründet 1958. Sie dient der wirtschaftlichen Entwicklung Afrikas und der Intensivierung sowohl der innerafrikanischen als auch der internationalen Wirtschaftsbeziehungen der afrikanischen Staaten.

ECAC European Civil Aviation Conference *Europäische Zivilluftfahrtkonferenz* Gegründet 1954 mit Sitz in Straßburg. Die Institution trägt Verantwortung für die Koordinierung des europäischen Luftverkehrs. Mittels Musterverträgen und Vertragsnormen wird eine Vereinheitlichung bilateraler Verträge über Luftverkehrsrechte erleichtert. Hauptziel ist die Vereinfachung der Formalitäten im grenzüberschreitenden Luftverkehr zwischen den Mitgliedstaaten.

ECAFE Economic Commission for Asia and the Far East *Wirtschaftskommission für Asien und den Fernen Osten* UN-Regionalorganisation der ☞ **ECOSOC** (Economic and Social Council) für Asien und den Fernen Osten mit Sitz in Bangkok, Thailand. Gegründet 1947.

ECB European Central Bank *Europäische Zentralbank* Zum Zeitpunkt der Vollendung der Europäischen Wirtschafts- und Währungsunion zu gründende, unabhängige Bank der EU, die direkt mit der Einführung des ☞ **ECU** (European Currency Unit) betraut und für die Stabilität der Währung verantwortlich sein wird.

ECE Economic Commission for Europe *Wirtschaftskommission für Europa* UN-Regionalorganisation der ☞ **ECOSOC** (Economic and Social Council) für Europa mit Sitz in Genf, Schweiz. Gegründet 1947. Mitglieder sind alle europäischen UNO-Staaten sowie die USA, Kanada und die Schweiz. In dem Forum werden gemeinsame wirtschaftliche, soziale und technologische Probleme behandelt. Die „Allgemeinen Lieferbedingungen" der **ECE** dienen häufig als

ECGD

Grundlage für Exportverträge, bei denen Industriestaaten Maschinen und Anlagen in Entwicklungsländer exportieren. Die ECE -Bedingungen betreffen Vertragsabschluss, Pläne und Unterlagen, Verpackung, Kontrolle und Abnahmeprüfungen, Lieferfristen, Zahlung, Gewährleistung etc.

ECGD *GB:* **Export Credits Guarantee Department** *Exportkreditversicherung* Abteilung des Handels- und Industrieministeriums. Einrichtung zur Exportförderung und zur Versicherung von Exportkrediten durch die Gewährung von Ausfuhrgarantien. Die Versicherung deckt politische und kommerzielle Risiken, nicht aber vom britischen Exporteur verschuldete Schäden ab. Sie ist ähnlich der deutschen HERMES-Bürgschaft.

ECLA Economic Commission for Latin America *Wirtschaftskommission für Lateinamerika* UN-Regionalorganisation der ☞ ECOSOC (Economic and Social Council) für Lateinamerika mit Sitz in Santiago de Chile. Gegründet 1948. Sie dient der gemeinsamen Lösung wirtschaftlicher Probleme, der wirtschaftlichen Entwicklung und der Stärkung der internen wie externen Wirtschaftsbeziehungen sowie der Kooperation der lateinamerikanischen Länder.

ECM European Common Market *Gemeinsamer Europäischer Markt* Grenzfreier Binnenmarkt innerhalb der Mitgliedsländer der Europäischen Gemeinschaft/Europäischen Union mit der Gewährleistung des freien Verkehrs von Personen, Waren, Dienstleistungen und Kapital. Der **ECM** besteht offiziell seit dem 1. Januar 1993. Allerdings konnten bereits vor seinem eigentlichen Inkrafttreten zahlreiche Vorteile in Anspruch genommen werden.

ECMA European Computer Manufacturers Association *Verband europäischer Computerhersteller* Sein Sitz ist in Genf, Schweiz. Der Verband erarbeitet u.a. Standards für die Datenverarbeitungs- und Kommunikationstechnik.

ECMT European Conference of Ministers of Transport *Europäische Verkehrsministerkonferenz* Europäisches Gremium mit Sitz in Paris zur Regelung von Transportfragen im europäischen Binnenverkehr und zur Förderung einer engeren Zusammenarbeit der internationalen Organisationen, die sich mit Fragen des Binnenverkehrs auf der Straße, Schiene, in der Schiffahrt und im Luftverkehr in Europa befassen. Sie erteilt Genehmigungen zur Güterbeförderung zwischen den Mitgliedstaaten der EU.

ECOSOC Economic and Social Council *Wirtschafts- und Sozialrat* Organisation der Vereinten Nationen zur Förderung wirtschaftlicher, kultureller und sozialer Aktivitäten in verschiedenen Regionen der Welt. Sie soll das wirtschaftliche und soziale Wirken der Vereinten Nationen und ihrer Sonderorganisationen koordinieren. Ihr unterstehen mehrere Kommissionen wie die ☞ ECLA (Economic Commission for Latin America) und die ☞ ECE (Economic Commission for Europe).

ECOWAS Economic Community of West African States *Wirtschaftsgemeinschaft der Staaten Westafrikas* Gegründet 1975 mit Sitz in Lagos. Die Mitgliedstaaten sind Produzenten von weltweit gefragten Rohstoffen und landwirtschaftlichen Produkten wie Erdöl und Kakao. Die Gemeinschaft bemüht sich um die Aufstellung gemeinsamer Zolltarife und um eine einheitliche Wirtschaftspolitik, insbesondere um die Harmonisierung der Landwirtschaftspolitik. Der freie Verkehr von Personen, Dienstleistungen und Kapital soll gefördert werden.

ECP Euro-commercial paper *Euro-Geldmarktpapier* Kurzfristige Schuldtitel erstklassiger Adressen (Banken, Staat, Unternehmen), die am Euromarkt mit Laufzeiten von 1 bis 360 Tagen emittiert werden. Im Gegensatz zu den "Euronotes" besteht keine Übernahmeverpflichtung der Banken.

E.C.S.A. East coast of South America *Ostküste Südamerikas* Ortsbestimmung im Seeverkehr.

ECSC European Coal and Steel Community *Europäische Gemeinschaft für Kohle und Stahl* 1952 gegründete Organisation der Mitgliedsländer der EG/EU zur Entwicklung und Steuerung von Produktion und Vertrieb von Kohle und Stahl. Sie bildete neben der ☞ EEC (European Economic Community) und der ☞ EURATOM (European Atomic Energy Community) eine der drei Gemeinschaften der Europäischen Gemeinschaft ☞ EC (European Community).

ECU European Currency Unit *Europäische Währungseinheit, ECU* Verrechnungseinheit für finanzielle Vereinbarungen und Zahlungsmittel zwischen den Zentralbanken der Mitgliedsländer der ☞ EU . Die einzelnen nationalen Währungen sind am Wert des **ECU** mit unterschiedlichen Anteilen beteiligt. Der ECU ist eine Währung für den Haushalt der EU.

ECWA Economic Commission for West Asia *Wirtschaftskommission für Westasien* UN-Regionalorganisation der ☞ ECOSOC (Economic and Social Council) für Westasien. Sie dient dem Wiederaufbau und der Entwicklung im Nahen und Mittleren Osten und der Stützung sowohl der innerasiatischen als auch der internationalen Wirtschaftsbelange der westasiatischen Länder. Die Organisation wurde 1973 gegründet, ihr Sitz ist Beirut (Libanon).

ed(s).

ed(s). a) Edition(s) b) Editor(s) c) Edited by *a) Ausgabe(n) einer Publikation b) Herausgeber c) Herausgegeben von*

e/d Ex dividend *Ex Dividende, ohne Dividende* Der Kurszusatz gibt an, dass die betreffenden Aktien von diesem Tage an ohne Anspruch auf die fällige Dividende gehandelt werden. Syn.: **ex D** oder **xD** (Ex dividend)

EDA Engineering design automation *Automation der technischen Planung* Arbeit am Computer für Schaltkreisdesign oder Eingabe von Befehlen für numerische Maschinen. Die Methode ist eine Weiterentwicklung von ☞ **CAD** (Computer-aided design).

EDC *GB:* **Economic Development Committee** *Wirtschaftsentwicklungsausschuss* Unterausschuss des ☞ **NEDC** -Rates (National Economic Development Council). Der Ausschuss analysiert einzelne Industriezweige und berät Unternehmen zu Möglichkeiten der Effektivitätssteigerung.

EDC European Documentation Centre *Europäisches Dokumentationszentrum* Informationszentrum der EU. Die etwa 700 weltweit existierenden **EDCs** sollen die Politik der EU in der Öffentlichkeit verständlich machen. Sie werden mit fast allen EU-Veröffentlichungen beliefert. Die Bestände stehen der Öffentlichkeit zur Verfügung, sie können vor Ort konsultiert oder ausgeliehen werden.

EDD Estimated delivery date *Voraussichtlicher Liefertermin* Terminvorgabe im Seeverkehr oder bei Waren, die derzeitig nicht auf Lager sind und erst bestellt werden müssen.

EDF European Development Fund *Europäischer Entwicklungsfonds* Einrichtung der Europäischen Union. Vergabe von Krediten für Entwicklungsprojekte an Mitglieder der Gruppe der afrikanischen, karibischen und pazifischen Staaten ☞ **ACP** (African, Carribean and Pacific States).

EDI Electronic data interchange *Elektronischer Datenaustausch* Spezielles Übertragungssystem von Computer zu Computer, auch als Netzwerk. Durch die elektronische Verbindung zwischen einem Unternehmen und seinen Auftragnehmern oder Auftraggebern kann die Verwaltung und Abrechnung erheblich optimiert werden. **EDI** -Systeme werden z. B. zwischen Industriebetrieben und ihren Spediteuren und zwischen Reisebüros und Reiseveranstaltern erfolgreich genutzt.

EDMA European Direct Marketing Association *Europäische Direktmarketing-Vereinigung* Gegründet 1976 mit Sitz in Genf. Die Vereinigung vertritt die Interessen von Herstellern, Agenturen, Lieferfirmen und Organisationen, die im Direktmarketing arbeiten.

EDP Electronic data processing *Elektronische Datenverarbeitung* Jede maschinelle Verarbeitung von Daten mit elektronischen Datenverarbeitungsgeräten (Computer). Syn.: **ADP** (Automatic data processing)

EDT Eastern Daylight Time *Östliche Sommerzeit* Abweichung von der östlichen Standardzeit ☞ **EST** (Eastern Standard Time) zur besseren Ausnutzung des Tageslichtes.

ee Each and every *Jeder (einzelne ohne Ausnahme)*

e.e. Errors excepted *Irrtümer vorbehalten* Floskel auf Rechnungen und Kontoauszügen. Sie gestattet es dem Aussteller, nachträgliche Berichtigungen vorzunehmen.

EAA European Accounting Association *Europäischer Verband des Rechnungswesens* Gegründet 1976. Vereinigung von vorwiegend europäischen Hochschullehrern des Rechnungswesens.

EEA European Economic Area *Europäischer Wirtschaftsraum* Bezeichnung eines Wirtschaftsraumes in Europa, der die EU und die ☞ **EFTA** -Staaten (European Free Trade Association) umfasst. Die nicht zur EU gehörenden Länder erkennen das Gemeinschaftsrecht der EU an und kommen in den Genuss der wesentlichen Vorteile des Binnenmarktes. Die **EFTA** -Staaten haben ein beschränktes Mitspracherecht bei der Gesetzgebung für den Binnenmarkt. Mit dem Abkommen zur **EEA** werden potenzielle Kandidaten auf eine EU-Mitgliedschaft vorbereitet.

EEA *GB:* Exchange equalization account *Devisenausgleichskonto* Ausgleichskonto des britischen Schatzamtes. Die Verwaltung erfolgt durch die Bank of England.

EEA European Environment Agency *Europäische Umweltagentur* Einrichtung der EU in Kopenhagen. Die Agentur soll den Mitgliedstaaten der EU objektive, zuverlässige und vergleichbare Informationen zu Umweltschutzfragen bereitstellen. Hauptarbeitsbereiche der Agentur sind Luftqualität und Luftverschmutzung, Wasserqualität, Schadstoffe, der Zustand von Boden, Fauna und Flora und von Biotopen, Abfallwirtschaft, Lärmemissionen, chemische Substanzen, Flächennutzung, Bodenschätze und Schutz der Küsten.

EEC European Economic Community *Europäische Wirtschaftsgemeinschaft* Wirtschaftlicher Zusammenschluss europäischer Länder. Sie bildete neben der ☞ **ECSC** (European Coal and Steel Community) und der ☞ **EURATOM** (European Atomic Energy Community) eine der drei Gemeinschaften innerhalb der Europäischen Gemeinschaft ☞ **EC** (European Community).

eee Error *Fehler* Telexabkürzung. Die Abkürzung erscheint nach Schreiben eines Fehlers im Telex.

EEOC

EEOC *US:* **Equal Employment Opportunity Commission** *Kommission für die Gleichstellung am Arbeitsplatz* Regierungskommission, die die Gleichstellung aller Bürger in Ausbildung und Beruf überwacht und als Beschwerde- und Schiedsstelle dient.

EET **East European Time** *Osteuropäische Zeit* Zeitzone im Osten Europas. 2 Stunden vor ☞ **UTC** (Universal time coordinated). Sie gilt u.a. in Finnland, Bulgarien, Rumänien, in der Türkei und Griechenland.

EETPU *GB:* **Electrical, Electronic, Telecom and Plumbing Union** *Gewerkschaft der Elektro- und Elektronikindustrie* Einzelgewerkschaft vorzugsweise für Mitglieder aus der Elektro- und Elektronikindustrie und dem Telekommunikationsbereich.

EFICS **European forestry information and communication system** *Europäisches Informationssystem über die Forstwirtschaft* Einrichtung der EU zur Sammlung und Verteilung von Informationen über die Forstwirtschaft innerhalb der Gemeinschaft.

EFT **Electronic funds transfer** *Elektronischer Zahlungsverkehr* Weiterentwicklung der elektronischen Bankautomaten ☞ **ATM** (Automated teller machine). Beim bargeldlosen Einkauf einer Ware in einer Handelseinrichtung wird dem Kunden der entsprechende Betrag sofort von seinem Konto abgezogen, während die Einrichtung eine Gutschrift über den Kaufbetrag erhält. Syn.: **EFTS** (Electronic funds transfer system)

EFTA **European Free Trade Association** *Europäische Freihandelsassoziation* 1960 in Stockholm als Gegengewicht zur EG gegründet. Sitz in Genf. Sie hat das Ziel, schrittweise die Einfuhrzölle abzuschaffen und den Handel unter den Mitgliedsländern zu erleichtern, ohne einen gemeinsamen Markt zu schaffen. Die Mitgliedschaft in der **EFTA** hat sich im Laufe der Jahre ständig geändert, da einige Staaten der EG/EU beitraten oder den Beitritt vorbereiten.

EFTPOS *GB:* **Electronic Funds Transfer at the Point of Sale** *Elektronischer Zahlungsverkehr in Verbindung mit einem* ☞ **POS** *-System (Point-of-sale)* Zahlungssystem mit Kreditkarten/Scheckkarten, das eine sofortige elektronische Abbuchung eines Kaufbetrages vom Bankkonto des Kunden mit gleichzeitiger sofortiger Gutschrift auf das Konto des Kaufhauses oder Supermarktes ermöglicht.

EFTS **Electronic Funds Transfer System** *Elektronischer Zahlungsverkehr* ☞ **EFT** (Electronic funds transfer)

e.g. *Lat.:* **Exampli gratia** *Zum Beispiel*

EGM **Extraordinary general meeting** *Außerordentliche Hauptversammlung* Vom Vorstand einer Gesellschaft einberufene Versammlung, die sich mit Geschäftsangelegenheiten befasst, die nicht bis zur Jahreshauptversammlung ☞ **AGM** (Annual general meeting) warten können.

EIB **European Investment Bank** *Europäische Investitionsbank* Ursprünglich 1958 als Entwicklungsbank für Europa gegründet, ist sie heute das Bankinstitut der EU. Sie hat eigene Rechtspersönlichkeit. Durch Anleihen am Kapitalmarkt und eigene Mittel fördert sie mittels Darlehen und Bürgschaften die Erschließung weniger entwickelter Gebiete, die Modernisierung oder Umstellung von Unternehmen und die Schaffung neuer Arbeitsplätze. Außerdem vergibt sie Darlehen an Länder, die mit der Gemeinschaft assoziiert sind. Ihr Sitz ist in Luxemburg.

EICs **Euro-Info Centre (networks)** *Euro-Informationszentren* Informationszentren der EU, die die Aktivitäten kleinerer und mittelständischer Unternehmen im Geltungsbereich der EU fördern. Die **EICs** sind in allen Mitgliedstaaten vertreten und in Organisationen wie Handelskammern und Fachverbänden integriert.

EIF **European Investment Fund** *Europäischer Investitionsfonds* Die unabhängige internationale Finanzinstitution möchte staatliche und private Investoren bei Großprojekten in Europa zusammenbringen.

Einecs **European inventory of existing commercial chemical substances** *Europäisches Verzeichnis über kommerzielle chemische Substanzen* Veröffentlichung der EU zur Klassifizierung gefährlicher chemischer Stoffe.

EIONET **Environmental information and observation network** *Umweltinformations- und Beobachtungsnetz* Dezentralisiertes und weitverzweigtes Netz der EU zur Sammlung und Auswertung von umweltrelevanten Daten.

EIS **Executive information system** *Führungsinformationssystem* Computersoftware zur Erleichterung sämtlicher Führungsaufgaben auf höchster Leitungsebene in einem Unternehmen.

EITC *US:* **Earned income tax credit** *Einkommensteuerfreibetrag* Bis zu einer gewissen Grenze sind Einkünfte steuerfrei. Die Höhe des **EITC** richtet sich u.a. nach der Familiengröße.

EMA **European Monetary Agreement** *Europäisches Währungsabkommen* Abkommen europäischer Staaten, das 1958 unter Führung der ☞ **OECD** (Organization for Economic Cooperation and Development) unterzeichnet wurde und die Europäische Zahlungsunion ☞ **EPU** (European Payment Union) ablösen sollte. Ziel des Abkommens ist, die Konvertibilität der Währungen untereinander zu gewährleisten und die Entwicklung des Außenhandels zu fördern. Mitglie-

EMC

der sind die EU-, EFTA- und weitere Länder.
EMC *US:* **Export management company** *Außenhandelsgesellschaft* Ein Unternehmen, das sich speziell mit der Einfuhr und Ausfuhr von Waren beschäftigt, ohne selbst Produzent zu sein. (Syn.: *GB:* Foreign trade company)
EMI Economic and Monetary Institute *Wirtschafts- und Währungsinstitut* Europäisches Währungsinstitut. In der zweiten Phase der Wirtschafts- und Währungsunion der EU-Mitgliedstaaten gegründetes Organ, das bestimmte geld- und finanzpolitische Steuerfunktionen wahrnimmt und den institutionellen Rahmen für die dritte und letzte Stufe (Einführung einer europäischen Währung) entwickelt. Das Institut ist Vorläufer der Europäischen Zentralbank.
EMIC *GB:* **Export Market Information Centre** *Exportinformationszentrum* Informationszentrum des britischen Handels- und Industrieministeriums.
E. Midlands East Midlands *East Midlands* Englische Region.
EML Estimated maximum loss *Geschätzter Höchstschaden* Der geschätzte wahrscheinliche Schaden, der höchstens zu befürchten ist. Versicherungstechnischer Begriff mit besonderer Bedeutung in der industriellen Feuerversicherung. Dabei wird der Höchstschaden pro Risiko geschätzt und danach die Versicherungsprämien festgelegt. Im Allgemeinen liegt der geschätzte unter dem wahrscheinlichen Höchstschaden ☞ **PML** (Probable maximum loss).
EMP *US:* **End of month payment** *Zahlung ab Ende des Folgemonats* Zahlungsvereinbarung vor allem im Großhandel. Ein Kauf bis zum 25. des Monats muß innerhalb von 30 Tagen nach Ende des Folgemonats bezahlt werden. Ist ein Rabatt für die Zahlung innerhalb von 10 Tagen angeboten, ist die Rechnung bis zum 10. des übernächsten Monats zu begleichen. Z.B. 2% – 10 days, **EMP** -30. Syn.: **EOM** (End of month)
EMS European Monetary System *Europäisches Währungssystem* Währungssystem der Mitgliedstaaten der EU. Eingeführt 1979. Ziel ist die Stabilisierung der Wechselkurse der nationalen Währungen untereinander und die Einführung des ☞ **ECU** (European Currency Unit).
EMU Economic and Monetary Union *Wirtschafts- und Währungsunion* Ziel der Staaten der EU, einen hohen Grad an Konvergenz zwischen den Mitgliedstaaten zu erreichen und den ☞ **ECU** (European Currency Unit) als einheitliche Währung einzuführen. Die Union erfolgt in drei Stufen und soll bis 1999 abgeschlossen sein. In den ersten beiden Stufen sollen die Unterschiede in der wirtschaftlichen Leistungsfähigkeit der Mitgliedstaaten verringert und eine allmähliche Anpassung vollzogen werden. In der dritten Stufe soll der **ECU** als einheitliche Währung für die Teilnehmerstaaten eingeführt werden.
Encl. Enclosure(s) *Anlage(n)* Briefabschluss. Verweis auf weitere dem Brief angefügte Dokumente.
Eng. a) **England** b) **English** *a) England b) englisch*
Eng. Engineer *Ingenieur* Meist als Titelbezeichnung hinter einem Namen aufgeführt.
entd. Entered *Gebucht, gestellt* Häufig die förmliche Anmeldung von Waren bei einer Behörde (Zoll).
EOE European Options Exchange *Europäische Optionsbörse* 1978 in Amsterdam, Niederlande, eingerichtete Börse, an der Investoren Optionen auf Aktien, Regierungsobligationen und Gold kaufen und verkaufen.
E&OE Errors and omissions excepted *Irrtümer und Auslassungen vorbehalten* Vermerk auf Rechnungen. Der Vorbehalt versetzt den Lieferanten in die Lage, alle eventuellen Fehler in der Rechnung nachträglich zu berichten. Syn.: **SE&O** (Salvo errare et omissione) oder **S.E.E.O.** (Salvo errare et omissione)
EOFA Eyes open in front of advertisement *Anzeigenbeachtung* Beachtung pro Anzeige. Die Prozentzahl der Befragten bei einer Umfrage, die eine bestimmte Anzeige aus den Printmedien wieder erkennen.
EOM *US:* **End of month** *Zahlung ab Ende des Folgemonats* Zahlungsvereinbarung vor allem im Großhandel. ☞ **EMP** (End of month payment)
EOQ Economic(al) order quantity *Optimale Bestellmenge* Anwendung in der Materialwirtschaft. Die Bestellmenge ist gerade so groß, dass die Bedürfnisse des Fertigungsprozesses optimal befriedigt werden können. Eine aufwendige Lagerwirtschaft entfällt.
EPA *US:* **Environmental Protection Agency** *Umweltschutzbehörde* Gegründet 1970. US-Behörde zur Festlegung und Überwachung von Normen für den Umweltschutz.
EPC European Patent Convention *Europäisches Patentübereinkommen* Übereinkunft von 1973. Festlegungen für die Verwaltung von Patenten aus den Mitgliedsländern. Das Übereinkommen legt den Handlungsspielraum des Europäischen Patentamtes ☞ **EPO** (European Patent Office) fest. Das Abkommen sieht vor, dass die Erteilung europäischer Patente nach einem einheitlichen Verfahren bei allen Unterzeichnerstaaten erfolgt. Mit der Einreichung einer einzigen Patentanmeldung ist für den gesamten Geltungsbereich des Abkommens ein Patent zu erlangen. Die Patente an sich werden von den nationalen Patentämtern verwaltet.

EPO

EPO European Patent Office *Europäisches Patentamt* Die Behörde ist vor allem für die zentrale Anmeldung und Prüfung von Patenten bis zur rechtskräftigen Erteilung für die Vertragsstaaten (Anfertigung von Rechercheberichten) verantwortlich. Sie bearbeitet Patente, die in allen EU-Staaten und in einigen Partnerländern Gültigkeit haben. Hauptsitz ist München, eine Zweigstelle existiert in Den Haag.

EPOS Electronic point of sale *Elektronischer Kassenterminal* Elektronisches Kassensystem im Einzelhandel. Bei Zahlung mit Kreditkarte/Scheckkarte wird das Konto des Käufers unverzüglich belastet. Das System dient außerdem der Überwachung von Lagerbeständen und des Warenausgangs.

EPS Earnings per share *Gewinn je Aktie* Der geldwerte Anteil jeder einzelnen Aktie am Bilanzgewinn eines Unternehmens. Dabei werden nicht nur die Stammaktien berücksichtigt, sondern alle anderen Einlageformen wie Optionen und Schuldverschreibungen.

EPU European Payment Union *Europäische Zahlungsunion* Ehemalige Vereinigung europäischer Länder mit dem Ziel, die Konvertibilität ihrer Währungen zu erreichen. Später vom Europäischen Währungsabkommen ☞ **EMA** (European Monetary Agreement) abgelöst.

eq. Equal *Gleich*

eq(uiv). Equivalent *a) Gleichwertig, entsprechend b) Gegenstück c) Gegenwert*

EQUITY GB: British Actors Equity Association *Schauspielergewerkschaft* Gewerkschaft der Schauspieler, Sänger, Tänzer und Bühnenarbeiter. Sie ist Mitglied im Gewerkschaftsdachverband ☞ **TUC** (The Trades Union Congress).

ERDF European Regional Development Fund *Europäischer Fonds für Regionalentwicklung* Der Fonds soll vor allem Kredite an schwach entwickelte europäische Regionen vergeben.

ERISA US: Employee Retirement Income Security Act *Rentengesetz für Angestellte* Gesetz (1974), das die Rentenzahlungen für Beschäftigte in der freien Wirtschaft regelt.

ERM European Exchange Rate Mechanism *Euro-päischer Wechselkursmechanismus* Jeder nationalen Einzelwährung der EU-Mitgliedsländer wird ein Leitkurs zum ☞ **ECU** (European Currency Unit) zugeordnet. Die bilateralen Wechselkurse zwischen den Währungen sollen innerhalb einer gewissen Bandbreite (+/- 2,5% bis zu +/- 6%) stabilisiert werden. Falls eine Währung eine Abweichungsschwelle erreicht oder überschreitet, sind die Währungsbehörden verpflichtet, mit einer Reihe von angemessenen Maßnahmen zu intervenieren.

ERNIE GB: Electronic random number indicator equipment *Elektronisches Ziehungsgerät* Die britische Regierung gibt über die Post Sparobligationen heraus, auf die keine Zinsen gezahlt werden, die aber jederzeit eingelöst werden können. Jede Obligation nimmt an einer Lotterie teil, deren Nummern mit dem Computer ERNIE gezogen werden.

ERP European Recovery Program *Europäisches Wiederaufbauprogramm* Auf Vorschlag des US-Außenministers Marshall 1948 gegründetes Hilfsprogramm der USA für den Wiederaufbau der kriegszerstörten Länder in Europa.

ERS GB: Export Representative Service *Exportberatungsdienst* Beratungsdienst (kostenpflichtig) des britischen Handelsministeriums für britische Unternehmen, die neue ausländische Märkte erschließen wollen.

ERTA US: Economic Recovery Tax Act *Steuergesetz für den wirtschaftlichen Aufschwung* Gesetz aus dem Jahre 1981. Das Gesetz gewährt großzügige Steuersenkungen für alle Schichten der US-Bevölkerung.

ESA European Space Agency *Europäische Weltraumbehörde* Gegründet 1975 mit Sitz in Paris. Ziel der Organisation ist die Förderung der Weltraumforschungsaktivitäten der europäischen Staaten und die Anwendung von Weltraumtechnologien für friedliche Zwecke.

ESC Economic and Social Committee *Wirtschafts- und Sozialausschuss* Beratendes Organ für den Ministerrat (Rat) und die Kommission der EU. Er besteht aus Vertretern der Gewerkschaften, der Arbeitgeber und verschiedener Interessengruppen. Vor der Verabschiedung von EU-Rechtsvorschriften muss seine Stellungnahme eingeholt werden. Die Mitglieder werden vom Rat durch einstimmigen Beschluss auf vier Jahre ernannt.

ESCAP Economic and Social Commission for Asia and the Pacific *Wirtschafts- und Sozialkommission für Asien und den Pazifik* Regionalorganisation der ☞ **ECOSOC** (Economic and Social Council) der Vereinten Nationen mit Sitz in Bangkok. Die Organisation fördert die wirtschaftliche Entwicklung im asiatisch-pazifischen Raum und unterstützt die Planung und Durchführung von Entwicklungsprojekten.

ESOMAR European Society for Opinion and Marketing Research *Europäische Gesellschaft für Marktforschung* Organisation von Marktforschungsinstituten aus Europa, die verbindliche Normen für die Durchführung von Marktforschungsaufgaben festlegt.

ESOP US: Employee stock ownership plan *Belegschaftsaktienfonds* Programm, das Arbeitnehmer ermuntern soll, Aktienkapital des eigenen

ESOP

Unternehmens zu günstigen Konditionen zu erwerben. Ziel ist es, die Betriebsangehörigen an der Leitung des Unternehmens und an der Entscheidungsfindung in bestimmten Bereichen zu beteiligen. Vom Arbeitnehmer können dafür Zugeständnisse bei der Gestaltung des Arbeitsregimes und bei Löhnen und Gehältern erwartet werden. Syn. **ESOTs** *GB:* (Employee share ownership trusts)

ESOTs *GB:* **Employee share ownership trusts** *Modell zur Förderung von Belegschaftsaktien* Programm, das Arbeitnehmer ermuntern soll, Aktienkapital des eigenen Unternehmens zu erwerben. Ziel ist es, die Betriebsangehörigen an der Leitung des Unternehmens und an der Entscheidungsfindung in bestimmten Bereichen zu beteiligen. Vom Arbeitnehmer können dafür Zugeständnisse bei der Arbeitszeitgestaltung und bei Löhnen und Gehältern erwartet werden. Syn. *US:* **ESOP** (Employee stock ownership plan)

ESPRIT European Strategic Programme for Research and Development in Information and Technology *Europäisches Strategieprogramm für Entwicklung und Forschung in der Informationstechnologie* Gemeinsames Programm der EU-Kommission, führender Unternehmen und wissenschaftlicher Einrichtungen zur Förderung neuer Informationstechnologien.

Esq. **Esquire** *Etwa: Sehr geehrter, Hochwohlgeboren* Die Abkürzung findet vor allem noch in britischen Briefanschriften Verwendung. Bei Briefen an Einzelpersonen wird **Esq.** dem Namen der Person nachgestellt, und es entfällt der Gebrauch von weiteren Anreden und Titeln. Z. B. Michael Green, **Esq.**

Ess Essex *Essex* Englische Grafschaft.

EST Eastern Standard Time *Östliche Normalzeit* Zeitzone im Osten Nordamerikas. 5 Stunden nach ☞ **UTC** (Universal time coordinated). Sie gilt u. a. in den Staaten der Ostküste der USA, den kanadischen Provinzen Ontario und Quebec sowie in Kolumbien, Ecuador und Peru.

est. Estimated *Geschätzt*

est. Established *Gegründet* Meist in Verbindung mit der Gründung von Unternehmen und Jahreszahlen.

E. Sussex East Sussex *East Sussex* Englische Grafschaft.

ETA Estimated time of arrival *Voraussichtliche Ankunftszeit* Verwendung vor allem im Seetransport zur Ankündigung des voraussichtlichen Ankunftstermins in Hafen. Als Telexabkürzung auch: **eta** (Estimated time of arrival).

et al. *Lat.:* **Et alii, et alia** *Und andere*

et seq. *Lat.:* **Et sequentes, et sequentia** *Und Folgende*

ETC Expected to complete *Voraussichtliche Fertigstellung, voraussichtliches Ende* Bei Schiffsentladungen das zu erwartende Löschende.

ETC Estimated time of completion *Voraussichtliche Fertigstellung* Ungefähre Zeitangabe für die Fertigstellung größerer Bauvorhaben, wenn nicht alle den Bau betreffenden Einflüsse in der Kalkulation berücksichtigt werden können.

etc. *Lat.:* **Et cetera** *Und so weiter, und so fort*

ETD Estimated time of departure *Voraussichtliche Abfahrtzeit* Vor allem im Seetransport verwendeter Begriff zur Bestimmung des voraussichtlichen Abfahrttermins von Schiffen. Als Telexabkürzung auch: **etd** (Estimated time of departure).

ETS Expected to sail *Voraussichtliche Abfahrtzeit eines Schiffes*

EU European Union *Europäische Union* Neue Phase des Einigungsprozesses im Rahmen der Europäischen Gemeinschaft ☞ **EC** (European Community). Gültig seit 1. November 1993 durch den Vertrag von Maastricht. Schrittweise Einführung der Wirtschafts- und Währungsunion mit einer gemeinsamen Währung, Einführung einer gemeinsamen Außen- und Sicherheitspolitik sowie intensivere Zusammenarbeit in den Bereichen Justiz und Innere Angelegenheiten.

EUA European unit of account *Europäische Verrechnungseinheit* Frühere Verrechnungseinheit für finanzielle Aktivitäten der Mitgliedsländer der ☞ **EC** (European Commmunity). Seit 1979 durch den ☞ **ECU** (European Currency Unit) abgelöst.

EUI European University Institute *Europäisches Hochschulinstitut* Postuniversitäres Forschungsinstitut der EU mit Forschungen auf den Gebieten Geschichte, Recht, Wirtschaft, Politik- und Sozialwissenschaft. Die Forschungsstudenten können folgende Abschlüsse erwerben: den Doktorgrad des Instituts oder den Magistergrad in vergleichendem europäischen und internationalen Recht.

EURACA European Air Carrier Assembly *Europäischer Verband der Chartergesellschaften* Unterorganisation des internationalen Dachverbands der Chartergesellschaften ☞ **IACA** (International Air Carrier Association).

EURATOM European Atomic Energy Community *Europäische Atomgemeinschaft* 1957 in Rom mit dem Ziel gegründet, die friedliche Nutzung der Kernenergie in Europa zu fördern. Sie bildete neben der ☞ **EEC** (European Economic Community) und der ☞ **ECSC** (European Coal and Steel Community) eine der drei Gemeinschaften innerhalb der Europäischen Gemeinschaft ☞ **EC** (European Community).

Eureca

Eureca European Research Coordinating Agency *Europäische Koordinierungsbehörde für Forschung* Programm zur Förderung der Forschung auf dem Gebiet der Zukunftstechnologien. Die Teilnehmer an dem auf einer Pariser Konferenz 1985 ins Leben gerufenen Programm sind die **EU** - und (European Union) **EFTA** -Mitgliedsländer (European Free Trade Association).

Eurocontrol European Organization for the Safety of Air Navigation *Europäische Flugsicherungsbehörde* Die Organisation soll die bisher von den nationalen Flugsicherungsdiensten sichergestellte Kontrolle im oberen Luftbereich übernehmen und eine Automatisierung der Flugsicherung vorbereiten.

Eurofed European Federal Reserve Bank *Europäische Bundesreservebank* Bezeichnung für die geplante zentrale Notenbank innerhalb der Staaten der EU.

EVP Executive vice president *Stellvertretender Vorstandsvorsitzender/Generaldirektor* Führungsposition in einer Aktiengesellschaft.

ex. Excluding *Ausgeschlossen*
ex. Executed *Ausgeführt* Vollzugsmeldung.
Exch. *GB:* Exchequer *Britisches Finanzministerium*
exch. Exchange a) *Austausch* b) *Börse*
excl. Excluding *Ausgeschlossen*

ex cp. Ex coupon *Ohne Kupon* Abkürzung auf Kurszetteln bei festverzinslichen Papieren. Der fällige Zinskupon ist abgetrennt, der Handel erfolgt ohne diesen.

ex D Ex dividend *Ex Dividende, ohne Dividende* Der Kurszusatz gibt an, daß die betreffenden Aktien von diesem Tage an ohne Anspruch auf die fällige Dividende gehandelt werden. Syn.: e/d oder xd (Ex dividend)

exec. Executive *Leitender Angestellter*
exes. Expenses *Ausgaben*

Eximbank *US:* Export-Import Bank *Export-Import Bank* Von der US-Regierung geförderte, privatwirtschaftlich arbeitende Bank zur Unterstützung amerikanischer Exportfirmen. Die Einrichtung vergibt u. a. Kredite und Exportgarantien. Kleinere Firmen werden bevorzugt.

ext. Extension *Durchwahl, Nebenstellentelefonanschluss*

EXW Ex works *Ab Werk (benannter Ort)* INCOTERM -Lieferklausel 1990 (International Commercial Term). Abholklausel. Die Lieferverpflichtung des Verkäufers ist durch die Bereitstellung der Ware auf dem Betriebsgelände, Lager usw. erfüllt. Er ist nicht verpflichtet, die Ware auf das vom Käufer bereitgestellte Transportmittel zu verladen oder die Ware zur Ausfuhr freizumachen.

Ff

F Fahrenheit *Fahrenheit* Temperaturangabe. Sie ist in allen englischsprachigen Ländern weit verbreitet. Die Umrechnung in °C ist kompliziert. 32° **F** = 0°C; 70° **F** = 21,1°C. Syn.: **Fahr.** (Fahrenheit)

F Federation *Bund, Vereinigung, Verband, Zusammenschluss*

F Fresh *Flusswasser* Freibordmarke. Internationale Ladelinie am Rumpf eines Schiffes. Sie gibt die maximale Eintauchtiefe eines vollbeladenen Schiffes in Süßwasser an. ☞ **ILL** (International load line)

FA Forwarding agent *Spediteur* Personen oder Unternehmen, die gewerbsmäßig Güterversendungen für Rechnung eines anderen im eigenen Namen besorgen. Der Spediteur wählt den Frachtführer und kontrolliert die Einhaltung der Frachtverträge.

FAA Free of all average *Frei von jeder Beschädigung, frei von jeglicher Havarie* Bedingung in der Seeversicherung. Nur ein Totalschaden ist versichert.

f.a.c. Fast as can *So schnell wie möglich* Bedingung im Seefrachtverkehr. Die Beladung oder Löschung eines Schiffes hat so schnell wie möglich zu erfolgen.

fac. Facsimile *Faksimile*

f.a.c.a.c. Fast as can as customary *So schnell wie platzüblich* Bedingung im Seefrachtverkehr. Die Beladung oder Löschung eines Schiffes hat so schnell wie möglich und unter Berücksichtigung der ortsüblichen Gegebenheiten zu erfolgen.

FACCA Fellow of the Association of Certified and Corporate Accountants *Mitglied des Verbandes der Abschlussprüfer* Die Prüfer nehmen die gesetzlich vorgeschriebene Prüfung des Jahresabschlusses von Unternehmen vor. Voraussetzung für eine Verbandsmitgliedschaft ist eine hohe fachliche Qualifikation, die in einem Wirtschaftsprüferexamen nachgewiesen werden muss. Die Abkürzung wird hinter dem Namen des Mitglieds geführt.

Fahr. Fahrenheit *Fahrenheit* Temperaturangabe. ☞ **F.** (Fahrenheit)

FAK Freight all kind(s) *Waren aller Art* Artikelunabhängige Pauschalraten. Luftfrachtraten für Waren aller Art gemäß den Bestimmungen des internationalen Luftverkehrsverbandes ☞ **IATA** (International Air Transport Association). Die **FAK** -Raten sind in Beträgen pro kg im ☞ **TACT** (The Air Cargo Tariff) veröffentlicht. Die Berechnung der Frachtrate erfolgt unabhängig von den Warenklassenraten. Entscheidend ist die Menge der Güter.

FAO Food and Agriculture Organization *Ernährungs- und Landwirtschaftsorganisation* Sonderorganisation der Vereinten Nationen mit Sitz in Rom. Gegründet 1945. Ziele sind die Ausarbeitung von landwirtschaftlichen Entwicklungsprogrammen in Übereinstimmung mit dem Welthungerplan der UN, die weltweite Verbesserung des Ernährungs- und Lebensstandards, die Steigerung der Produktivität der Landwirtschaft u. a.

f.a.o. For the attention of *Zu Händen von* Ein Brief ist an die benannte Person weiterzuleiten.

FAP Fire and allied perils *Feuer und ähnliche Gefahren* Versicherungsbegriff. Feuer und ähnliche Risiken werden in der Police ausdrücklich versichert oder ausgeschlossen.

FAQ Fair average quality *Gute durchschnittliche Warenqualität, gute gesunde Durchschnittsware* Ausdruck für die Standardqualität im Warenhandel. Die Klausel in internationalen Handelsverträgen charakterisiert die Warenqualität, die allgemein im Handelsverkehr angenommen und vom jeweiligen Vertragspartner erwartet wird.

FAQ Free alongside quay *Frei Längsseite Kai des Abgangshafens* Lieferklausel im Auslandsgeschäft. Der Haupttransport wird vom Verkäufer nicht bezahlt. Die Lieferverpflichtung des Verkäufers ist erfüllt, wenn die Ware längsseits am Kai im benannten Verschiffungshafen gebracht wurde.

FAS Free alongside ship *Frei Längsseite Schiff oder Binnenschiff (benannter Verschiffungshafen)* ☞ **INCOTERM** -Lieferklausel 1990 (International Commercial Term). Haupttransport vom Verkäufer nicht bezahlt. Die Lieferverpflichtung des Verkäufers ist erfüllt, wenn die Ware längsseits des Schiffes im benannten Verschiffungshafen gebracht wurde. Der Käufer macht die Ware zur Ausfuhr frei.

FAS *US:* Federal Accounting Standards *Grundsätze ordnungsmäßiger Rechnungslegung* Richtlinien und Grundsätze für Buchhaltung, Rechnungswesen und Abschlussprüfungen in privaten Unternehmen, die vom ☞ **FASB** (Financial Accounting Standards Board) erarbeitet werden.

FAS *US:* Foreign Agricultural Service *Auslandsdienst für die Landwirtschaft* Abteilung im US-Landwirtschaftsministerium ☞ **USDA** (The United States Department of Agriculture). Die Einrichtung fördert den Export landwirtschaftlicher Produkte aus den USA und vertritt die Interessen US-amerikanischer Bauern auf ausländischen Märkten.

FASB *US:* Financial Accounting Standards Board *Organ des Interessenverbandes der amerikanischen Wirtschaftsprüfer* ☞ **AICPA** (American Institute of Certified Public Accountants). Seine Aufgabe ist die Erarbeitung von Rechnungslegungsgrundsätzen für private Unternehmen. Die erarbeiteten Grundsätze werden als Grundsätze ordnungsmäßiger Rechnungslegung ☞ **FAS** (Federal Accounting Standards) veröffentlicht und gelten als allgemeine Grundsätze der Rechnungslegung ☞ **GAAP** (Generally accepted accounting principles).

Fax Facsimile *Faksimile*

FB Freight bill *Frachtbrief* Begleitpapier im Frachtgeschäft, das als Beurkundung des Frachtvertrages anzusehen ist. Der Frachtführer kann die Ausstellung eines **FB** vom Absender verlangen, der Ort und Tag der Ausstellung, Name und Sitz des Frachtführers, Name des Empfängers, Ort der Ablieferung etc. enthalten soll. Im internationalen Güterverkehr sind zwischenstaatliche Übereinkommen, Vorschriften und Muster zu beachten.

FBL Negotiable FIATA combined transport bill of lading *Spediteurdurchkonnossement* Warentransportdokument, in dem der Spediteur den Empfang der Waren bescheinigt und das Versprechen zur Beförderung an den Empfänger leistet. Der Spediteur übernimmt die durchgehende Beförderung mit mehreren Transportmitteln im kombinierten Verkehr. Das **FBL** ist ein bankfähiges Wertpapier. Der Spediteur übernimmt die Verantwortung für den Beförderungserfolg (Carrierhaftung).

FBM Feet board measure *Fuß-Bordmaß* Volumeneinheit für Holz. 1 board foot ist ein Holzblock von 1 foot Länge, 1 foot Breite und 1 inch Tiefe, was etwa 2362 cm^3 entspricht.

FBT Fringe benefit tax *Steuer auf Zusatzleistungen* Steuer in einigen Ländern, die vom Arbeitgeber für zusätzliche freiwillige Sozialleistungen an seine Arbeitnehmer zu zahlen ist.

FBU *GB:* **Fire Brigades Union** *Gewerkschaft der Feuerwehr* Die Gewerkschaft ist Mitglied im Gewerkschaftsdachverband ☞ **TUC** (The Trades Union Congress). **FCA Fellow of the Institute of Chartered Accountants** Mitglied des Instituts der Wirtschaftsprüfer

FCA Free carrier *Frei Frachtführer (benannter Ort)* ☞ **INCOTERM** -Lieferklausel 1990 (International Commercial Term). Haupttransport vom Verkäufer nicht bezahlt. Der Verkäufer erfüllt seine Lieferverpflichtung, wenn er die zur Ausfuhr freigemachte Ware dem vom Käufer benannten Frachtführer am benannten Ort übergibt. Diese Klausel gilt für jede Transportart und löst damit ☞ **f.o.t** (Free on truck) und ☞ **f.o.r.** (Free on rail) ab.

FCA Fellow of the Insitute of Chartered Accountants *Mitglied des Instituts der Wirtschaftsprüfer*

f/cap Foolscap *Kanzleipapier* Standardmaß für Druck- und Schreibpapier. Die Größen in GB und den USA sind unterschiedlich. In *GB:* 17 x 13,5 inch.

FCC *US:* **Federal Communications Commission** *Ausschuss für bundesweite Kommunikationsbeziehungen* Bundesbehörde zur Überwachung und Lizensierung von nationalen Radio- und Fernsehstationen und zur Vergabe von Frequenzen.

F/Chgs. Forwarding charges *Transportgebühren*

FCIA *US:* **Foreign Credit Insurance Association** *Auslandskreditversicherungsvereinigung* Die Vereinigung wird von den etwa 50 führenden US-Versicherungsunternehmen gebildet. Versichert werden US-Exporteure gegen alle möglichen Risiken im Auslandsgeschäft.

FCL Full container load *Volle Containerladung* Klausel in internationalen Transportverträgen. Der Reeder übernimmt vom Ablader einen vollbeladenen Container zur Verfrachtung. Die Verantwortung für Verpackung und Entladung trägt der Ablader oder Warenempfänger. Der Container reist entweder vom Versender zum Verschiffungshafen **FCL/LCL** (Haus-Pier-Verkehr) oder vom Bestimmungshafen zum Empfänger LCL/FCL (Pier-Haus-Verkehr) oder aber vom Haus des Versenders zum Haus des Empfängers FCL/FCL (Haus-Haus-Verkehr). ☞ **LCL** (Less than container load)

FCO *GB:* **Foreign and Commonwealth Office** *Außen- und Commonwealthministerium* Das Ministerium regelt die Beziehungen von GB mit dem Ausland und entstand 1968 aus dem Zusammenschluss aus Auswärtigem Amt und Commonwealthministerium.

f.co. Fair copy *Ordentliches Exemplar* Überarbeiteter (Vertrags-)Entwurf ohne Tippfehler und Korrekturen als Vorstufe für die Erarbeitung eines Abschlussdokumentes.

fco. Franco *(porto-)frei, kostenfrei (bis)*

FCR Forwarding Agent's Certificate of Receipt *Spediteurübernahmebescheinigung* Internationale Spediteurübernahmebescheinigung der ☞ **FIATA** (Fédération Internationale des Associations des Transporteurs et Assimilés). Sie ist eine Beweisurkunde für die Übernahme von Einzelsendungen durch den Spediteur und enthält die Verpflichtung, die Waren gemäß Speditionsvertrag zum Empfänger zu befördern. Die **FCR** stellt einen Beförderungsvertrag dar. Der Empfänger erhält die Sendung auch ohne Vorlage der **FCR**.

FCS *US:* **Foreign Commercial Service** *Beratungsdienst für den Außenhandel* Einrichtung des US-Handelsministeriums an US-Botschaften zur Förderung amerikanischer Wirtschaftskontakte mit dem Ausland. Syn.: **US&FCS** (The United States Foreign Commercial Service)

f.c.s. Free of capture and seizure *Frei von Beschlagnahme und Aufbringung* Klausel in der englischen Seetransportversicherung. Das Risiko der Beschlagnahme wird vom Versicherungsschutz ausdrücklich ausgeschlossen. Im widrigen Fall ist derjenige, der die Klausel garantiert hat, schadenersatzpflichtig.

f.c.s.r.&c.c. Free of capture, seizure, riots and civil commotion *Frei von jedem Risiko bei gewaltsamer Wegnahme, Beschlagnahme, Aufruhr und Bürgerkrieg* Klausel in der englischen Seetransportversicherung.

FCT Forwarder's Certificate of Transport *Spediteurtransportbescheinigung* Internationales Spediteurdurchkonnossement der ☞ **FIATA** (Fédération Internationale des Associations des Transporteurs et Assimilés). Die Bescheinigung ist ein Wertpapier, ausgestellt vom Spediteur über eine Einzelsendung, und enthält die Verpflichtung, die Ware nur gegen Vorlage eines **FCT** -Originals am Bestimmungsort auszuliefern. Die **FCT** ist übertragbar.

FCU Fare calculation unit *Flugpreisverrechnungseinheit* Verrechnungseinheit des Inernationalen Luftverkehrsverbandes ☞ **IATA** (International Air Transport Association). Die Einheit gibt die Luftverkehrstarife für den Passagiertransport für die Mitgliedsgesellschaften der **IATA** an.

F&D Freight and demurrage *Fracht und Liegegeld* Vertragsklausel im Seefrachtgeschäft. Eine Vertragspartei kommt für die Frachtkosten und eventuelle Liegegeld auf. Liegegeld ist immer dann an den Schiffseigner zu zahlen, wenn der Auftraggeber einer Transportleistung die vereinbarten Lade- und Löschzeiten nicht einhält und eine Verzögerung bei der Abfahrt des Schiffes verursacht.

f/d Free delivery *Freie Anlieferung, freie Zustellung* Dienstleistung eines Zulieferers, der dem Käufer die Waren kostenfrei an dessen Wohn- oder Geschäftssitz liefert.

f.d. Free discharge *Freies Löschen* Für das Entladen von Waren im Seefrachtverkehr werden keine Gebühren erhoben.

FDA *US:* Food and Drug Administration *Verwaltung für Lebensmittel und Medikamente* Staatliche Behörde, die die Zulassung neuer Arznei- oder Nahrungsmittel regelt und Richtlinien für deren Produktion erlässt.

FDI Foreign direct investment *Ausländische Direktinvestitionen* Eine Form der Auslandsinvestition, bei der durch Kapitalexport in ein anderes Land Immobilien erworben, Betriebsstätten oder Tochterfirmen errichtet oder entscheidende Anteile an Betrieben gekauft werden.

FDIC *US:* Federal Deposit Insurance Company *Bundeseinlagenversicherung* 1934 als Bundesinstitution für die Depositenversicherung in den USA gegründete Pflichtversicherung für alle am Geld- und Kreditsystem ☞ **FRS** (Federal Reserve System) Beteiligten.

feb February *Februar* Telexabkürzung.

Fed *US:* Federal Reserve System *Umgangssprachlich für: Geld- und Kreditsystem der USA* Das System beruht auf 12 Bundesreservebanken ☞ **FRBs** (Federal Reserve Banks), die die alleinigen Notenbanken in ihren jeweiligen Regionen sind und bei denen die dem ☞ **FRS** angehörenden Banken ihre Liquiditätsreserven zu halten haben. Das Entscheidungsorgan ist der „Board of Governors" in Washington, der Bundesbankvorstand ☞ **FRB** (Federal Reserve Board), der die Geld- und Währungspolitik der USA bestimmt. Syn.: **FRS** (Federal Reserve System)

FEER Fundamental equilibrium exchange rate *Gewichteter Umrechnungskurs* Währungs-Umrechnungskurs, der unterschiedliche Inflationsraten und andere Wirtschaftsfaktoren wie Rohstoffpreise berücksichtigt.

FEMA *US:* Federal Emergency Management Agency *Katastrophenschutzbehörde* Die staatliche Einrichtung befasst sich mit vorbeugenden Maßnahmen zum Schutz der Bevölkerung vor Naturkatastrophen und der Organisation von Hilfsmaßnahmen bei nationalen Notstandssituationen.

FERS *US:* Federal Employees' Retirement System *Rentenversicherung für Angehörige der US-Bundesbehörden* Rentensystem für alle Bundesangestellten, die nach dem 31. Dezember 1983 in den Staatsdienst eingetreten sind. Das neue System wurde notwendig, da diese Angestellten per Gesetz Beiträge zur Sozialversicherung leisten müssen.

ff. Following (pages) *Folgende (Seiten)*

FFCS *US:* Federal Farm Credit System *Agrarkreditprogramm* System zur Vergabe von Krediten an Farmer und landwirtschaftliche Unternehmen in den USA. Zur Finanzierung des Programms verkaufen die das System stützenden Banken vorwiegend kurzfristige Schuldscheintitel.

ffy Faithfully *Mit freundlichen Grüßen, Hochachtungsvoll* Förmlicher Briefabschluss „Yours faithfully", besonders wenn sich Schreiber und Empfänger des Briefes nicht kennen. Verwendung in Telex und Telegrammen.

FGA Foreign government approval *Zustimmung der ausländischen Regierung* Zustimmung von ausländischen Regierungen zu Investitionsprojekten in deren Ländern. Sie ist von privaten Unternehmern auch für Finanzbeteiligungen staatlicher Stellen in den entsprechenden Ländern einzuholen.

F.H. Fore hatch, Forward hatch *Vordere Luke* Lagebezeichnung auf Schiffen.

FHA *US:* Federal Housing Administration *Staatliches Amt für Wohnungswesen* Das Amt versichert die Geldinstitute im Hypothekengeschäft gegen Verluste bei privat genutzten Immobilien.

FHLB *US:* Federal Home Loan Bank Board *Bundessparkassenrat* Zentralbankensystem einer Bankengruppe in den USA, die sich aus den sparkassenähnlichen Einrichtungen ☞ **MSB** (Mutual Savings Banks), den ☞ **SLA** (Saving & Loan Associations) und Kreditbanken zusammensetzt. Der Rat nimmt Aufsichtsfunktionen wahr, insbesondere zur Konzessionsvergabe, zur Einlagenversicherung und Genehmigung von Niederlassungen, und erlässt Vorschriften für Mindesteinlage und Geschäftsbefugnisse.

FHLMC *US:* Federal Home Loan Mortgage Corporation *Bundesbausparkasse* a) Von der Regierung unterstütztes Privatunternehmen zur Gewährung günstiger und langfristiger Hypothekenkredite an Hauseigentümer. b) Die von dieser Einrichtung herausgegebenen Hypothekenanleihen. Umgangssprachlich auch „Freddie Mac" genannt.

f.i. Free in *Frei hinein* Transportbedingung im Außenhandelsverkehr. Die Ware ist auf eigene Rechnung in den Raum des Schiffes zu liefern. Die Kosten sind vom Befrachter bzw. Empfänger, nicht aber vom Reeder zu tragen. Durch die Neufassung der ☞ **INCOTERMS** (International Commercial Terms) verliert diese Klausel an Bedeutung.

f.i.a. Full interest admitted *Nur bei ernst gemeintem Interesse*

FIATA

FIATA *Franz.*: **Fédération Internationale des Associations des Transporteurs et Assimilés** *Internationale Föderation der Spediteurorganisationen* Internationales Institut zur Bearbeitung von Problemen, die das internationale Speditionswesen betreffen. Spezialkommissionen arbeiten zu den Themen Eisenbahnfrachtverkehr, Luftfrachtverkehr, Transitverkehr leicht verderblicher Waren. Die FIATA wirkt außerdem als Schiedsgutachter.

f.i.b. **Free into barge** *Frei in Leichter* Transportbedingung im Außenhandelsverkehr. Die Ware ist auf eigene Rechnung in den Schiffsraum des Leichters zu liefern. Die Kosten sind vom Befrachter bzw. Empfänger, nicht aber vom Reeder zu tragen. Durch die Neufassung der ☞ INCOTERMS (International Commercial Terms) verliert diese Klausel an Bedeutung.

f.i.b. **Free into bunker** *Frei in Laderaum* Transportbedingung im Außenhandelsverkehr. Die Ware ist auf eigene Rechnung in den Laderaum des Schiffes zu liefern. Die Kosten sind vom Befrachter bzw. Empfänger, nicht aber vom Reeder zu tragen. Durch die Neufassung der ☞ INCOTERMS (International Commercial Terms) verliert diese Klausel an Bedeutung.

FIBOR **Frankfurt Interbank Offered Rate** *Frankfurter Interbanken-Geldmarktzinssatz* Deutscher Referenzzinssatz, zu dem Banken Geldmarktgeschäfte in Frankfurt abschließen können. Gebildet täglich aus Briefkursen deutscher Kreditinstitute. Die Veröffentlichung erfolgt an der Frankfurter Wertpapierbörse.

FICB *US:* **Federal Intermediate Credit Bank** *Bundesbank für Sofortkredite* Eine von 12 Banken in den USA, die kurzfristig Kredite an Handelsbanken, Kreditanstalten, Landwirtschaftsbanken etc. bereitstellt. Die Bank finanziert sich weitestgehend durch den öffentlichen Verkauf kurzfristiger Schuldtitel.

FIDIC *Franz.*: **Fédération Internationale des Ingenieurs Conseils** *Internationale Föderation der technischen Sachverständigen* Die Organisation entwickelt allgemein anerkannte Geschäftsbedingungen für die Lieferung von Maschinen und Anlagen.

fi.fa. *Lat.*: **Fieri facias** *So soll es geschehen* Gerichtsanweisung an einen Gerichtsvollzieher, Güter aus dem Eigentum eines Schuldners bis zur Höhe der geschuldeten Summe zu pfänden und zu veräußern.

FIFO **First in, first out** *Zuerst hinein, zuerst heraus* Wertermittlungsmethode für Warenbestände. Sie geht davon aus, dass die ersten Waren für das Lager als erste verkauft werden, womit der Warenbestandswert am Jahresende aus den Kosten für die erst kürzlich erworbenen Waren zu ermitteln ist. Der Verbrauch wird also mit den Anschaffungskosten des Anfangsbestandes bewertet.

fig. **Figurative(ly)** *Im übertragenen Sinne*

fig.(s) **Figure(s)** *Ziffer(n), Zahl(en)*

FIMBRA *GB:* **Financial Intermediaries, Managers, and Brokers Regulatory Association** *Selbstverwaltungseinrichtung der Treuhänder, Finanz- und anderer Makler* Vereinigung von Händlern von Wertpapieren, Investmentfonds und Lebensversicherungen. Die Organisation gehört zu den ☞ SROs (Self-regulatory organizations) und versteht sich als ein Überwachungsorgan für das geschäftsmäßige Betreiben von Kapitalanlagegeschäften am britischen Wertpapiermarkt.

fin. a) **Finance** b) **financial** *a) Kapital, Geldwesen b) finanziell, finanztechnisch*

FIO **Free in and out** *Frei Laden und frei Löschen* Transportbedingung im Außenhandelsverkehr. Die Ware ist auf eigene Rechnung in den Schiffsraum zu liefern und daraus wieder zu entfernen. Die Kosten und Haftung für Ladungsschäden sind vom Befrachter, seinem Stauer bzw. Empfänger, nicht aber vom Reeder zu tragen. Durch die Neufassung der ☞ INCOTERMS (International Commercial Terms) verliert diese Klausel an Bedeutung.

f.i.o.s. **Free in and out and free stowed** *Frei hinein und heraus und gestaut* Transportbedingung im Außenhandelsverkehr. Die Ware ist auf eigene Rechnung in den Raum des Schiffes gestaut zu liefern und frei aus dem Raum zu entfernen. Die Kosten sind vom Befrachter bzw. Empfänger, nicht aber vom Reeder zu tragen. Durch die Neufassung der ☞ INCOTERMS (International Commercial Terms) verliert diese Klausel an Bedeutung.

f.i.o.t. **Free in and out and free trimmed** *Frei hinein und heraus und frei getrimmt* Transportbedingung im Außenhandelsverkehr. Die Ware ist auf eigene Rechnung in den Raum des Schiffes getrimmt zu liefern, d.h. durch die Verteilung der Ladung ist das Schiff in die richtige Schwimmlage zu bringen, und nach Ankunft ist die Ware frei aus dem Raum zu entfernen. Die Kosten sind vom Befrachter bzw. Empfänger, nicht aber vom Reeder zu tragen. Durch die Neufassung der ☞ INCOTERMS (International Commercial Terms) verliert diese Klausel an Bedeutung.

FIPA **Fellow of the Institute of Incorporated Practitioners in Advertising** *Mitglied des Instituts der eingetragenen Werbefachleute*

FIPS **Foreign interest payment security** *Doppelwährungsanleihe* Eine Anleihe, bei der Emissions- und Zinszahlungen in einer anderen

fir.

Währung als die Tilgungszahlungen erfolgen und die durch die Gläubiger nicht kündbar ist.

fir. Firkin *Fass* Altes Flüssigkeitsmaß, das noch in der Bierherstellung benutzt wird. 1 **fir.** = 1 Fass mit 40,914 Litern. Auch als Gewichtsmaß bei der Butter- und Seifenherstellung gebräuchlich: 1 **fir.** = 56 bzw. 64 **lb.**

FIS *GB:* **Family income supplement** *Familienbeihilfe* Staatlicher Zuschuss zum Einkommen eines Arbeitnehmers, dessen Einkünfte unter denen einer vergleichbaren durchschnittlichen Familie mit der gleichen Anzahl Kinder liegen.

f.i.s. Free into store *Frei Lager(halle)* Lieferbedingung im Außenhandelsverkehr. Der Verkäufer liefert die Ware frei an das Lager des Käufers.

FIT *GB:* **Free of income tax** *Einkommensteuerfrei* Die Zinsen aus Wertpapieren werden ohne Steuervorwegabzug auf Kapitaleinkünfte ausgezahlt.

f.i.w. Free into waggon *Frei in Eisenbahnwaggon* Lieferbedingung im Außenhandelsverkehr. Der Verkäufer liefert die Ware auf eigene Rechnung in den vom Käufer bereitgestellten Waggon.

FL oder Fla. Florida *Florida* Bundesstaat der USA.

fl.oz. Fluid ounce *Flüssigunze* Maßangabe für Flüssigkeiten. In GB: 1 **fl.oz.** = 28,4131 Kubikzentimeter. In den USA: 1 **fl.oz.** = 29,5727 Kubikzentimeter.

flt Flight *Flug* Telexabkürzung.

flwg Following *Nachfolgend, folgend* Telexabkürzung.

fm. Fathom *Faden* Maßeinheit für die Tiefe von Wasser und die Länge von Seilen. 1 **fm.** = 6 **ft.** = 1,8288 Meter. Syn.: **fth(m)** (Fathom).

f.m. Fair merchantable *Gute Durchschnittsware* Ausdruck für Standardqualität im Warenhandel. Die Klausel in internationalen Handelsverträgen charakterisiert die Warenqualität, die allgemein im Handelsverkehr angenommen und vom jeweiligen Vertragspartner erwartet wird.

FMCG Fast-moving consumer goods *Umsatzstarke Verbrauchsgüter* Waren, die vor allem in Supermärkten umgesetzt werden und einen schnellen Verkauf versprechen.

FMV Fair market value *Üblicher Marktpreis* Der Wert, zu dem eine Ware einen Käufer und Verkäufer finden kann, ohne dass auf eine der Parteien Druck ausgeübt wird, und vorausgesetzt, beide haben ausreichende und vollständige Kenntnisse über den Handelsgegenstand.

FNMA *US:* **Federal National Mortgage Association** *Bundesverband der Hypothekenanbieter* Von der Regierung unterstütztes privates Unternehmen, das 1938 gegründet wurde, um den Hypothekenmarkt insbesondere für private Hauseigentümer zu festigen.

F.O. Firm offer *Festangebot* Der Preis und die Bedingungen, unter denen eine Ware angeboten wird, ändern sich innerhalb eines festgesetzten Zeitraumes nicht.

f.o.a. Free on aircraft *Frei an Bord des Flugzeuges* Lieferbedingung im Außenhandelsverkehr. Entspricht in den Verpflichtungen etwa ☞ **FOB** (Free on board). Durch die Neufassung der ☞ **INCOTERMS** (International Commercial Terms) verliert diese Klausel an Bedeutung.

FOB Free on board *Frei an Bord (benannter Verschiffungshafen)* ☞ **INCOTERM** -Lieferklausel 1990 (International Commercial Term). Haupttransport vom Verkäufer nicht bezahlt. Der Verkäufer erfüllt seine Lieferverpflichtung, wenn die Ware die Schiffsreling im benannten Verschiffungshafen überschritten hat oder an Bord eines anderen Transportmittels ist. Der Verkäufer macht die Ware zur Ausfuhr frei.

FOC Free of charge *Gebührenfrei* Internationale Handelsklausel, bei der alle etwaigen Kosten der Lieferung zu Lasten des Verkäufers gehen.

FOD Free of damage *Schadensfrei, unbeschädigt* Internationale Klausel in Handelsverträgen. Bis zur Übergabe der Ware an den Handelspartner gehen alle etwaigen Schäden auf Kosten des Partners, der sich hierzu verpflichtet hat.

f.o.k. Fill-or-kill *Erfüllen oder vergessen* Variante eines limitierten Börsenauftrags, der zur Durchführung von Optionsgeschäften an Terminbörsen erteilt wird. Der Börsenauftrag kann nur sofort und vollständig ausgeführt werden. Ist die Ausführung der Order zu den Bedingungen der Auftragserteilung nicht vollständig möglich, ist der Auftrag hinfällig.

folg. Following *Nachfolgend*

FOMC *US:* **Federal Open Market Committee** *Bundesoffenmarktausschuss* Schlüsselkomitee im Geld- und Kreditsystem ☞ **FRS** (Federal Reserve System), das die Geldpolitik der Bundesreservebanken auf kurzfristige Sicht festlegt. Die Sitzungen sind vertraulich und führen im Vorfeld gewöhnlich zu Spekulationen an der Wall Street.

f.o.q. Free on quay *Frei auf Kai* Lieferbedingung im Außenhandelsverkehr. Die Ware ist durch den Verkäufer frei auf den Abgangskai zu liefern. Durch die Neufassung der ☞ **INCOTERMS** (International Commercial Terms) verliert diese Klausel an Bedeutung.

for. Foreign *Ausländisch, Außen-*

f.o.r. Free on rail *Frei Eisenbahnwaggon (benannter Abgangsort)* Lieferbedingung im Außenhandelsverkehr. Die Ware ist durch den Verkäufer frei auf Waggon zu liefern. Durch die Neufassung der ☞ **INCOTERMS** (International Commercial Terms) verliert diese Klausel an Bedeutung.

forex Foreign exchange *Devisen* Telexabkürzung.

FOREX Foreign Exchange Club *Nationale Vereinigung der Devisenhändler* Die Vereinigungen der einzelnen Länder haben sich international in der ☞ **ACI** (Association Cambiste Internationale) zusammengeschlossen. Sie sollen die Kontaktpflege der Mitglieder untereinander und deren Weiterbildung fördern sowie den Berufsstand nach außen hin vertreten. Die Vereinigungen bestehen in etwa 50 Ländern.

FORTRAN Formula Translation *FORTRAN* Programmiersprache für wissenschaftliche und mathematische Computerprogramme.

f.o.s. Free on steamer *Frei Schiff* Lieferbedingung im Außenhandelsverkehr. Die Ware ist durch den Verkäufer frei auf das benannte Schiff zu liefern. Durch die Neufassung der ☞ **INCOTERMS** (International Commercial Terms) verliert diese Klausel an Bedeutung.

FOT Free of tax *Steuerbefreit, steuerfrei, unversteuert*

f.o.t Free on truck *Frei Güterwagen/Lastwagen (benannter Abgangsort)* Lieferbedingung im Außenhandelsverkehr. Die Ware ist durch den Verkäufer frei auf das Transportmittel Waggon zu liefern. Die Klausel ist fast identisch mit ☞ **EXW** (Ex works). Durch die Neufassung der ☞ **INCOTERMS** (International Commercial Terms) verliert diese Klausel an Bedeutung.

FOW First open water (chartering) *Sofort nach Schifffahrtseröffnung* Anmerkung zu Seefrachttarifen im Charterverkehr. Die Angaben haben mit Eröffnung der Schifffahrtslinie Gültigkeit.

FOX *GB:* Futures and options exchange *Termin- und Optionsbörse* An der Londoner Börse werden insbesondere Kontrakte für Zucker, Kakao, Kaffee, Kartoffeln, Soyamehl und Weizen gehandelt.

F.P. Fire policy *Feuerpolice* Der Versicherte ist gegen Feuerschäden gesichert. In der Regel sind in GB solche Risiken wie Blitzschlag oder Explosion von Haushaltgeräten in dieser Police eingeschlossen.

F.P. Floating policy *Offene Police* a) In der Seeversicherung erhält der Versicherer Prämienzahlungen für eine Gesamtlieferung. Bei Teillieferungen reduziert sich die Prämie entsprechend dem deklarierten Wert der einzelnen Ladung. b) Eine Versicherung, die Schäden am Eigentum an unterschiedlichen Orten abdeckt.

F.P. Fine paper, First-class paper *Erstklassiger Wechsel* Wechsel, Scheck oder Eigenwechsel, der auf Banken mit erstklassigem Ruf gezogen ist. (Auch: „white paper".)

F.P. Fully-paid (share) *Voll eingezahlte Aktie* Eine Aktie, deren Preis vollständig eingezahlt wurde.

f.p. Fully paid *Vollständig bezahlt*

FPA Free (from) particular average *Frei von besonderer Beschädigung* Strandungsfalldeckung. Englische Versicherungsklausel bei der Seetransportversicherung bis zum Jahre 1983. Später von der sog. Deckung C in etwa ersetzt. Auch: Institute Cargo Clause **F.P.A.** Die Leistungspflicht des Versicherers erstreckt sich auf Elementarschadensereignisse, wie Schiffsuntergang, Kollision oder Explosion.

FPAD Freight payable at destination *Fracht zahlbar am Bestimmungsort*

F.R. Freight release *Frachtfreigabebescheinigung* Ein Dokument, das nach Bezahlung der Fracht ausgestellt wird und den Inhaber ermächtigt, die Ware in einem betriebsfremden Lager abzuholen.

Fr. France *Frankreich*

Fr. Friday *Freitag*

fr. From *Von*

FRA Future rate agreement *Börsenfreier Zinsterminkontrakt* Am Interbankenmarkt gehandelter Vertrag über die Festlegung eines Zinssatzes für eine zukünftige fiktive Mitteleinlage oder -entnahme. Zwischen den Vertragspartnern erfolgt lediglich eine entsprechend der Laufzeit und der Höhe des Betrages abgezinste Differenzzahlung, die sich aus dem Unterschied zwischen Vertrags- und Marktzins ergibt.

FRA *US:* Federal Reserve Act *Bundesbankgesetz* US-Bundesgesetz aus dem Jahre 1913. Das Gesetz begründete das Geld- und Kreditsystem ☞ **FRS** (Federal Reserve System).

FRB *US:* Federal Reserve Board *Bundesbankvorstand* Einrichtung mit Sitz in Washington, die die Arbeit und die Einlagen der in den zum Geld- und Kreditsystem ☞ **FRS** (Federal Reserve System) zusammengeschlossenen Banken kontrolliert. Die Einlagen bei den Banken gelten als Bundesreserve. Der Bundesbankvorstand bestimmt die Geld- und Währungspolitik der USA.

FRB *US:* Federal Reserve Bank *Bundesreservebank* Eine von 12 regional angesiedelten Bundesreservebanken des Geld- und Kreditsystems ☞ **FRS** (Federal Reserve System). Die Banken erfüllen die üblichen Aufgaben von Zentralbanken: Banknotenausgabe, Erledigung der Bankgeschäfte der Regierung und zwischenstaatliches Scheckclearing, An- und Verkauf von Obligationen im Offenmarktgeschäft. Die **FRBs** arbeiten nur mit Kreditinstituten zusammen. Alle Banken, die dem Geld- und Kreditsystem **FRS** (Federal Reserve System) angehören, müssen in den Bundesreservebanken ihre Liquiditätsreserven halten.

FRD *US:* Federal Reserve District *Verwaltungsbe*

zirk der *Bundesreservebank* Das Gebiet, das von einer der 12 regionalen Zentralbanken ☞ **FRB** (Federal Reserve Bank) im Rahmen ihrer Befugnisse bearbeitet wird.

FREIT *US:* **Finite Life Real Estate Investment Trust** *Befristeter Immobilienfonds* Ein Immobilienfonds, der seine Anteile innerhalb eines festgelegten Zeitraumes zur Erlangung von Kapitalgewinnen verkauft.

fri Friday *Freitag* Telexabkürzung.

FRN **Floating rate note** *Anleihe mit Zinsanpassung* Anleihe mit veränderlicher Verzinsung. Inhaberschuldscheine, bei denen der Zinssatz in definierten Zeitabständen, alle drei oder sechs Monate, der Rendite kurzfristiger Mittel oder an andere Bezugszinsen angepasst wird. Bezugsgröße ist der ☞ **LIBOR** (London Interbank Offered Rate) oder ein anderer bestimmter Geldmarktsatz.

FRN *US:* **Federal reserve notes** *Bundesbanknoten* Banknoten der Bundesreservebanken ☞ **FRB** (Federal Reserve Bank). Die Noten müssen zu 40% durch Gold oder Goldzertifikate und im übrigen durch Handelswechsel und kurzfristige Staatspapiere gedeckt sein.

FRO **Fire risk only** *Nur Feuerschäden* Versicherungsklausel. Nur Schäden, die durch Feuer hervorgerufen werden, sind versichert.

FRS *US:* **Federal Reserve System** *Geld- und Kreditsystem der USA* ☞ **Fed** (Federal Reserve System)

frt. Freight *Fracht* Sammelbezeichnung für Waren und Güter, die vor allem auf dem See- oder Luftweg befördert werden.

frt.fwd. *GB:* **Freight forward (US: freight collect)** *Fracht zahlt der Empfänger* Frachtnachnahme. Die Fracht ist bei Übergabe der Waren am Bestimmungsort vom Empfänger zu zahlen.

frt. ppd. **Freight prepaid** *Fracht vorausbezahlt* Anmerkung auf einem Seefrachtbrief, die dem Schiffseigner mitteilt, dass die Fracht im Voraus bezahlt wurde.

FSA *GB:* **Financial Services Act** *Gesetz über Finanzdienstleistungen* Britisches Gesetz aus dem Jahre 1986 zum umfassenden Schutz von Anlegern bei Kapitalanlagegeschäften. Das Gesetz fasste Entscheidungen zur freiwilligen Selbstkontrolle unter staatlicher Aufsicht und zur Errichtung der Selbstverwaltungseinrichtungen ☞ **SROs** (Self-regulating organisations).

FSAVC *GB:* **Free standing additional voluntary contributions** *Zusätzliche freiwillige Beiträge* Die Möglichkeit, zusätzlich zur staatlichen Rentenversicherung mit Versicherern auf dem freien Markt Verträge über eine Zusatzversorgung für das Alter abzuschließen. Die Beiträge sind bis zu einer Höchstgrenze steuerlich absetzbar.

FSLIC *US:* **Federal Savings and Loan Insurance Company** *Einlagen- und Kreditsicherungsgesellschaft* Staatliche Einrichtung, die die Einlagen der Spar- und Kreditunternehmen gegen Verluste versichert. Sie wird vom Bundessparkassenrat ☞ **FHLB** (Federal Home Loan Bank Board) kontrolliert.

FSSA *GB:* **Financial Services Staff Association** *Gewerkschaft Versicherungen und Finanzdienstleistungen* Die Gewerkschaft ist nicht Mitglied im Gewerkschaftsdachverband ☞ **TUC** (The Trades Union Congress).

FSO *US:* **Foreign service officer** *Außenpolitischer Mitarbeiter* Beamter, der im Auftrag eines Ministeriums die Interessen der USA im Ausland wahrnimmt.

ft. a) **Foot** b) **feet** *Fuß* Längenmaß. 1 ft. = 0,3048 Meter.

f.t. **Full terms** *Alle Bedingungen* Versicherungsklausel. Zu vollen Bedingungen, ohne jede Änderung.

FTASI *GB:* **Financial Times Actuaries All-Share Index** *Aktienkursindex der Londoner Börse* Er gründet sich auf rund 900 Aktien. Der Index wurde von der Londoner Börse, der Finanzzeitung Financial Times und dem Verband der Versicherungsmathematiker entwickelt.

FTC *US:* **Federal Trade Commission** *Amerikanische Kartellbehörde* Gegründet 1914 mit Sitz in Washington, D.C. Sie überwacht unabhängig vom Justizministerium die Einhaltung des Wettbewerbsrechts in den USA.

FT Index *GB:* **Financial Times (Industrial Ordinary Share) Index** *Financial Times Industrieaktienindex* Index der Durchschnittskurse von 30 führenden Aktien, die einen Querschnitt durch die britische Industrie darstellen. Die Indexziffern werden stündlich veröffentlicht.

fth(m). Fathom *Faden* Maßeinheit für die Tiefe von Wasser und die Länge von Seilen. 1 **fm.** = 6 ft. = 1,8288 Meter. Syn.: **fm.** (Fathom)

FT-SE *GB:* **Financial Times Stock Exchange Index of 100 Shares** *Financial Times-100 Aktienindex* Index der Durchschnittskurse von 100 speziell ausgesuchten Aktien, die an der Londoner Effektenbörse gehandelt werden. Der Index soll detaillierter über Preisbewegungen am Markt informieren als das der ☞ **FT Index** (Financial Times Index) kann.

fur. Furlong *Achtelmeile* Entfernungsmaß. 1 **fur.** = 220 **yds.** = 201,168 Meter.

furn. **Furnished (with)** *Versehen (mit), ausgestattet (mit)*

fut. **Futures** *Terminkontrakte* Sammelbezeichnung für spezifische Terminkontrakte. Dazu zählen Zinsterminkontrakte als Termingeschäfte auf verzinsliche Positionen, Devisenterminkontrakte und Aktienterminkontrakte. Durch den Kauf oder Verkauf einer hinsichtlich Qualität und Quantität standardisierten Basisgröße auf dem Geld- oder Devisenmarkt zu einem bestimmten Preis oder Kurs zu einem bestimmten Zeitpunkt schützt sich der Marktteilnehmer weitestgehend vor dem allgemeinen Zins- und Wechselkursrisiko.

FV Fishing vessel *Fischereifahrzeug*

FVO For valuation only *Nur zu Informationszwecken* Zusatz zum Preis eines Wertpapiers, das nicht zum Verkauf steht. Der angezeigte Preis ist kein feststehendes Handelsangebot, vielmehr handelt es sich um eine höfliche Geste, eine allgemeine Orientierung zur Marktposition des Wertpapieres zu geben. Syn.: **FYI** (For your information)

FWC File wrapper continuation *Weiterbehandlungsantrag zu einer Patentanmeldung* Die Patentanmeldung wurde bereits einmal nach eingehender Prüfung endgültig abgelehnt. Es kann ein neuer Antrag in derselben Sache gestellt werden. Die Anmeldung gilt allerdings als neu gestellt und es fallen neuerlich Gebühren an.

FWD Fresh water damage *Süßwasserschaden* Versicherungsbegriff im Seeverkehr.

fwd Forward *Nach vorn, voraus* Telexabkürzung. Meist in Zusammensetzungen wie: look forward o.Ä.

FWR FIATA warehouse receipt *Spediteurlagerschein* ☞ **FIATA** -Lagerschein (Fédération Internationale des Associations des Transporteurs et Assimilés). Standarddokument für den Spediteur als Lagerhalter. Er ist kein Orderlagerschein, kann aber für fast alle Lagergeschäfte verwendet werden. Die Herausgabe der Ware beim **FWR** ist an die aufgedruckten Bedingungen gebunden. Der Lagerschein wird nur von Spediteuren ausgestellt, die der **FIATA** angehören.

f.w.t. Fair wear and tear *Normale Abnutzung* Wertverlust von Maschinen, Gebäuden und anderen Investitionsgütern, der durch normalen Gebrauch und zeitlichen Verschleiß hervorgerufen wird.

FY Financial year *Haushaltsjahr, Geschäftsjahr, Wirtschaftsjahr* Bilanzperiode für ein Unternehmen zur Feststellung der Betriebsergebnisse, üblicherweise über ein Jahr. Gewerbetreibende, die in das Handelsregister eingetragen sind, können ein vom Kalenderjahr abweichendes Geschäftsjahr haben. Bei allen anderen Gewerbetreibenden gilt in der Regel das Kalenderjahr.

FY Fiscal year *Haushaltsjahr, Finanzjahr* Meist bezogen auf das Finanzjahr von Regierungen. In GB vom 6. April bis 5. April des folgenden Jahres. In den USA vom 1. Juli bis 30. Juni des folgenden Jahres. Bei Firmen meist: „financial year".

FYI For your information *Zu Ihrer Information, nur zu Informationszwecken* Zusatz zum Preis eines Wertpapiers. Als Telexabkürzung auch: **fyi** (For your information). ☞ **FVO** (For valuation only)

Gg

G. a) Germany b) German *a) Deutschland b) deutsch*

g. Guinea *Guinee, Guinea* Alte britische Goldmünze mit einem Wert von 20 und später 21 Shilling. Sie ist heute noch bei der Auspreisung von Luxusgütern oder bei der Berechnung bestimmter Dienstleistungen in Verwendung. Syn.: **gn.** oder **gu.** (Guinea)

G5 Group of Five *Fünfergruppe, Fünferklub* Gruppe der Finanzminister und Notenbankchefs der 5 Hauptindustrieländer (Deutschland, GB, Frankreich, USA und Japan), die sich auf periodischen Sitzungen mit der internationalen Wirtschaftsentwicklung befasst und dazu Beschlüsse verabschiedet. Hauptziele sind die Stabilitätssicherung bei den Umtauschkursen ihrer Währungen und die Bekämpfung der Arbeitslosigkeit. Die Währungen der G5-Staaten bilden den Korb der Sonderziehungsrechte ☞ **SDRs** (Special drawing rights) im Internationalen Währungsfonds ☞ **IMF** (International Monetary Fund).

G7 Group of Seven *Siebenergruppe, Siebenerklub* Gruppe der Staats- und Regierungschefs der 7 Hauptindustrieländer. Auf regelmäßigen Treffen versuchen die Mitgliedsländer, Wege zur

G10

Wachstumsförderung der Weltwirtschaft aufzuzeigen und entsprechende Beschlüsse zu fassen. Die Gruppe trifft sich regelmäßig einmal im Jahr zum Weltwirtschaftsgipfel. Zu den G7-Staaten gehören die USA, Kanada, Deutschland, Frankreich, Großbritannien, Italien und Japan.

G10 Group of Ten *Zehnergruppe, Zehnerklub* Gremium der 10 Hauptindustrieländer, die in der Lage sind, sich bei Zahlungsschwierigkeiten im Rahmen des Internationalen Währungsfonds ☞ **IMF** (International Monetary Fund) gegenseitige Unterstützung zu gewähren. Mitgliedsländer sind die USA, GB, Japan, Deutschland, Frankreich, Kanada, Italien, die Niederlande, Belgien und Schweden. Aufgrund der Stimmenanteile spielen die Länder eine wesentliche Rolle bei der Bestimmung der Politik des **IMF**. 1983 trat die Schweiz als elftes Mitglied bei.

GA Georgia *Georgia* US-Bundesstaat.

G.A. General average, gross average *Große Havarie* Große oder gemeinschaftliche Havarie. Versicherungsklausel im Seetransport. Die Aufwendungen für Schäden, die dem Schiff oder der Ladung zur Rettung aus gemeinsamer Gefahr durch den Schiffsführer zugefügt werden, tragen die am Schiff, der Ladung und der Fracht Beteiligten gemeinschaftlich, wenn von Schiff und Ladung wenigstens Teile gerettet sind. Die Beteiligten haften nur mit den vorgenannten Gegenständen und nicht persönlich.

GAAP *US:* Generally accepted accounting principles *Allgemein anerkannte Grundsätze ordnungsmäßiger Buchführung und Bilanzierung* In den USA existieren keine gesetzlichen Regelungen zur Rechnungslegung. Die Prinzipien werden von der ☞ **FASB** (Financial Accounting Standards Board) als Empfehlung entwickelt und gelten als Grundsätze für ein ordnungsmäßiges Rechnungswesen.

GAB General Agreement to Borrow *Allgemeine Kreditvereinbarung* Name einer von der ☞ **G10** (Zehnergruppe) und dem Internationalen Währungsfonds unterzeichneten Vereinbarung, nach der im Notfall kurzfristig Kredite zum Ausgleich von Zahlungsbilanzen aufgenommen werden können.

GAL *US:* Guaranteed Access Level *Garantierte Abnahmequote* Programm zur garantierten Abnahme von Textilien aus den ☞ **CBI** -Staaten (Caribbean Basin Initiative) in den USA, wenn diese aus US-Rohstoffen hergestellt wurden.

gal. Gallon *Gallone* Standardflüssigkeitsmaß in GB und in den USA. **GB:** 1 gal. (imperial gallon) = 4,546 Liter. *US:* 1 gal. = 3,785 Liter.

gal. cap. Gallons capacity *Tankinhalt, Fassungsvermögen in Gallonen*

GAO *US:* General Accounting Office *Oberste Rechnungskontrollbehörde* Staatliche Einrichtung zur Überwachung der öffentlichen Einnahmen und Ausgaben mit Hauptsitz in Washington, D.C. Die Behörde untergliedert sich in 7 Abteilungen in der Hauptstadt und 13 Regionalbüros.

Garioa Government appropriations for relief in occupied areas *Regierungszuweisungen zur Linderung der Lage in den besetzten Gebieten* US-Hilfsprogramm nach dem II. Weltkrieg für besetzte Gebiete zur Linderung der Versorgungsprobleme.

GATT General Agreement on Tariffs and Trade *Allgemeines Zoll- und Handelsabkommen* Internationale Handelsvereinbarungen mit dem Hauptanliegen, Handelsbeschränkungen, Quoten und Meistbegünstigtenklauseln abzubauen. Die Anwendung der Klauseln setzt die inländischen Wirtschaften der Konkurrenz aus. Konflikte bestehen vor allem zwischen Industrie- und Entwicklungsländern.

g.b.o. Goods in bad order *Ware in schlechtem Zustand* Feststellung von wesentlichen Mängeln an der Ware auf einer Frachturkunde im Seegüterverkehr.

GCC Gulf Cooperation Council *Rat für Zusammenarbeit in der Golfregion* Mitgliedsstaaten sind Saudi-Arabien, Kuweit, die Vereinigten Arabischen Emirate, Bahrein, Oman und Katar.

GCR General cargo rate *Frachttarife für Stückgut* Allgemeine Frachtraten im Güterfernverkehr.

Gdns. Gardens *Gärten* Verwendung in Anschriften und Straßennamen.

GDP Gross domestic product *Bruttoinlandprodukt* Geldwert zu Marktpreisen aller Waren und Dienstleistungen, die innerhalb eines Landes erbracht wurden.

GDR German Democratic Republic *Deutsche Demokratische Republik*

GEM Group executive management *Konzernleitung*

g. gr. Great gross *Großes Gros* Maßeinheit für die Anzahl von Waren. 1 **g. gr.** = 12 ☞ **gr.** (Gross) = 12 x 144 = 1728 Artikel.

Gib. Gibraltar *Gibraltar*

GICs *US:* Guaranteed investment contracts *Garantierte Investmentverträge* Geldanlageform in Investmentfonds aus den 80er Jahren, bei denen hohe Mindesterträge aufgrund der allgemein günstigen Marktlage vertraglich versprochen werden konnten. Die Anlageform wird gern zur Rentenabsicherung gewählt.

GIP Glazed imitation parchment *Glanzpergamin* Spezielles Pergamentpapier, das vor allem zum Einwickeln von Nahrungsmitteln und Tabak benutzt wird.

gl.

GL German Lloyd *Deutscher Lloyd* Deutsche Organisation für die Überwachung und Einstufung von Schiffen. Sie entspricht dem britischen Lloyd's Register of Shipping ☞ **L.R.**

gl. *GB:* Gill *Gill* Maßeinheit des Volumens und Flüssigkeitsmaß. 1 **gl.** = 0,142 Liter (GB) und 1 **gl.** = 0,118 Liter (US).

Glos Gloucestershire *Gloucestershire* Englische Grafschaft.

GM General manager *Generaldirektor, Generalbevollmächtigter, Hauptgeschäftsführer* In der Praxis manchmal verwendeter Titel für den Leiter eines Unternehmens oder Verbandes. Die Kompetenzen eines **GM** sind nicht einheitlich umrissen. Die Position steht oft an der Spitze einer Führungshierarchie.

GMAT Graduate Management Admission Test *Aufnahmeprüfung zum Studium der Unternehmensführung für Studenten mit abgeschlossenem Studium* Schriftliche Aufnahmeprüfung für erstklassige „business schools", an denen der Führungsnachwuchs ausgebildet wird.

g.m.b. Good merchantable brand *Gute handelsfähige Markenprodukte* Bezeichnung für Markenwaren im Einzelhandel, die aufgrund ihres Bekanntheitsgrades und Qualität einen schnellen Umschlag versprechen.

GMBATU *GB:* General, Municipal, Boilermakers and Allied Trade Unions *Allgemeine Industriegewerkschaft*

G mile Geographical mile *Geographische Meile* Sie entspricht 1852,3 m. (Syn.: Seemeile oder nautische Meile.)

g.m.q. Good merchantable quality *Gute handelsfähige Qualität* Bezeichnung für Waren im Einzelhandel, die aufgrund ihrer allgemein bekannten Qualitätsmerkmale einen schnellen Umschlag garantieren.

GMT Greenwich Mean Time *Greenwicher Zeit* Früher international akzeptierte Standardzeit, auf die sich die Zeitmessungen in aller Welt begründeten. Der 0-Meridian durch den Londoner Vorort Greenwich bezeichnet die britische Ortszeit und diente als Grundlage für die Berechnung der übrigen Zeitzonen in der Welt. ☞ **UTC**

gn(s). Guinea(s) *Guinee, Guinea* Alte britische Goldmünze. ☞ **g** (Guinea)

GNMA *US:* Government National Mortgage Association *a) Staatliche Hypotheken- und Pfandbriefanstalt* Staatliche Hypotheken- und Pfandbriefanstalt, die den Bau von Wohnungen und Häusern fördert. Die Finanzierungsmittel werden durch die Herausgabe von ☞ **MBSs** (Mortgage backed securities) aufgebracht. b) Wertpapier, das von der Anstalt herausgegeben wird. Umgangssprachlich auch „Ginnie Mac".

GNP Gross national product *Bruttosozialprodukt* Gesamtleistung einer Volkswirtschaft einschließlich dem Einkommen aus dem Ausland.

g.o.b. Good ordinary brand *Gute, gewöhnliche Sorte* Warencharakterisierung.

GOP *US:* Grand Old Party *Die große alte Partei* Umgangssprachliche Bezeichnung für die Republikanische Partei.

Gov. Governor *a) Gouverneur* Oberster Verwaltungsbeamter. Die Abkürzung wird benutzt, wenn ein voller Name folgt, z. B. Gov. Michael Green. Erscheint nur der Nachname, wird der Titel ausgeschrieben: Governor Green. *b) Geschäftsführer einer Organisation*

Govt. Government *Regierung*

G.P. Gross profit *Bruttogewinn, Warenbruttogewinn* Betrag, um den der Umsatz die Aufwendungen für den Wareneinsatz übersteigt.

gp. Group *Gruppe, Konzern*

GPM Graduated-payment mortgage *Abgestufte Hypothekenzahlung* Hypothekenzahlung, die am Anfang der Laufzeit geringer ausfällt und nach einigen Jahren immer mehr anwächst. Die **GPM** wurde vor allem für junge Eheleute geschaffen, die im Laufe ihrer beruflichen Entwicklung einen Einkommensanstieg erwarten können. Syn. (umgangssprachlich): **JEEP**

GPMU *GB:* Graphical, Paper and Media Union *Gewerkschaft Druck, Papier und Medien* Die Gewerkschaft ist Mitglied im Gewerkschaftsdachverband ☞ **TUC** (The Trades Union Congress).

GPO *GB:* General Post Office *Der Postdienst in GB*

Gr. Gross *Brutto* a) Eine Geldmenge ohne irgendwelche Abzüge oder Abschreibungen (Bruttopreis, Bruttogewinn). b) Das Gesamtgewicht von Waren ohne Abzug der Verpackung (Bruttogewicht).

gr. Grain *Gran* Kleines Gewichtsmaß. Kleinste Einheit des Troy-Gewichtes. 1 **gr.** = 0,648 Dezigramm.

gr. Gross *Gros* Maßeinheit für die Anzahl von Waren. 1 **gr.** = 12 Dutzend = 144 Stück.

GRIT *US:* Grantor retained income trust *Treuhandstelle für persönlichen Immobilienbesitz* Möglichkeit der Vermeidung hoher Erbschafts- oder Schenkungssteuerzahlungen, bei der ein Haus unwiderruflich für eine vorher bestimmte Zeit in eine treuhänderische Verwaltung zu Gunsten der Erben gegeben wird. Der Eigentümer hat die Möglichkeit, sich selbst als Treuhänder einzusetzen und das Haus weiterzubewirtschaften.

GRT Gross register tonnage *Bruttoregistertonne* Gesamter Rauminhalt des Schiffskörpers: alle

Gr. T.

Ladungs-, Passagier-, Personal-, Maschinen- und sonstigen Räume einschließlich fester Aufbauten aber außer Ruderhaus, Treppen etc. 1 ☞ **GRT** = 100 **cbf.** (cubic foot) = 2,8316 Kubikmeter. Die für die Passagiere und Ladung nutzbaren Räume werden in Nettoregistertonnen **NRT** (Net register tonnage) angegeben.

Gr. T. *GB:* **Gross ton** *Bruttotonne, Langtonne* Gewichtsangabe in GB. 1 **Gr. T.** = 1016,05 kg. (Syn.: „British ton", „English ton", „Imperial ton", „Weight ton", „Long ton".)

grth Growth *Wachstum, Zuwachs*

gr. wt. Gross weight *Bruttogewicht* Das Gesamtgewicht von Waren einschließlich ihrer Verpackung.

GSM Global System for Mobile Communication *Globales System für mobile Kommunikation* E-Netz-Standard. Standard für ein digitales Mobilfunknetz im 1800-MHz-Bereich.

GSM General sales manager *Hauptverkaufsleiter*

g.s.m. Good, sound, merchantable *Gut, einwandfrei, handelsfähig* Bezeichnung für Waren, die auf Grund ihrer anerkannten Qualitätsmerkmale einen schnellen Umschlag im Einzelhandel erwarten lassen.

g./s.m. Grams per square metre *Gramm pro Quadratmeter*

GSP Generalized System of Preferences *Allgemeines Präferenzsystem* Von der ☞ **UNCTAD** (United Nations Conference on Trade and Development) im Jahre 1954 angeregtes System zur Gewährung von Präferenzzöllen für bestimmte Waren aus Entwicklungsländern.

GST Goods and services tax *Steuer auf Güter und Dienste* Eine Art Mehrwertsteuer, die auf eine Vielzahl von verkauften Produkten und Dienstleistungen in Neuseeland erhoben wird.

gt. Great *Groß*

GTC Good till cancelled *Gültig bis zur ausdrücklichen Annullierung* Ein uneingeschränkt limitierter Auftrag zur Durchführung von Optionsgeschäften an Terminbörsen und im Aktienhandel. Der Auftrag hat bis zum Widerruf Gültigkeit.

GTD Good till date *Gültig bis zu einem Zeitpunkt* Ein uneingeschränkt limitierter Auftrag zur Durchführung von Optionsgeschäften an Terminbörsen. Der Auftrag hat nur bis zu einem definierten Zeitpunkt Gültigkeit.

GTM Good this month (order) *Gültig nur diesen Monat* Die Aufforderung an den Broker, Wertpapiere gewöhnlich zu einem festgelegten Grenzpreis für einen Kunden zu kaufen oder zu verkaufen. Die Aufforderung des Kunden erlischt zum Monatsende, wenn der Auftrag bis dahin noch nicht ausgeführt werden konnte.

GTW Good this week (order) *Gültig nur diese Woche* Die Aufforderung an den Broker, Wertpapiere gewöhnlich zu einem festgelegten Grenzpreis für einen Kunden zu kaufen oder zu verkaufen. Die Aufforderung des Kunden erlischt zum Wochenende, wenn der Auftrag bis dahin noch nicht ausgeführt werden konnte.

gu. Guinea *Guinee, Guinea* Alte britische Goldmünze. ☞ **g.** (Guinea)

guar. Guarantee(d) *Garantie, garantiert* Versprechen eines Herstellers, dass seine Waren von guter Qualität sind. Innerhalb eines festgelegten Zeitraumes werden eventuelle Schäden kostenfrei behoben.

gvmt Government *Regierung*

GWP Gross world product *Bruttoweltprodukt* Das Gesamteinkommen aller Länder der Welt aus Handel und Dienstleistungen. Die Anteile der einzelnen Länder am **GWP** werden in Prozent ausgedrückt.

Hh

h Hour *Stunde*

ha Hectare *Hektar* Metrisches Flächenmaß. 1 **ha** = 10.000 Quadratmeter.

Hants Hampshire *Hampshire* Englische Grafschaft.

H/C Hold covered *Frachtraum eingeschlossen* Versicherungsbedingung, bei der der Frachtraum/Laderaum ausdrücklich in den Versicherungsschutz eingeschlossen ist.

hd. Head *Kopf* Zählweise für die Anzahl von Menschen oder Tieren.

hdl Handle *Umgehen mit, erledigen, sich befassen mit* Telexabkürzung.

Herts Hertfordshire *Hertfordshire* Englische Grafschaft.

HEW *US:* **Department of Health, Education and Welfare** *Ministerium für Gesundheit, Bildung und Soziales*

HGV

HGV Heavy goods vehicle *Lastfahrzeug*

hhd. Hogshead *Oxhoft* a) Großes Fass. b) Flüssigkeitsmaß, das je nach gemessener Ware zwischen 200 und 290 Liter betragen kann.

HI Hawaii *Hawaii* Bundesstaat der USA.

HIFO Highest in – first out *Höchster Anschaffungspreis – zuerst verkauft* Wertermittlungsmethode für Warenbestände. Sie geht davon aus, dass die Gegenstände mit dem höchsten Anschaffungspreis zuerst verbraucht oder veräußert werden. Daraus folgt, dass der Verbrauch mit den Anschaffungskosten der teuersten Lieferung bewertet wird, der Endbestand mit den Anschaffungskosten der billigsten Lieferung.

H.L. Heavy lift *Schwergewichtszuschlag* Zuschlag auf die Transportkosten im Seeverkehr, der im Seefrachtvertrag vereinbart wird. Ab einem bestimmten Gewicht je Ladungseinheit ist ein Zuschlag zu entrichten.

H.M. *GB:* Her (His) Majesty's *Ihrer (Seiner) Majestät* Vorangestellte Abkürzung bei Einrichtungen des Staates oder der Regierung, die offiziell im Auftrag der Krone handeln. Z. B. **H.M** Customs.

HMG *GB:* Her (His) Majesty's Government *Die Regierung Ihrer (Seiner) Majestät* Die Abkürzung des offziellen Titels der britischen Regierung.

HMO *US:* Health maintenance organization *Krankenkasse* Private Krankenkasse in den USA. Die Mitgliedschaft in einer Krankenkasse ist noch keine Pflicht für den Arbeitnehmer.

HMS *GB:* Her (His) Majesty's Ship *Schiff Ihrer (Seiner) Majestät* Die offizielle Bezeichnung aller Schiffe der britischen Kriegsmarine. Der Abkürzung folgt der Schiffsname. Z. B: HMS Challenge.

H.O. Head office *Hauptverwaltung, Hauptniederlassung* Die zentrale Leitung größerer Unternehmen. In der Regel bestimmt der Ort der Hauptniederlassung auch den allgemeinen Gerichtsstand.

ho. House *Haus*

Hon. *GB:* Honourable *Euer Ehren, Ehrenwerter* Anrede der Parlamentarier im britischen Parlament, besonders bei Debatten und im Schriftwechsel. Die Abkürzung wird benutzt, wenn ein voller Name folgt, z.B. Hon. "Michael Green". Erscheint nur der Nachname, wird der Titel ausgeschrieben: "The Honourable Mr. Green".

hon. Honorary *Ehrenamtlich, ehrenhalber* Stellung oder Titel, die ehrenhalber verliehen werden und an keine Bezahlung gebunden sind.

HP *GB:* Houses of Parliaments *Das britische Parlament* Die 2 Kammern des britischen Parlaments.

HP Horsepower *Pferdestärke* Die Kraft, die notwendig ist, um 33.000 **lb.** (pounds) in einer Minute auf eine Höhe von 1 **ft.** (foot) anzuheben. Im metrischen System: 1 **HP** = 0,7457 kW.

H.P. Hire-purchase (agreement) *Teilzahlungskaufvertrag* Mietkauf. Eine Art Konsumentenkredit. Der Kunde bestellt eine Ware, die von einem Kreditinstitut sofort bezahlt wird. Der Kunde wird erst Eigentümer der Ware, wenn die letzte Rate abgezahlt ist.

HPR Highly protected risk *Hochgeschütztes Risiko* Klassifizierung solcher Risiken, die bestimmten Normen der Schadenverhütung genügen, wie die Installation einer Sprinkleranlage.

HR *US:* House of Representatives *Repräsentantenhaus* Eine der zwei gesetzgebenden Kammern des US-Kongresses. Bei Bezugnahme auf von diesem Haus verabschiedete Gesetze erscheint hinter der Abkürzung die entsprechende Gesetzesnummer.

HRS Hellenic Register of Shipping *Griechisches Amt für Schiffsklassifizierung* Griechische Gesellschaft für die Einstufung und Registrierung sowie Überprüfung der Sicherheit von Schiffen.

HRM Human resources management *Personalführung* Allgemeiner Begriff für alle Fragen der Mitarbeiterführung.

hr(s). Hour(s) *Stunde(n)*

HSE *GB:* Health and Safety Executive *Gesundheits- und Sicherheitsinspektor* Regierungsbeamter, der als Inspektor in britischen Betrieben die Einhaltung der Arbeitsschutzbestimmungen kontrolliert und bei Mängeln juristisch gegen den Arbeitgeber oder die Unternehmensleitung vorgehen kann.

HSS *US:* Department of Health and Human Services *Gesundheitsministerium* Geschaffen 1979. Das Ministerium trägt insbesondere Verantwortung für das Funktionieren und die Verwaltung der Sozialversicherung.

HTS Harmonized tariff system *Harmonisiertes Steuer- und Abgabensystem*

HUB *US:* Helping Urban Business *Hilfe für städtische Wirtschaftentwicklung* Vorläufer des Rates für städtische Wirtschaftsentwicklung ☞ **CUED** (National Council for Urban Economic Development).

HUD *US:* Department of Housing and Urban Development *Ministerium für Bau und Stadtentwicklung* Geschaffen 1965. Das Ministerium fördert den Wohnungs- und Hausbau und unterstützt städtebauliche Projekte. Insbesondere finanziert es Kredite für Hausbauer mit niedrigem Einkommen. Der Behörde untersteht die ☞ **GNMA** (Government National Mortgage Association).

HUR Home-using-radio (rating) *Haushalts-Ein-*

HUT

schaltquote bei Radiosendungen Die tatsächliche Zahl der Haushalte, die ein Radioprogramm eingeschaltet haben. Die Statistik sagt nur aus, dass mindestens ein Familienmitglied von Werbebotschaften erreicht werden konnte.

HUT Home-using-television (rating) *Haushalts-Einschaltquote bei Fernsehsendungen* Die tatsächliche Zahl der Haushalte, die ein Fernsehprogramm, unabhängig von einem spezifischen Sender oder einer Sendung, eingeschaltet haben. Die Statistik sagt nur aus, dass mindestens ein Familienmitglied von Werbebotschaften erreicht werden konnte.

hv Have *Habe(n)* Telexabkürzung.

HVAC Heating, ventilation and air conditioning *Heizung, Ventilation und Klimaanlage*

H.W. High water *Hochwasser* Der höchste Punkt, den das Wasser im Ebbe-und-Flut-Zyklus erreicht. Syn.: H.W.M. (High water mark)

H.W.M. High water mark *Hochwassermaximum* ☞ H.W. (High water)

HWONT High water ordinary neap tides *Höchster Punkt des Wassers im Ebbe-Flut-Zyklus bei schwachem Hochwasser*

HWOST High water ordinary spring tides *Höchster Punkt des Wassers im Ebbe-Flut-Zyklus bei besonders starkem Hochwasser*

hwvr However *Jedoch, egal wie* Telexabkürzung.

hwy. US:Highway *Autobahn, Fernverkehrsstraße.*

Ii

IA Iowa *Iowa* Bundesstaat der USA.

IACA International Air Carrier Association *Internationaler Dachverband der Luftfahrt-Chartergesellschaften* Der Verband bemüht sich um die Verbesserung der Rahmenbedingungen für den internationalen Gelegenheitsverkehr im Lufttransport, die Förderung der Zusammenarbeit unter den Mitarbeitern, und dient als Interessenvertreter der Chartergesellschaften gegenüber den zuständigen staatlichen Behörden.

IADB Inter-American Development Bank *Interamerikanische Entwicklungsbank* Gegründet 1959 im Rahmen der Organisation Amerikanischer Staaten ☞ **OAS** (Organization of American States) mit Sitz in Washington D.C. Die Bank leistet technische Hilfe und finanziert öffentliche und private Projekte in den mehr als 40 Mitgliedstaaten. Es werden nur solche Projekte finanziert, für die keine anderen Mittel verfügbar sind. Syn.: **IDB** (Inter-American Development Bank)

IAEA International Atomic Energy Agency *Internationale Atomenergie-Organisation* Gegründet 1957 mit Sitz in Wien. Autonome Organisation im Rahmen der UN. Ziele sind die Förderung und Beschleunigung des Beitrages der Atomenergie zu friedlichen Zwecken, die Sicherung von Forschungsergebnissen gegen militärischen Missbrauch, die Förderung von Forschung und technischer Ausrüstung sowie die Erarbeitung von Empfehlungen für Reaktorsicherheit und Strahlenschutz.

IAG International auditing guidelines *Internationale Richtlinien für Wirtschaftsprüfer* Grundsätze der Wirtschaftsprüfung, die von der Internationalen Vereinigung von Angehörigen der wirtschaftsprüfenden Berufe ☞ **IFAC** (International Federation of Accountants) erarbeitet werden, und die Grundlage für ein international einheitliches Herangehen an Fragen der Wirtschaftsprüfung schaffen sollen.

IAOECH International Association of Options Exchanges and Clearing Houses *Internationaler Verband von Optionsbörsen und Clearinghäusern* Der Verband befasst sich mit internationalen Problemen im Optionshandel und gibt Empfehlungen für die Arbeit.

IAS International accounting standards *Internationale Rechnungslegungsgrundsätze* International gültige Grundsätze der Rechnungslegung zur Bilanzierung im Unternehmen, zu Bewertungs- und Offenlegungsfragen. Sie werden vom Internationalen Verband der Wirtschaftsprüfer-Berufsorganisationen ☞ **IASC** (International Accounting Standards Committee) erarbeitet. Die Standards können keine Gesetzeskraft erlangen. Ihre Anwendung ist freiwillig.

IASC International Accounting Standards Committee *Internationaler Verband der Wirtschaftsprüfer-Berufsorganisationen* Gegründet 1973 mit Sitz in London. Ziel ist die Erarbeitung und Harmonisierung internationaler Grundsätze zur Rechnungslegung und Wirtschaftsprüfung, ihre weltweite Verbreitung und Anerken-

IASC

nung. Dem Verband gehören mehr als 100 nationale Berufsorganisationen der Wirtschaftsprüfer an.

IATA International Air Transport Association *Internationaler Luftverkehrsverband* Zusammenschluss internationaler Luftverkehrsverbände zur verbindlichen Festlegung von Tarifen und Beförderungsbedingungen im Auslandsverkehr, gegründet 1945 mit Sitz in Montreal und Genf. Der Verband dient außerdem der Verrechnung von Forderungen und Verbindlichkeiten zwischen Luftverkehrsgesellschaften. Obwohl die **IATA** -Bedingungen nicht verbindlich sind, genießt der Luftverkehrsband eine Art Monopolstellung, die einen Preis- und Qualitätswettbewerb teilweise ausschließt.

I.B. Invoice book *Rechnungsbuch* Aufstellung über eine Anzahl von Geldforderungen auf Grund einer Warenlieferung oder erbrachten Dienstleistung in einem Buch.

ib *Lat.:* **Ibidem** *Ebenda, ebendort* Syn.: **ibid** (Ibidem)

I.B. GB: Institute of Bankers *Verband der Banker* Einflussreiche Organisation als Interessenvertretung der Banken. Mitglieder sind vor allem Bankbesitzer, leitende Bankangestellte und Rechtsanwälte.

i.b. In bond *Zollverschluss* a) Die Sicherung von Behältern und Räumen für zollamtliche Belange. Diese sind vom Beteiligten auf eigene Rechnung so vorzubereiten, dass der Zollverschluss ohne große Mühe angebracht werden kann. Die Entnahme oder die Zugabe von Waren ist nur noch unter sichtbarem Bruch des Zollverschlusses möglich. b) Zollverschluss bezeichnet auch Waren, die von den Zollbehörden unter Verschluss gehalten werden und erst nach Zahlung der entsprechenden Gebühren entnommen werden können.

IBA International Bar Association *Internationaler Zusammenschluss nationaler Anwaltsvereinigungen* Sitz in New York.

IBC Inside back cover *Dritte Umschlagseite* Der Begriff wird vorzugsweise bei der Anzeigenplazierung in Zeitschriften verwendet.

IBEC International Bank for Economic Cooperation *Internationale Bank für wirtschaftliche Zusammenarbeit* Ehemalige Bankinstitution der Mitgliedsländer des Rates für gegenseitige Wirtschaftshilfe ☞ **CMEA** (Council for Mutual Economic Assistance).

IBES Institutional Broker's Estimate System *Gewinnprognosensystem für institutionelle Broker* Privatwirtschaftlich geführte Dienstleistung einer New Yorker Brokerfirma, die Analysen über zukünftige Gewinne Tausender an der Börse gehandelter Unternehmenswerte sammelt. Die Einschätzungen werden zusammengefasst und in Tabellen verarbeitet.

IBFs US: International Banking Facilities *Bankenfreizonen* Kreditinstitute können Finanzgeschäfte mit dem Ausland unabhängig von der jeweils benutzten Währung und aufgrund der Befreiung von staatlichen Vorschriften (Mindestreservepflicht) zu niedrigeren Kosten und unter günstigeren Rahmenbedingungen als sonst im Inland (vorzugsweise für Euro-Dollars) tätigen.

IBI Intergovernmental Bureau for Informatics *Zwischenstaatliches Büro für Informatik* Gründung als Teilbereich der ☞ **UNESCO** (United Nations Educational, Scientific and Cultural Organization). Die meisten Mitglieder sind Entwicklungsländer, neben Frankreich und Italien. Das Büro ist ein Forum für die Diskussion der ökonomischen, sozialen und gesetzlichen Auswirkungen der Einführung neuer Technologien in der Elektrotechnik/Elektronik.

ibid *Lat.:* **Ibidem** *Ebenda, ebendort.* Syn.: **ib** (Ibidem)

IBNR Incurred but not reported *Eingetreten, aber nicht gemeldet* Versicherungstechnischer Begriff. Schäden an einer Person oder Sache, ohne dass dem Versicherer ein Schadenereignis mitgeteilt wurde.

IBRD International Bank for Reconstruction and Development (World Bank) *Internationale Bank für Wiederaufbau und Entwicklung (Weltbank)* Bank innerhalb des Internationalen Währungsfonds zur Finanzierung von Entwicklungsprojekten mit Sitz in Washington, D.C. Gegründet 1945. Mitglieder sind fast alle Staaten der Welt. Die Projektfinanzierung erfolgt über Anleihen vom internationalen Kapitalmarkt. Eine Darlehensausgabe erfolgt nur an Regierungen mit Rückzahlungsgarantien.

IBS INTELSAT business service *INTELSAT Geschäftsdienste* Integriertes Hochgeschwindigkeitssystem des Internationalen Nachrichtensatelliten-Konsortiums ☞ **INTELSAT** (International Telecommunications Satellite Consortium) auf digitaler Basis.

i/c In charge (of) *Verantwortlich für* Bezeichnung des Verantwortungsbereiches einer Person, meist Leiter einer Abteilung oder eines Sachgebietes.

ICA US: International Cooperation Administration *Rat für internationale Zusammenarbeit* Institution zur Verwaltung der US-amerikanischen Auslandshilfe mit Sitz in Washington, D.C.

ICA International Commodity Agreement *Internationales Rohstoffabkommen* Vereinbarung der ☞ **UNCTAD** (United Nations Conference on

Trade and Development) mit dem Ziel, die Weltmarktpreise für bestimmte in Entwicklungsländern produzierte Nahrungsmittel oder Rohstoffe (z.B. Zucker, Weizen, Kaffee) stabil zu halten.

ICAEW *GB:* **Institute of Chartered Accountants in England and Wales** *Interessenverband der Wirtschaftsprüfer von England und Wales* Berufsständische Einrichtung der Fachleute des Rechnungswesens aus Wirtschaft, Verwaltung und Prüfungswesen. Potenzielle Mitglieder der Vereinigung müssen eine interne Prüfung absolvieren und eine mehrjährige erfolgreiche Berufspraxis vorweisen können.

ICAI Institute of Chartered Accountants in Ireland *Vereinigung der Wirtschaftsprüfer von Irland* Potenzielle Mitglieder der Vereinigung müssen eine interne Prüfung absolvieren und eine mehrjährige erfolgreiche Berufspraxis vorweisen können.

ICAO International Civil Aviation Organization *Internationale Flugverkehrsorganisation* Gegründet 1944 mit Sitz in Montreal. Sie koordiniert die Zulassung von Flugzeugen und Besatzungen und fördert die internationale Zusammenarbeit auf den Gebieten Wettervorhersage, Kommunikation und Flugsicherheit. Die **ICAO** ist eine Organisation der ☞ **UNO** . Ihr gehören etwa 145 Staaten an.

ICAS *GB:* **Institute of Chartered Accountants in Scotland** *Vereinigung der Wirtschaftsprüfer von Schottland* Potenzielle Mitglieder der Vereinigung müssen eine interne Prüfung absolvieren und eine mehrjährige erfolgreiche Berufspraxis vorweisen können.

ICB International competitive bidding *Internationale Ausschreibung mit Bietungsgarantie* Der Teilnehmer an der Ausschreibung muss eine Gewährleistungsgarantie seiner Bank vorlegen. Die Bank garantiert, dass das Unternehmen die Bedingungen der Ausschreibung erfüllt, den Vertrag ausführen wird und die Vertragsstrafe im Falle des Rücktritts nach Vertragsabschluss zahlen kann.

ICC *GB:* **Institute Cargo Clauses** *Versicherungsbedingungen für Gütertransporte* Vom ☞ **ILU** (Institute of London Underwriters) in Verbindung mit der Lloyd's Underwriter Association herausgegebene Versicherungsklauseln für Gütertransporte auf dem Seeweg bei Verträgen mit englischen Versicherern. Wegen des Bekanntheitsgrades einigt man sich im internationalen Handel häufig auf die Anwendung der **ICC**. Die **ICC** sind den „Allgemeinen Deutschen Seeversicherungsbedingungen" ähnlich.

ICC International Chamber of Commerce *Internationale Handelskammer* Gegründet 1919 mit Sitz in Paris. Privatrechtliche Institution zur Förderung und Verbesserung des Welthandels und der Weltwirtschaft, in der Unternehmer und Unternehmerverbände zusammengeschlossen sind. Besondere Bedeutung hat sich die **ICC** durch die Ausarbeitung von maßgebenden internationalen Richtlinien für den internationalen Handel wie den ☞ **INCOTERMS** (International Commercial Terms) und durch ihr Schiedsgerichtswesen für internationale Handelsstreitigkeiten erworben.

ICC *US:* **Interstate Commerce Commission** *Bundesverkehrsbehörde* Geschaffen 1887 zur Förderung des Baus von Schienenverbindungen in den USA. Heute trägt sie Verantwortung für die Regulierung des Transport- und Verkehrswesens in den zwischenstaatlichen Beziehungen innerhalb der USA sowie für die Steuerung des Handels und der Telekommunikationen zwischen den Bundesstaaten.

ICCH International Commodities Clearing House *Internationale Clearingstelle für Terminkontrakte* Clearingstelle für die Ausführung von Finanz- und Warenterminkontrakten.

ICFTU International Confederation of Free Trade Unions *Internationaler Dachverband freier Gewerkschaften* Sitz in Brüssel.

ICGS International Standard Classification of all Goods and Services *Internationale Systematik aller Waren und Dienstleistungen nach Herkunftsbereichen* Entwurf der Vereinten Nationen, in dem alle Waren und Leistungen nach ihrem Ursprung geordnet werden können. Ordnungskriterien sind die Beschaffenheit und wirtschaftliche Bedeutung der Produkte.

ICH IATA Clearing House *IATA-Clearing House* Verrechnungsstelle des internationalen Luftverkehrsverbandes ☞ **IATA** (International Air Transport Association) mit Sitz in London. Da viele Transporte von mehreren Frachtführern durchgeführt werden, ergeben sich Forderungen der anderen am Transport beteiligten Frachtführer. Das **ICH** soll den Abrechnungsverkehr zwischen den einzelnen **IATA**-Frachtführern erleichtern.

ICITO Interim Commission for the International Trade Organization *Interimsausschuss für die Internationale Handelsorganisation* Sekretariat des Allgemeinen Zoll- und Handelsabkommen ☞ **GATT** (General Agreement on Tariffs and Trade).

ICJ International Court of Justice *Internationaler Gerichtshof* Richterliches Hauptorgan der Vereinten Nationen mit Sitz in Den Haag. Vor dem **ICJ** können alle UN-Mitglieder klagen und verklagt werden. Die Parteien können die Auswahl der für die Streitentscheidung zuständigen Richter nicht beeinflussen.

Icon

Icon Indexed currency option note *Euro-Anleihe mit langfristiger Währungsoption* Festverzinsliche Wertpapiere, die auf den Euro-Märkten von Banken emittiert werden. Es handelt sich um langfristige Papiere mit einer Laufzeit von bis zu 15 Jahren mit gestaffelten Rückzahlungen. Schuldner sind vor allem große Industriebetriebe, Finanzinstitute sowie Staaten.

ICP Index of class position *Index der sozialen Stellung* Modell der Zuordnung von Personen zu sozialen Klassen in Marktforschungsstudien nach Beruf, Ausbildung und Einkommen des Familienoberhauptes. Syn.: **ISC** (Index of status characteristics) oder **ISP** (Index of social position)

ICPO Irrevocable corporate purchase order *Unwiderrufliche Kaufabsichtserklärung* Der Käufer erklärt juristisch verbindlich, eine Ware zu den vereinbarten Bedingungen und aufgeführten Eigenschaften zu erwerben.

ICO International Coffee Organisation *Internationale Kaffee-Organisation* Internationale Vereinigung von Anbau- und Verbrauchsländern. Sie dient der Sammlung, Aufbereitung und Verbreitung statistischer Informationen und der Verhandlungsführung zu neuen Kaffee-Abkommen. Insbesondere sollen übermäßige Schwankungen der Kaffeepreise verhindert und die Ausfuhrerlöse für die Erzeugerländer stabilisiert werden.

ICS *GB:* Investors compensation scheme *Schadenkompensationsprogramm für Investoren* Einrichtung der ☞ **FIMBRA** (Financial Intermediaries, Managers, and Brokers Regulatory Association) zur Wiedergutmachung von finanziellen Schäden, die durch Mitgliedsfirmen der **FIMBRA** bei Anlegern verursacht wurden.

ICS International Chamber of Shipping *Internationale Organisation der Schiffseigner* Ihr Ziel ist es, die Interessen der Schiffseigner und Schiffbauindustrie international zu vertreten und technische und sicherheitstechnische Standards im Schiffbau zu entwerfen.

ICSID International Center for Settlement of Investment Disputes *Internationales Zentrum zur Beilegung von Investitionsstreitigkeiten* Gegründet 1965. Beilegung von Investitionsstreitigkeiten zwischen Staaten und Staatsbürgern von Ländern, die Mitglied der ☞ **IBRD** (International Bank for Reconstruction and Development) sind und die das **ICSID** zur Regelung von Streitigkeiten anrufen. Der Sitz ist Washington, D.C.

ICTA *GB:* Income and Corporation Taxes Act *Einkommen- und Körperschaftssteuergesetz* Einzelsteuergesetz in GB zur Erhebung von Einkommen- und Körperschaftsteuern.

ICTs Information and communication technologies *Informations- und Kommunikationstechnologien/-techniken* Neue Technologien/Techniken zur Produktivitätserhöhung in der Industrie und zur Effektivitätsverbesserung bei Dienstleistungen mithilfe leistungsstarker Systeme der Datenverarbeitung und Kommunikationstechnik. Die **ICTs** sollen neue Arbeitsmethoden und neue Organisationsformen in den Unternehmen sowie mehr soziale Kommunikation ermöglichen.

ID Idaho *Idaho* Bundesstaat der USA.

ID ID card, identity card *Personaldokument, Personalausweis*

id *Lat.:* Idem *Derselbe, dasselbe*

IDA International Development Association *Internationale Entwicklungsorganisation* Sonderorganisation der UNO, gegründet 1960 als Tochter der Weltbank mit Sitz in Washington, D.C. Die Organisation bietet den Ärmsten unter den Entwicklungsländern langfristige, zinslose Kredite für Investitionen und Importe. Die Finanzierung der **IDA**-Projekte erfolgt durch die Bereitstellung öffentlicher Finanzmittel ihrer Mitgliedsländer.

IDB Illicit diamond-buying *Illegaler Diamantenkauf* In Südafrika der Handel mit Diamanten ohne staatliche Zulassung.

IDB *US:* Industrial Development Bond *Anleihe für industrielle Entwicklung* Von den Regierungen der Bundesstaaten oder lokalen Behörden herausgegebene Schuldverschreibung zur Finanzierung von Produktionsstätten und Dienstleistungseinrichtungen, die nach Fertigstellung privaten Unternehmen über Leasingverträge zur Nutzung überlassen werden. Syn.: **IRB** (Industrial Revenue Bond)

IDB Inter-American Development Bank *Interamerikanische Entwicklungsbank* ☞ **IADB** (Inter-American Development Bank)

IDIS Interbourse Data Information System *Elektronisches Kommunikations- und Geschäftsabwicklungssystem zwischen den Börsen der Europäischen Gemeinschaft* Das computergestützte System soll die einheitliche und automatisierte Übertragung von Börsenaufträgen und ihre Abwicklung garantieren.

i.e. *Lat.:* Id est *Das heißt*

IEA International Energy Agency *Internationale Energie-Agentur* Organ der ☞ **OECD** (Organization for Economic Cooperation and Development) zur Schaffung einer besseren Markttransparenz auf dem Energiesektor und zur Sicherung einer langfristigen Zusammenarbeit mit dem Ziel von Energieeinsparungen und der Entwicklung alternativer Energiequellen. Die Gründung erfolgte 1974 als Antwort auf den Ölboy-

IET

kott der **OPEC**-Länder (Organization of Petroleum Exporting Countries).

IET US: Interest equalization tax *Zinsausgleichssteuer* 1963 zur Bekämpfung des wachsenden Haushaltdefizits eingeführt. Sie war eine Steuer für US-Bürger, die beim Kauf von Aktien und Obligationen nichtamerikanischer Herkunft erhoben wurde. Die Steuer wurde später wieder auf Null herabgesetzt.

I/F Insufficient funds *Ungenügendes Guthaben* Bankvermerk auf ungedeckten Schecks.

i.f. In full *Ganz, vollständig*

IFAC International Federation of Accountants *Internationale Vereinigung von Angehörigen der wirtschaftsprüfenden Berufe* Zu den Mitgliedern gehören Wirtschaftsprüfer, vereidigte Buchprüfer etc. Gegründet 1977 in München. Die Organisation arbeitet an der Schaffung eines koordinierten internationalen Berufsstandes mit harmonisierten Grundsätzen. Sie erarbeitet international gültige Normen auf ihrem Fachgebiet und führt Aus- und Weiterbildungsmaßnahmen für ihre Mitglieder durch. Alle fünf Jahre findet ein Weltkongress statt.

IFAD International Fund for Agricultural Development *Internationaler Fonds für landwirtschaftliche Entwicklung* Sonderorganisation der UNO zur Förderung von Nahrungsmittelproduktion, Beschäftigung und Einkommen in der Landwirtschaft sowie zur Beseitigung der Unterernährung in Entwicklungsländern. Gegründet 1977 mit Sitz in Rom.

IFAs GB: Independent financial advisers *Unabhängige Finanzberater* Unabhängige Berater in Steuer-, Investment- und Finanzfragen.

IFC Inside front cover *Zweite Umschlagseite* Der Begriff wird vorzugsweise bei der Anzeigenplazierung in Zeitschriften verwendet.

IFC International Finance Corporation *Internationale Finanzgesellschaft* Tochter der Weltbank und selbständige Sonderorganisation der UNO mit Sitz in Washington, D.C. Gegründet 1956. Ihre Hauptaufgabe bestcht in der Förderung privater Unternehmensbereiche in den Mitgliedsländern besonders in den Entwicklungsländern. Sie gewährt Kredite an private Unternehmen auch ohne Rückzahlungsgarantien einer Regierung, sofern privates Kapital anders nicht in genügendem Umfange erhältlich ist. Die Gesellschaft finanziert sich durch Einzahlungen der Mitgliedsländer.

IFCS International Finance Services Centre *Internationale Vereinigung von Finanzdienstleistern im Fondsgeschäft*

IFIP International Federation for Information Processing *Internationaler Verband von nationalen und internationalen Organisationen der Informationsverarbeitung*

ifm Inform *Informieren, mitteilen, benachrichtigen* Telexabkürzung. Meist als Aufforderung: please, inform.

ifmd Informed *Informiert* Telexabkürzung.

IFORS International Federation of Operational Research Societies *Internationale Vereinigung der Gesellschaften für Unternehmensforschung* Internationaler Dachverband der nationalen Fachvereinigungen, die sich wissenschaftlich mit der Unternehmensforschung befassen.

IGP International Group Plans *Internationale Gruppenprojekte* 1964 in den USA gestartetes Experiment zur Errichtung alternativer Modelle von Unternehmensstrukturen mit dem Ziel, eine ideale Verbindung von Ökonomie und arbeitnehmerfreundlichen Arbeitsbedingungen zu finden. Auch bekannt unter dem Namen: Consumers United Group.

IHS US: Investor Information Service *Informationsdienst für Investoren* Informationsdienst der ☞ OPIC (Overseas Private Investment Corporation) zu Regierungsveröffentlichungen aus dem In- und Ausland über allgemeine Einschätzungen zu Geschäftsmöglichkeiten in anderen Ländern, zu außenwirtschaftlichen und -politischen Fragen und zum Investitionsklima in Entwicklungsländern und -regionen.

IHT Inheritance tax *Erbschaftssteuer* Besondere Steuer auf Einnahmen nach einem Todesfall, bei Schenkungen oder Zweckzuwendungen. Die Steuer bemisst sich nach der Höhe der Einnahmen. In GB wurde diese Steuer erst 1986 eingeführt und löste die ☞ **CCT** (Capital transfer tax) bei Erbschaften ab.

IISI International Iron and Steel Institute *Internationaler Verband der Eisen- und Stahlerzeuger* 1967 als erster internationaler Industrieverband gegründet mit dem Ziel, internationale Probleme bei der Eisen- und Stahlerzeugung, vor allem in den Bereichen Umwelt und Technologietransfer, gemeinsam und in Absprache zu lösen. Die Mitglieder kommen aus fast 50 Staaten.

IL oder Ill. Illinois *Illinois* Bundesstaat der USA.

ILL International load line *Internationale Ladelinie, Freibordmarke* Auf beiden Längsseiten eines Frachtschiffes am Rumpf aufgezeichnete Linien in unterschiedlicher Höhe, die mit Buchstaben versehen sind. Sie zeigen an, wie tief ein Schiff voll beladen im Wasser liegen darf. Da jahreszeitliche und örtliche Wetterverhältnisse und unterschiedliche Fahrwasser die Schiffssicherheit beeinflussen, gibt es mehrere Ladegrenzen: ☞ **TF** (Tropical fresh), **T** (Tropical), ☞ **F** (Fresh), ☞ **S** (Summer), ☞ **W** (Winter), ☞ **WNA** (Winter in North Atlantic).

ILO

ILO International Labour Organization *Internationale Arbeitsorganisation* Seit 1946 Sonderorganisation der Vereinten Nationen mit Hauptsitz in Genf. Ziele sind die Verbesserung der Arbeitsbedingungen in der ganzen Welt, die Förderung der sozialen Gerechtigkeit und der wirtschaftlichen und sozialen Sicherheit. Dazu werden internationale Konventionen erarbeitet und technische Hilfe bereitgestellt. Im einzelnen zielt die Arbeit der Organisation auf neue Regelungen für Arbeitszeiten und Arbeitsbedingungen, die Zahlung gerechter Löhne, den Schutz von Kindern und Frauen im Arbeitsprozess, auf den Ausbau der Sozialversicherungssysteme und auf die Hebung des allgemeinen Bildungsniveaus.

ILU *GB:* **Institute of London Underwriters** *Vereinigung Londoner Seeversicherer* Sie vertritt die Interessen der Mitglieder des London Marine Insurance Company Market. Zu den Aufgaben der Organisation gehören die Schlichtung in Versicherungsstreitigkeiten, die Festlegung von Klauseln in Seeversicherungsverträgen und die allgemeine Interessenwahrung der Mitglieder. Internationale Bedeutung hat die **ILU** durch die Erarbeitung der ☞ **ICC** -Versicherungsbedingungen (Institute Cargo Clauses) erlangt.

IMB International Maritime Bureau *Internationales Seeschiffahrtsamt* Einrichtung der Internationalen Handelskammer ☞ **ICC** (International Chamber of Commerce). Gegründet 1980 mit Sitz in London. Ihre Aufgabe ist die Aufklärung und Bekämpfung krimineller Handlungen im Bereich der Seeschiffahrt.

IMCO Inter-Governmental Maritime Consultive Organization *Zwischenstaatliche Beratungsorganisation für den Seeverkehr* Gegründet 1948. Sonderorganisation der Vereinten Nationen mit Hauptsitz in London. Sie legte Bestimmungen für den internationalen Schiffsverkehr fest und setzte sich für hohe Sicherheitsstandards in der Navigation und auf den Schiffen ein. Jetzt: ☞ **IMO** (International Maritime Organization).

IMDG International Maritime Dangerous Goods (Code) *Internationale Verordnung über die Beförderung gefährlicher Güter mit Seeschiffen* Von der ☞ **IMO** (International Maritime Organization) aufgestelltes Verzeichnis der gefährlichen Güter nach Gefahrgutklassen unter Angabe der Sicherheitsvorschriften. Die Gefahrengüter sind in neun Klassen eingeteilt. Jede Sendung ist dem Verfrachter mit einem besonderen Verladeschein und einem Unfallmerkblatt zu übergeben.

IMF International Monetary Fund *Internationaler Währungsfonds* Der **IMF** wurde 1945 mit dem Ziel gegründet, ein ausgeglichenes Wachstum im Welthandel zu erreichen. Gefördert werden insbesondere die Zusammenarbeit auf dem Gebiet der internationalen Währungspolitik sowie die Aufrechterhaltung geordneter Währungsbeziehungen zwischen den Mitgliedsländern und der Stabilität der Währungen. Durch die Bereitstellung von Fondsmitteln können Ungleichgewichte in den Zahlungsbilanzen der Mitgliedsländer behoben werden.

IMM International Monetary Market *Internationaler Währungsmarkt* Devisenterminmarkt an der Chicagoer Börse ☞ **CME** (Chicago Mercantile Exchange).

imm(ed) Immediate(ly) *Sofort* Telexabkürzung.

IMO International Maritime Organization *Internationale Schifffahrtsorganisation* Nachfolgeorgan der ☞ **IMCO** (Inter-Governmental Maritime Consultative Organization). Ziel der Organisation ist die Förderung der Zusammenarbeit im maritimen Bereich bei der Lösung technischer Probleme, die Einrichtung höchstmöglicher Sicherheitsstandards, der Abbau restriktiver Praktiken in der Handelsschiffahrt u.v.m. Die **IMO** hat bis heute mehrere verbindliche Vorschriften in internationalen Seeschifffahrtskonventionen erlassen, die von den Mitgliedsstaaten ratifiziert wurden.

IMO International money order *Internationale Postanweisung* Die Möglichkeit, kleinere Geldbeträge über den Postservice an einen Adressaten ins Ausland zu verschicken. Die Höhe der zugelassenen Summe hängt von den Bestimmungen des Absendelandes ab. Syn.: **OMO** (Overseas money order)

IMRO *GB:* **Investment Management Regulatory Organization** *Selbstverwaltungseinrichtung des Investmentmanagements* Vereinigung von Versicherungsfirmen, Treuhändern, Handelsbanken, Investment- und Rentenfonds. Die Organisation gehört zu den ☞ **SROs** (Self-regulatory organizations) und versteht sich als ein Überwachungsorgan für das geschäftsmäßige Betreiben von Kapitalanlagegeschäften am britischen Wertpapiermarkt.

IN oder Ind. Indiana *Indiana* Bundesstaat der USA.

in. Inch(es) *Zoll* Längenmaß in GB und USA. 1 in. = 2,54 Zentimeter.

Inc. *US:* **Incorporated (with limited liability)** *Aktiengesellschaft, mit beschränkter Haftung* Rechtsform amerikanischer Firmen. Je nach Ausführung sind sie mit der deutschen Gesellschaft mit beschränkter Haftung oder der Aktiengesellschaft vergleichbar. Die Abkürzung erscheint als Zusatz hinter dem Firmennamen.

inc. Including *Einschließlich*

incldg Including *Einschließlich* Telexabkürzung.

INCOSAI International Congress of Supreme Auditing Institutions *Internationaler Kongress der Obersten Rechnungskontrollbehörden* Alle drei Jahre stattfindender Kongress der ☞ **INTOSAI** (International Organization of Supreme Auditing Institutions), der mittels Arbeitsgruppen und Plenarsitzungen Normen für die staatliche Rechnungsprüfung festlegt.

INCOTERMS International Commercial Terms *Internationale Regeln für die Auslegung der handelsüblichen Vertragsformeln* International anerkannte Lieferbedingungen im internationalen Handel, die einheitlich ausgelegt werden können und insbesondere Ort und Zeit für den Kosten- und Risikoübergang vom Verkäufer auf den Käufer und Geschäftsabwicklungspflichten regeln. Die **INCOTERMS** wurden zum Verständnis internationaler Handelsbräuche und -klauseln erstmals 1936 aufgestellt und seitdem periodisch, zuletzt 1990, modifiziert.

info Information *Information, Mitteilung* Telexabkürzung.

INRA International Rubber Agreement *Internationales Kautschukabkommen* Rohstoffabkommen zwischen Haupterzeuger- und Verbrauchsländern, das Höchst- und Mindestpreise für Kautschuk auf mehrere Jahre festlegt.

ins(ce). Insurance *Versicherung* Bildung finanzieller Reservefonds durch Beitragszahlungen und individuelle Verteilung beim Eintritt eines definierten Ereignisses. Syn.: **insur.** (Insurance)

Inst. Institute *Institut, Vereinigung*

inst. Instant *Dieses Monats* Altmodische Umschreibung des Datumsbezugs in Briefen. Z. B. I thank you for your letter of the 12th **inst.**

insur. Insurance *Versicherung* ☞ **ins.** (Insurance)

int. International *International*

int. Interest(s) *a) Zinsen b) Interesse*

Int Cr Interest credited *Gutgeschriebene Zinsen* Anmerkung zu Notierungen von Geldmarktfonds. Die Angabe beschreibt die Häufigkeit der Zinsgutschrift für das entsprechende Konto. Z. B. monthly, quarterly, etc.

INTELSAT International Telecommunications Satellite Consortium *Internationales Nachrichtensatelliten-Konsortium* Internationale Organisation zum Betrieb von kommerziellen Nachrichtensatelliten.

INTOSAI International Organization of Supreme Auditing Institutions *Internationale Organisation der Obersten Rechnungskontrollbehörden* Die Organisation vereint die meisten staatlichen Rechnungskontrollbehörden der Welt. Ihre Aufgabe ist die Erarbeitung von allgemein gültigen Normen für das staatliche Rechnungswesen und die interne Kontrolle und Prüfung der öffentlichen Ausgaben.

in trans. In transit *Auf dem Transport, für den Weitertransport* Waren, die zu dem Zeitpunkt gerade transportiert werden. Syn.: **i.t.** (In transit)

inv Invoice *Rechnung, Warenrechnung* Telexabkürzung.

I/O Input/output *Eingang/Ausgang, Eingabe/Ausgabe* a) Ein- und Ausgabeanweisung bei Computern. b) In volkswirtschaftlichen Modellrechnungen wird der Einsatz von Produktionsfaktoren (Inputs) mit dem Produktionsausstoß (Outputs) verglichen.

IOC Immediate or cancelled (order) *Sofort oder gar nicht* Limitierter Auftrag zur Durchführung von Optionsgeschäften an Terminbörsen. Der Börsenauftrag soll sofort und vollständig, andernfalls gar nicht ausgeführt werden.

IOM Isle of Man *Isle of Man* Insel zwischen Großbritannien und Irland in der Irischen See. Die Insel gehört offiziell nicht zum Vereinigten Königreich, sie ist ein selbst verwaltetes Schutzgebiet der britischen Krone mit eigenem Parlament. Die Regierung fördert die Ansiedlung von Unternehmen mit außerordentlichen Steuererleichterungen. Die Abkürzung erscheint nach einem Firmennamen und bezeichnet den Geschäftssitz.

iom Interoffice memorandum *Betriebsinterne Mitteilung* Telexabkürzung.

IOP Irrespective of percentage *Volle Deckung, ohne Franchise* Umfassendster Deckungsumfang in der Transportversicherung. Ausschluss der Versicherungsklausel, nach der ein Versicherer nur eintreten muss, wenn der Schaden eine bestimmte Summe oder einen bestimmten Prozentsatz der Versicherungssumme oder des Versicherungswertes übersteigt. In der Regel bleiben solche Gefahren ausgeschlossen wie das Kriegsrisiko oder Schäden durch Verspätungen.

IOSC International Organization of Securities Commissions *Vereinigung nationaler Aufsichtsbehörden und Börsen* Sitz in Montreal. Die Vereinigung soll die Zusammenarbeit zwischen den nationalen Wertpapieraufsichtsbehörden fördern, Überwachungsinstrumente für den internationalen Wertpapierhandel entwickeln und den Erfahrungsaustausch zwischen den Mitgliedern anregen.

IOU I owe you *Ich schulde Ihnen* Schuldschein/Schuldverschreibung des Ausstellers über einen geschuldeten Betrag ohne Angabe eines Zahlungstermins. Der Schein ist nach englischem Zivilrecht lediglich die schriftliche Anerkennung einer aus einem Schuldverhältnis resultierenden Verpflichtung. Er ist lediglich Beweis für eine bereits bestehende vertragliche Verpflichtung. (Auch: „due bill".)

IOW

IOW Isle of Wight *Isle of Wight* Insel vor der britischen Südküste. Sie gehört zum Vereinigten Königreich, hat aber wirtschaftliche Sonderrechte. Die Abkürzung erscheint hinter dem Firmennamen und bezeichnet den Geschäftssitz.

i.p. Imaginary profit *Imaginärer Gewinn, entgangener Gewinn* Ein Gewinn, der mit Wahrscheinlichkeit zu erwarten gewesen wäre. Bei Nichtlieferung einer gekauften Ware kann ein Kaufmann auch den entgangenen Gewinn, also den Unterschied zwischen Einkaufs- und Marktpreis, als Schadenersatz verlangen.

IPC Integrated Programme for Commodities *Integriertes Rohstoffprogramm* Programm der Handels- und Entwicklungskonferenz ☞ **UNCTAD** (UN Conference on Trade and Development) zur Stabilisierung der Rohstoffpreise auf einem Niveau, das den Lieferländern in der Dritten Welt einen rentablen Abbau ermöglicht.

IPE International Petroleum Exchange *Internationale Rohölbörse* Terminbörse für Rohölkontrakte in London. Handelsobjekt ist Rohöl aus der Nordsee. Syn.: **LIPE** (London International Petroleum Exchange)

IPL Illustrated Picture Letter *Illustrierter Brief* Werbemittel im Direktmarketing. Der **IPL** soll eine Werbebotschaft vermitteln und veranschaulicht Textpassagen, Waren oder Erläuterungen mit Hilfe von Bildern. Der **IPL** wird häufig als Ersatz für die Zusendung eines Prospektes verwendet.

IPMS *GB:* Institution of Professionals, Managers and Specialists *Gewerkschaft der Angehörigen freier Berufe, der Führungs- und Fachkräfte* Die Gewerkschaft ist Mitglied im Gewerkschaftsdachverband ☞ **TUC** (The Trades Union Congress).

IPO Initial public offering *Erstes Zeichnungsangebot* Erstes Angebot zum Kauf von Aktienneuemissionen oder Anleihen.

IPPA Investment promotion and protection agreement *Investitionsförder- und Schutzvereinbarung* Abkommen zum Schutz und zur Förderung von Investitionen. International bindender Vertrag, der ausländische Investoren vor eventueller Enteignung oder anderen Schäden schützt. Streitigkeiten werden von der Weltbank geschlichtet.

IPR Intellectual property rights *Urheberrecht* Vorschriften zum Schutz des geistigen Eigentums in der Literatur, der Wissenschaft und der Kunst sowie zum Schutz des Rechts der Verwertung und Nutzung derartiger Werte.

IPSS *GB:* International packet switched service *Internationale Datenfernübertragung* Dienstleistung der Britischen Telekom. Computerdaten können über internationale Telefonleitungen gesendet werden.

IQ Intelligence quotient *Intelligenzquotient* Entwicklungsquotient. Maßeinheit für Intelligenz. Ein System, das sich auf Intelligenztests und den durchschnittlichen Intelligenzniveaus der unterschiedlichen Altersgruppen gründet.

IR *GB:* Inland Revenue *Britische Steuerbehörden*

IR *US:* Investor relations *Investorenarbeit* In größeren, an der Börse vertretenen Firmen, eine Stellung in der Unternehmensleitung mit der Verantwortung für Investitionen. Aufgabe des Angestellten ist vor allem die Vermittlung eines vorteilhaften Gesamtbildes des Unternehmens auf den Finanz- und Kapitalmärkten und innerhalb der Investorengemeinschaft.

IRA *US:* Individual retirement account, Individual retirement arrangement *Vereinbarung über individuelle Altersvorsorge* Ein Arbeitnehmer hat die Möglichkeit, bis zu 15% seines jährlichen Einkommens auf ein Konto bei einer Versicherung oder Investmentfirma zwecks Rentenvorsorge einzuzahlen. Die eingezahlten Beträge werden von der Einkommensteuer nicht berührt.

IRB *US:* Industrial Revenue Bond *Anleihe für industrielle Entwicklung* ☞ **IDB** (Industrial Development Bond)

IRC *US:* Internal Revenue Code *Steuerordnung* Grundlage des Bundessteuerrechtes in den USA. Das Gesetz wurde 1954 verabschiedet und später mit Zusätzen versehen und weiter entwickelt.

IRM Information resource management *Führung der Informationsverarbeitung* Langfristige Steuerung und Planung aller informationsverarbeitenden Systeme eines Betriebes. Dabei werden den Rahmenkonzeptionen für die Anwendung von Hard- und Softwaretechnologien für die Zukunft erstellt sowie die Ziele der Informationsverarbeitung bestimmt.

IRP Intermediate range plans *Mittelfristige Planung* Plan zur Entwicklung von spezifischen mittel- und langfristigen Aktivitäten, die notwendig sind, um die Geschäftsstrategie entsprechend einer genauen Zeitplanung durchzusetzen. Die mittelfristigen Planungen müssen definierte Aufgaben enthalten und messbare Ergebnisse erwarten lassen. Hauptinhalte sind quantitative und finanzielle Aspekte.

IRR Internal rate of return (method) *Methode des internen Zinsfußes* Effektivverzinsung (interne Rendite) eines Investitionsprojektes. Die Methode drückt die durchschnittliche Verzinsung des in einem Investitionsobjekt gebundenen Kapitals aus.

IRS *US:* Internal Revenue Service *Finanzamt* Nachgeordnete Behörde des Finanzministeriums. Spezielle Steuerverwaltung auf Bundesebene: Office of the Commission of Internal Revenue. Einrichtung in US-Bundesstaaten, die sämtliche Steuern der auf dem Territorium wohnenden Einwohner einnimmt, einschließlich persönlicher und Unternehmenssteuern, außer Getränke- und Tabaksteuern.

IRSF *GB:* **Inland Revenue Staff Association** *Gewerkschaft der Angestellten in der öffentlichen Finanzverwaltung* Die Gewerkschaft ist Mitglied im Gewerkschaftsdachverband ☞ **TUC** (The Trades Union Congress).

IRU International Road Transport Union *Internationale Vereinigung der nationalen Straßentransportverbände* Ihr Sitz ist Genf. Ziel der Organisation ist die Entwicklung des internationalen Straßentransportverkehrs und die Interessenvertretung der Transportunternehmer in allen Bereichen. Die **IRU** fördert Maßnahmen zur Vereinheitlichung der Frachtbriefe, der Zollabfertigung und des Tarifsystems. Die Mitglieder kommen zur Zeit aus etwa 30 Ländern.

ISBN International standard book number *Internationale Standardbuchnummer* Internationale Kennnummer für Buchveröffentlichungen.

ISC Index of status characteristics *Index der sozialen Stellung* ☞ **ICP** (Index of class position)

ISCO International Standard Classification of Occupations *Internationale Standardklassifizierung der Berufe* Von der Internationalen Arbeitsorganisation ☞ **ILO** (International Labour Organization) erarbeitete Klassifizierung für die Bereitstellung international vergleichbarer berufs- und erwerbsstatistischer Daten.

ISD International subscriber dialling *Internationaler Selbstwählfernverkehr* Dienstleistung der Telefongesellschaften. Ein Anrufer kann im Selbstwählverfahren ausländische Teilnehmer direkt erreichen.

ISDN Integrated Services Digital Network *Integriertes digitales Service-Fernmeldenetz* Die Möglichkeit, neben Sprache auch Texte, Bilder und andere Daten über nur einen Telefonanschluss zu übermitteln. **ISDN** ermöglicht die Unterteilung einer Telefonleitung in Kanäle, auf denen unabhängig voneinander gleichzeitig Gespräche, Texte, Bilder und Daten übertragen werden können.

ISE *GB:* **International Stock Exchange** *Internationale Börse* Ehemaliger offizieller Name der Londoner Börse. Sie wurde 1991 in ☞ **LSE** (London Stock Exchange) umbenannt.

ISIC International Standard Industrial Classification of all Economic Activities *Internationale Systematik der Wirtschaftszweige* Wirtschaftszweigsystematik nach einer UNO-Emfehlung. Die **ISIC** ist die Grundlage für die einheitliche Gliederung der Wirtschaftszweige in den Statistiken weltweit, ist aber nicht so tief gegliedert wie nationale Systematiken.

ISO International Standardization Organization *Internationaler Normenausschuss* Größte internationale Standardisierungsorganisation mit Sitz in Genf. Ihre Ziele sind die Entwicklung international verbindlicher Normen und die Förderung der gegenseitigen Zusammenarbeit im wirtschaftlichen und technischen Bereich. Durch einheitliche Normen soll der internationale Warenaustausch erleichtert werden.

ISP Index of social position *Index der sozialen Stellung* ☞ **ICP** (Index of class position)

ISRO *GB:* **International Securities Regulatory Organization** *Internationale Selbstverwaltungseinrichtung* Vereinigung internationaler Wertpapierhändler. Die Organisation gehört zu den ☞ **SROs** (Self-regulatory organizations) und versteht sich als ein Überwachungsorgan für das geschäftsmäßige Betreiben von Kapitalanlagegeschäften am britischen Wertpapiermarkt.

iss. Issue *Ausgabe, Herausgabe* Ausgabe von Wertpapieren.

ISSN International standard serial number *Internationale Standard-Seriennummer* Serienkennnummer für Produkte, die international gehandelt werden.

IST Indian Standard Time *Indische Normalzeit* Zeitzone, 5 1/2 Stunden vor ☞ **UTC** (Universal time coordinated). Sie gilt in Indien, Nepal und Sri Lanka.

ISTC *GB:* **Iron and Steel Trades Confederation** *Gewerkschaft der Stahlarbeiter* Mitglied im Gewerkschaftsdachverband ☞ **TUC** (The Trades Union Congress).

ISTEA *US:* **Intermodal Surface Transportation Efficiency Act** *Gesetz zur Entwicklungsförderung von intelligenten Routenerkennungs- und Suchsystemen* Die Systeme können in unterschiedlichen Transportmitteln für den Land- und Seeweg installiert werden und erleichtern die Bestimmung eines effektiven Transportweges.

I.T. Income tax *Einkommensteuer* Direkte Personensteuer.

I.T. Information technology *Informationstechnik, Computertechnik* Zusammenfassender Begriff für die gesamte Technik, die im Bereich der Datenverarbeitung Anwendung findet. Die **I.T.** ist in den letzten Jahren immer mehr mit der Kommunikationstechnik zusammengewachsen, wobei sich die Möglichkeiten beider Techniken vielfältig ergänzt haben. Der Begriff ist heute weitestgehend zur Informations- und Kommunikationstechnik ☞ **ICTs** (Information and communication technologies) erweitert worden.

i.t.

i.t. In transit *Auf dem Transport, für den Weitertransport* Waren, die zu dem Zeitpunkt gerade transportiert werden. Syn.: **in trans** (In transit)

ITC International Trade Center *Internationales Handelszentrum* Gegründet 1964. Seit 1975 ist das Handelszentrum ein gemeinsames Sonderorgan des ☞ **GATT** (General Agreement on Tariffs and Trade) und der ☞ **UNCTAD** (United Nations Conference on Trade and Development). Das **ITC** ist ein Welthandelszentrum und soll insbesondere den Außenhandel der Entwicklungsländer fördern.

ITC Investment tax credit *Investitionssteuerguthaben* Eine Teilsumme der von einem Unternehmen getätigten Investitionen kann gegen den steuerpflichtigen Gewinn aufgerechnet werden. Das führt beim Unternehmen zu einer Steuerentlastung und gibt Anreize für weitere Investitionen.

ITC International Tin Council *Internationaler Zinnrat* Vereinigung von Erzeuger- und Verbrauchsländern zur Stabilisierung der Zinnpreise innerhalb einer bestimmten Zeitspanne.

ITS US: Intermarket trading system *Zwischenbörsliches Handelssystem* Video-Computersystem, das die größten Wertpapierbörsen der USA verbindet und ständig Auskunft zu den an allen Börsen gehandelten Wertpapieren geben kann. Die Börsenmitglieder können sich über die jeweils günstigsten Brief- und Geldkurse an allen angeschlossenen Märkten informieren und ihre Aufträge entsprechend plazieren. Der eigentliche Börsenhandel wird weiter in der traditionellen Form abgewickelt.

ITS GB: Industrial Trends Survey *Konjunkturbericht* Vom britischen Unternehmerverband ☞ **CBI** (Confederation of British Industry) periodisch herausgegebener Bericht über die wirtschaftliche Entwicklung im Lande.

ITU International Telecommunication Union *Internationaler Fernmeldeverein* Englische Bezeichnung für ☞ **UIT** (Union Internationale de Telecommunication). Ziel des Vereins ist die umfassende Entwicklung der zwischenstaatlichen Zusammenarbeit auf den Gebieten des Fernmeldewesens, der Fernmeldetechnik, der Frequenzverteilung und Registrierung sowie der Forschung.

IUR International Union of Railways *Internationaler Eisenbahnverband* Verband, der die internationalen Beförderungsbedingungen und Warenklassifizierungen für den Transport mit der Bahn festlegt. Syn.: **UIC** (Union Internationale des Chemins de Fer)

i.v. Invoice value *Fakturawert, Rechnungswert* Von einem Lieferanten auf dem Rechnungsformular ausgewiesener Verkaufspreis für eine Ware. Eventuell eingeräumte Rabatte, Skonti und Vergütungen sind zu verrechnen.

IVHS Intelligent vehicle highway system *Intelligentes Straßenerkennungs- und Suchsystem für Kraftfahrzeuge* Das computergestützte System soll Kraftfahrern helfen, sich in unbekannten Gebieten mittels elektronischer Karten zurechtzufinden, und verfügt über ein Anti-Kollisions-Programm.

Jj

J. GB: Justice *Richter* Titel für alle Richter an den Berufungsgerichten in GB. Der Titel wird vor, seltener hinter dem Namen geführt. Z. B. Mr. Justice Green oder: Green **J**. Werden zwei Richter genannt, erscheint: **JJ** ; z. B. Green and Brown **JJ**.

J.A. Joint account *Gemeinsames Konto, Gemeinschaftskonto* Bankkonto, das unter zwei oder mehreren Namen geführt wird.

J.A.J.O. January, April, July and October *Januar, April, Juli und Oktober* Auszahlungstermine für Anleihen mit vierteljährlicher Zins- oder Dividendenauszahlung. Die Zinsen oder Dividenden sind in der Regel jeweils zum 1. des Monats fällig.

Jam. Jamaica *Jamaika*

jan January *Januar* Telexabkürzung.

Jap. a) Japan b) Japanese *a) Japan b) Japaner, japanisch*

J/D June and December *Juni und Dezember* Auszahlungstermin für Anleihen mit halbjährlicher Zins- oder Dividendenauszahlung. Die Zinsen oder Dividenden sind in der Regel jeweils zum 1. des Monats fällig.

JDS Job diagnostic survey *Arbeitsplatzuntersuchung* Instrument zur Aufstellung von Funk-

tionsbildern für einen Arbeitsplatz.
JEEP *US:* **G.P. (mortgage), Graduated-payment (mortgage)** *Abgestufte Hypothekenzahlung* Umgangssprachliche Bezeichnung für eine Hypothekenzahlung, die am Anfang der Laufzeit geringer ausfällt und nach einigen Jahren immer mehr anwächst. ☞ **GPM** (Graduated-payment mortgage)
JIT Just-in-time *Einsatzsynchron, beständelos* Produktion und Lieferung auf Abruf. Begriff aus der industriellen Fertigung und Materialwirtschaft, z. B. **JIT** production. Die Zuführung und Anlieferung von produktionsnotwendigen Materialien erfolgt exakt in dem Moment, wenn sie gebraucht werden. Eine aufwendige Lagerwirtschaft entfällt.
JJ. Justices *Richter (Plural)* ☞ **J.** (Justice)
J/J January and July *Januar und Juli* Auszahlungstermine für Anleihen mit halbjährlicher Zins- oder Dividendenauszahlung. Die Zinsen oder Dividenden sind in der Regel jeweils zum 1. des Monats fällig.
jnr. *Junior* Meist als Unterscheidung zwischen Vater (senior) und Sohn (junior), wenn sie den gleichen Namen tragen und der Sohn in das Geschäft des Vaters eintritt. Der Ausdruck wird in keinem Fall ausgeschrieben. Z. B. Michael Green, **Jnr.** Syn.: **Jr.** (Junior)
J.O.J.A. July, October, January and April *Juli, Oktober, Januar und April* Auszahlungstermine für Anleihen mit vierteljährlicher Zins- oder Dividendenauszahlung. Die Zinsen oder Dividenden sind in der Regel jeweils zum 1. des Monats fällig.
JP *GB:* **Justice of the Peace** *Friedensrichter* Person mit gutem Ruf und sozialer Stellung, aber ohne rechtliche Vorbildung, die von der Krone benannt wird und in unbezahlter Stellung für Ordnung in kleineren Gemeinden sorgt. Meist führt sie den Vorsitz an den lokalen Gerichten.
Jr. Junior *Junior* ☞ **Jnr.** (Junior)
JRC Joint Research Centre *Gemeinsame Forschungsstelle* Eine von der EU gegründete europäische Forschungseinrichtung mit Hauptsitz in Brüssel und fünf angeschlossenen Instituten in der EU. Die **JRC** veröffentlicht zahlreiche wissenschaftliche Berichte, liefert Beiträge zu Konferenzen und für wissenschaftliche Zeitschriften und veranstaltet Seminare und Konferenzen zur Verbreitung ihrer Forschungsergebnisse. Die Institute forschen auf solchen Gebieten wie fortgeschrittene Werkstoffe, Sicherheits- und Zukunftstechnologien, Umwelt und Systemtechnik.
JSB Joint-stock bank *Aktienbank* Bank in der Rechtsform einer Aktiengesellschaft. Unternehmen, das als Geschäfts-, Handels- und Depositenbank sämtliche banküblichen Geschäfte abwickeln kann und den Kunden einen breiten auch internationalen Service anbietet.
J.S.D.M. June, September, December and March *Juni, September, Dezember und März* Auszahlungstermine für Anleihen mit vierteljährlicher Zins- oder Dividendenauszahlung. Die Zinsen oder Dividenden sind in der Regel jeweils zum 1. des Monats fällig.
jt. *Joint Gemeinsam, zusammen*
JTS *GB:* **Job Training Scheme** *Berufsbildungsprogramme* Weiterbildungsprogramme für Arbeitslose. Die Ausbildung erfolgt in staatlich gestützten Zentren und Unternehmen.
JV Joint venture *Gemeinschaftsunternehmen* Nationale oder internationale Zusammenarbeit von Gesellschaften, bei der grenzüberschreitend eine vertraglich festgelegte dauerhafte Zusammenarbeit zwischen zwei oder mehr Partnern mit jeweils eigener Interessenlage vereinbart wird und die teilweise auf Kapitalbeteiligung beruht. Gelegentlich sind **JVs** zeitlich befristet oder nur projektbezogen.
jul July *Juli* Telexabkürzung.
jun June *Juni* Telexabkürzung.
j.w.o. Jettison and washing overboard *Seewurf und über Bord spülen* Ballastabwurf. Klausel in der Seeversicherung. Im Fall einer ernsthaften Gefährdung des Schiffes und seiner Ladung ist aller unnötiger Ballast über Bord zu werfen, um das Schiff leichter bzw. flott zu machen. Es handelt sich dabei um eine vom Kapitän angeordnete Maßnahme zur Verhinderung noch größerer Schäden.

Kk

K One thousand *Eintausend* Die Abkürzung wird insbesondere bei Gehaltsangaben verwendet. Z. B. „salary $20 **K** +". Das Gehalt beträgt mehr als $20.000 im Jahr.

K. Kelvin *Kelvin* Temperaturmaß. Die Temperaturskala beginnt beim absoluten Nullpunkt, der mit 0 Grad Kelvin bezeichnet wird. Das entspricht - 273,16 Grad Celsius.

Kan. Kansas *Kansas* Bundesstaat der USA. Syn.: **KS** (Kansas)

KC *GB:* **King's Counsel** *Rechtsanwalt des Königs* Titel eines Rechtsanwalts vor einem englischen Gericht. Oder: ☞ **QC** (Queen's Counsel).

k.d. Knocked down *Zerlegt* Der Preis für das Angebot bei einer Maschine o.Ä. versteht sich als Lieferung im zerlegten Zustand. Der Käufer trägt in der Regel die Kosten für die Aufstellung und Inbetriebnahme. Syn.: **c.k.d.** (Completely knocked down) oder **KDC** (Knocked down condition)

k.d. Knock down *Zuschlag* Auf Auktionen das Niederschlagen eines kleinen Hammers auf den Tisch durch den Auktionär, der damit den Verkauf des angebotenen Artikels an den letzten Bieter erklärt.

KDC Knocked down condition *Zerlegt* ☞ **k.d.** (Knocked down)

Ken. Kentucky *Kentucky* Bundesstaat der USA. Syn.: **KY** (Kentucky)

KFAED Kuweit Fund for Arab Economic Development *Kuweitischer Fonds für arabische Wirtschaftsentwicklung* 1961 gegründete Organisation, die das Ziel hat, Teile der Gewinne aus der Förderung und dem Verkauf von Erdöl in soziale Projekte in der arabischen Welt zu investieren.

kil. oder kld. *GB:* **Kilderkin** *Fass* Fassähnlicher Behälter für Flüssigkeiten, vorzugsweise für Bier. 1 **kil.** = 18 Gallonen = 81,828 Liter.

KISS Keep it simple and stupid *So einfach und verständlich wie möglich* Klassifizierung eines Werbetextes. Die Werbebotschaft soll so einfach und verständlich wie möglich formuliert sein, so dass jeder sie verstehen kann.

km. Kilometre *Kilometer*

km/h Kilometre per hour *Kilometer pro Stunde* Syn.: **kph** (Kilometre per hour)

kph Kilometre per hour *Kilometer pro Stunde* Syn.: **km/h** (Kilometre per hour)

K&R Kidnap and ransom (insurance) *Lösegeldversicherung* Versicherungsart für den persönlichen Versicherungsschutz.

KS Kansas *Kansas* Bundesstaat der USA. Syn.: **Kan.** (Kansas)

kt. Karat *Karat* Maßeinheit zur Bestimmung der Reinheit von Gold. Dabei wird angezeigt, wie viele Anteile von 24 reines Gold sind. So ist 18-karätiges Gold zu 3/4 rein. Die Schreibweise „carat" setzt sich zunehmend durch. ☞ **car.** (Carat)

KY Kentucky *Kentucky* Bundesstaat der USA. Syn.: **Ken.** (Kentucky)

KYC *US:* **Know your customers (rules)** *Kenne deine Kunden* Ethisches Konzept beim Handel mit Wertpapieren. Ein Broker soll seinen Kunden den Kauf, Verkauf oder Tausch eines Wertpapieres nur dann empfehlen, wenn dafür vernünftige Gründe vorliegen und es die finanzielle Situation und die Bedürfnisse des Kunden erlauben.

LI

L L *Römische Zahl für 50*
LA Louisiana *Louisiana* Bundesstaat der USA.
LAC US: Latin America and the Caribbean *Lateinamerika und die karibische Region* Sammelbezeichnung für wirtschaftliche und soziale Programme und Initiativen, die sich auf diese Region beziehen.
LAFTA Latin-American Free Trade Association *Lateinamerikanische Freihandelszone* Regionalorganisation lateinamerikanischer Länder von 1960 bis 1980. Ziel war die Förderung und Erleichterung des Handels zwischen den Mitgliedern und langfristig die Schaffung eines gemeinsamen Marktes. Die Handelszone wurde 1981 durch die lateinamerikanische Integrationsassoziation ☞ **ALADI** ersetzt.
LAN Local area network *Lokales Netz* Datenkommunikationssystem. Betriebsinternes Übertragungssystem zwischen einer Anzahl von untereinander unabhängigen Datenstationen, das mit hoher Übertragungsgeschwindigkeit arbeitet. Die Kommunikation ist auf ein relativ kleines geographisches Gebiet (Bürogebäude oder Werksgelände) beschränkt.
Lancs Lancashire *Lancashire* Englische Grafschaft.
LAPT GB: London Association for the Protection of Trade *Londoner Verband zum Schutz des Handels* Institution, die Auskünfte zur Kreditwürdigkeit von Personen sammelt und auf Anfrage weitergibt. Vergleichbar mit der „Schufa" in Deutschland.
LASH Lighter-aboard-ship *LASH-Schiff* Leichter-an-Bord. Schiffstyp mit Spezialkran für den kombinierten See- und Binnenschiffahrtstransport von Waren. Die Güter werden in Leichtern fest verstaut, über See transportiert und in den Flusshäfen abgesetzt. Von dort aus werden sie gewöhnlich durch Schleppkähne auf dem Flussweg weitertransportiert.
Lat. Latitude *(Geographischer) Breitengrad* Gedachte Linien gleicher geographischer Breite im Gradnetz der Erde, die parallel zum Äquator verlaufen.
LAUTRO GB: Life Assurance and Unit Trust Regulatory Organization *Selbstverwaltungsorganisation der Lebensversicherer und Investmentfonds* Die Organisation gehört zu den ☞ **SROs** (Self-regulatory organizations) und versteht sich als ein Überwachungsorgan für das geschäftsmäßige Betreiben von Kapitalanlagegeschäften am britischen Wertpapiermarkt.

LB Labrador *Labrador* Provinz in Kanada.
lb(s). Pound(s) *Pfund* Gewichtsmaß. 1 lb. = 0,4536 kg.
LBO Leveraged buy-out *Fremdfinanzierter Unternehmensaufkauf* Der Kauf eines Unternehmens unter Mitwirkung der Unternehmensführung, die oft selbst zu den Käufern gehört. Die Finanzierung des Kaufs erfolgt über Fremdkapital, das gegen die Vermögenswerte des Unternehmens geliehen wurde. Zinszahlungen und Tilgungsleistungen für die aufgenommenen Kredite werden aus den laufenden Erträgen des Unternehmens sowie aus dem Verkauf von Unternehmensteilen finanziert.
L/C Letter of credit *Kreditbrief, Akkreditiv* Dokumentenakkreditiv im internationalen Handelsverkehr. Die vertragliche Verpflichtung eines Kreditinstituts, für Rechnung eines Auftraggebers innerhalb eines vereinbarten Zeitrahmens und gegen Vorlage der vertraglich bestimmten Dokumente Zahlungen in einer vereinbarten Währung an einen Dritten zu leisten. Oft Syn. für ☞ **CLC** (Commercial Letter of Credit) verwendet.
l.c. Lower case *Kleinbuchstaben*
LCB Local competitive bidding *Lokale Ausschreibung* Die Ausschreibung für ein Projekt ist auf inländische bzw. ortsansässige Bieter beschränkt.
LCC Life-cycle costing *Kostenrechnung nach Lebensdauer* Berechnungsmethode der wahren Kosten, die bei der Anschaffung einer neuen Maschine anfallen. Dabei werden die zu erwartenden Kosten für Reparatur und Wartung für die gesamte Nutzungsdauer zum Anschaffungspreis hinzugerechnet.
LCC London Chamber of Commerce and Industry *Londoner Industrie- und Handelskammer* Einflussreichste und größte britische Handelskammer.
LCE GB: London Commodity Exchange *Londoner Rohstoffbörse* Hauptwarenbörse vor allem für tropische Produkte wie Kaffee, Kakao, Gewürze, Sojabohnen, Zucker, Jute und Wolle.
LCL Less than container (load) *Teilcontainerladung, Stückgut* Container, der von zwei oder mehr Transporteuren oder Eigentümern genutzt wird. Der Verfrachter stellt in alleiniger Verantwortung diese Waren mit anderen Sendungen im Reederei-Sammelcontainer zusammen, verfrachtet und löscht sie am Bestimmungsort und stellt sie dem Empfänger zur Verfügung. Der

LCL

Container reist entweder vom Versender zum Verschiffungshafen **FCL/LCL** (Haus-Pier-Verkehr) oder vom Bestimmungshafen zum Empfänger **LCL/FCL** (Pier-Haus-Verkehr) oder aber nur vom Verschiffungshafen zum Empfangshafen **LCL/LCL (Pier-Pier-Verkehr).** ☞ **FCL** (Full container load)

LCL *US:* **less than carload** *Eisenbahn-Stückgut* Die Ladung füllt weniger als einen Waggon.

L.D. **London Docks** *Londoner Docks/Hafen*

LDC(s) **Less developed countries** *Entwicklungsländer* Wirtschaftlich noch nicht voll entwickelte Länder mit niedrigem Einkommen. Merkmale der Entwicklungsländer sind Kapitalknappheit, eine mangelhafte Infrastruktur, eine geringe Spar- und Investitionsquote, ein hoher Anteil der Landwirtschaft an der gesamtwirtschaftlichen Produktion bei geringer Arbeitsproduktivität, ein niedriger Ausbildungsstand u. a.

ldg. **Loading** *a) Beladen, verladen b) Zuschlag* Bei Versicherungen zusätzliche Kosten, die auf die Prämie aufgeschlagen werden. Sie sollen die Kosten für den Arbeitsaufwand des Versicherers kompensieren.

ldg. **Landing** *Anlanden* Das An-Land-Setzen von Personen oder Fracht von einem Schiff aus. (Auch: „disembarkation".)

LDN **Less developed nation** *Entwicklungsland* ☞ **LDC(s)** (Less developed countries)

lds. **Loads** *Ladung* Die Gesamtheit der Güter im Laderaum eines Transportmittels.

LDT **Licensed deposit taker** *Autorisierter Einlagennehmer* Eine genehmigte Institution wie Bank oder Bausparkasse, die das Recht hat, von Privatkunden Geld als Einlage in Empfang zu nehmen und darauf Zinsen zu zahlen.

LDW **Loss and damage waiver** *Vollkaskoversicherung* Die Versicherung tritt für alle eingetretenen Schäden, oft auch bei Diebstahl, ein.

LEAD **Leader effectiveness and adaptability description** *Formblatt zum Führungsstil* Formblatt zur Bewertung des Führungsstils und des Erfolgs von leitenden Angestellten.

leavg **Leaving** *Abfahren, verlassen am/um* Telexabkürzung. Meist im Zusammenhang mit einer Zeitangabe.

LECs *GB:* **Local Enterprise Companies** *Staatlich gestützte Betriebe, die eine enge Verbindung von Schule und Industrie ermöglichen sollen* Die Unternehmen stellen Praktikumplätze für Studenten zur Verfügung und setzen die Vorhaben der ☞ **TECs** (Training Enterprise Councils) auf lokaler Ebene um.

leg. **Legal** *Rechtmäßig, rechtlich, gesetzlich* Den Buchstaben eines oder mehrerer Gesetze entsprechend.

Leics **Leicestershire** *Leicestershire* Englische Grafschaft.

LEL **Lower earnings limit** *Untere Einkommensgrenze* Gesetzlich festgelegte Einkommensgrenze, bis zu der ein Arbeitnehmer keine Pflichtbeiträge für bestimmte staatliche Leistungen wie die Sozialversicherung entrichten muss.

lg. **Large** *Groß* Größenangabe für Waren aller Art.

LGD **Leaderless group discussion** *Führerlose Gruppendiskussion* Gruppenübung bei Personalauswahlverfahren. Den Teilnehmern wird ein Thema vorgegeben, ohne Ablauf und Aufgabenverteilung festzulegen. Die Situation zeigt dann, wer von den Teilnehmern stärker als andere den Meinungsbildungsprozess beeinflusst und sich zum informellen Führer entwickelt.

L/I **Letter of intent** *Absichtserklärung* Schriftliche Absichtserklärung im Exportgeschäft. Eine vorläufige Vereinbarung wird vorbehaltlich einer endgültigen Festlegung bestätigt.

LIB **Limited international bidding** *Beschränkte internationale Ausschreibung* Die Ausschreibung für ein Projekt ist auf einen bestimmten Bieterkreis beschränkt.

LIBID **London Interbank Bid Rate** *Londoner Interbanken-Ankaufszinssatz* Zinssatz, zu dem eine Londoner Bank mit erstklassigem Ruf (prime bank) bereit ist, Geldmarktkredite bei anderen Banken aufzunehmen. Der **LIBID** gilt als Referenzinssatz auf den internationalen Finanzmärkten.

LIBOR **London Interbank Offered Rate** *Londoner Interbanken-Angebotssatz* Zinssatz, zu dem Londoner Banken bereit sind, erstklassigen Banken Geld zu leihen oder zu dem Termineinlagen unter Banken am Eurogeldmarkt verzinst werden. Der Zinssatz bildet sich frei und ohne Zentralbankeinfluss.

LIFFE **The London International Financial Futures Exchange** *Internationale Finanzterminbörse London* Bedeutendste europäische Börse für Finanztermingeschäfte. Es werden vor allem Kontrakte auf britische Staatsanleihen (gilt-edged securities) und ausländische Währungen, aber auch lang- und mittelfristige D-Mark-Schuldverschreibungen des Bundes gehandelt.

LIFO **Last in, first out** *Zuletzt hinein – zuerst heraus* Wertermittlungsmethode für Warenbestände. Sie geht davon aus, dass die aus dem Lager zuerst verbrauchten oder veräußerten Waren zuletzt erworben oder hergestellt wurden. Der Endbestand wird mit den Anschaffungs- oder Herstellungskosten der zuerst beschafften oder produzierten Wirtschaftsgüter bewertet.

LIMEAN **London Interbank Mean Rate** *Londoner Interbanken Mittelkurs* Arithmetischer Mittelkurs zwischen ☞ **LIBOR** (London Interbank Offered Rate) und ☞ **LIBID** (London Interbank Bid Rate), zwischen Geldangebots- und Geldnachfragekurs im Geldhandel unter Banken. An den anderen europäischen Marktzentren sind ähnliche Zinssätze bis heute weitestgehend unbedeutend.

Lincs Lincolnshire *Lincolnshire* Englische Grafschaft.

LIP Life insurance policy *Lebensversicherungspolice* Einer der wichtigsten Versicherungszweige mit den Funktionen der Daseinsvorsorge, Hinterbliebenensicherung und Kapitalsammlung.

LIPE London International Petroleum Exchange *Internationale Rohölbörse London* ☞ **IPE** (International Petroleum Exchange)

LIS Liability insurance supplement *Erweiterte Haftpflichtversicherung* Zusatzversicherung zur Erhöhung der Deckungssumme. Die Versicherung ist in vielen Staaten sinnvoll, da die Deckungssummen bei gewöhnlichen Haftpflichtversicherungen oft zu niedrig sind und im Schadensfall keinen ausreichenden finanziellen Schutz garantieren.

LISP List processing *LISP* Nichtnumerische Computer-Programmiersprache.

lit. *Lat.:* Littera *Der Buchstabe* Aufdruck auf Aktienurkunden, um die verschiedenen Aktienserien ihrer jeweiligen Stückelung entsprechend zu kennzeichnen. Z. B. **Lit.** A: US$ 50 (Nennbetrag).

lkge. Leakage *Leckage, Leckverlust* Das Entweichen von Flüssigkeiten aus einem Behälter. Im Eisenbahnverkehr auch Rinnverlust genannt. Das Risiko kann durch eine Tank- und Fasslekkage-Versicherung gedeckt werden. Während im Binnenverkehr Leckverluste ausgeschlossen sind, wird in der Seeversicherung zwischen gewöhnlicher Leckage (mit einem Verlust wird gerechnet) und außergewöhnlicher Leckage unterschieden.

L.L. Length lift *Längenzuschlag* Zuschlag auf die Transportkosten im Seeverkehr, der im Seefrachtvertrag vereinbart wird. Ab einer bestimmten Warenlänge werden für darüber hinausgehende Meter Zuschläge berechnet.

LLB *Lat.:* Legum baccalaureus *Bakkalareus der Rechtswissenschaften* Erster akademischer Grad nach einem rechtswissenschaftlichen Studium. Der Grad wird immer dem Namen nachgestellt, wenn kein zusätzlicher Titel vor dem Namen genannt wird.

LLD *Lat.:* Legum doctor *Doktor der Rechtswissenschaften* Akademischer Grad nach einem rechtswissenschaftlichen Studium. Der Grad wird immer dem Namen nachgestellt, wenn kein zusätzlicher Titel vor dem Namen genannt wird. Z. B. Michael Green, **LLD**, nicht aber: Dr. Michael Green, **LLD**.

LLDC Least developed countries *Besonders unterentwickelte Entwicklungsländer* Der Begriff wurde 1971 von den Vereinten Nationen geprägt. In der Regel beträgt das Pro-Kopf-Einkommen weniger als US$100 und der Anteil der gewerblichen und industriellen Wertschöpfung am Bruttosozialprodukt keine 10%. Die Analphabetenrate liegt bei mehr als 80%. Die **LLDCs** überschneiden sich mit der Gruppe der ☞ **MSACs** (Most seriously affected countries). Die besonderen Bedürfnisse dieser Ländergruppe sollen entwicklungspolitisch vor allem durch die Erweiterung von Zollpräferenzen im Agrarbereich verbessert werden.

Llds. *GB:* Lloyd's (of London) *Britische Versicherungsbörse* Genossenschaftsähnlicher Verband von Versicherern und Versicherungsbrokern, die in fast allen Versicherungsbereichen, außer bei Kranken- und Kapitallebensversicherungen tätig sind. Lloyd's selbst tätigt keine Versicherungen, regelt aber die Geschäftsbedingungen seiner Mitglieder und unterhält den organisatorischen Rahmen für das Versicherungsgeschäft. Die Mitglieder haften mit ihrem Privatvermögen.

LLM *Lat.:* Legum magister *Magister der Rechtswissenschaften* Zweiter akademischer Grad nach einem rechtswissenschaftlichen Studium. Die Abkürzung erscheint hinter dem Namen.

LME *GB:* London Metal Exchange *Londoner Metallbörse* Weltgrößte Börse für den Handel mit Buntmetallen wie Kupfer, Zinn, Blei, Zink, Aluminium, Silber und Nickel.

LNG Liquefied natural gas *Flüssig-Erdgas, Naturgas* Bei Schiffstransporten werden spezielle Tanker verwendet, da das Gas bei -161°C und stark verdichtet transportiert werden muss. Am Bestimmungshafen wird es wieder vergast und dem Verbraucher in Rohrleitungen zugeleitet.

LOA *GB:* Life Offices' Association *Verband der britischen Lebensversicherer* Ihm gehört die Mehrzahl der in diesem Bereich arbeitenden Versicherer an.

LOA Length over all *Die gesamte Länge (eines Schiffes)*

LOB *GB:* Location of Offices Bureau *Amt für Geschäftssitzverlegungen* Staatliche Einrichtung, die Unternehmen ermuntert, ihren Geschäftssitz aus der Londoner City in andere Regionen Großbritanniens zu verlegen.

LOFO Lowest in, first out *Niedrigste Anschaffungskosten zuerst* Wertermittlungsmethode für Warenbestände. Sie geht davon aus, dass die Güter mit den niedrigsten Anschaffungskosten zuerst verbraucht werden oder das Lager verlassen. Der Endbestand besteht aus den zu den höchsten Preisen zugegangenen Lieferungen.

logo. Logogram *Logogramm* Ein Bild oder ein Zeichen, das für einen ganzen Namen oder Wort steht. Meist für eingetragene Warenzeichen und Firmennamen.

lo/lo Lift on/lift off *Anheben und Herablassen* Das vertikale Laden und Löschen eines Schiffes mit Kaikränen oder bordeigenen Kränen.

long. Longitude *(Geographischer) Längengrad* Abstand eines Ortes vom Nullmeridian (durch Greenwich), gemessen in östlicher oder westlicher Richtung auf dem jeweiligen Breitenkreis.

LP Limited Partnership *Etwa: Kommanditgesellschaft* Eine aus Teilhabern bestehende Unternehmensorganisation ähnlich der deutschen Kommanditgesellschaft. Die Komplementäre oder Vollhafter (general partners) haften mit ihrem Privatvermögen, während die Kommanditisten oder Teilhaber (limited partners) nur bis zur Höhe ihrer Einlagen haften. Die Teilhafter sind von der Geschäftsführung ausgeschlossen. Das Unternehmen muss wenigstens einen Partner mit unbeschränkter Haftung haben.

LPG Liquefied petroleum gas *Flüssiggas, Raffineriegas* Bei Schiffstransporten werden spezielle Tanker verwendet, da das Gas bei -161°C und stark verdichtet transportiert werden muss. Am Bestimmungshafen wird es wieder vergast und dem Verbraucher in Rohrleitungen zugeleitet.

l.p.i. Lines per inch *Zeilen pro Zoll* Maßangabe zum Zeilenabstand (u. a. Schreibmaschine).

l.p.m. Lines per minute *Zeilen pro Minute* Anschlaggeschwindigkeit bei Schreibmaschinenarbeiten.

LPSO *GB:* Lloyd's Policy Signing Office *Zeichnungsbüro des Londoner Lloyd's* Einrichtung des ☞ Llds. (Londoner Lloyd's), auch „The Bureau" genannt. Das Büro bereitet im Auftrag der Versicherer (Lloyd's Mitglieder) Versicherungsverträge vor und unterzeichnet sie in deren Namen.

L.R. Lloyd's Register (of Shipping) *Lloyd's Schiffsregister* Schwesteranstalt von Lloyd's. Sie ist die älteste und führende Gesellschaft für die Klassifizierung und Überwachung von Schiffen sowie für die Ausarbeitung von Standards für den Schiffbau und die Schiffssicherheit. Die Anstalt veröffentlicht jährlich eine Aufstellung sämtlicher Seefahrzeuge in der Welt mit solchen Informationen wie deren Alter, Tonnage und Klassifizierung.

l.s. *Lat.:* Locus sigilli *Hier stempeln* Abkürzung auf offiziellen Dokumenten, meist in Form eines Kreises. Sie bezeichnet die Stelle, an der ein Siegel oder Stempel zu plazieren ist.

l.s. Lump sum *Pauschale, Einmalbetrag* Geldsumme, die als Ganzes und nicht in Raten bezahlt wird. Gewöhnlich hat diese Zahlung eine positive Auswirkung auf die Höhe der zu zahlenden Jahresbeiträge für Versicherungen u.Ä.

LSD Landing, storage and delivery (charges) *Lösch-, Einlagerungs- und Liefergebühren* Festgesetzte Kosten für Löschung, Lagerung und Auslieferung von Waren.

l.s.d. *GB: Lat.:* Librae, solidi, dinarii. *Pfund, Shilling, Pence* Alte Bezeichnung für die britische Währung, die durch die Einführung des Dezimalsystems (100 Pence = 1 Pfund) zwischen 1967 und 1970 abgelöst wurde.

LSE *GB:* London School of Economics (and Political Science) *Londoner Wirtschaftsschule* College der Londoner Universität, die für ihre gesellschafts- und wirtschaftswissenschaftlichen Forschungen und Studien sowie als Ausbildungsstätte Weltruhm erlangte. Gegründet 1895.

LSE London Stock Exchange *Londoner Börse* Die größte Wertpapierbörse im Vereinigten Königreich.

LSP Language for special purposes *Fachsprache*

LST Lump sum tax *Pauschalsteuer, Kopfsteuer* Gleichheitsprinzip bei der Ermittlung der Steuerschuld des Bürgers. Die Steuer knüpft nur an äußere Merkmale des Steuerpflichtigen an (z. B. Wohnort) und lässt die steuerliche Leistungsfähigkeit außer Acht. Dieses Prinzip gilt gemeinhin als ungerecht.

LST Local standard time *Ortszeit* Die an einem Ort gültige Standardzeit (☞ **UTC** o.Ä.).

L/T Long ton *Langtonne* Britische Tonne. Sie entspricht 1,016 kg. Die Langtonne muss von der häufig in den USA verwendeten „short ton", der Kurz- oder Nettotonne mit 0,9072 kg, unterschieden werden.

l.t. Local time *Ortszeit* Anmerkung in Fahrplänen, wenn Abfahrts- und Ankunftsort in unterschiedlichen Zeitzonen liegen.

LTC Long-time-certificate *Langzeit-Warenverkehrsbescheinigung* Vom zuständigen Hauptzollamt ausgestellte Bescheinigung an einen ermächtigten Exporteur für den Wirtschaftsverkehr aus der EU in ☞ **EFTA** -Staaten. Die Gültigkeit beträgt maximal ein Jahr. Die **LTC** ermöglicht es dem Ausführer, die Ausfuhr von gleichen Waren mit gleichen Ursprungseigenschaften mit der ersten Ausfuhrlieferung für ein ganzes Jahr zu beantragen.

LTC Last telecast *Letzter Sendetermin* Der letzte Tag, für den die Ausstrahlung eines Werbefilms oder eines Programms geplant ist.

Ltd. *GB:* With Limited Liability *mit beschränkter Haftung* Nach englischem Gesellschaftsrecht. Die Abkürzung oder das Wort „Limited" ist grundsätzlich hinter dem Firmennamen zu führen. Ein so bezeichnetes Unternehmen ist der deutschen GmbH ähnlich. Das Unternehmen ist eine Rechtspersönlichkeit. Es kann wie eine Person handeln, kann Verträge abschließen und kann klagen und verklagt werden. Die Mindestzahl der Gesellschafter ist zwei und darf 50 nicht überschreiten. Jeder Gesellschafter ist nur mit seinen Einlagen haftbar.

LTL *US:* **Less than truckload** *LKW-Stückgut*
ltr **Letter** *Brief* Telexabkürzung.
ltr. **Lighter** *Leichter* a) Flachgehendes Küstenlastschiff, das Teilladungen von Schiffen aufnimmt, damit diese Häfen mit geringer Wassertiefe oder Kanäle befahren können. Sie können von größeren Schiffen in der Regel an Flussmündungen aufgenommen oder abgesetzt werden. b) Antriebsloses schwimmfähiges Lastfahrzeug, das in Schlepp- oder Schubverbänden befördert wird.
LUXIBOR **Luxembourg Interbank Offered Rate** *Luxemburg Interbanken Angebotszinssatz* Referenzzinssatz, zu dem international tätige Banken Geldmarktgeschäfte in Luxemburg abschließen. Er hat am Bankplatz Luxemburg die gleiche Funktion wie der ☞ **LIBOR** (London Interbank Offered Rate) in GB.

L.V. **Luncheon voucher** *Essensbon* Karte, die zu einem Mittagessen in einem Restaurant oder zum Einkauf von Nahrungsmitteln berechtigt. Betriebe ohne Kantinen können die Bons von Voucher-Firmen kaufen und sie den Arbeitnehmern zur Verfügung stellen.
L.W. **Low water** *Niedrigwasser* Der niedrigste Pegelstand, den das Wasser beim Ebbe-Flut-Zyklus erreicht.
LWC **Light-weight coated (paper)** *Dünndruckpapier* Papier mit niedrigem Gewicht und relativ guter Bedruckbarkeit (ab 28g/m²). Auf Grund des geringen Gewichts eignet sich das Papier hervorragend zur Katalogherstellung im Direktmarketing. Es können mehr Seiten pro Katalog bei gleichem Gewicht erzielt werden.
LWOST **Low water ordinary spring tides** *Tiefster Punkt des Wassers im Ebbe-Flut-Zyklus bei besonders starkem Hochwasser*
LYON **Liquid Yield Option Note** *Nullkupon-Anleihe* Anleihe ohne laufende Verzinsung. Sie wird stark unter ihrem Wert emittiert und bei Fälligkeit zum Nominalwert eingelöst. Unter bestimmten Bedingungen kann sie in Aktien der emittierenden Unternehmung umgetauscht werden. Das Papier ist eine Sonderform der Wandelanleihe.

Mm

M *GB:* **Motorway** *Autobahn* Die Autobahnen sind nummeriert, z. B. **M** 13.
M **M** *Römische Zahl für 1000*
M **Money** *Geld* Hinweis auf Kurszetteln bei amtlich festgestellten Börsenkursen. Zu diesem Kurs bestand nur Nachfrage.
m **I am** *Ich bin* Telexabkürzung.
m **Million** *Million* Die Abkürzung erscheint in der Regel gleich hinter der Bezugszahl. Z. B. DM 300 m = 300 Millionen Mark.
m **Meridies** *Meridian* Zusatz zu Zeitangaben: Punkt 12.00 Uhr mittags: 12 m .
m **Month** *Monat*
m **Mile** *Meile* Längenmaß, das je nach Zweck oder Herkunftsland unterschiedliche Längen aufweisen kann. Die bekanntesten sind: GB: Landmeile „statute mile" = 1,609 km; Internationale nautische Meile = 1,852 km. Syn.: **mi.** (Mile)
m **Minim** *Minim* Kleinstes Flüssigkeitsmaß in englischsprachigen Ländern, das häufig in der pharmazeutischen Industrie verwendet wird. 1 ☞ **fl.oz.** = 480 minim. Syn.: **min** (Minim)
M0 *GB:* **M nought** *Geldmenge Null* Der Geldmengenbegriff berücksichtigt alle im Umlauf befindlichen Münzen und Banknoten sowie die Einlagen von Geschäftsbanken bei der Bank of England.
M1 **Monetary aggregate (money) 1** *Geldmenge 1* Geldmengendefinition. In der Regel die Summe aus Bargeldumlauf ohne Kassenbestände der Kreditinstitute und den Sichteinlagen inländischer Nichtbanken, ohne die Sichteinlagen der öffentlichen Haushalte bei der Zentralbank. Die Zentralbanken der Länder können die Geldmengen unterschiedlich definieren.
M2 **Monetary aggregate (money) 2** *Geldmenge 2* Geldmengendefinition. In der Regel die Summe aus Bargeldumlauf (☞ **M1**) und den Sichteinlagen und Termineinlagen inländischer Nichtbanken mit einer Laufzeit von unter 4 Jahren. Die Zentralbanken der Länder können die

Geldmengen unterschiedlich definieren.

M3 **Monetary aggregate (money)** 3 *Geldmenge* 3 Geldmengendefinition. In der Regel die Summe aus Bargeldumlauf (☞ **M1**), Sichteinlagen und Termineinlagen (☞ **M2**) sowie den Spareinlagen mit gesetzlicher Kündigungsfrist. Die Zentralbanken der Länder können die Geldmengen unterschiedlich definieren.

MA **Massachusetts** *Massachusetts* Bundesstaat der USA. Syn.: **Mass.** (Massachusetts)

MA *GB:* **Master of Arts** *Magister der Künste* Gewöhnlich der zweite akademische Grad in den Geisteswissenschaften an britischen Universitäten. Abweichungen nur in Oxford und Cambridge. An einigen schottischen Universitäten der erste akademische Grad.

M/A **Monthly account** *Monatliche Abrechnung* Meist im Zusammenhang mit Gewährung eines Skontos bei monatlicher Abrechnung.

M&A **Mergers and acquisition** *Fusionen und Akquisitionen* Begriff aus der Betriebswirtschaft. Ein Unternehmen wird durch Fusion oder Übernahme, durch Kauf von Wirtschaftsgütern oder Anteilen erworben.

MACE **Mid-America Commodity Exchange** *Mittelamerikanische Warenbörse* Eine der 3 großen Warenbörsen in Chicago. Im Termingeschäft werden an ihr nahezu alle handelbaren Welthandelswaren umgesetzt. Insbesondere werden Terminkontrakte in reduzierter Kontraktgröße für financial futures, Währungs-Futures, Metall-Futures und Futures für landwirtschaftliche Erzeugnisse gehandelt. Syn.: **MIDAM** (Mid-America-Commodity Exchange)

mag. **Magazine** *Zeitschrift, Magazin*

M.A.N.F. **May, August, November and February** *Mai, August, November und Februar* Auszahlungstermine für Anleihen mit vierteljährlicher Zins- oder Dividendenauszahlung. Die Zinsen oder Dividenden sind in der Regel jeweils zum 1. des Monats fällig.

MAPP **Merchandise assortment planning process** *Sortimentsplanung* Die Planung eines effektiven Sortiments unter Berücksichtigung der Kundenwünsche. Ein Sortiment gilt als effektiv, wenn es die Kundenwünsche bezüglich Art und Menge des gewünschten Produkts sowie des Zeitpunkts und Orts des Verkaufs/Versand berücksichtigt.

mar **March** *März* Telexabkürzung.

mar. **Marine** *Meeres-, See-* Meist als Zusammensetzung. Z. B. ☞ **mar. insce.** (Marine insurance) – Seeversicherung.

mar. insce. **Marine insurance** *Seeversicherung* Eine der ältesten Versicherungsarten. Seeversicherungen können Schäden und Verluste am Schiff und an der Ladung auf See und im Hafen abdecken.

Mass. **Massachusetts** *Massachusetts* Bundesstaat der USA. Syn.: **MA** (Massachusetts)

MATIF *Franz.***:** **Marché à terme des instruments financiers** **French financial futures market** *Französischer Terminmarkt für Schuldverschreibungen*

MAWB **Master air waybill** *Sammelluftfrachtbrief* Der Sammelluftfrachtbrief ist eine vom Spediteur oder in seinem Namen ausgestellte Urkunde, die den Vertragsabschluss über die Sammelfrachtbeförderung per Luftfahrzeug dokumentiert.

max. **Maximum** *Maximum*

MB **Manitoba** *Manitoba* Provinz in Kanada.

M.B. **Motor barge** *Motorleichter* Schwimmfähiges Lastfahrzeug, das normalerweise in Schlepp- und Schubverbänden befördert wird, aber gleichzeitig mit einem Motor zum Selbstantrieb ausgestattet ist.

M.B. **Motor boat** *Motorboot* Klasse von Booten, die mit einem Benzinmotor angetrieben werden.

MBA **Master of Business Administration** *Magister der Unternehmensführung/Betriebswirtschaft* Akademischer Grad für Absolventen von speziellen „business schools". Gewöhnlich ist das Studium eine Vorbereitung auf eine Führungsposition in einem Unternehmen.

MBD **Management by delegation** *Führung durch Delegierung* Unternehmensführungskonzept, bei dem Aufgaben und damit verbundene Verantwortung an untere Hierarchieebenen delegiert werden. Beim Mitarbeiter werden dadurch Motivationserfolge und eine Leistungssteigerung erwartet.

MBE **Management by exception** *Führung im Ausnahmefall* Unternehmensführungskonzept. Es geht davon aus, dass sämtliche Aufgaben, die keine reinen Führungsaufgaben darstellen, an untere Hierarchieebenen delegiert werden. Ein Eingriff des Vorgesetzten erfolgt nur in Ausnahmefällen. Mitarbeiter führen Routinearbeiten durch und sind begrenzt entscheidungsberechtigt.

MBIA *US:* **Municipal Bond Insurance Association** *Versicherungsverband für öffentliche Anleihen* Ein Pool privater Versicherer, der die von kommunalen Behörden herausgegebenen Schuldverschreibungen versichert. Die Wertpapiere sind als Anlageform wegen der Bonität des Schuldners beliebt, allerdings werden durch die Versicherung die Erträge für den einzelnen Investor insgesamt etwas geringer.

MBO **Management buyout** *Aufkauf durch die Unternehmensleitung* Alle Gesellschaftsanteile eines Unternehmens werden von der Unternehmensführung selbst aufgekauft. Die Finanzie-

MBO

rung erfolgt durch Kapitalzahlungen der Mitglieder der Unternehmensleitung und durch Bankkredite.

MBO Management by objectives *Führung durch Zielvorgabe* Unternehmensführungskonzept. Führungskonzept und Motivationstechnik in der Mitarbeiterführung. Die Unternehmensleitung stellt ihren Mitarbeitern konkrete Arbeitsaufgaben und delegiert weit reichende Entscheidungsbefugnisse.

MBS Mortgage-backed security *Hypothekenpfandbrief* a) Schuldverschreibungen, die durch Hypotheken von privaten Hypothekenbanken und öffentlichen Kreditanstalten gedeckt sind. b) Wertpapiere der ☞ **GNMA** (Government National Mortgage Association), die zur Beschaffung von Geldmitteln für den privaten Wohnungs- und Hausbau herausgegeben werden.

MC Marginal Credit *Wertpapierkredit* Kredit, den eine Bank ihren Kunden für den Kauf von Aktien oder festverzinslichen Wertpapieren einräumt. Dabei kann das Wertpapierdepot des Kreditnehmers bei Aktien oft bis zu 60% und bei festverzinslichen Wertpapieren bis zu 80% des Kurswertes beliehen werden.

MC *US:* **Member of Congress** *Mitglied des Kongresses* Ein Mitglied der gesetzgebenden Körperschaft (Repräsentantenhaus bzw. Senat) in den USA.

MC Machine(s) *Maschine(n)*

m/c Motor cycle *Motorrad*

MCA Monetary compensatory amount *Finanzausgleichsbetrag* Gesamtheit der staatlichen Zuschüsse und Steuern auf landwirtschaftliche Produkte in der EU.

mchy. Machinery *Maschinen und Anlagen*

MCR Magnetic character reading *Magnetische Zeichenerkennung mittels Magnetschriftleser* Modernes System im Bankwesen, bei dem Schecks, Karten oder andere Dokumente mit einer Art magnetischer Tinte bedruckt werden, die von einem Computer gelesen werden kann. Syn.: **MICR** (Magnetic ink character recognition)

MD Doctor of medicine *Doktor der Medizin* Akademischer Grad.

MD Managing director *Geschäftsführer, geschäftsführender Direktor, Generaldirektor* Vorsitzender eines Unternehmens mit speziellen Vollmachten zur Führung der Tagesgeschäfte. In der GmbH ist er oft der ranghöchste Angestellte. Der **MD** kann auch Gesellschafter des Unternehmens sein.

MD Maryland *Maryland* Bundesstaat der USA.

M.D. Malicious damage *Mutwillige Beschädigung* Ein vorsätzlich herbeigeführter Schaden. Bei Versicherungen ist dieser Schadensfall meistens ausdrücklich von der Wiedergutmachung ausgeschlossen.

M.D. Memorandum of deposit *Hinterlegungsurkunde* Dokument über die Hinterlegung von Aktien und anderen Einlagen bei einer Bank als Sicherheit zur Erlangung eines Kredits. Das Dokument gibt der Bank das Recht, die Einlagen im Falle der Nichtrückzahlung des Kredits zu veräußern.

m/d Months after date *Monate nach Dato* Bei Wechseln die Laufzeitangabe der Zahlungsverpflichtung ab Ausstellungsdatum.

MDCs More developed countries *Entwicklungsländer auf höherer Entwicklungsstufe* Gegenstück zu den ☞ **LDCs** (Less developed countries).

mdise. Merchandise *Ware* Güter, die für den Verkauf und nicht für den persönlichen Verbrauch des Herstellers produziert werden. Syn.: **mdse.** (Merchandise)

mdse. Merchandise *Ware* ☞ **mdise.** (Merchandise)

ME Maine *Maine* Bundesstaat der USA.

med. Medium (size) *Mittlere (Größe)*

mem(o) Memorandum *Notiz, Bericht* Kurze Notiz oder Bericht über ein Ereignis, eine Besprechung oder eine Geschäftsabwicklung meist für den betriebsinternen Gebrauch.

MEP Member of the European Parliament *Mitglied des Europäischen Parlaments*

Messrs. Messieurs *Meine Herren* Anredeformel in der Anschrift der Geschäftskorrespondenz, wenn es sich um eine Personengesellschaft handelt. Die Anrede wird in keinem Fall ausgeschrieben. Z. B. **Messrs.** Green & Black, 17 Regent Street, London.

mfg Manufacturing *Produktion, Herstellung, Produktions-, Herstellungs-* Telexabkürzung. Meist in Zusammensetzungen wie „manufacturing industry" o.Ä.

MFN Most favoured nation *Meistbegünstigtes Land* Meistbegünstigtenstatus für ein Land, das damit handelspolitische Vergünstigungen, insbesondere Zollvorteile im Handel mit dem gewährenden Land genießt.

mgm Milligram *Milligramm* Eintausendstel Gramm.

MH Merchant's haulage *Transportkosten an den Versender* Klausel in internationalen Seefrachtverträgen. Der Landlauf eines Containers wird durch den Versender oder Spediteur besorgt.

MHR *US:* **Member of the U.S. House of Representatives** *Mitglied des US-Repräsentantenhauses* Mitglied der zweiten Kammer des US-Kongresses, die gesetzgeberische Funktionen hat.

MHWS Mean high water springs (tides) *Mittle-*

MI

rer Pegelstand im Ebbe-Flut-Zyklus bei besonders starkem Hochwasser
MI Michigan *Michigan* Bundesstaat der USA. Syn.: **Mich.** (Michigan)
mi. Mile(s) *Meile(n)* ☞ **m** (Mile)
Mich. Michigan *Michigan* Bundesstaat der USA. Syn.: **MI** (Michigan)
MICR Magnetic ink character recognition *Magnetische Zeichenerkennung mittels Magnetschriftleser* ☞ **MCR** (Magnetic character reading)
MIDAM Mid-America-Commodity Exchange *Mittelamerikanische Warenbörse* ☞ **MACE** (Mid-America-Commodity Exchange)
MIE *GB:* Market information enquiry *Marktstudiendienst* Dienstleistung britischer Botschaften. Auf Anfrage werden Marktstudien zu interessierenden Produkten und Märkten geliefert.
MIF *US:* Multilateral Investment Fund *Multilateraler Investitionsfonds* Von der ☞ **IDB** (Inter-American Development Bank) gefördertes Programm zur Reform der Investitionspolitik in ganz Amerika. Es ist ein 5-Jahres-Kreditprogramm für spezifische marktorientierte Initiativen.
MIG-1 *US:* Moody's Investment Grade 1 *Moody's Investitionsklassifizierung* Bewertungsskala für Wertpapiere meist für kurzfristige Schuldtitel von Kommunalbehörden, Städten und Gemeinden auf dem amerikanischen Markt, die von dem Unternehmen Moody's Investors Service aufgestellt wird. Die Einteilung reicht von **MIG** -1 bis -4 und bezeichnet entsprechend beste, hohe, günstige bzw. ausreichende Bonität.
min Mining *Bergbau*
min Minimum *Minimum*
min Minim *Minim* Flüssigkeitsmaß. ☞ **m.** (Minim)
min(s) Minute(s) *Minute(n)*
Minn. Minnesota *Minnesota* Bundesstaat der USA. Syn.: **MN** (Minnesota)
MIP Marine insurance policy *Seeversicherungspolice*
MIRAS *GB:* Mortgage interest relief at source *Hypothekenzinsermäßigung* Direkte Anrechnung einer Steuervergünstigung auf die zu leistende Hypothekenzinszahlung. System zur Erlangung von Steuererleichterungen auf Hypothekenzahlungen. Die kreditgewährende Bausparkasse oder eine andere Institution verkleinert die Rückzahlungsrate gemäß der Steuererleichterung und fordert die Differenz vom Finanzamt zurück.
MIS Merchandise information system *Warenwirtschaftssystem* Meist computergestütztes System zur Führung von Wareneingangs- und Warenausgangslisten.

MIS Management information system *Management-Informations–System* Konzept zur Beeinflussung des Informationsflusses von oben nach unten und unten nach oben innerhalb eines Unternehmens. Alle Ebenen der Unternehmensführung sind über sie betreffende Vorgänge und Entwicklungen zu informieren, um die Entscheidungsfindung der einzelnen Bereiche positiv beeinflussen zu können.
misc Miscellaneous *Verschiedenes* Auch Telexabkürzung. a) Letzter Tagesordnungspunkt auf einer Sitzung. Hier können verschiedenste Probleme angesprochen werden. b) Waren oder Artikel verschiedener Art.
Miss. Mississippi *Mississippi* Bundesstaat der USA. Syn.: **MS** (Mississippi)
MIT Market if touched (order) *Ausführen wenn Preis erreicht* Der Kauf- oder Verkaufsauftrag eines Kunden für ein Wertpapier, der gültig wird, sobald ein vorher festgelegter Marktpreis erreicht worden ist.
MIT *US:* Municipal Investment Trust *Investmentgesellschaft für öffentliche Anleihen* Investmenttrust, der Schuldverschreibungen von Städten und Gemeinden kauft und die steuerfreien Einkünfte daraus an die Mitglieder weitergibt. In der Regel investieren die **MITs** nur in kommunale Wertpapiere.
M.J.S.D. March, June, September and December *März, Juni, September und Dezember* Auszahlungstermin für Anleihen mit vierteljährlicher Zins- oder Dividendenauszahlung. Die Zinsen oder Dividenden sind in der Regel jeweils zum 1. des Monats fällig.
mkt. Market *Markt*
M/L Motor launch *Barkasse*
MLP *US:* Master Limited Partnership *Personengesellschaft* Vergleichbar mit der deutschen Kommanditgesellschaft. Die Gesellschaft ist von der Zahlung von Körperschaftssteuern befreit. Die Dauer der Gesellschaft ist begrenzt, nach Ablauf erfolgt ihre Liquidation zum Verkehrswert.
MLR *GB:* Minimum lending rate *Mindestausleihsatz* Mindestzinssatz für Diskontierungen. Bis 1981 der niedrigste Kurs, zu dem die Bank von England bestätigte Wechsel diskontierte. Dadurch wirkte sich dieser Kurs unmittelbar auf alle übrigen Zinsraten aus.
MLWN Mean low water neap (tides) *Mittlerer Pegelstand im Ebbe-Flut-Zyklus bei Niedrigwasser*
mly Monthly *Monatlich* Meist im Zusammenhang mit dem Termin zur Auszahlung fälliger Zinsen auf dem Geldmarkt. In diesem Falle kommen monatlich Zinsen zur Auszahlung.
M.M. Mercantile marine *Handelsmarine* Die

Handelsschiffe und deren Besatzungen. Syn.: **M.N.** (Merchant navy)

MMC *GB:* **Monopolies and Mergers Commission** *Kartellbehörde* Staatliche Behörde, die die Monopolstellung eines Unternehmens bezüglich der Übereinstimmung mit dem öffentlichen Interesse untersucht. Die Bildung von konkurrenzlosen Unternehmen am Markt durch die Fusion zweier oder mehrerer Firmen kann durch die Behörde verhindert werden.

MMCs *US:* **Money market certificates of deposit** *Geldmarkteinlagenzertifikate* Depositenzertifikate mit einer Laufzeit von 6 Monaten. Die Zinsobergrenze ist an den Diskontsatz für Schatzanleihen mit sechs Monaten Laufzeit gebunden. Die Mindesteinlage beträgt US$10.000.

MMDA(s) *US:* **Money market deposit account(s)** *Geldmarktkonto* Kurzfristige Anlagemöglichkeiten ohne Zinsbeschränkungen auf dem US-amerikanischen Geldmarkt, die von Brokern offeriert werden.

Mme. *Franz.:* **Madame** *Frau*

MMF *US:* **Money market fund** *Geldmarktfonds* Geldanlageform. Von Brokerfirmen und anderen Finanzinstitutionen aufgelegte Fonds. Die Fonds kaufen große Mengen an Geldmarktpapieren auf. Die Mindestanlagesumme beträgt zwischen US$1000 und 5000. Ihre Beliebtheit gründet sich auf die hohe Verzinsung und auf eine hohe Liquidität, da eine unbegrenzte Rückgabe jederzeit möglich ist. Die Anlage bietet einen festen Zinssatz.

MMMFs *US:* **Money market mutual funds** *Geldmarktfonds, bei dem in kurzfristige Geldmarkttitel investiert wird* Der Kapitalanleger erhält im Vergleich zu anderen Investitionsmöglichkeiten eine höhere Verzinsung und hat die Möglichkeit, Schecks gegen seine Einlagen auszustellen.

MN **Minnesota** *Minnesota* Bundesstaat der USA. Syn.: **Minn.** (Minnesota)

M.N. **Merchant navy** *Handelsmarine* Die Handelsschiffe und deren Besatzungen. Syn.: **M.M.** (Mercantile marine)

M/N **May and November** *Mai und November* Auszahlungstermine für Anleihen mit halbjährlicher Zins- oder Dividendenauszahlung. Die Zinsen oder Dividenden sind in der Regel jeweils zum 1. des Monats fällig.

mn. **Midnight** *Mitternacht*

MNC **Multinational company/corporation** *Internationales Unternehmen* Unternehmen, die ihre Produktionspotenziale auf mindestens zwei Länder verteilt haben und in die entsprechenden Volkswirtschaften integriert sind. In der Regel sind die Auslandsbetriebe rechtlich selbständig. Ihre Wettbewerbsfähigkeit ziehen sie vor allem aus dem grenzüberschreitenden Kapital-, Personal- und Know-how-Transfer. Syn.: **MNE** (Multinational enterprise)

MNE **Multinational enterprise** *Internationales Unternehmen* ☞ **MNC** (Multinational company/corporation)

mngmt **Management** *Management, Unternehmensführung* Eine Gruppe von Personen, die an der Spitze eines Unternehmens oder einer Organisation die Geschäftsabläufe mit weitreichenden Entscheidungs- und Anordnungskompetenzen steuert und kontrolliert. Die Hauptfunktionen der Unternehmensführung sind Planung, Organisation und Kontrolle. Auch Telexabkürzung.

mngr. **Manager** *Manager, leitender Angestellter* Ein leitender Angestellter eines Unternehmens oder einer Organisation. Meist ist er einem „director" unterstellt.

MO **Missouri** *Missouri* Bundesstaat der USA.

M.O. **Mail order** *Versandhandel* Bestellung per Post. Die von einem Kunden bestellten, meist in Katalogen oder Anzeigen angebotenen Waren werden telefonisch oder über die Post bestellt und in der Regel nur auf dem Postweg ausgeliefert.

M.O. *US:* **Money order** *Auszahlungsauftrag, Zahlungsanweisung* In den USA weitverbreitete Anweisung auf Auszahlung einer bestimmten Geldsumme. Die **M.O.** hat etwa die Wirkung eines bestätigten Orderschecks, wenn sie von einem vertrauenswürdigen Institut herausgegeben wird. **M.O.**s können bei Banken, Kaufhäusern oder auf Postämtern gekauft werden.

mo. **Month** *Monat* Syn.: **m.** oder **mth.** (Month)

m.o. **Months old** *Monate alt*

MOF **Multiple option financing facility** *Finanzierung mit Wahlsystem* Absicherungsfazilität, die einem Kreditnehmer die Möglichkeit der Finanzierung des Kapitalbedarfs über eine Reihe unterschiedlicher kurzfristiger Finanzierungsinstrumente eröffnet. Da **MOFs** ausschließlich erstklassigen Adressen eingeräumt werden, haben sie nur eine begrenzte Bedeutung.

mon **Monday** *Montag* Telexabkürzung.

Mont. **Montana** *Montana* Bundesstaat der USA. Syn.: **MT** (Montana)

MOS **Monthly operational summary** *Monatliche Projektübersicht* Monatlicher Bericht zum aktuellen Stand eines Projektvorhabens.

mos. **Months** *Monate* Singular: **mo.** (month).

MP *GB:* **Member of Parliament** *Mitglied des Parlaments* Ein Mitglied des britischen Unterhauses, das seinen Wahlbezirk und seine politische Partei im Parlament vertritt.

mpg **Miles per gallon** *Meilen pro Gallone* Angabe zum Kraftstoffverbrauch bei Fahrzeugen.

mph.

mph. Miles per hour *Meilen pro Stunde* Geschwindigkeitsangabe.

MPM Maximum permitted mileage *Maximalentfernung* Basis für die Berechnung eines Durchgangstarifs für Fluggäste, die nicht nonstop fliegen. Für den Flugpreis wird eine Maximalentfernung in Meilen angegeben. Sie basiert auf der kürzesten, ganzjährig beflogenen Strecke ☞ **SOR** (Shortest operated route) zwischen zwei Orten plus einem Zuschlag von 20%.

M/R Mate's receipt *Empfangsquittung, Verladebescheinigung, Steuermannsbescheinigung* Vom Ladungsoffizier eines Schiffes unterzeichnete Bescheinigung für den Empfang der Ware an Bord. Das Dokument wird dem Ablader ausgehändigt, wenn ein Seefrachtbrief (Konnossement) nicht ausgestellt wird bzw. noch nicht ausgestellt worden ist. Diese Empfangsquittung kann außerdem als Zahlungssicherung dienen.

Mr Mr. *Mister* Höfliche Anrede einer männlichen Person. Der Ausdruck steht vor dem Namen und ist in keinem Fall ausgeschrieben.

MRA *US:* Minimum retirement age *Mindestrentenalter* Rentenalter für US-Staatsbedienstete. Das Mindestalter für den Ruhestand eines Bundesbediensteten beträgt zwischen 55 und 57 Lebensjahre. Werden dabei mindestens 30 Dienstjahre vollendet, hat der Ruheständler ein Anrecht auf die volle Rentenzahlung.

MRLs Maximum residue limits *Grenzwerte für Rückstandsstoffe* Verbindliche Höchstwerte für den Anteil von Schadstoffen oder Rückständen in einem Produkt. Die Grenzwerte gelten insbesondere bei tierischen Nahrungsmitteln.

MRP Manufacturer's recommended price *Empfohlener Preis des Herstellers* Unverbindliche Preisempfehlung eines Herstellers zum Abgabepreis an den Kunden. Syn.: **RP** (Recommended price) oder **RRP** (Recommended retail price) oder **SRP** (Suggested retail price)

MRP Material requirements planning *Materialbedarfsplanung* Planungspapier zur Ermittlung des mengenmäßigen und zeitlichen Bedarfs an Rohstoffen und Arbeitsmitteln bei der Herstellung eines Produktes.

Mrs Mrs. *Frau* Höfliche Anrede für eine Frau. Der Ausdruck ist dem Namen vorangestellt. Die Anrede wird in keinem Fall ausgeschrieben.

MS Mississippi *Mississippi* Bundesstaat der USA. Syn.: **Miss.** (Mississippi)

Ms. Miss oder Mrs. *Frau* Neutrale Anrede einer Frau in Briefen oder in Sprache ohne Berücksichtigung des Familienstandes. Die Anrede wird in keinem Fall ausgeschrieben.

M/S *US:* Motor ship *Motorschiff* Ein mit Dieselmotoren angetriebenes Schiff. In GB meist: **MV** oder **M/V** (Motor vessel).

M/S Mail steamer *Postdampfer* Mit Dampfkraft angetriebenes Schiff, das für Postzwecke eingesetzt wird.

M/S March and September *März und September* Auszahlungstermine für Anleihen mit halbjährlicher Zins- oder Dividendenauszahlung. Die Zinsen oder Dividenden sind in der Regel jeweils zum 1. des Monats fällig.

m/s Month(s) after sight *Monat(e) nach Sicht* Vereinbarung eines Zahlungsziels im Außenhandel. Der Wechsel ist entsprechend der Laufzeitangabe nach Sicht (Vorlage) zahlbar.

msc. Manuscript *Manuskript*

MSAC Most seriously affected countries *Am stärksten beeinträchtigte Länder* Gruppe von Entwicklungsländern, die durch die allgemeine Verteuerung des Erdölpreises seit 1974 sowie durch Preissteigerungen für andere Produkte wirtschaftlich am meisten betroffen sind. Der Begriff wurde von den Vereinten Nationen 1974 geprägt. Kriterien für die Einstufung sind ein niedriges Pro-Kopf-Einkommen, starker Preisanstieg bei wichtigen Importen, steigende Transportkosten, hoher Schuldendienst, niedrige Währungsreserven, unzureichende Exporterlöse u. a. Die **MSACs** überschneiden sich mit der Gruppe der ☞ **LLDCs** (Least developed countries).

MSB *US:* Mutual savings bank *Sparkasse auf Gegenseitigkeit* Kreditinstitut mit gemeinnützigen Zielen ohne Grundkapital. Die Sparer tragen den Verlust gemeinsam und sind am Gewinn beteiligt. In zunehmenden Maße betreiben die **MSBs** auch kurzfristige Einlagengeschäfte sowie Kredit- und Darlehensgeschäfte im örtlichen Bereich.

MSC *GB:* Manchester Ship Canal *Manchester Schiffahrtskanal* Ehemals wichtige Binnenschiffahrtsstraße in GB, die heute kaum noch genutzt wird.

MSC *GB:* Manpower Services Commission *Ausschuss für Beschäftigungsfragen* Beratungseinrichtung der Regierung in Beschäftigungsfragen. Zu den Ausschussmitgliedern gehören Arbeitgeber, Gewerkschafter und Bildungsträger. Zu den praktischen Aufgaben des Ausschusses gehören die Arbeitsvermittlung und Durchführung von Um- und Weiterbildungskursen.

MSc *GB:* Master of Science *Magister der Wissenschaften* Gewöhnlich der zweite akademische Grad in den Natur- und Ingenieurwissenschaften.

MSCI Morgan Stanley Capital International (Indices) *Morgan Stanley Kapitalindex* Internationale Indices zur Entwicklung von Aktien auf den internationalen Kapitalmärkten. Morgan Stanley errechnet 7 internationale Indices, die untereinander vergleichbar sind und zusammen einen Weltindex bilden. Zur Errechnung der Indices werden die Daten von etwa 1500 Unternehmen aus 20 Ländern herangezogen, die insgesamt etwa 60% des Börsenkapitals ausmachen.

MSF *GB:* **Manufacturing Science Finance** *Gewerkschaft Industrie, Wissenschaft und Finanzen* Mitglieder sind vor allem Angestellte aus Industrie- und Handelsbetrieben sowie aus wissenschaftlichen Bildungseinrichtungen und dem öffentlichen Dienst. Die Gewerkschaft ist Mitglied im Gewerkschaftsdachverband ☞ **TUC** (The Trades Union Congress).

msg **Message** *Nachricht, Mitteilung* Telexabkürzung.

MSL **Mean sea level** *Mittlerer Meerespegel*

MSRB *US:* **Municipal Securities Rulemaking Board** *Selbstverwaltungseinrichtung für den Umgang mit öffentlichen Anleihen* Die Organisation bemüht sich um die Einhaltung fairer, ethischer und anwendbarer Praktiken beim Handel mit Schuldverschreibungen von Städten und Gemeinden. Die erarbeiteten Bestimmungen erfordern die Zustimmung der ☞ **SEC** (Securities and Exchange Commission).

MST **Mountain Standard Time** *Rocky Mountains Normalzeit* Zeitzone in Nordamerika. 7 Stunden nach ☞ **UTC** (Universal time coordinated). Sie gilt u.a. in den US-Bundesstaaten Arizona, Colorado, Utah und Montana sowie in der kanadischen Provinz Alberta.

MT **Montana** *Montana* Bundesstaat der USA. Syn.: **Mont.** (Montana)

M/T **Mail transfer** *Postüberweisung, Brieftransfer* Geldüberweisungsauftrag von einer Bank zur Korrespondenzbank im Ausland meist über Luftpost oder, wenn vorhanden, über das ☞ **SWIFT** -System („swift messages").

M/T **Metric ton** *Metrische Tonne* Frachttonne. Raum- oder Gewichtsmaß zu 1000 kg oder 1 Kubikmeter. Die genaue Bezeichnung der Tonne ist wichtig, da es im englischsprachigen Raum eine Vielzahl unterschiedlicher Tonnenangaben mit abweichenden Gewichten oder Maßen gibt (short ton, long ton, freight ton, shipping ton etc.).

mt. **Mount, mountain** *Berg; Gebirge*

m.t. *US:* **Measurement ton** *Maßtonne* Volumeneinheit für den Seetransport. Die Maßtonne entspricht 40 ☞ **c.ft.** (cubic feet) oder 1,1327 m³. (Syn.: shipping ton.)

mtg **Meeting** *Treffen, Termin* Telexabkürzung.

MTM **Methods-time-measurement** *Arbeitsablauf-Zeit-Ermittlung* Verfahren zur Ermittlung der Vorgabezeiten beim Leistungslohn. Die Einzelzeiten für die Bewegungselemente einer Tätigkeit werden addiert und als Vorgabezeit für die Erledigung einer Arbeitsaufgabe festgelegt. Das Verfahren betrachtet sowohl quantitative als auch qualitative Aspekte des Arbeitsablaufs.

MTO **Multimodal transport operator** *Kombinationstransport–Unternehmer, Gesamtfrachtführer, Spediteur im gebrochenen Verkehr* ☞ **CTO** (Combined transport operator)

MTU **Metric unit** *Metrische Einheit* Maßeinheit der Länge, die sich auf die ☞ **SI** -Einheit (Systeme International d'Unites) Meter stützt.

mun. **Municipal** *Städtisch, kommunal* Bezeichnung einer örtlichen öffentlichen Einrichtung oder Behörde. Meist im Zusammensetzungen: „mun. government"; „mun. enterprise".

M/V *GB:* **Motor vessel** *Motorschiff* Ein mit Dieselmotoren angetriebenes Schiff. In den USA auch **M/S** oder **M.S.** (Motor ship).

Nn

N *North Norden* Himmelsrichtung.
n *And Und* Telexabkürzung.
NA *North America Nordamerika*
N/A *No account Kein Konto* Bankvermerk auf Schecks, die dem Aussteller zurückgegeben werden, wenn kein entsprechendes Konto existiert.
N/A *New account Neues Konto*
N/A *No advice Keine Anweisung* Bankvermerk auf einem zahlbaren Wechsel, wenn der Akzeptant keine Order zur Auszahlung gibt. Der Wechsel wird dann unbezahlt zurückgeschickt. Syn.: **n/o** (No orders)
N/A *Non-acceptance Nicht-Akzeptanz* Ein Wechsel wird vom Wechselnehmer bei Vorlage nicht akzeptiert.
n/a *Not applicable Nicht anwendbar, nicht zutreffend*
n.a. *Not available Nicht verfügbar*
n.a.a. *Not always afloat Nicht immer flott* Seeversicherungsklausel. Ein Schiff kann bei Ebbe auf Grund liegen, ohne dabei Schaden zu erleiden.
n.a.a.b.s.a. *Not always afloat but safe aground Nicht immer flott aber sicher auf Grund* Seeversicherungsklausel. Das Schiff kann bei Ebbe auf Grund liegen, ohne dabei Schaden zu erleiden. Die Liegestelle muss allerdings einen weichen Boden aufweisen. Die Klausel findet häufig Anwendung bei Häfen mit starker Differenz zwischen Ebbe und Flut.
NAC *Net advertising circulation Nettoreichweite* Die Gesamtreichweite eines Werbeträgers, Werbemittels oder einer Werbekampagne. Sie ist der prozentuale Anteil einer Zielgruppe, die wenigstens einen Kontakt mit der Werbebotschaft hatte. Die Nettoreichweite kann auch die Gesamtzahl von Personen oder Haushalten ausdrücken, die von Zeitungen und Zeitschriften sowie Radio- und Fernsehsendungen erreicht werden. Syn.: **NRPs** (Net rating points)
NAC *North Atlantic Charter Nordatlantik-Charter* Verkehrskategorie im Charterverkehr nach USA und Kanada. **NAC** -Flüge sind von Reiseveranstaltern zusammengestellte Gruppenreisen, die auch auf Linienflügen durchgeführt werden können. Sie sind oft an eine Mindestaufenthaltsdauer am Zielort gebunden.
NACE *Franz.:* **Nomenclature générale des Activités économiques dans les Communautés Européennes** *Allgemeine Systematik der Wirtschaftszweige in den Europäischen Gemeinschaften* Grundgliederung der Wirtschaftszweige in den Statistiken der EU-Länder.
NAFTA *North American Free Trade Agreement Nordamerikanische Freihandelszone* Wirtschaftlicher Zusammenschluss der USA, Kanadas und Mexikos in einer Freihandelszone. Dabei soll der Handel untereinander gefördert und die Einfuhrzölle schrittweise abgebaut werden.
NAFTA *New Zealand-Australia Free Trade Agreement Freihandelszone zwischen Australien und Neuseeland*
NAHB *US:* **National Association of Homebuilders** *Nationaler Verband von Baugesellschaften für den privaten Wohnungsbau, Baustoffproduzenten und Zulieferern* Die Organisation wacht über die Einhaltung von Qualitätsstandards im Wohnungsbau und vergibt Empfehlungen und Gütesiegel für die von ihren Mitgliedern angebotenen Produkte.
NALGO *GB:* **National and Local Government Officers' Association** *Angestelltengewerkschaft des öffentlichen Dienstes* Ihre Mitglieder kommen aus den zentralen und örtlichen Verwaltungen und dem Gesundheitswesen. Die Gewerkschaft fusionierte mit der ☞ **NUPE** (The National Union of Public Employees) und der ☞ **COHSE** (The Confederation of Health Service Employees) zur Gewerkschaft ☞ **UNISON**.
NASD *US:* **National Association of Securities Dealers** *Nationale Vereinigung der Wertpapierhändler* Berufsständische Organisation US-amerikanischer Wertpapierhändler, die vor allem den Handel mit nicht börsennotierten Unternehmenstiteln am Freiverkehrsmarkt ☞ **OTC** (Over-the-counter market) ordnet und kontrolliert. Die Organisation betreibt das **NASD** -System, das erste voll elektronische Börseninformationssystem.
NASDAQ *US:* **National Association of Securities Dealers Automatic Quotation** *Computergestütztes System zur Sammlung der Geld- und Briefkurse aller am Freiverkehrsmarkt* ☞ **OTC** *(Over-the-counter market) beteiligten Makler* Die Makler sind in der Lage, dem Kapitalanleger die Kurse mitzuteilen und augenblicklich Abschlüsse zu tätigen. Die Handelsabschlüsse erfolgen in der Regel per Telefon und Computer. Für die Organisation und Durchführung ist die ☞ **NASD** (National Association of Securities Dealers) verantwortlich.
NASUWT *GB:* **National Association of Schoolmasters-Union of Women Teachers** *Leh-*

rer/innengewerkschaft Sie ist Mitglied im Gewerkschaftsdachverband ☞ **TUC** (The Trades Union Congress).

NAV Net asset value *Inventarwert von Investmentanteilen bzw. -fonds* a) Der Buchwert der unterschiedlichen Wertpapiere, über die eine Investmentgesellschaft verfügt. Der Wert wird gewöhnlich pro Obligation oder Aktie angegeben. b) Bei Fonds der Marktwert der Fondsanteile (Geldkurs).

nav(ig). a) Navigator b) Navigation *a) Navigator b) Navigation* Das Führen eines Schiffes oder Flugzeuges auf einem vorgegebenen Kurs.

NB North Britain *Nordbritannien* Geographische Bezeichnung für Schottland.

NB New Brunswick *New Brunswick* Provinz in Kanada.

n.b. *Lat.:* Nota bene *Postskript* Nachtrag, Nachschrift. Einleitung zu einer zusätzlichen Mitteilung in der Korrespondenz nach dem eigentlichen Briefabschluss.

NBV Net book value *Nettobuchwert* Die Summe, zu der ein Vermögensgegenstand in der Bilanz eines Unternehmens ohne Abschreibung bewertet wird.

NC North Carolina *North Carolina* Bundesstaat der USA.

n/c No charge *Gebührenfrei*

NCB No-claim bonus *Schadenfreiheitsrabatt* Bonus eines Versicherers an den Kunden, wenn dieser in den vergangenen Jahren keine Forderungen auf seine Police erhoben hatte. Dieses System ist vor allem bei Kfz-Versicherungen üblich.

NCI New Community Instrument *Neues Gemeinschaftsinstrument* Finanzierungsinstrument der EU-Kommission. Es werden Darlehen und Bürgschaften für Investitionen in der Gemeinschaft vergeben.

NCR No carbon required *Kein Kohlepapier erforderlich* Ein mit Chemikalien behandeltes Papier, das den Aufdruck oder die Schrift vom Deckblatt auf die darunter liegende Seite überträgt. Der Gebrauch von Kohledurchschlagpapier ist nicht notwendig.

NCUA *US:* National Credit Union Association *Aufsichts- und Versicherungsgesellschaft für gemeinnützig arbeitende Finanzinstitutionen* Aufsichtsorgan für bankähnliche Unternehmen, die von Mitgliedern bestimmter Interessengruppen, Mitgliedern eines Unternehmens oder einer Gewerkschaft, religiösen Gruppen o.Ä. gegründet werden und als Genossenschaften arbeiten. Syn.: **CUNA** (Credit Union National Association).

NCV No commercial value *Ohne kommerziellen Wert* Keine Handelsware. Hinweis für die Zollorgane beim grenzüberschreitenden Versand von Waren. Die Waren sind entweder als Geschenk- oder als Mustersendung gedacht.

ND North Dakota *North Dakota* Bundesstaat der USA.

n/d No date, not dated *Ohne Datum* Meist im Briefwechsel bei Bezug auf ein vorheriges Schreiben, auf dem kein Datum ausgewiesen war.

NE North-east *Nordosten* Himmelsrichtung.

NE Negative earnings *Negative Einkünfte* Meist als Zusatz zu statistischen Aufstellungen über das Jahresergebnis von Aktiengesellschaften.

NE Nebraska *Nebraska* Bundesstaat der USA. Syn.: **Nebr** (Nebraska).

N.E. New edition *Neue Ausgabe* Bezug auf eine neue Ausgabe eines Gesetzestextes oder einer anderen Abhandlung, in denen neue Textpassagen aufgenommen wurden.

n.e. Not exceeding *Nicht mehr als* In der Handelskorrespondenz bei Preisabsprachen üblich. Der angegebene Preis darf nicht überschritten werden.

n/e No effects *Kein Guthaben* Bankvermerk auf Schecks, die dem Aussteller zurückgegeben werden, wenn das Konto kein Guthaben aufweist. Syn.: **N/F** (No funds)

NEA Nuclear Energy Agency *Atomenergiebehörde* Einrichtung der ☞ **OECD** (Organization of Economic Cooperation and Development) mit Sitz in Paris, gegründet 1958. Mitglieder sind fast sämtliche OECD-Länder. Die Agentur arbeitet eng mit der ☞ **IAEA** (International Atomic Energy Agency) und ☞ **EURATOM** (European Atomic Energy Community) zusammen. Die Organisation verfolgt insbesondere die Ziele, die Erforschung und Entwicklung der Atomenergie für friedliche Zwecke zu fördern und zu koordinieren, gemeinsame technische und industrielle Anlagen zu errichten und nationale Forschungs- und Investitionsprogramme zu harmonisieren.

NEB *GB:* National Enterprise Board *Staatlicher Wirtschaftsrat* Regierungseinrichtung, die krisenanfällige Industrien durch finanzielle Hilfen insbesondere durch die Gewährung staatlicher Kredite unterstützt.

Nebr. Nebraska *Nebraska* Bundesstaat der USA. Syn.: **NE** (Nebraska).

nec Necessary *Notwendig* Telexabkürzung.

NEDC *GB:* National Economic Development Council *Rat für wirtschaftliche Entwicklung* Von der britischen Regierung unterstützte Beratungseinrichtung, gegründet 1962. Sie soll dem Staat und der Industrie Wege zur Effektivitätssteigerung in der Wirtschaft aufzeigen. Der Rat besteht aus Ausschüssen, den ☞ **EDCs** (Economic Development Committees). Mitglieder sind

neg.

Vertreter der Regierung, der Industrie, des Finanzmanagements und der Gewerkschaften.

neg. Negligence *Fahrlässigkeit, Leichtfertigkeit* Die fahrlässige Nichterfüllung einer Pflicht, die einer Person aufgrund ihrer Stellung und Verantwortung auferlegt ist.

neg. Negative *Negativ*

nem. con. *Lat.*: Nemine contradicente *Einstimmig, ohne Gegenstimme* Zusatz in einem Protokoll zu Entscheidungen, die in Sitzungen einstimmig getroffen wurden. Syn.: **nem. dis.** (Nemine dissentiente)

nem. dis. *Lat.*: Nemine dissentiente *Einstimmig, ohne Gegenstimme* ☞ **nem. con.** (Nemine contradicente)

n.e.s. Not elsewhere specified *Nicht anderweitig spezifiziert* Anmerkung zu statistischem Zahlenmaterial oder zu Gebühren für eine Leistung, die in den Seefrachttarifen nicht anderweitig tarifiert sind.

net chg. Net change *Nettoveränderung* Anmerkung zu Börsenkursen von Aktien. Veränderung gegenüber dem Vortagsschlusskurs.

Nev. Nevada *Nevada* Bundesstaat der USA. Syn.: **NV** (Nevada)

NF Newfoundland *Neufundland* Provinz in Kanada.

N/F No funds *Kein Guthaben* Bankvermerk auf Schecks, die dem Aussteller zurückgegeben werden, wenn das Konto kein Guthaben aufweist. Syn.: **n/e** (No effects)

NFD No fixed date *Ohne Zeitangabe* Kein festgesetzter Zeitpunkt/ Termin.

NFO New for old *Neu für alt* Versicherungsklausel im Transportwesen.

NGO Non-governmental organization *Nicht-Regierungsorganisation* Oft gemeinnützige, von staatlichen Stellen unabhängig arbeitende Organisation, die sich vor allem in solchen Bereichen engagiert, die von der offiziellen Regierungspolitik nur unzureichend behandelt werden. Insbesondere geht es den **NGOs** um soziale und wirtschaftliche Verbesserungen in den Entwicklungsländern und um Fragen des Umweltschutzes.

NH Not held *Gegen den Börsentelegrafen handeln* ☞ **DRT** (Disregard tape)

NH New Hampshire *New Hampshire* Bundesstaat der USA.

NHI *GB*: National Health Insurance *Staatliche Krankenversicherung*

NHS *GB*: National Health Service *Staatlicher Gesundheitsdienst* Staatlich subventioniertes Gesundheitssystem, das allen Briten eine freie medizinische Versorgung garantiert. Der Gesundheitsdienst wird durch Gebühren, Sozialversicherungsbeiträge und Steuern finanziert.

NI Northern Ireland *Nordirland* Die Abkürzung erscheint gewöhnlich in Klammern hinter dem Namen einer Organisation oder eines Unternehmens und gibt deren Geschäftssitz an. Z. B. "Green ATH **(NI)**, Ltd.".

N.I. *GB*: National insurance *Staatliche Sozialversicherung* Versicherungssystem, bei dem jeder Arbeitgeber, Arbeitnehmer oder Selbständige wöchentlich bzw. monatlich Sozialabgaben leistet. Damit werden den Beitragszahlern Leistungen im Fall von Arbeitsunfällen, Krankheit, Arbeitslosigkeit und bei Eintritt in die Rente bezahlt.

NIBOR New York Interbank Offered Rate *New Yorker Interbanken Angebotssatz* Kurzfristiger Geldmarktzinssatz, zu dem eine Bank einer anderen erstklassigen Bank kurzfristig Einlagen überlässt bzw. Geldmarktkredite aufnimmt. Dieser Interbankenzinssatz dient als Basis für zinsvariable Anleihen und Kredite. Er hat die gleiche Funktion wie der ☞ **LIBOR** (London Interbank Offered Rate).

NIC Newly industrializing country *Schwellenland* Entwicklungsländer mit verhältnismäßig fortgeschrittenem Entwicklungsstand. In der Regel haben sie eine Wirtschaftsstufe erreicht, die zur Überwindung der Strukturmerkmale eines typischen Entwicklungslandes führt. Oft bleibt dabei aber die soziale und politische Entwicklung zurück.

NICs *GB*: National Insurance contributions *Sozialversicherungsbeiträge* Beiträge zur staatlichen Versicherung ☞ **N. I.** (National Insurance) in GB.

NIEO New International Economic Order *Neue Weltwirtschaftsordnung* Forderung der Entwicklungsländer seit den 70er Jahren nach Neustrukturierung der Weltwirtschaft. Die neue Ordnung soll bestehende Benachteiligungen der Entwicklungsländer abbauen. Insbesondere richten sich die Forderungen auf eine Stabilisierung der Rohstoffpreise und deren Bindung an die Preise für Industriegüter, auf eine Verstärkung des privaten Kapitalzuflusses mittels Direktinvestitionen, auf einen Schuldenerlass für die ärmsten Länder sowie auf die Förderung von Technologietransfers und Verarbeitungsmöglichkeiten für eigene Rohstoffe.

NIFs Note issuance facilities *Absicherungsfazilität* International einsetzbares Finanzierungsinstrument für große Unternehmen. Das Unternehmen emittiert wiederholt eigene kurzfristige Geldmarktpapiere mit Laufzeiten von 3 bis 6 Monaten, wobei sich das Finanzinstitut verpflichtet, die nicht absetzbaren Papiere selbst zu erwerben. Der Kreditnehmer nimmt die Absicherungsfazilität nur bei Bedarf in Anspruch.

NIST

Das Plazierungsrisiko wird vom Finanzinstitut übernommen.

NIST *US:* **National Institute of Standards and Technology** *Nationales Institut für Normen und Technologie* Wissenschaftliches Forschungszentrum des US-Wirtschaftsministeriums (Department of Commerce).

NIT Negative income tax *Negative Einkommensteuer* Jeder Bürger ohne Einkommen erhält vom Staat eine das Existenzminimum deckende Unterstützung und wird nicht zur Zahlung der Einkommensteuer herangezogen. Ab einer festgelegten Grenze beginnt die „positive" Einkommensteuer, also die steuerliche Belastung. Diese Grenze wird in der Regel so festgelegt, dass das allgemeine Existenzminimum, Pauschalen für Werbungskosten, Sonderausgaben und etwaige Freibeträge unbesteuert bleiben.

NJ New Jersey *New Jersey* Bundesstaat der USA.

NL North latitude *Nördliche Breite* Geographischer Begriff.

NL No load *Keine Gebühren* Angebot von Investmentgesellschaften, die ihren Anlegern keine Verkaufsgebühren auferlegen. Die Investoren kaufen direkt bei den Fondsgesellschaften ohne Einschaltung von Maklern. Die Abkürzung ist gewöhnlich bei Preisangaben von No-Load-Fonds in Zeitungen zu finden.

NM Not meaningful *Nicht aussagekräftig* Zusatz zu statistischem Zahlenmaterial über Unternehmensergebnisse innerhalb eines betrachteten Zeitraumes. Aus den vorliegenden Zahlen können keine sicheren Voraussagen für zukünftige Entwicklungen getroffen werden.

NM New Mexico *New Mexico* Bundesstaat der USA.

N/M November and May *November und Mai* Auszahlungstermine für Anleihen mit halbjährlicher Zins- oder Dividendenauszahlung. Die Zinsen oder Dividenden sind in der Regel jeweils zum 1. des Monats fällig.

n.m. *GB:* **Nautical mile** *Nautische Meile* Britische Meile zur See. Sie entspricht 1853,18 Meter. Sie ist heute weitgehend von der internationalen nautischen Meile abgelöst (1852 Meter).

NMS *US:* **National Market System** *Nationales Handelssystem* Handelssystem mit Freiverkehrswerten ☞ **OTC** (Over-the-counter) der ☞ **NASD** (National Association of Securities Dealers). Die gehandelten Wertpapiere müssen festgelegte Kriterien bezüglich Größe, Gewinnerwartung und Handelsaktivitäten erfüllen. Die NASD veröffentlicht zu den Papieren umfassendere Informationen, als dies bei gewöhnlichen OTC-Geschäften (Over-the-counter) der Fall ist.

NMS *US:* **National Market System** *Nationales Handelssystem* Handelssystem, bei dem die Preise für Wertpapiere und Obligationen gleichzeitig an der ☞ **NYSE** (New York Stock Exchange) und allen regionalen Börsen gelistet werden. Käufer und Verkäufer sind somit in der Lage, ihre Geschäfte an der Börse zu tätigen, die momentan die besten Kurse bietet.

NNP Net national product *Nettosozialprodukt* Begriff der volkswirtschaftlichen Gesamtrechnung. Das Bruttosozialprodukt ☞ **GNP** (Gross national product) abzüglich aller Abschreibungen auf Anlagevermögen.

No Number *Nummer* Auch Telexabkürzung.

n/o No orders *Keine Anweisung* Bankvermerk auf einem zahlbaren Wechsel, wenn der Akzeptant keine Order zur Auszahlung gibt. Der Wechsel wird dann unbezahlt zurückgeschickt. Syn.: **N/A** (No advice)

NOP Net orders processed *Nettoumsatz, Nettoverkäufe* Die Menge an verkauften Produkten nach der Bearbeitung von Reklamationen und der Rücknahme von Retouren. Beim Verkaufsgeschäft mit Zeitungen und Zeitschriften bezieht sich der **NOP** auf die Gesamtzahl der verkauften Publikationen durch Abonnement, Zeitungsstände, fliegende Händler ohne Berücksichtigung von Retouren.

Northants Northhamptonshire *Northhamptonshire* Englische Grafschaft.

Northd Northumberland *Northumberland* Englische Grafschaft.

Nos. Numbers *Nummern* Meist Bezug auf Gesetzestexte und deren Unterpunkte.

Notts Nottinghamshire *Nottinghamshire* Englische Grafschaft.

nov November *November* Telexabkürzung.

NOW *US:* **Negotiable order of withdrawal** *Verzinsliches Kontokorrentkonto* Übertragbare Zahlungsanweisung, die wie gewöhnliche Schecks für Banktransaktionen o.Ä. verwendet werden kann. Bei dieser Kontoform kann der Kontoinhaber Guthabenzinsen mit der Bank vereinbaren.

NP No protest *Ohne Protest, ohne Kosten* Unterzeichneter Vermerk eines Wechselausstellers auf einem Wechsel. Er befreit den Inhaber von der Verpflichtung, Protest mangels Annahme oder mangels Zahlung erheben zu lassen, um sein Rückgriffsrecht zu sichern. Der Vermerk befreit aber nicht von der Verpflichtung, den Wechsel rechtzeitig vorzulegen.

N.P. *GB:* **Notary public** *Notar* Gewöhnlich ein Rechtsanwalt, der nicht vor Gericht plädiert. Er übernimmt Angelegenheiten der nichtstreitigen Rechtspflege. Dazu gehören die Beurkundung von Verträgen und die Beglaubigung von Unterschriften und Dokumenten.

np.

np. Neap *Nippflut* Schwache Hoch- und Niedrigwasser im Ebbe-Flut-Zyklus.

n.p. Net personalty *Bewegliches Vermögen* Dazu gehören Geld, Möbel und andere bewegliche Habe wie Aktien, Fahrzeuge oder Viehbestände.

n/p Non-participating (share) *Vorzugsaktie ohne zusätzliche Gewinnbeteiligung* Aktie mit festem Dividendensatz ohne Anspruch auf eine zusätzliche Gewinnbeteiligung, wenn der Gesamtgewinn eine vorgeschriebene Summe überschritten hat.

n/p *GB:* Net proceeds *Reingewinn, Nettogewinn, Nettoerlös* Die Summe der Erträge abzüglich der Summe der Aufwendungen. Bei Kapitalgesellschaften ist er der Jahresüberschuss in der Gewinn- und Verlustrechnung.

NPD New product development *Produktneuentwicklung* Prozess der Entwicklung einer neuen Produktpalette eines Unternehmens.

n.p.f. Not provided for *Nicht gedeckt* Aufschrift auf einem Scheck, der unbezahlt von der Bank an den Aussteller zurückgesendet wird, wenn kein ausreichendes Guthaben vorhanden ist.

NPV *US:* No par value (share) *Aktie ohne Nennwert* Dividenden auf diese Aktien werden nur als feste, im Voraus festgelegte Geldsumme pro Aktie ausgezahlt. In vielen Ländern sind diese Aktien gesetzlich nicht zugelassen.

NR Not rated *Nicht bewertet, nicht eingestuft* Neutrale und wertfreie Anmerkung zu statistischen Angaben bei Geld- und Kapitalmarktpapieren. Die Qualität des Papiers wird aus nicht näher genannten Gründen nicht eingeschätzt.

nr. Near *Nahe, ungefähr*

n/r No risk *Keine Deckung* Versicherungstechnischer Begriff. Das aufgeführte Risiko wird nicht in die Versicherung eingeschlossen.

NREN *US:* National Research and Education Network *Nationales Forschungs- und Bildungsnetzwerk* Programm der US-Regierung, alle staatlichen Institutionen in Forschung, Erziehung und Bildung sowie wissenschaftliche Zentren und Behörden an ein zentrales Computernetz anzuschließen, das mit höchsten Geschwindigkeiten Daten vermitteln und austauschen kann.

NRPs Net rating points *Nettoreichweite* Die Gesamtreichweite eines Werbeträgers, eines Werbemittels oder einer Werbekampagne. ☞ **NAC** (Net advertising circulation)

NRR Net reproduction rate *Nettoreproduktionsrate* Rate, zu der sich die Bevölkerung eines Landes selbst reproduziert. Meist gemessen durch den Vergleich von Geburts- und Sterberate. Der Wert wird häufig nur unter Berücksichtigung der weiblichen Personen errechnet und dient der Bestimmung der Wachstumsintensität einer Bevölkerung.

NRT Net register tonnage *Nettoregistertonne* Der ertragbringende Nettoraumgehalt eines Schiffes, d.h. die Aufnahmefähigkeit der Lade- und Fahrgasträume. Eine **NRT** entspricht 100 Kubikfuß, d.h. 2,83 m^3.

NRV Net realizable value *Nettoveräußerungswert* Ertrag eines Vermögensgegenstandes im Fall seiner Veräußerung. Die Zahl drückt den zu erzielenden Preis abzüglich aller für den Verkauf anfallenden Kosten aus.

NS *GB:* National savings *Staatliches Sparprogramm* Das **NS** ist eine Möglichkeit für die Regierung, Geld aufzunehmen. Dabei bedient sie sich unterschiedlicher steuerbefreiter und steuerpflichtiger Instrumente wie der Ausgabe von Sparbüchern, Sparzertifikaten oder Schuldverschreibungen.

NS Nova Scotia *Nova Scotia* Provinz in Kanada.

n/s Not sufficient (funds) *Kein ausreichendes Guthaben* Bankvermerk auf Schecks, die wegen unzureichendem Guthaben an den Aussteller zurückgegeben werden. Syn.: **n.s.f.** (Not sufficient funds)

NSC *GB:* National Savings Certificates *Staatliche Sparzertifikate* Im Rahmen des staatlichen Sparprogramms ☞ **NS** (National savings) herausgegebene Zertifikate mit längerfristigen Laufzeiten. Sie sammeln Zinsen an, die beim Rückkauf einkommensteuerfrei fällig werden. Jede Person kann nur eine begrenzte Anzahl Zertifikate erwerben.

n.s.f. Not sufficient funds *Kein ausreichendes Guthaben* Bankvermerk auf Schecks, die wegen unzureichendem Guthaben an den Aussteller zurückgegeben werden. Syn.: **n/s** (Not sufficient funds)

NSI National statistical institute *Nationales statistisches Amt* Sammelbegriff für die unterschiedlichen Bezeichnungen der statistischen Ämter in den einzelnen Ländern.

NST *Franz.:* Nomenclature uniforme de marchandises pour les statistiques de transport *Einheitliches Güterverzeichnis für die EU-Verkehrsstatistik* Waren- und Güterverzeichnis aus dem Jahre 1968. Es diente als Grundlage für die Gliederung der gemeinschaftlichen Güterverkehrsstatistiken.

NT Northwest Territories *Nordwestterritorien* Provinz in Kanada.

NTA Net tangible assets *Wertpapiere des Anlagevermögens* Der Wert pro emittierter Aktie eines Unternehmens nach der Kapitalerhöhung durch die Ausgabe von Wandelanleihen, Gratisaktien oder Aktien unter dem Kurs der alten Aktien.

NTBs Nontariff barriers to trade *Nichttarifäre Handelshemmnisse* Alle zur Lenkung von Außenhandelsströmen eingesetzten Maßnahmen, die anstelle oder zur Ergänzung tarifärer Hemmnisse in der Zollpolitik eingesetzt werden. Dazu gehören Subventionen an inländische Produzenten, die Einfuhr- und Ausfuhrkontingentierung und weitere administrative Beschränkungen.

NTDB *US:* **National Trade Data Bank** *Nationale Handelsdatenbank* Staatlich geförderte Institution zur Sammlung internationaler Handels- und Wirtschaftsinformationen sowie zur Erstellung von Marktanalysen und statistischen Erhebungen.

NTU Normal trading unit *Gewöhnliche Handelseinheit* Die minimale Standardgröße einer Handelseinheit für ein bestimmtes Wertpapier. Häufig beträgt diese Einheit 100 Aktien.

nt. wt. Net weight *Nettogewicht* Das wirkliche Gewicht eines Produktes ohne Verpackung. Syn.: **n.wt.** (Net weight)

NUC Neutral unit of construction *Neutrale Verrechnungseinheit* System für die Umrechnung zwischen den einzelnen Währungen im Luftverkehr. Das System soll die unterschiedlichen Flugpreise in verschiedenen Ländern für die gleiche Strecke angleichen und den Verkauf von Tickets in sogenannten Weichwährungen einschränken. Flugpreise werden in der Landeswährung und als **NUC** veröffentlicht.

NUCPS *GB:* **National Union of Civil and Public Servants** *Gewerkschaft öffentlicher Dienst* Sie ist Mitglied im Gewerkschaftsdachverband ☞ **TUC** (The Trades Union Congress).

NUJ *GB:* **National Union of Journalists** *Gewerkschaft der Journalisten* Die Gewerkschaft ist Mitglied im Gewerkschaftsdachverband ☞ **TUC** (The Trades Union Congress).

NUM *GB:* **National Union of Mineworkers** *Gewerkschaft der Bergleute* Die Gewerkschaft ist Mitglied im Gewerkschaftsdachverband ☞ **TUC** (The Trades Union Congress).

NUPE *GB:* **National Union of Public Employees** *Gewerkschaft öffentlicher Dienst* Die Gewerkschaft fusionierte zusammen mit der ☞ **NALGO** (The National Association of Local Government Officers) und der ☞ **COHSE** (The Confederation of Health Service Employees) zur Gewerkschaft ☞ **UNISON**. Zu den Mitgliedern der Gewerkschaft gehörten vor allem technische Mitarbeiter der örtlichen Verwaltungen und des Gesundheitswesens.

NUR *GB:* **National Union of Railwaymen** *Gewerkschaft der Eisenbahner* Die derzeit größte britische Eisenbahnergewerkschaft.

NUS *GB:* **National Union of Students** *Studentengewerkschaft* Sie ist nicht Mitglied im Gewerkschaftsdachverband ☞ **TUC** (The Trades Union Congress).

NUT *GB:* **National Union of Teachers** *Lehrergewerkschaft* Sie ist Mitglied im Gewerkschaftsdachverband ☞ **TUC** (The Trades Union Congress).

NV Nevada *Nevada* Bundesstaat der USA. Syn.: **Nev.** (Nevada)

NVO Non vessel operator *Seespediteur* Seetransporteur, der den Gütertransport mittels gecharterter Schiffe durchführt, selbst aber nicht Eigner dieser Schiffe ist. Syn.: **NVOCC** (Non vessel operating common carrier)

NVOCC Non vessel operating common carrier *Seespediteur* ☞ **NVO** (Non vessel operator)

NW North-west *Nordwesten* Himmelsrichtung.

n.wt. Net weight *Nettogewicht* Das wirkliche Gewicht eines Produktes, ohne Verpackung. Syn.:**nt.wt.** (Net weight)

nxt Next *Nächste(r)* Telexabkürzung.

NY New York *New York* Bundesstaat der USA.

NYC New York City *New York (City)*

NYME(X) New York Mercantile Exchange *New Yorker Warenbörse* Wichtige Börse für Terminkontrakte und Optionen. Gehandelt werden Metall-Futures (Palladium und Platin), Energie-Futures (Rohöl, Heizöl, Gas und Benzin) sowie Optionen auf Rohöl, unverbleites Benzin, Heizöl und Platin.

N. Yorkshire North Yorkshire *North Yorkshire* Englische Grafschaft.

NYSE New York Stock Exchange *New Yorker Börse* Bedeutendste Aktienbörse der USA, gegründet 1792 in der Wall Street. Mitglieder der Börse sind eingetragene Makler, die auf eigene Rechnung arbeiten, und Firmen, die Börsenaufträge des Publikums ausführen.

NZ New Zealand *Neuseeland*

Oo

O. Ohio *Ohio* Bundesstaat der USA. Syn.: **OH** (Ohio)

O.A. Office automation *Büroautomatisierung*

O/A October and April *Oktober und April* Auszahlungstermine für Anleihen mit halbjährlicher Zins- oder Dividendenauszahlung. Die Zinsen oder Dividenden sind in der Regel jeweils zum 1. des Monats fällig.

o/a On account (of) *Wegen*

OAP *GB:* **Old age pensioner** *Rentner* Umgangssprachlicher Begriff für Bezieher staatlicher Rentenleistungen in GB.

OAPEC Organization of Arabian Petroleum Exporting Countries *Organisation arabischer Erdöl exportierender Länder* Im Jahre 1968 gegründete Organisation arabischer Länder mit Sitz in Kuwait, die Erdöl zunehmend als politische Waffe vor allem gegen Israel einsetzen wollten und ihre Interessen von der ☞ **OPEC** (Organization of Petroleum Exporting Countries) nicht mehr vertreten sahen.

OAS Organization of American States *Organisation amerikanischer Staaten* Gegründet 1948 in Rio de Janeiro (Brasilien). Vereinigung unabhängiger Staaten von Nord- und Südamerika. Ziel ist die Förderung marktwirtschaftlicher Strukturen und der Kooperation untereinander sowie das gemeinsame Auftreten bei der Lösung von politischen Problemen. Der Sitz der Organisation ist Washington, D.C.

OASDI *US:* **Old age and survivors and disability insurance** *Renten-, Hinterbliebenen- und Arbeitsunfähigkeitsversicherung* Ein Teil der Arbeitnehmerzahlungen an die Sozialversicherung wird zur Absicherung dieser Risiken eingesetzt. Zur Zeit werden etwa 6% vom Bruttoarbeitslohn für diese Versicherung abgezogen.

OAU Organization of African Unity *Organisation der Afrikanischen Einheit* 1963 in Addis Abeba mit dem Ziel gegründet, den Kolonialismus auf dem Kontinent zu beseitigen. Die **OAU** fördert die internationale Zusammenarbeit in Übereinstimmung mit der Charta der Vereinten Nationen und versteht sich auch als Vermittler bei Streitigkeiten unter den Mitgliedsländern.

OB Or better *Oder besser* Hinweis auf einem Orderpapier zu einem Kauf- oder Verkaufsvertrag von Wertpapieren. Der Broker sollte den Auftrag bei Möglichkeit dann ausführen, wenn ein besserer Preis als der angegebene Grenzpreis zu erzielen ist.

o.b. Ordinary business *Gewöhnliches Geschäft* Jede Art von Versicherung, die sich auf die private Vorsorge bezieht.

o/b On or before *Am oder vor dem* Dem Ausdruck folgt ein Datum, das in der Regel eine Erfüllungsfrist setzt.

OBC Outside back cover *Vierte Umschlagseite* Der Begriff wird vorzugsweise bei der Anzeigenplazierung in Zeitschriften verwendet.

OBO Oil-bulk-ore (vessel) *Kombiniertes Massengutschiff für Erze, Öl und anderes Massengut*

o.b.o. *US:* **Or best offer** *Verhandlungsbasis* Der ausgezeichnete Preis einer Ware versteht sich als Verhandlungsbasis. Syn.: **o.n.o.** (Or near offer)

o/c Order confirmation *Bestätigung einer Bestellung* Telexabkürzung.

OCAS Organization of Central American States *Organisation mittelamerikanischer Staaten* Gegründet 1951 mit dem Ziel, die politische, wirtschaftliche und militärische Zusammenarbeit der Länder Mittelamerikas zu fördern.

Oc B/L Ocean bill of lading *Seekonnossement* Weitverbreitete Art eines Seefrachtbriefes. Die Fracht wird nicht auf Binnenschiffen, sondern auf seetüchtigen Schiffen befördert.

OCC *US:* **Options Clearing Corporation** *Verrechnungsstelle für Optionsgeschäfte* 1973 gegründete zentrale Institution zur Verrechnung der Forderungen und Verbindlichkeiten aus Optionsgeschäften. Die Stelle bearbeitet alle Optionsverträge und garantiert die Einhaltung der Handelsverpflichtungen der beiden Vertragsparteien. Sie ist der Erfüllungsgarant aller abgeschlossenen Transaktionen an den US-Optionsbörsen, die der Aufsichtsbehörde ☞ **SEC** (Securities and Exchange Commissions) unterstehen. Weiterhin veröffentlicht das Unternehmen allgemeine Verfahrensregeln für den Optionshandel und verweist auf bestehende Risiken im Geschäft.

OCR Optical character recognition *Optische Zeichenerkennung* Technisches Hilfsmittel zur Eingabe von handschriftlichen Texten oder Zeichenfolgen in einen Computer (Scanner).

oct October *Oktober* Telexabkürzung.

OCTs Overseas countries and territories *Überseeländer und -territorien* Die zu einem Land gehörenden Gebiete, die sich außerhalb des eigentlichen, zusammenhängenden Staatsgebietes befinden. Z. B. Französisch-Guyana.

o.d. On demand *Bei Bedarf, auf Anforderung* Nähere Angaben zu einem Produkt wie Preis oder Spezifikationen werden bei Bedarf mitgeteilt.

o.d. On deck *An Deck* An Deck eines Seeschiffes.

o/d (Bank) Overdraft *Kontoüberziehung; Kreditüberschreitung* Vereinbarung mit der Bank, nach der ein Kunde sein Konto bis zu einer festgelegten Summe überziehen kann. Dem Kunden werden für die reale Überziehungszeit Zinsen berechnet.

odr(s) Order(s) *Bestellung(en)* Telexabkürzung.

OECD Organization for Economic Cooperation and Development *Organisation für wirtschaftliche Zusammenarbeit und Entwicklung* Gegründet 1961 mit Sitz in Paris. Internationale Organisation mit dem Ziel, das Wirtschaftswachstum zu fördern und Hindernisse für den freien Kapitalverkehr zu beseitigen. Insbesondere sollen die Konjunktur- und Währungspolitik der entwickelten Länder koordiniert werden. Mitglieder sind die entwickelten Länder der Welt.

OEEC Organization for European Economic Cooperation *Organisation für europäische wirtschaftliche Zusammenarbeit* Vorläufer der ☞ **OECD** (Organization for Economic Cooperation and Development). 1948 in Paris gegründete Organisation zur optimalen Nutzung der US-Finanz- und Wirtschaftshilfen für den Wiederaufbau Europas.

OEM Original equipment manufacturer *Originalgerätehersteller* Hersteller von Bauteilen, die ein anderer Hersteller in seine Produkte einbaut oder sonst unter seinem Namen verkauft. Der Bezug von **OEM** -Geräten erspart dem Endproduzenten Entwicklungskosten und ermöglicht dem Fremdunternehmen die Produktion größerer Serien und eine bessere Kapazitätsauslastung. Der Begriff entwickelte sich ursprünglich als Bezeichnung für die Hersteller von Hardwarekomponenten für Computer, er wird aber heute in vielen Branchen verwendet.

OFC Outside front cover *Titelseite* Der Begriff wird vorzugsweise bei der Anzeigenplazierung in Zeitschriften verwendet.

off. Official *Offiziell, Amts-, Dienst-*

OFT *GB:* **Office of Fair Trading** *Amt für lauteren Wettbewerb* Zentrale Einrichtung mit Verantwortung für die Ausarbeitung von Gesetzen zum Schutz der Konsumenten.

OGL Open general licence *Einfuhrlizenz für genehmigungsfreie Einfuhr von Waren* Importlizenz für Waren, die keinen Einfuhrbeschränkungen unterliegen.

OH Ohio *Ohio* Bundesstaat der USA. Syn.: **O.** (Ohio)

OHMS *GB:* **On Her Majesty's Service** *Im Dienste Ihrer Majestät* Zusatz bei Personen, die im Auftrag oder Interesse des britischen Staates handeln. Vorzugsweise im Postbereich bei Dienstsachen gebräuchlich.

OID *US:* **Original issue discount** *Originalausgabenrabatt* Die Differenz zwischen dem Nominalwert einer Schuldverschreibung oder eines ähnlichen Papiers und dem niedrigeren wirklichen Ausgabewert. Der Nachlass ist in jedem Fall als Einkommen zu versteuern.

OJ Open jaw (trip) *Gabelreise* Rundreise, bei der der Endpunkt der Hinreise nicht identisch mit dem Ausgangspunkt der Rückreise ist (z. B. Hinreise: Berlin-London, Rückreise: Birmingham-Berlin), oder bei der der Ausgangspunkt der Hinreise nicht identisch mit dem Endpunkt der Rückreise ist (z.B. Hinreise: Berlin-London, Rückreise: London-Frankfurt).

O.J.A.J. October, January, April and July *Oktober, Januar, April und Juli* Auszahlungstermine für Anleihen mit vierteljährlicher Zins- oder Dividendenauszahlung. Die Zinsen oder Dividenden sind in der Regel jeweils zum 1. des Monats fällig.

OK Oklahoma *Oklahoma* Bundesstaat der USA. Syn.: **Okla.** (Oklahoma)

Okla. Oklahoma *Oklahoma* Bundesstaat der USA. Syn.: **OK** (Oklahoma)

OM On maturity *Bei Fälligkeit, zum Fälligkeitstermin* Meist im Zusammenhang mit dem Auszahlungstermin fälliger Zinsen auf dem Geldmarkt. In diesem Falle werden keine periodischen Zinszahlungen (jährlich, halbjährlich) getätigt. Der Fälligkeitstermin ist als Datum ausgewiesen.

O.M. *GB:* **Order of Merit** *Verdienstmedaille* Selten vergebene Auszeichnung für herausragende Leistungen.

O&M Organization and method *Organisation und Durchführung* Studie zu Arbeitsabläufen in einem Büro oder einer verwaltungstechnischen Einrichtung.

OMB *US:* **Office of Management and Budget** *Amt für Personal und Haushalt* Teilbereich des Büros des US-Präsidenten mit der Verantwortung für die Vorbereitung und Darstellung des Haushalts des Präsidenten vor dem Kongress und der Entwicklung von Finanzprogrammen nach Kongressbeschlüssen.

OMO Overseas money order *Internationale Postanweisung* ☞ **IMO** (International money order)

ON Ontario *Ontario* Provinz in Kanada.

o.n.o. Or near offer *Verhandlungsbasis, oder nächstbestes Angebot* Der ausgewiesene Preis für eine Ware versteht sich als Verhandlungsbasis. Syn.: **o.b.o.** (Or best offer)

o/no Order number *Bestellnummer* Telexabkürzung.

ONP Open network provision *Offener Netzzugang* Kostenfreier Zugang zu Datennetzen mittels Computer und Telefon.

ONPL Order now – pay later *Jetzt bestellen – später zahlen* System zur Bezahlung offener Rechnungen mit einem besonders günstigen Zahlungsziel. Das Zahlungssystem wir vor allem von Direktmarketingunternehmen zur Erhöhung der Bestellquote genutzt.

O/O Ore/oil (carrier) *Kombiniertes Massengutschiff für Erze und Öl* Die Schiffe sind so konstruiert, dass sie Erz transportieren und zusätzlich Öl in einen Doppelboden und in den seitlichen Ballasttanks aufnehmen können.

o/o On order *Bestellt* Benachrichtigung eines Vertriebsvertreters an einen Käufer, dass die Waren bestellt sind, aber noch nicht geliefert wurden.

OOJ Origin open jaw (trip) *Einfache Gabelreise im Reiseantrittsgebiet* Eine Rundreise, bei der der Ausgangspunkt der Hinreise nicht identisch ist mit dem Endpunkt der Rückreise. Z. B. Hinreise: Berlin-London, Rückreise: London-Frankfurt.

O.P. Open policy *Offene Police, laufende Versicherung* Gleitende Neuwertversicherung gegen Transportrisiken. Die Versicherung wird für einen Gesamtwert oder eine Gesamtmenge zu befördernder Güter abgeschlossen. Nach der erfolgreichen Ausführung von Teillieferungen verkleinert sich die noch zu zahlende Prämie um den Wert der bereits beförderten Güter. Der Versicherungsnehmer hat die Pflicht, regelmäßig die beförderten Waren anzuzeigen. Auch "floating policy".

o/p Out of print *Vergriffen* Ein Druckerzeugnis ist beim Verlag nicht mehr erhältlich.

OPD Opening delayed *Beginn verschoben* Verschiebung des Handelsbeginns mit einer Aktie.

OPEC Organization of Petroleum Exporting Countries *Organisation der Erdöl exportierenden Länder* 1960 gegründete Organisation großer Erdöl produzierender und exportierender Länder mit Sitz des Sekretariats in Wien. Sie legt in nicht geringem Maße die Weltmarktpreise für Erdöl fest und kontrolliert die Fördermengen ihrer Mitgliedsländer.

OPIC *US:* **Overseas Private Investment Corporation** *Private Investitionsförderungsgesellschaft für den Handel mit Übersee* Gegründet 1971. Staatlich gestützte, aber privat betriebene Institution zur Förderung und Absicherung von US-Investitionen im Ausland mittels Krediten und Garantien. Die **OPIC** versichert politische Risiken.

OPM *US:* **Office of Personnel Management** *Büro für Personalwesen* Die zentrale Personalabteilung der US-Regierung für alle Einstellungen in Regierungsbehörden.

OPM *US:* **Other people's money** *Anderer Leute Geld* Wall Street Slang für die Nutzung von Kreditmitteln anderer Firmen oder Personen, um einen höheren Ertrag auf das investierte Kapital zu erzielen.

OR Oregon *Oregon* Bundesstaat der USA.

O.R. Official receiver *Gerichtlich bestellter Konkursverwalter* Staatlicher Angestellter eines Konkursgerichts, der in Konkurs geratene Personen oder Firmen betreut bis ein Liquidator bestellt worden ist.

O.R. Operations research *Unternehmensforschung* Die Anwendung wissenschaftlicher, insbesondere mathematischer Methoden, Modelle und Rechenverfahren zur Unterstützung der Entscheidungsfindung in einem Unternehmen.

O/R *GB:* **Owner's risk** *Auf Gefahr des Eigentümers, auf eigene Gefahr* Vertragsklausel. Das Risiko des Warentransports mit dem Transportmittel (Schiff oder Eisenbahn) trägt gewöhnlich der Eigentümer, der selbst für den Abschluss entsprechender Versicherungen verantwortlich ist. Der Transporteur kommt nur für Schäden auf, die von Angestellten vorsätzlich verursacht wurden.

o.r.b. Owner's risk of breakage *Bruchrisiko des Eigentümers* Vertragsklausel. Das Risiko des Warenbruchs beim Transport übernimmt der Eigentümer und nicht der Transporteur.

ord. Ordinary (shares) *Stammaktie* Aktien, deren Dividende nicht festgesetzt ist, sondern vom Gewinn des Unternehmens abhängt.

ors. Others *Andere*

O.S. *GB:* **Ordnance Survey** *Staatliches kartographisches Institut* Gegründet 1791. Es ist für die Herstellung von Kartenmaterial für GB verantwortlich.

O.S. Outsize *Übergröße* Bei Kleidungsstücken speziell angefertigte Teile in ausgefallenen Größen.

O.S. Outstanding *Ausstehend* Gebrauch meist bei fälligen, aber unbezahlten Rechnungen oder Schulden oder bei Warenbestellungen, die überfällig sind.

o/s Out of stock *Nicht am Lager* Die bestellte Ware ist nicht am Lager. Der Lieferant kann die Bestellung nicht ausführen.

o/t On truck *Auf Lastkraftwagen*

OTA *US:* **Office of Technology Assessment** *Technologiebewertungsstelle* Staatliche Einrichtung als Beobachtungs- und Bewertungsinstrument in der Forschungs- und Technologiepolitik. Eine ihrer Hauptaufgaben ist die Abgabe von Kommentaren zum wissenschaftlichen und technischen Inhalt von Forschungsprogrammen.

OTB Open-to-buy (amount) *Frei verfügbares*

Einkommen Verfügbares Geld zum Einkaufen. a) Das persönliche Einkommen nach Steuern und Sozialabgaben. b) Das verfügbare Einkommen nach Abzug der Mittel, die zur Aufrechterhaltung eines angemessenen Lebensstandards notwendig sind.

OTBF *US:* **Options on Treasury Bond Futures** *Optionen auf Terminkontrakte amerikanischer Staatsanleihen*

OTC *US:* **Over-the-Counter (market)** *Freiverkehrsmarkt* Wertpapiermarkt für Papiere, die nicht an amtlichen Wertpapierbörsen oder im geregelten Verkehr notiert und gehandelt werden. Der Freiverkehr wird von Freimaklern außerhalb des normalen Börsengeschäftes abgewickelt. Er unterliegt jedoch der Aufsicht der jeweiligen Börse. Der **OTC** market vollzieht sich über das Telekommunikationsnetz der ☞ **NASD** (National Association of Securities Dealers).

OTCs Over-the-counter (options) *Freiverkehrsmarkt-Optionen* Nicht börsenmäßig gehandelte, von Freimaklern vermittelte Optionen in uneinheitlichen Kontraktgrößen. Da die Optionsverträge individuell sehr unterschiedlich sein können und die Makler das Erfüllungsrisiko übernehmen, fallen oft erhebliche Gebühren an.

OTH Opportunity to hear *Kontaktwahrscheinlichkeit, Kontaktchance* Die geschätzte durchschnittliche Häufigkeit, mit der das Publikum eines Hörfunksenders einer spezifischen Werbebotschaft ausgesetzt ist. Bei den Druckmedien und dem Fernsehen wird diese Häufigkeit mit ☞ **OTS** (Opportunities-to-see) und bei anderen Werbeträgern und -mitteln mit ☞ **PRI** (Probability of receiving an impression) ausgedrückt.

OTIF *Franz.:* **Organisation intergouvernementale pour les transports internationaux ferroviaires** *Zwischenstaatliches Übereinkommen über den internationalen Eisenbahnverkehr* Das Ziel der **OTIF** besteht u. a. darin, eine einheitliche Rechtsordnung für die Beförderung von Personen, Gepäck und Waren im durchgehenden Verkehr zwischen den Mitgliedstaaten zu schaffen.

OtN *Order to negotiate Anweisung zur Einlösung, Ankaufermächtigung* Seltene, kurzfristige Importfinanzierungsmöglichkeit im internationalen Handel anstelle von Akkreditiven. Die Bank des Importeurs verpflichtet sich, den auf sie gezogenen und im Rahmen eines Akkreditivs vom Exporteur ausgestellten Wechsel bei Vorlage einzulösen. Die **OtN** werden in widerruflicher und unwiderruflicher Form ausgestellt.

OTS Opportunity to see *Kontaktwahrscheinlichkeit, Sehwahrscheinlichkeit* Eine Maßzahl in der Werbung. Die Zahl ist eine Schätzung, wie oft ein durchschnittliches Mitglied einer Zielgruppe eine bestimmte Werbebotschaft in den Printmedien oder im Fernsehen sehen wird.

o.v.n.o. Or very near offer *Verhandlungsbasis* Der ausgewiesene Preis für eine Ware versteht sich als Verhandlungsbasis. Für einen Preisnachlass besteht nur noch ein geringer Verhandlungsspielraum.

OW One way (trip) *Einfachreise*

OW Offer wanted *Angebot gesucht* Der potenzielle Käufer eines Wertpapiers signalisiert sein Kaufinteresse an einem bestimmten Wertpapier und sucht ein entsprechendes Verkaufsgebot. Die Abkürzung findet vor allem am Freiverkehrsmarkt ☞ **OTC** (Over-the-counter market) Anwendung.

OWCP *US:* **Office of Worker's Compensation** *Entschädigungsstelle* Abteilung des Arbeitsministeriums. In dieser Behörde können Angestellte im Fall eines Arbeitsunfalls oder einer dauerhaften Schädigung während des Dienstes für die Regierung der USA Schadenersatzansprüche geltend machen.

o.w.h. Ordinary working hour *Normale Arbeitszeit*

Oxon Oxfordshire *Oxfordshire* Englische Grafschaft.

oz. Ounce(s) *Unze(n)* Feingewicht. 1 **oz.** = 28,3495 Gramm.

oz.T. Troy ounce *Troyunze* Gewichtseinheit für Edelmetalle. 1 **oz.T.** = 31,1035 Gramm.

Pp

p *GB:* **Penny, pence** *Penny, Pence* Kleinste britische Währungseinheit.

p. **Page** *Seite* Gewöhnlich Verweis auf eine andere Seite. Z. B. „See **p.** 40"

p. **Perch** *Rute* Britisches Längenmaß. Nur noch selten gebraucht. 1 **p.** = 5,029 Meter. Syn.: **pl.** (Pole)

p. **Pint** *Pint* Raummaß für Flüssigkeiten und feste Stoffe. Die Maße variieren in den unterschiedlichen englischsprachigen Ländern und bei verschiedenen Produkten. Syn.: **pt.** (Pint)

p. **Per** *Mit, pro*

PA **Press agent** *Pressesprecher, Presseagent* Angestellter eines Unternehmens mit der Aufgabe, gute Beziehungen zu allen Medien aufzubauen, zu pflegen und zu erweitern. Der **PA** soll über eine aktive Pressearbeit die Produkte und Dienstleistungen seines Unternehmens in der Öffentlichkeit bekannt machen.

PA *US:* **Public accountant** *Wirtschaftsprüfer* Der Wirtschaftsprüfer führt betriebswirtschaftliche Prüfungen, insbesondere Jahresabschlussprüfungen wirtschaftlicher Unternehmen durch. Die Bestellung als PA erfolgt nur bei Nachweis der persönlichen und fachlichen Eignung in einem Zulassungs- und Prüfungsverfahren. Syn.: **CA** (Chartered accountant) oder **CTA** (Chartered accountant) oder **CPA** (Certified public accountant)

PA **Personal assistant** *Persönlicher Assistent* Angestellter eines Unternehmens, der einer Führungskraft zuarbeitet und vor allem administrative Tätigkeiten ausführt. Dazu gehören die Organisierung von Dienstreisen und Planung von Terminen. Der **PA** hat gewöhnlich umfassendere Vollmachten als eine Sekretärin.

PA **Power of attorney** *Vertretungsvollmacht* Vom Inhaber eines Unternehmens oder seinem gesetzlichen Vertreter erteilte Vollmacht an eine andere Person, in dessen Namen Handlungen auszuführen. Oft verlangen auch ausländische Konsularbehörden vom Ex- oder Importeur solche Bescheinigungen, die den Hafenspediteur oder Zollagenten ermächtigen, für diese Behörden Konsulatsfakturen auszustellen oder Importpapiere zur Zollabfertigung einzureichen. Syn.: **POA** (Power of attorney)

PA **Pennsylvania** *Pennsylvania* Bundesstaat der USA. Syn.: **Penn.** (Pennsylvania)

P.A. **Particular average** *Besondere Havarie, Teilbeschädigung* Versicherungstechnischer Begriff. Die besondere Havarie erfasst solche Risiken im Seeverkehr wie Feuer und Explosion, Strandung und Kentern, Kollision, Überbordspülen, Totalverlust von Fracht beim Be- und Entladen sowie einige Naturereignisse. Kosten und Schäden, die im Seetransport nicht aus einer kleinen Havarie (Schiffahrtskosten wie Lotsen- oder Hafengeld) oder aus großer Havarie ☞ **GA** (General average) resultieren, trägt in der Regel der Geschädigte. ☞ auch: **WPA** (With particular average).

p.a. *Lat.:* **Per annum** *Pro Jahr, jährlich, auf das Jahr gerechnet* ☞ **per an.** oder **per ann** (Per annum)

PABX **Private automatic branch exchange** *Automatische Nebenstellenanlage* Telefonnebenstelle in einem Hotel oder Büro, die mehrere Anschlüsse im gleichen Gebäude versorgen kann. Die Verbindung mit dem öffentlichen Fernsprechnetz ist über eine Zentralnummer möglich. Die Anlage wird automatisch betrieben.

PAC **Put and call (option)** *Rück- und Vorprämiengeschäft* Eine Option im Wertpapierhandel, die das Recht zum Ankauf und Verkauf einer nach Menge und Gattung fixierten Anzahl von Aktien innerhalb einer bestimmten Zeitspanne zu einem vorher vereinbarten Kurs beinhaltet.

PAC *GB:* **Public Accounts Committee** *Haushaltsausschuss* Ausschuss des britischen Unterhauses, der die Verteilung und die Vergabe von öffentlichen Mitteln überwacht und Fälle von Verschwendung untersucht.

Pac. **Pacific** *Pazifik* Pazifischer Ozean. Geographischer Begriff.

PAI **Personal accident insurance** *Insassenunfallversicherung* Diese Autoversicherung zahlt im Schadensfall eine Rente, wenn der Fahrer oder Beifahrer durch einen Unfall dauerhaft geschädigt wird.

PAQ **Position analysis questionnaire** *Fragebogen zur Arbeits- und Anforderungsanalyse* Fragebogenverfahren zur Bestimmung von Anforderungskriterien für eine Position in einem Unternehmen. Die Methode wird als Kombination aus Beobachtungs- und Interviewtechniken angewendet.

par(s). **Paragraph(s)** *Paragraph(en)* Absatz oder Abschnitt eines Briefes, Berichtes oder anderen Dokuments. Die Abschnitte können nummeriert sein.

PASCAL **PASCAL** *PASCAL* Computer-Programmiersprache. Sie wird vor allem im Hochschul-

pass.

bereich und für die technisch-wissenschaftliche Datenverarbeitung genutzt. Die Sprache wurde nach dem französischen Mathematiker und Philosophen B. Pascal (1623-1666) benannt.

pass. Passenger *Fahrgast, Passagier* Eine Person, die ein Transport- oder Beförderungsmittel nutzt, ohne selbst Fahrer zu sein. (Auto, Schiff, Eisenbahn etc.).

PAT Product acceptance test *Produktakzeptanztest* Ein Test zur Bestimmung der Akzeptanz eines bestimmten Produktes bei seinen Konsumenten.

PAT *GB:* Professional Association of Teachers *Lehrergewerkschaft* Die Gewerkschaft ist nicht Mitglied im Gewerkschaftsdachverband ☞ **TUC** (The Trades Union Congress).

PATCO Professional, administrative, technical, clerical, other *Gehobene Berufe, Verwaltungspersonal, technisches Personal, Büroangestellte und andere* Personalzusammensetzung im Angestelltenbereich. Prozentuale Anteile unterschiedlicher Berufsgruppen am Gesamtpersonalbestand.

PAYE *GB:* Pay-as-you-earn *Lohnsteuerabzug vor Auszahlung des Lohns* Steuersystem zur monatlichen Abrechnung beim Finanzamt. Eingeschlossen ist sowohl die Zahlung der Einkommensteuer als auch die Anteile an Kranken- und Rentenversicherung (National Insurance) u.Ä. Die Erhebung der Steuer erfolgt durch Abzug beim Arbeitgeber oder Kapitalertragsschuldner.

paymt Payment *Zahlung, Einzahlung* Auch Telexabkürzung. Syn.: **pt.** (Payment)

PAYU Pay-as-you-use *Bei Benutzung zu zahlen* Umstrittenes Prinzip zur Anlastung von öffentlichen Ausgaben für langfristig nutzbare Einrichtungen (z. B. im Bildungswesen) auf die den Einrichtung nutzenden Bürger. Die Ausgaben werden mit Krediten finanziert und die Nutzer entsprechend der Nutzungsintensität oder -häufigkeit besteuert. Aus dem Steueraufkommen werden die Kredite verzinst und getilgt.

P.B. Passbook *Sparbuch, Kontobuch* Veraltete Form der Aufzeichnung aller Geldbewegungen auf dem Kontokorrentkonto eines Kunden in einem Bankbuch. Das Buch blieb im Besitz des Kunden und wurde zwecks Vervollständigung von Zeit zu Zeit der Bank vorgelegt. Das Buch ist heute in modifizierter Form als Sparbuch geläufig.

P.B. Performance bond *Leistungs- und Erfüllungsgarantie, Vertragserfüllungsgarantie* Bei der Bank hinterlegter Geldwert durch einen Käufer oder Verkäufer in internationalen Handelsgeschäften, der dem Handelspartner bei Nichterfüllung von vertraglich geregelten Vereinbarungen garantiert ist. Die Garantie übernimmt darüber hinaus die Sicherheit für auftretende Mängel innerhalb eines bestimmten Zeitraums, sofern der Vertragspartner die Nachbesserung der Mängel nicht vornimmt. (Syn.: Performance guarantee, warranty bond.)

PBGC *US:* Pension Benefit Guaranty Corporation *Rentenversicherungsanstalt* Im Rahmen des ☞ **ERISA** (Employee Retirement Income Security Act) gegründete staatliche Gesellschaft, die die von privaten Unternehmen für ihre Mitarbeiter aufgestellten Rentenversorgungspläne versichert. Im Aufsichtsrat der Anstalt sind die Minister für Finanzen, Arbeit und Handel. Das System finanziert sich aus Versicherungsprämien und Einkommen aus Investmentfonds.

PBR Payment by result *Leistungslohn* Erfolgsabhängige Zahlung, Zahlung nach Ergebnis. Eine Arbeit wird erst nach völliger Fertigstellung entlohnt. Ein Honorar ist nur im Erfolgsfall zu zahlen.

PBX Private branch exchange *Telefonnebenstelle* Nebenstelle in einem Hotel oder Büro, das mehrere Anschlüsse im gleichen Gebäude versorgen kann. Die Verbindung mit dem öffentlichen Fernsprechnetz ist über eine Zentralnummer möglich.

PC Personal computer *Bürocomputer, Personalcomputer*

PC Postcard *Postkarte*

PC Participation certificate *Anteilschein* Zertifikat, das den Anteil einer Person oder eines Unternehmens an einem Investment- oder Immobilienfonds o.Ä. bescheinigt.

P/C Prices current *Gültige Preisliste* Preisliste, die ein Unternehmen periodisch für seine Waren herausgibt und seinen Vertretern oder Vertriebsfirmen als Grundlage für das Verkaufsgespräch mit dem Kunden dient.

pc Piece *Stück* Mengenangabe. Auch Telexabkürzung.

p.c. Petty cash *Portokasse, kleine Kasse* Barkasse in einem Büro. Die Portokasse ist organisatorisch von der Hauptkasse getrennt und dient den laufenden kleinen Ausgaben für Briefmarken, Pakete und Telegramme.

p.c. Per cent *Prozent*

PCB Petty cash book *Portokassenbuch* Nachweisbuch für die Ausgaben aus der Portokasse. ☞ **p. c.** (Petty cash)

pce. Piece *Stück* Syn.: **pc.** (Piece)

PCM Plug compatible manufacturer *Hersteller kompatibler Hardware* Hardwarehersteller, der solche Computerbauteile herstellt, die mit Hardwarekomponenten anderer Hersteller zusammen eingesetzt werden können. **PCM** -Geräte sind gewöhnlich vollständig kompatibel zu

Systemen von Marktführern, sie bieten aber ein besseres Preis-Leistungsverhältnis.

PCP *US:* **Prime commercial paper** *Erstklassiges Handelspapier* Von bekannten Firmen herausgegebener Schuldschein, der nach 4 bis 12 Monaten zur Zahlung fällig wird und über Broker verkauft wird.

PCT Patent Cooperation Treaty *Vertrag über die internationale Zusammenarbeit auf dem Gebiet des Patentwesens* Internationales Übereinkommen zur Anmeldung aber nicht zur endgültigen Prüfung und Erteilung von Patenten. Die Anmeldung wird vom Internationalen Büro der ☞ **WIPO** (World Industrial Property Organisation) in Genf betreut.

PD Public domain *Gemeinfreie Werke* Künstlerische oder publizistische Werke, die nicht oder nicht mehr länger von einem Copyright geschützt sind.

P.D. Port dues *Hafengebühren, Hafengeld* Gebühren, die bei Nutzung eines Hafens von der Reederei/Schiffseigner an die Hafenbehörden zu zahlen sind. Die Höhe des Hafengeldes richtet sich nach dem Umfang der angebotenen Leistungen und ist in jedem Hafen unterschiedlich. Hafengelder fallen vor allem als Benutzungsentgelt für Kaianlagen und Lagerhallen an.

pd. Paid *Bezahlt* Rechnungs- und Buchungsvermerk.

p.d. *Lat.:* **Per diem** *Pro Tag, täglich*

PDM Physical distribution management *Warentransportleitung* Im Transportwesen die Organisation des Transports von Waren vom Hersteller zum Endverkaufspunkt.

PDR Price-dividend-ratio *Kurs-Dividenden-Verhältnis* Kriterium zur Abschätzung der Preiswürdigkeit einer Aktie. Der Wert gibt an, mit dem Wievielfachen der Dividenden eine Aktie bezahlt wird. Das Verhältnis errechnet sich aus dem gültigen Marktwert einer Stammaktie geteilt durch die letzte für ein Jahr ausgezahlte Dividende.

PE Prince Edward Island *Prince Edward Island* Provinz in Kanada.

P/E Price-earnings (ratio) *Kurs-Gewinn-Verhältnis* ☞ **PER** (Price-earnings-ratio)

PEFCO *US:* **Private Export Funding Corporation** *Private Exportfinanzierungsgesellschaft* Privatwirtschaftliche Einrichtung, gegründet von Handelsbanken und Industrieunternehmen. Die Gesellschaft entscheidet über die Kreditvergabe an Interessenten aus dem Ausland zur mittel- und langfristigen Finanzierung von Warenkäufen in den USA. Sie refinanziert sich durch die Herausgabe eigener Anleihen und finanziert von der ☞ **Eximbank** (Export-Import Bank) genehmigte und garantierte Exportdarlehen.

pen. Peninsula *Halbinsel*

Penn. Pennsylvania *Pennsylvania* Bundesstaat der USA. Syn.: **PA** (Pennsylvania)

PEP *GB:* **Personal Equity Plan** *Wertpapiersparplan, Aktiensparplan* Staatliches Vermögensbildungsprogramm auf Aktienbasis. Projekt der britischen Regierung seit 1987. Steuerfreie Anlagemöglichkeiten eines Steuerpflichtigen in Aktien. Bis zu einer festgelegten Summe bleiben alle Einnahmen aus Dividenden, Zinsen und Kapitalzuwachs für 2 Jahre einkommensteuerfrei.

PER *GB:* **Professional and Executive Recruitment** *Vermittlung von Fach- und Führungskräften* Eine Abteilung der ☞ **MSC** (Manpower Services Commission). Sie hilft Arbeitgebern, Arbeitskräfte mit speziellen technischen und wissenschaftlichen Fähigkeiten und entsprechender Ausbildung zu finden.

PER Price-earnings-ratio *Kurs-Gewinn-Verhältnis* Verhältnis vom Kurs der Aktie zu ihrem jährlichen Ertrag nach Zahlung der Körperschaftssteuer und Dividende der Vorzugsaktien. Die Zahl gibt Auskunft über die Preiswürdigkeit einer Aktie, wobei diese umso preiswürdiger ist, je niedriger das Kurs-Gewinn-Verhältnis ist. Syn.: **P/E** (Price-earnings (ratio))

per an. *Lat.:* **Per annum** *Pro Jahr, jährlich* Syn.: **p.a.** (Per annum)

perm. Permanent *Dauerhaft, beständig*

PERT Project Evaluation and Review Technique *„Kritischer Weg"-Analyse* Projektbewertungsverfahren. ☞ **CPA** (Critical path analysis)

PES Primary earnings per share *Tatsächlicher Gewinn je Aktie*

PEST Political, environmental, social and technological *Politik, Umwelt, Soziales, Technik* Rahmen zur Analyse des allgemeinen Geschäftsklimas in einem Unternehmen. Die vier Aspekte müssen ganzheitlich untersucht werden.

PET *GB:* **Potentially exempt transfers** *Steuerfreie Übertragungen* Ein Geldgeschenk an Angehörige zur Umgehung der Erbschaftsteuer ☞ **IHT** (Inheritance tax). Lebt der Schenker danach noch 7 Jahre, bleibt die Schenkung erbschaftsteuerfrei. Stirbt er innerhalb der ersten drei Jahre, wird die volle Steuer fällig. Stirbt er innerhalb des vierten bis siebten Jahres, muss eine anteilige Steuer entrichtet werden.

PEX Purchase excursion *Exkursionstarif* Sondertarif im Luftverkehr. Die Reservierung für Hin- und Rückflug, Flugscheinausstellung und Bezahlung müssen zum gleichen Zeitpunkt oder innerhalb von 24 Stunden nach der Reservierung erfolgen. Änderungen vor Reiseantritt sowie eine Stornierung sind nur noch gegen Gebühr möglich.

P&F

P&F Point-and-figure (chart) *Punkt-und-Betrag-Tabelle* Tabelle zur Veranschaulichung von Preisentwicklungen bei Investitionen. Preisänderungen werden unabhängig vom zeitlichen Rahmen und von der Größenordnung betrachtet.

PF *US:* **Preferred stocks** *Vorzugsaktien* Die Abkürzung erscheint insbesondere in Börsentabellen. ☞ **PFD** (Preferred stocks)

PFC *US:* **Priority foreign country** *Prioritätsland* Land, dessen Handelsschranken von den USA als zu restriktiv angesehen werden und gegen das nach Scheitern von Verhandlungen wirtschaftliche Maßnahmen ergriffen werden.

PFD *US:* **Preferred stocks** *Vorzugsaktien (preference shares)* Die Aktien sind in der Regel gekennzeichnet durch einen festen Dividendensatz, der in der Satzung des Unternehmens festgelegt wird und nur zur Auszahlung gelangt, wenn das Unternehmen Gewinne erzielt. Die meisten amerikanischen **PFD** sind stimmrechtslos und kumulativ, d. h., bei Ausfall der Vorzugsdividenden werden bei Wiederaufnahme der Zahlungen die **PFD** vorrangig mit Nachzahlungsanspruch bedient. Syn.: **PF oder PR** (Preferred stock)

p.h. Per hour *Pro Stunde*

PhB *Lat.:* **Philosophiae Baccalaureus** *Bakkalaureus der Philosophie* Akademischer Grad. Der Grad wird immer dem Namen nachgestellt, wenn kein zusätzlicher Titel vor dem Namen genannt wird.

PhD *Lat.:* **Philosophiae Doctor** *Doktor der Philosophie* Akademischer Grad. Der Grad wird immer dem Namen nachgestellt, wenn kein zusätzlicher Titel vor dem Namen genannt wird. Z. B. Michael Green, **PhD**. Nicht aber: Dr. Michael Green, **PhD.**

P.I. Professional indemnity policy *Haftpflichtversicherung für Freiberufler* Versicherung, die Angehörige von freien Berufen wie Ärzte, Rechtsanwälte und Architekten vor Ansprüchen wegen Nachlässigkeiten oder „Kunstfehlern" schützt.

P&I *GB:* **Protecting and Indemnity (Associations)** *Versicherungsverein auf Gegenseitigkeit* Freiwillige Vereinigung von Reedern zum gemeinschaftlichen Schutz gegen Haftungsrisiken des Seeverkehrs. Die Organisation kommt für solche Schäden auf, gegen die auf dem Seeversicherungsmarkt keine Versicherung möglich ist. Der Verein arbeitet nichtgewinnorientiert nach dem Umlageprinzip. In der Protecting-Klasse werden Personenschäden und Teile der Kollisionssachschäden gedeckt sowie Haftpflichtansprüche aus der Beschädigung von Hafenanlagen oder anderen Schäden, die nicht auf eine Seegefahr zurückgehen. In der Indemnity-Klasse werden insbesondere Haftpflichtansprüche für Schäden an der zur Beförderung übernommenen Ladung gedeckt.

p/i Pro-forma invoice *Pro-forma-Rechnung* Telexabkürzung.

PIBOR Paris Interbank Offered Rate *Interbanken Geldmarktsatz am Bankplatz Paris* Er hat die gleiche Funktion wie der ☞ **LIBOR** (London Interbank Offered Rate).

PIK Payment in kind *a) Naturalzahlung, Bezahlung in Naturalien* Zahlungssystem, bei dem für eine Leistung kein Geld gezahlt wird, sondern Waren oder Dienstleistungen. *b) Naturallohn, Sachlohn* Form des Arbeitsentgeltes in Form von Sachgütern. In entwickelten Volkswirtschaften wird der Naturallohn dem Geldlohn zugeschlagen und einkommensteuerrechtlich berücksichtigt.

PIN Personal identification number *Persönliche Kennummer, Geheimzahl* Meist für Zutritt zu computergestützten Systemen als eine Art persönlicher Code. Im bargeldlosen Zahlungsverkehr ☞ **EFT** (Electronic funds transfer) wird der Kunde erkannt, dessen Konto bei einem Kauf in einer Handelseinrichtung oder Abhebung am Geldautomat belastet wird.

PIPE Price information project Europe *Kursinformationsprojekt Europa* Arbeitstitel für ein europäisches elektronisches Kursinformationssystem. Alle Wertpapierbörsen der Europäischen Gemeinschaft sollen angeschlossen werden. Das Projekt wird heute als „Euroquote" bezeichnet.

PITI Principal, interest, taxes, insurance *Kreditsumme, Zinsen, Steuern, Versicherung* Oberbegriff für bei Hypothekenkrediten regelmäßig anfallende Zahlungen des Kreditnehmers. Die Gesamtsumme dieser Kategorie sollte in den USA höchstens zwischen 25 und 28% des monatlichen Bruttoeinkommens betragen.

pk. Pack *Schachtel, Packung*

pk. Peck *Viertelscheffel* Maßangabe für nichtflüssige Produkte. In GB: 1 **pk.** = 9,092 Liter. In den USA: 1 **pk.** = 8,810 Liter. Vorzugsweise Verwendung bei Getreide.

pk(ge). Package, packing *Verpackung* Alle Arten von Behältern, in denen Waren nach ihrer Herstellung verpackt werden.

Pl. Place *Platz* Verwendung in Anschriften.

P.L. Product liability *Produkthaftung* Der Produzent einer Ware haftet bei Personen-, Sach- und Vermögensschäden, die trotz der bestimmungsgemäßen Benutzung der Sache beim Endverbraucher entstanden sind.

P.L. Partial loss *Teilverlust* Versicherungstechnischer Begriff. Der teilweise Verlust einer insgesamt versicherten Fracht.

P/L a/c

P/L a/c Profit and loss account *Gewinn- und Verlustrechnung* Rechnung im Bilanzwesen. Eine Ergebnisrechnung über die wirtschaftliche Tätigkeit eines Unternehmens oder einer Person, wobei der Aufwand dem Ertrag gegenübergestellt wird. Das Ergebnis ist ein Gewinn oder Verlust.

pl. Pole *Rute* Britisches Längenmaß. Nur noch selten gebraucht. 1 **pl.** = 5,029 Meter. Syn.: **p.** (Perch)

PLA *GB:* **Port of London Authority** *Londoner Hafenbehörde* Staatliche Einrichtung zur Betreibung des Londoner Hafens.

PLC Product life cycle *Produktlebensdauer* Marketingkonzept, nach dem jedes neue Produkt verschiedene „Lebensstufen" durchläuft: Markteinführung, Wachstum, Ausreifen, Niedergang.

PLC *GB:* **Public Limited Company** *Aktiengesellschaft* Die Gesellschafter (Aktionäre) sind nur in Höhe ihrer Anteile (Aktien) haftbar. Das zulässige Mindestkapital beträgt 50.000 Pfund und die Mindestzahl der Gründer ist zwei. Der Aktionär erhält ein Aktienzertifikat, auf dem die Nummern der gekauften Aktien vermerkt sind. Alle Aktien sind nummeriert und mit dem Namen des Besitzers versehen. Die Abkürzung **PLC** ist grundsätzlich hinter dem Firmennamen zu führen.

plf. Plaintiff *Staatsanwalt in Strafgerichtssachen, Kläger*

pls Please *Bitte* Verwendung in Telegrammen. Auch Telexabkürzung.

PM *GB:* **Prime Minister** *Premierminister*

pm Post meridiem *Nachmittags* Zusatz zu Zeitangaben in den Ländern ohne 24-Stunden-Angabe. **pm** gilt von 12 Uhr mittags bis Mitternacht.

pm. Premium *Prämie* a) Bei Kursen das Aufgeld, das für eine Devise oder zuzüglich zum Nominalbetrag für ein Wertpapier zu zahlen ist. b) Die Prämie im Prämiengeschäft (Termingeschäft). c) Das Geld eines Versicherten an ein Versicherungsunternehmen, das ihm das Recht gibt, im versicherten Schadensfalle die vorher vereinbarten Leistungen des Versicherers in Anspruch zu nehmen.

p.m. Per month *Pro Monat*

PMA Primary marketing area *Hauptverbreitungsgebiet, Kernverbreitungsgebiet* Das Hauptabsatzgebiet, in dem ein Produkt vertrieben wird.

PML Probable maximum loss *Wahrscheinlicher Höchstschaden, möglicher Höchstschaden* Der mögliche Höchstschaden, der im ungünstigsten Fall zu befürchten ist. Versicherungstechnischer Begriff mit besonderer Bedeutung für die industrielle Feuerversicherung. Dabei handelt es sich um den größten anzunehmenden Schaden pro Risiko. Der **PML** liegt im allgemeinen über dem geschätzten Höchstschaden ☞ **EML** (Estimated maximum loss).

PN *US:* **Project note** *Projektschuldschein* Kurzfristiger Schuldtitel, der von den örtlichen Behörden von Städten und Gemeinden insbesondere zur Finanzierung des öffentlichen Wohnungsbaus herausgegeben wird. Nach Projektfertigstellung werden die Titel getilgt und durch langfristige Schuldverschreibungen ersetzt. Die steuerfreien Gewinne werden vom Ministerium für Bau und Stadtentwicklung ☞ **HUD** (US Department of Housing and Urban Development) garantiert.

P/N Promissory note *Solawechsel* Eigener Wechsel, der im Gegensatz zum ☞ **B/E** (Bill of Exchange) ein bedingungsloses Zahlungsversprechen des Ausschreibers darstellt. Der Aussteller übergibt den Wechsel an den Gläubiger oder den Nehmer, der ihn am Verfalltag zur Einlösung vorlegt. Das Akzept entfällt.

PO Post office *Post, Postamt* Auch allgemein für die Einrichtung zur Beförderung von Brief-, Kleingut- und Geldsendungen.

P/O Postal order *(Geld-) Postanweisung* Möglichkeit der Geldüberweisung mittels des Postdienstes bis zu einer von der Post festgelegten Summe. Der Adressat nimmt das Geld bar von der Post entgegen oder löst die Anweisung in einem Postamt ein. Für diese Dienstleistung wird gewöhnlich eine Gebühr verlangt.

POA Power of attorney *Vertretungsvollmacht* ☞ **PA** (Power of attorney)

POA *GB:* **Prison Officers Association** *Gewerkschaft der Angestellten im Strafvollzug* Die Gewerkschaft ist Mitglied im Gewerkschaftsdachverband ☞ **TUC** (The Trades Union Congress).

POB Post office Box *Postfach*

POC Port of call *Anlaufhafen* Ein Hafen, den Schiffe vor allem zur Aufnahme von Kraftstoffen und wegen Reparaturen anlaufen. Das Be- und Entladen von Waren ist oft ebenfalls möglich.

p.o.d. Payment on delivery *Zahlung bei Lieferung, Nachnahme* ☞ **c.o.d.** (Cash on delivery)

POE Port of embarkation *Verladehafen, Verschiffungshafen* Im Transportwesen der Hafen, in dem die Handelsgüter zur Verschiffung auf das Schiff gebracht werden.

POP Point-of-purchase *Einkaufsort, Verkaufsort* Bezeichnung für den Ort, an dem Kunden Waren käuflich erwerben können. Der Begriff erscheint häufig in Zusammensetzungen aus der Werbebranche, z. B. **POP** advertising (Werbung am Verkaufsort), **POP** interview (Kaufortinterview). Syn.: **POS** (Point of sale)

pop. Population *Bevölkerung*
POR Port of refuge *Schutzhafen* Ein Hafen, der nicht die allgemein üblichen Dienstleistungen einer Hafeneinrichtung anbietet, aber als vorläufiger und zeitweiser Liegeplatz für das Schiff dienen kann.
POS Point of sale *Verkaufsort, Einkaufsort* ☞ **POP** (Point-of-purchase)
P.P. Parcel post *Paketpost* Eine Dienstleistung des Postdienstes.
P&P Postage and packing *Porto und Verpackung* Im Versandhandel versteht sich der angegebene Preis entweder einschließlich oder ausschließlich Postzustellgebühr und Verpackung.
pp. Prepaid *Bezahlt* Vermerk auf einem Luftfrachtbrief ☞ **AWB** (Air waybill). Die Luftfracht ist bereits am Abgangsflughafen bezahlt worden.
pp. Pages *Seiten*
p.p. Post paid *Portofrei*
p.p. *Lat.:* Per procurationem *Mit/durch Vollmacht* Eine Person, die durch eine andere Person oder ein Unternehmen die Berechtigung erhält, in deren Namen Dokumente zu unterzeichnen. Gewöhnlich erscheint dieser Ausdruck zusammen mit dem Namen der berechtigten Person und dem Namen des Vollmachtgebers auf einem Dokument. Syn.: **p.pro** (Per procurationem)
p.p. *Lat.:* Per pro *Im Auftrag von, Im Interesse von, Im Namen von*
PPBS Planning-programming-budgeting-system *Haushaltplanungssystem, Programmbudget* Integriertes und umfassendes Planungs- und Entscheidungsverfahren zur Erstellung einer zielorientierten Gesamtübersicht über die Aktivitäten einer Regierung und der Leistungseffizienz des öffentlichen Bereiches. Das Modell soll die traditionelle öffentliche Haushaltplanung effektivieren.
ppd Prepaid *Porto bezahlt, im Voraus bezahlt* Eine Postsache, die bereits freigemacht wurde und vom Adressaten genutzt werden kann, um kostenlos eine Antwort an den Versender zu schicken.
PPI Producer price index *Erzeugerpreisindex* Der Preisindex betrachtet die Preisentwicklung von mehreren tausend Waren, die von Endherstellern in ihren Produkten verarbeitet werden. Über einen längeren Zeitraum läßt sich somit das Ansteigen oder Abflachen der Erzeugerpreise feststellen.
ppm *US:* Parts per million *a) Anteile pro Million* Kurzform zu ☞ **ppmm** (Parts per million mass) oder ☞ **ppmv** (Parts per million by volume). b) Angabe des Härtegrades des Wassers. 1 **ppm** entspricht 1 mg Calzium in 1 Liter Wasser. 1 deutscher Härtegrad (10 mg CaO in 1 l Wasser) = 1,25 englische Härte (1 Härtegrad = 10 mg $CaCO_3$ in 0,7 l Wasser) = 17,8 **ppm**.
ppmm Parts per million mass *Anteile pro Million Teilchen* Anteil eines Elementes oder einer chemischen Verbindung am Gesamtgewicht eines Stoffes. Der Begriff wird häufig zur Angabe von Verunreinigungen hochreiner Metalle benutzt.
ppmv Parts per million by volume *Anteile pro Million Teilchen* Anteil eines Elementes oder einer chemischen Verbindung an der Zusammensetzung eines Stoffes. Der Begriff wird häufig zur Angabe der Konzentration eines Elementes oder einer Verbindung verwendet, wie zur Bestimmung des CO_2 Gehaltes der Atmosphäre.
PPP *GB:* Personal pension plan *Persönliche Altersvorsorge* Alternative zur staatlich garantierten Altersvorsorge, die auf die individuellen Bedürfnisse zugeschnitten ist. Üblicherweise werden Verträge mit freien Versicherungsgesellschaften abgeschlossen.
PPP Purchasing power parity *Kaufkraftparität* Eine Theorie zum internationalen Währungsverhalten. Die Wechselkurse werden demnach von der Kaufkraft der einzelnen Währung bestimmt.
p.pro. *Lat.:* Per procurationem *Mit/durch Vollmacht* ☞ **p.p.** (Per procurationem)
PPS *US:* Prior-preferred stocks *Erstrangige Vorzugsaktien* Diese Sonderform von Vorzugsaktien genießt den Vorteil, dass alle Ansprüche auf Dividendenrückstände oder Vermögen bei einer eventuellen Liquidation bevorzugt vor gewöhnlichen Vorzugsaktien oder Stammaktien zu befriedigen sind.
PPS Post-postscript *Post-Postskriptum* Postskriptum, das einem Postskriptum folgt.
ppt Prompt *Sofort*
PQ Quebec *Quebec* Provinz in Kanada.
PR *US:* Preferred stocks *Vorzugsaktien (preference shares)* ☞ **PFD** (Preferred stocks)
PR Public relations *Öffentlichkeitsarbeit, Public Relations* Alle Aktivitäten, die geeignet sind, von einer Person, einer Vereinigung oder einem Unternehmen ein positives Bild in der Öffentlichkeit zu vermitteln.
P.R. Personal representative *Persönlicher Vertreter, Vollstrecker* Eine Person, die als Vollstrecker für die Klärung von Angelegenheiten und als Verwalter des persönlichen Eigentums eines Verstorbenen benannt wird. Der Vollstrecker kann durch Testament benannt worden sein.
P.R. Port risks *Hafenrisiken* Versicherungsklausel im Transportwesen.
P.R. Profit rate *Gewinnsatz* Das Verhältnis von Gewinn zum eingesetzten Kapital. Bei Aktiengesellschaften erscheint die Zahl als Prozentsatz zum Aktien- bzw. Stammkapital.

pr. Pair *Paar*
prc(s) Price(s) *Preis(e)* Telexabkürzung.
pref. Preference *Meistbegünstigung, Vorzug*
prelim Preliminary *Vorbereitend, einleitend, Vor-* Telexabkürzung.
pres. Presumed *Mutmaßlich, angenommen*
pres. *US:* President *Präsident, Vorstandsvorsitzender, Generaldirektor* Höchster leitender Angestellter eines Unternehmens. Häufig verwendet der „president" unternehmensintern die Bezeichnung ☞ **CEO** (Chief executive officer). In GB ist die Position mit dem „chairman" zu vergleichen.
prev Previous (to) *Vor, bevor* Telexabkürzung.
PRI Probability of receiving an impression *Kontaktwahrscheinlichkeit, Kontaktchance* Die geschätzte durchschnittliche Häufigkeit, mit der das Publikum eines Werbeträgers oder Werbemittels einer spezifischen Werbebotschaft ausgesetzt ist. Bei den Druckmedien und dem Fernsehen wird diese Häufigkeit mit ☞ **OTS** (Opportunity to see) und beim Hörfunk mit ☞ **OTH** (Opportunity to hear) ausgedrückt.
priv Private *Privat, persönlich, vertraulich* Telexabkürzung.
PRO Public relations officer *Leiter/Mitarbeiter für Öffentlichkeitsarbeit* Aufgabe dieses Mitarbeiters in einem Unternehmen ist die gesamte Öffentlichkeitsarbeit wie Meinungswerbung, Kontaktpflege, Pflege der öffentlichen Meinung.
Prodcom Prodcom *Prodcom* EU-Klassifizierung für die Produktion im Bergbau, in Steinbrüchen und in der herstellenden Industrie sowie in der Energie-, Gas- und Wasserversorgung. Sie dient statistischen Zwecken.
PROLOG Programming in logic *PROLOG* Computer-Programmiersprache.
Prop. Proprietor *Eigentümer, Einzelunternehmer, Einzelkaufmann* Der Einzelunternehmer macht sein Geschäft auf eigene Rechnung. Er ist für seine Handlungen persönlich haftbar und hat das Recht auf die erzielten Gewinne. Die Geschäftsangelegenheiten bleiben geheim.
prox. Proximo *Der nächste Monat* Im Zusammenhang mit einer Datumsangabe Bezug auf den nächsten Monat. Z. B. „We are expecting your delivery on 12th **prox.**"
PRP *GB:* Profit related pay *Gewinnbezogene Bezahlung* Die Bezahlung eines Arbeitnehmers, die stark schwanken kann und in der Regel von den Gewinnen des Arbeitgebers abhängt. Die Teilnahme eines Arbeitnehmers an solch einem Projekt muss bei staatlichen Behörden angemeldet und registriert werden.
PRT *GB:* Petroleum revenue tax *Mineralösteuer* Steuer auf Kraftstoffe.
P.S. Postscript *Postskriptum* Mitteilung am Ende eines Briefes.
PSA Public service announcement *Public service advertising* Werbung im öffentlichen Auftrag. Eine kostenlose Werbebotschaft in einem Werbeträger im Interesse des öffentlichen Gemeinwohls.
PSA *US:* Public Securities Association *Verband der Händler öffentlicher Wertpapiere* Verband von Händlern, Brokern und Banken im Geschäft mit staatlichen Schuldverschreibungen und Hypothekendarlehen.
PSBR *GB:* Public sector borrowing requirement *Kreditbedarf der öffentlichen Hand* Die von der öffentlichen Hand benötigte Kreditsumme, um ein Haushaltsdefizit auszugleichen. Die Summe wird gewöhnlich durch den Verkauf von öffentlichen Anleihen etc. aufgebracht.
PSL Public sector loan *Kredit der öffentlichen Hand*
PSS *US:* Postal savings system *Postsparen* Bankähnlicher Service von Postsparkassen in Zusammenarbeit mit den Postämtern. Die Mindesteinlage beträgt US$1, die Höchstgrenze US$2500.
PST Pacific Standard Time *Pazifiknormalzeit* Zeitzone in Nordamerika, 8 Stunden nach ☞ **UTC** (Universal time coordinated). Sie gilt in allen US-Bundesstaaten an der Westküste (außer Alaska) sowie in den kanadischen Provinzen British Columbia und dem Yukon Territorium.
PSV Public service vehicle *Öffentliches Verkehrsmittel*
P.T. *GB:* Purchase tax *Kaufsteuer* Ein Vorläufer der Mehrwertsteuer in GB.
P.T. *Franz.:* Perte total *Totalverlust* Versicherungstechnischer Begriff. Ein Schaden, bei dem sämtliche versicherten Waren und Güter vollständig zerstört oder so stark beschädigt sind, dass eine Reparatur nicht sinnvoll wäre. Syn.: **T.L.** (Total loss)
pt. Port *Hafen*
pt. Point *Punkt*
pt. Payment *Zahlung, Einzahlung* Syn.: **paymt** (Payment)
pt. Pint *Pint* Raummaß für Flüssigkeiten und feste Stoffe. ☞ **p.** (Pint)
pt(s). Part(s) *Teil(e)*
p.t. Part-time *Zeit-, zeitweise* Meist in Zusammenhang mit Zeitarbeit gebraucht.
PTA Preferential trade area *Vorzugshandelszone, begünstigte Handelszone*
ptas. *Spanisch:* Pesetas *Peseta* Spanische Währungseinheit.
PTO Please turn over *Bitte umblättern, wenden*
PTT Post-telegraph-telephone *Post-Telegraf-Telefon* Staatliche oder private Anbieter von Post- und Fernmeldedienstleistungen wie Briefbeförderung und der Betrieb von Fernmeldenet-

zen. Der Begriff erfasst die Post als technische Einrichtung.

pty. Proprietary (company) *Holding-, Dachgesellschaft* Aktiengesellschaft in Südafrika, Australien und Neuseeland.

p.u. Pay up *Tilgen, voll bezahlen*

pub. a) Publisher b) published *a) Herausgeber b) herausgegeben*

pubn. Publication *Publikation*

PUD *US:* **Planned unit development** *Wohngebietkomplex* Größerer Komplex von Eigentumswohnungen mit gemeinsamen, von allen Eigentümern bezahlten Einrichtungen und Dienstleistungen.

pur. Purchase *Einkauf, Kauf*

PV Present value *Gegenwärtiger Wert, Barwert* Der gegenwärtige Wert einer Ware oder Investition.

p.w. Per week *Pro Woche, wöchentlich*

pwt. Pennyweight *Pennygewicht* Kleines Gewichtsmaß für Edelmetalle (Troygewicht). 1 **pwt.** entspricht einem Zwanzigstel einer Troy-Unze oder 1,5552 g. Syn.: **dwt.** (Pennyweight)

PX Private exchange *Nebenstellenanlage* Private Telefonanlage (oder -apparat), die weitere Apparate oder Anschlüsse versorgt.

Qq

QB *GB:* **(Court of) Queen's Bench** *Berufungsgericht für Zivilrechtsachen* Abteilung des höchsten Gerichtshofes mit ausschließlicher Verantwortung für Zivilrechtsachen.

QC Quality control *Qualitätskontrolle* Kontrolle von Materialien und Endprodukten zur Sicherung von branchenüblichen Standards. Dabei werden die mess-, zähl- und klassifizierbaren Ist-Merkmale eines Produktes ermittelt und mit den aus dem Verwendungszweck abgeleiteten Forderungen verglichen.

QC *GB:* **Queen's Counsel** *Rechtsanwalt der Königin* Rechtsanwalt vor einem englischen Gericht. Auch möglich: ☞ **KC** (King's Counsel).

QI Quarterly index *Vierteljährlicher Index* Die veröffentlichte Kennzahl dient dem statistischen zeitlichen Vergleich zur Feststellung von Produktions-, Preis-, Kursentwicklungen o.Ä. Der Vergleichswert eines bestimmten Zeitpunktes (Basiswert) wird gleich Hundert gesetzt, alle weiteren Vergleichszahlen werden in dreimonatigen Abständen ermittelt und auf diesen Wert bezogen.

qlty. Quality *Qualität*

qly Quarterly *Vierteljährlich* Meist im Zusammenhang mit dem Termin zur Auszahlung fälliger Zinsen auf dem Geldmarkt. In diesem Falle kommen vierteljährlich Zinsen zur Auszahlung.

qr. *US:* **Quarter** *Vierteldollar* In den USA und Kanada eine 25-Cent-Münze.

qr. Quire *Bogen* Papiermengenmaß. Ursprünglich 24, heute immer öfter 25 Blatt. 20 **qr.** entsprechen 1 ☞ **rm.** (Ream).

qr. Quarter *Viertelzentner* Maßangabe für Rauminhalt, Gewicht und Länge. a) Volumenangabe für Getreide. 1 qr = 290,94 Liter. b) Gewichtsangabe. 1 **qr.** = 12,70 kg. c) Längenmaß. 1 **qr.** = 0,229 Meter. Syn.: **qtr** (Quarter)

qt. Quart *Quart* Trocken- und Getreidemaß (seltene Verwendung bei Flüssigkeiten). 1 **qt.** = 1,136 Liter.

QT *US:* **Questioned trade** *Strittiger Abschluss* Infrage gestellter Handel im Börsengeschäft. Broker tauschen untereinander die Angaben zu ihren Transaktionen aus und vergleichen sie miteinander. Jede Diskrepanz wird als ☞ **DK** (Don't know) oder **QT** (Questioned trade) bezeichnet. Syn.: **DK** (Don't know)

QTIP *US:* **Qualified terminal interest property trust** *Steuerbegünstigte Immobilientreuhandverwaltung* Die Möglichkeit, Immobilieneigentum während der Lebenszeit an die Ehefrau abzugeben, indem es in treuhänderische Verwaltung gegeben wird. Dadurch können bei gemeinschaftlicher Veranlagung der Steuerpflichtigen Steuern gespart werden.

qto. Quarto *Quart* Buchgröße. Papierschnitt eines Druckbogens. Größe: 254 mm x 203 mm oder 10 in. x 8 in.

qtr. Quarter *Viertelzentner* ☞ **qr.** (Quarter)

qty Quantity *Menge* Auch Telexabkürzung.

quad. (In) quadruplicate *In vierfacher Ausfertigung* Vier identische Kopien eines Dokuments oder das Original mit drei weiteren Kopien.

quint. (In) quintuplicate *In fünffacher Ausfertigung* Fünf identische Kopien eines Dokumentes oder das Original mit vier weiteren Kopien.

quot. Quotation *Kostenvoranschlag* Die Anga-

q.v.

be der aktuellen Preise und Bedingungen, zu denen ein Unternehmen bereit ist, etwa zu verkaufen oder eine Dienstleistung auszuführen.

q.v. *Lat.***:** **Quod vide** *Diesbezüglich siehe*

QWL **Quality of work life** *Arbeitszufriedenheit* Der Zufriedenheitsgrad eines Arbeitnehmers an seinem Arbeitsplatz. Die Arbeitseinstellung wird in starkem Maße von den jeweiligen allgemeinen und spezifischen Bedingungen am Arbeitsplatz geprägt. Eine hohe Arbeitszufriedenheit beeinflusst die Leistung und Motivation des Arbeitnehmers und kann Fehlzeiten und Krankheitsquoten verringern.

qy. **Query** *Nachfrage, Anfrage*

Rr

R. **River** *Fluss*

R- *US***:** **Republican** *Republikaner* Mitglied der Republikanischen Partei im Repräsentantenhaus oder Senat. Nach dem Bindestrich folgt die Abkürzung des Bundesstaates, aus dem der Abgeordnete kommt.

r **Are** *Seid, sind* Telexabkürzung.

RAC *GB***:** **Royal Automobile Club** *Königlicher Automobilclub* Britischer Automobilclub mit ausgebautem Informations- und Servicenetz. Ähnlich dem deutschen ADAC.

RAM *US***:** **Reverse annuity mortgage** *Jahresrentenhypothek* Hypothekeninstrument für ältere Personen. Ein Hauseigentümer schließt mit einem Finanzinstitut einen Hypothekenvertrag ab. Das Institut zahlt eine monatliche Rente aus und garantiert dem Besitzer ein lebenslanges Wohnrecht. Bei Tod des Eigentümers geht der Immobilienbesitz in die Hände der Bank über, die das Anwesen gewinnbringend verkaufen kann.

RAM **Random access memory** *Arbeitsspeicher* Speicher mit wahlfreiem Zugriff eines Computers. Bei Trennung von der Stromzufuhr sind alle Daten verloren, wenn sie nicht vorher auf Diskette oder Festspeicher übertragen wurden.

RAN *US***:** **Revenue anticipation note** *Ertragserwartungsanleihe* Kurzfristige Schuldverschreibung von Kommunen. Die Titel werden aus den im Voraus zu entrichtenden Einnahmen der öffentlichen Hand, wie Verkaufssteuern, ausgezahlt.

RAR **Restricted Articles Regulations** *Bestimmungen zum Transport gefährlicher Güter* Die Bestimmungen regeln die Mitnahme bzw. den Ausschluss von gefährlichen Gütern im Luftverkehr.

R&CC **Riot and civil commotion** *Krawalle und öffentlicher Aufruhr* Risiko, das von gewöhnlichen Versicherungspolicen nicht gedeckt wird oder ausdrücklich vereinbart werden muss. Die Klausel bezieht sich auf mutwillige Zerstörungen durch Gesetzesbrecher oder bei öffentlichem Aufruhr (Bürgerkrieg).

RCG *GB***:** **Recognized clearing houses** *Anerkannte Abrechnungsstellen* Selbstverwaltungseinrichtung der Abwicklungsstellen und Clearing Häuser am britischen Wertpapiermarkt. ☞ **SROs** (Self-regulatory organizations)

rcv(d) **Received** *Erhalten, empfangen* Telexabkürzung.

R&D **Research and development** *F&E, Forschung und Entwicklung* Zwei miteinander eng verknüpfte Aktivitäten in Industrieunternehmen. Neue Produkte und Prozesse werden kontinuierlich von Ingenieuren und Wissenschaftlern weiter bzw. neu entwickelt. Meist auch Bezeichnung für eine Abteilung im Unternehmen.

r.d. **Running days** *Fortlaufende Tage* Bei Charterverträgen für Schiffe das durchgehende Zählen aller Wochentage ohne Pause. Feiertage und Wochenenden werden als volle Tage mitgerechnet.

r/d **Refer to drawer** *An den Aussteller zurück* Bankvermerk auf Schecks, die dem Aussteller in der Regel wegen mangelnder Deckung zurückgegeben werden.

Rd.(s) **Road(s)** *Straße(n)*

rds. **Roadstead** *Reede* Warte- oder Liegeplatz für Schiffe auf gekennzeichneten Wasserflächen vor der Küste oder vor dem Hafenbecken, die ein sicheres Ankern ermöglichen.

RE **Real estate** *Grundeigentum, Immobilien*

RE **Renewable energy** *Erneuerbare Energien* Energieformen, die die Umweltbelastung durch Energieerzeugung mindern können. Dazu gehören Sonnenenergie, Wasser- und Windkraft.

re **Regarding, With regard to** *Bezüglich* Bezugnahme auf einen Sachgegenstand in Briefen. Z. B. „Your letter re the damaged goods."

re **Reference** *Bezug* Telexabkürzung.

recd. Received *Erhalten* Vermerk auf Quittungen.
recep. Reception *Empfang, Aufnahme*
red. Redeemable *Einlösbar, einziehbar, tilgbar* Meist in Zusammensetzungen für Wandelanleihen, wie: **red.** bonds (einlösbare Obligationen), **red.** loans (Tilgungsdarlehen) oder **red.** stock (rückzahlbare Aktien).
ref. Reference *Bezug* Bezug auf Vorgänge oder Aktenzeichen.
reg. Regulation *Regelung, Vorschrift* Meist Bezug auf Vorschriften, die in einer Satzung oder einem anderen Dokument niedergelegt werden.
reg. Registration *Registrierung, Eintragung*
reg(d). Registered *Eingeschrieben, eingetragen, amtlich zugelassen* Meist in Zusammenhang mit Einschreibsendungen, Namensschuldverschreibungen oder Namensaktien.
REIT *US:* **Real estate investment trust** *Immobilienfonds* Kapitalanlagegesellschaft, die entweder eine Reihe eigener Immobilien verwaltet oder Hypotheken vergibt. Der Gewinn wird unter der großen Anzahl gewöhnlich kleiner Investoren aufgeteilt. (Syn.: *GB:* Property fund)
REP Repertory-Grid-Technique *REP-Test, GRID-Analyse* Verfahren für die Bearbeitung organisationspsychologischer Fragestellungen im Bereich der Personalauswahl, -entwicklung und Gestaltung von ☞ **AC** (Assessment Centers). Der Befragte erhält eine Liste abstrakter Beschreibungen von Personen, die konkreten, bekannten Personen zuzuordnen sind.
rep Representative *Vertreter* Auch Telexabkürzung.
rep. Report *Bericht*
Repo Repurchase agreement *Rückkaufvereinbarung* Vereinbarung zwischen dem Verkäufer und Käufer von Wertpapieren, meist von Regierungsobligationen, bei der der Käufer sich bereit erklärt, die Papiere nach einer festgesetzten Zeit zu einem festgesetzten Preis wieder an den Verkäufer abzugeben. Oft beträgt die Laufzeit nur zwischen einem und 15 Tagen. Syn.: **R.P.** (Repurchase agreement)
repr. Reproduction *Reproduktion*
reqd. Required *Erforderlich*
retd. Returned *Zurück* Angabe bei der Rückgabe von Schecks oder Waren.
rev. a/c Revenue accounts *Einnahmekonten* In der Buchhaltung jene Konten, auf denen die Einnahmen aus der gewöhnlichen Geschäftstätigkeit eines Unternehmens aufgezeichnet werden. Die Addition aller dieser Salden ergibt die Gesamteinkünfte des Unternehmens.
RFMR Recency frequency monetary ratio *Bestellhäufigkeit und Umsatzgröße* Methode zur Ermittlung des Bestellrhythmus und der getätigten Umsätze eines Kunden innerhalb eines vorgegebenen Zeitraums. Die Erfassung dieser Daten dient der marktgerechten Beobachtung und Bewertung des Kundenverhaltens. Dabei werden die Kaufdaten kalendarisch erfasst und die Kaufhäufigkeit und der Umsatz festgestellt. Das individuelle Ergebnis über einen Kunden wird in der Regel mit den Durchschnittsergebnissen der Zielgruppe in ein Verhältnis gesetzt und verglichen.
RFQ Request for quotation *Aufforderung zur Angebotsabgabe* Der Begriff wird häufig bei Ausschreibungen verwendet.
RFS Road feeder service *Straßenzubringerdienst* Die Güterbeförderung mittels LKW zwischen Flughäfen.
rgds Regards *Grüße* Telexabkürzung.
RI Rhode Island *Rhode Island* Bundesstaat der USA.
R.I. Re-insurance *Rückversicherung* Mittel der Risikostreuung von Versicherern. Da durch einen Großschaden eine Schadennorm durchbrochen werden kann, suchen Versicherer einen zusätzlichen Risikoschutz bei anderen Versicherungen. Der Rückversicherer verpflichtet sich, eventuelle Schadenüberschüsse zu tragen. Das gestattet dem Erstversicherer die Übernahme von Risiken zu solchen Beträgen, die seine wirtschaftliche Größe für das einzelne Wagnis übersteigen.
RIC Readership involvement commitment *Leserbeteiligung* Technik bei der Konzipierung von Werbemitteln wie Katalogen. Die Leser oder Kunden sind in ein Geschehen zu verwickeln, zu beschäftigen und schließlich zum Kaufen oder Bestellen aufzufordern. Zu den **RIC** -Techniken gehören Preisausschreiben, Gewinnspiele, Lose, Rubbelfelder etc.
RID *Franz.:* **Règlement international concernant le transport des merchandises dangereuses par chemin de fer** *Internationale Verordnung zum Transport von Gefahrgütern mit der Eisenbahn* Die Verordnung wird als Anlage zur Internationalen Eisenbahnverkehrsordnung ☞ **CIM** (Convention internationale concernant le transport des marchandises par chemin de fer) aufgeführt. Die Gefahrstoffe und -gegenstände werden in 13 verschiedene Klassen eingeteilt. Der Absender hat grundsätzlich genormte Gefahrzettel auf den gefährlichen Packstücken, Wagen oder Containern zu befestigen.
RIEs *GB:* **Recognized investment exchanges** *Anerkannte Kapitalanlagebörsen* Selbstverwaltungseinrichtung am britischen Wertpapiermarkt. ☞ **SROs** (Self-regulatory organizations)
RIV *Ital.:* **Regolamento Internazionale Veicoli**

RLO

Übereinkommen über die gegenseitige Nutzung von Güterwagen im internationalen Verkehr Die mit dieser Bezeichnung versehenen Waggons werden von den europäischen Bahnen übernommen und nach Entladung leer oder wieder beladen der Heimatbahn übergeben.

RLO *GB:* **Returned Letter Office** *Amt für unzustellbare Sendungen* ☞ **DLO** (Dead Letter Office)

rly. Railway *Eisenbahn*

rm Room *Zimmer*

rm. Ream *Ries* Standardmaß für Papier. Heute vor allem in den USA als „long **ream** " = 500 Blatt noch in Verwendung. Ursprünglich 480 Blatt.

rml Regarding my letter *Bezugnehmend auf meinen Brief* Telexabkürzung.

RMT *GB:* **National Union of Rail, Maritime and Transport Workers** *Transportarbeitergewerkschaft* Mitglieder sind Beschäftigte aus den Transportbereichen Schiene, Straße und Wasser. Die Gewerkschaft ist Mitglied im Gewerkschaftsdachverband ☞ **TUC** (The Trades Union Congress).

rmt Regarding my telex *Bezugnehmend auf mein Telex* Telexabkürzung.

R.O. *GB:* **Receiving order** *Abwicklungsauftrag* Im Fall einer Konkursanmeldung vom zuständigen Gericht (High Court) ausgestelltes Dokument zur Ernennung und Beauftragung eines Konkursverwalter, das gesamte Eigentum des Schuldners in Gewahrsam zu nehmen und eine Übersicht zu seinen Schulden und Vermögenswerten aufzustellen.

R/O Routing order *Transportauftrag* Anweisung eines Warenempfängers an seinen Lieferanten mit Festlegungen zum Versandweg und dem Spediteur.

ROA Return on asset *Kapitalrendite, Kapitalertrag* Einkommen aus investiertem Kapital, das meist jährlich als Prozentzahl ermittelt wird. Insbesondere wird dabei der erzielte Gewinn zum eingesetzten Kapital in ein Verhältnis gesetzt. Die Zahl ist eine Kennziffer für die Rentabilität eines Unternehmens oder einer Abteilung und kann als Grundlage für die Unternehmenspolitik und -planung dienen. Syn.: **ROC(E)** (Return on capital employed) oder **ROI** (Return on investment)

ROA Reinsurance Offices Association *Internationale Vereinigung von Rückversicherern* Sitz in London. Die Vereinigung unterstützt die internationale Zusammenarbeit der Rückversicherer. ☞ **R. I.** (Re-insurance)

ROAM Return on assets managed *Kapitalrentabilität* Das Verhältnis von Gewinn zu den gesamten Vermögenswerten, gewöhnlich ausgedrückt als Prozentzahl.

ROB Run-of-the-book (position) *Beliebige Plazierung* Freie Plazierung einer Anzeige in einem Buch ohne Plazierungsvorschrift. Die Plazierung der Anzeige liegt im Ermessen des Werbeträgers. Der Anzeigenkunde kann darauf keinen Einfluss nehmen.

ROC(E) Return on capital (employed) *Kapitalrendite, Kapitalertrag* ☞ **ROA** (Return on asset)

ROD Run-of-day *Beliebige Plazierung* Freie Plazierung einer Werbeanzeige/eines Werbespots im Laufe des Tages ohne Plazierungsvorschrift. Die Plazierung des Werbespots liegt im Ermessen des Werbeträgers. Der Anzeigenkunde kann darauf keinen Einfluss nehmen.

ROE Return on equity *Eigenkapitalrendite* Durchschnittliches Nettoeinkommen auf das Beteiligungskapital eines Aktionärs. Die Rendite wird als Prozentsatz ausgedrückt.

ROE Rate of exchange *Währungsumrechnungskurs* Das Verhältnis zwischen zwei Währungen. Der bei der Waren- oder Dienstleistungseinfuhr in ausländischer Währung angemeldete Preis wird in inländische Währung umgerechnet.

ROG Receipt of goods *Warenannahme* Die Annahme der von anderen Zulieferern bereitgestellten Waren und Prüfung, ob die gelieferten Mengen mit dem Lieferschein und der Bestellung übereinstimmen.

ROI Return on investment *Kapitalrendite, Kapitalertrag* ☞ **ROA** (Return on asset)

ROM Run-of-month *Beliebige Plazierung* Freie Plazierung einer Werbeanzeige/eines Werbespots im Laufe eines Monats ohne Plazierungsvorschrift. ☞ **ROD** (Run-of-day)

ROM Read only memory *Nur-Lese-Speicher* In der Computertechnik ein Speicher, auf dem die Daten nur gelesen, aber nicht verändert oder vervollständigt werden können.

ROP Run-of-paper (position) *Beliebige Plazierung* Freie Plazierung einer Anzeige in einer Zeitung ohne Plazierungsvorschrift. Vereinbarung zwischen einem Anzeigenkunden oder einer Werbeagentur mit dem Werbeträger über die Veröffentlichung einer Anzeige, wobei die exakte Plazierung im Ermessen des Werbeträgers liegt.

ro-ro Ro-ro (ship), roll on – roll off (ship) *Roll-on-roll-off-Schiff, Ro-Ro-Schiff* Schiffstyp zum Beladen und Löschen ohne Kraneinsatz. Die Waren können mit herkömmlichen Straßen- oder Schienenfahrzeugen über eine Heck- oder Bugrampe direkt auf das Schiff gebracht werden. Zu diesem Typ gehören auch Fährschiffe.

ROS Return on sales *Verkaufsrentabilität* Nettogewinn vor Steuern ausgedrückt als Prozentzahl des Nettobetriebsergebnisses. Mit dieser Zahl

ROS

lässt sich die Rentabilität eines Unternehmens im Vergleich mit anderen ermitteln. Das kann je nach Industriezweig sehr unterschiedlich sein. Während ein Supermarkt bei einem 2%-igen **ROS** schon effizient arbeiten kann, erwartet man im herstellenden Betrieben **ROS**-Zahlen von 4 – 5%.

ROS Run-of-schedule, Run-of-station *Beliebige Plazierung* Freie Plazierung eines Werbespots im Radio oder Fernsehen ohne Vereinbarung der Sendezeit. ☞ **ROD** (Run-of-day)

ROW Run-of-week *Beliebige Plazierung* Freie Plazierung einer Werbeanzeige/eines Werbespots im Laufe der Woche ohne Plazierungsvorschrift. ☞ **ROD** (Run-of-day)

ROY Run-of-year *Beliebige Plazierung* Freie Plazierung einer Werbeanzeige/eines Werbespots im Laufe des Jahres ohne Plazierungsvorschrift. ☞ **ROD** (Run-of-day)

R.P. Recommended price *Empfohlener Preis* Unverbindliche Preisempfehlung eines Herstellers zum Abgabepreis an den einzelnen Kunden. Syn.: **RRP** (Recommended retail price) oder **SRP** (Suggested retail price) oder **MRP** (Manufacturer's recommended price)

R.P. *US:* **Repurchase agreement** *Rückkaufvereinbarung* ☞ **Repo** (Repurchase agreement)

R.P. Return of premium *Prämienrückzahlung* Eine von einer Versicherungsgesellschaft zurückgezahlte Summe, wenn keine Ansprüche geltend gemacht wurden.

R.P. Reply paid *Antwort bezahlt* Aufdruck auf Briefsachen, die von Unternehmen verschickt werden und in denen der Empfänger eine Antwort kostenfrei zurückschicken kann.

R.P. Reprint *Nachdruck* Der Neudruck eines Buches o.Ä. ohne jegliche Veränderungen zum Original.

RPD *GB:* **Recognized professional bodies** *Anerkannte Berufsverbände* Selbstverwaltungeinrichtung anerkannter Berufsverbände am britischen Wertpapiermarkt. ☞ **SROs** (Self-regulatory organizations)

RPI *GB:* **Retail price index** *Einzelhandelspreisindex* Monatliche statistische Angabe der Preisveränderungen eines Warenkorbs bestehend aus festgelegten Waren und Dienstleistungen, die von einer durchschnittlichen Familie gekauft bzw. in Anspruch genommen werden.

RPM Resale price maintenance *Mindestverkaufspreis* Vereinbarung zwischen Hersteller und Groß- und Einzelhändler, die Waren nicht unter einem vom Hersteller vorgegebenen Mindestpreis zu verkaufen. In GB nur ausnahmsweise erlaubt.

r.p.m. Revolutions per minute *Umdrehungen pro Minute*

rpt Repeat *Wiederholen* Telexabkürzung.

rqst(g) Request(ing) *Anfrage* Telexabkürzung.

R/R Railway-receipt *Eisenbahnübernahmebescheinigung* Die **R/R** existiert nicht als eigenständiges Dokument. In der Regel werden im Eisenbahngüterverkehr Frachtbriefdoppel verlangt.

RRP *US:* **Reverse repurchase agreement** *Spezialform einer Rückkaufvereinbarung* ☞ **Repo** (Repurchase agreement). Ein Händler kauft kommunale Schuldverschreibungen auf und vereinbart mit dem Emittenten, sie erst zu einem späteren Zeitpunkt weiterzuverkaufen.

RRP Recommended retail price *Empfohlener Wiederverkaufspreis* Unverbindliche Preisempfehlung einer Herstellers zum Abgabepreis an den einzelnen Kunden. Syn.: **RP** (Recommended price) oder **SRP** (Suggested retail price) oder **MRP** (Manufacturer's recommended price)

RRSP Recommended retail selling price *Empfohlener Wiederverkaufspreis* Preisempfehlung des Herstellers. ☞ **RRP** (Recommended retail price)

RSA *GB:* **Royal Society of Arts** *Königliche Gesellschaft der Künste*

RSA *GB:* **Regional Selective Assistance** *Regionalförderung* Britisches Regierungsprogramm zur Förderung von Neuinvestitionen und zur Unterstützung von wirtschaftlich schwachen Regionen, in denen ganze Industriezweige eingegangen sind oder neu strukturiert wurden (assisted areas).

RSA Republic of South Africa *Republik Südafrika*

RSG *GB:* **Rate-support grant** *Staatszuschuss zu Kommunalabgaben* Jährliche Zuwendungen der zentralen Regierung an die Kommunen. Die Höhe der Zahlungen ist abhängig von der Bevölkerungszahl und -dichte, der Zahl der Schulkinder und der zu erwartenden Einnahmen aus der Gemeindesteuer.

RSVP *Franz.:* **Répondez s'il vous plaît** *Um schnelle Antwort wird gebeten* Schlussformel am Ende einer Einladung. Man erwartet vom Empfänger eine Mitteilung, ob er die Einladung annehmen kann oder nicht. Es gilt allgemein als unhöflich, nicht zu antworten.

RT Return trip *Hin- und Rückreise*

RT *US:* **Royalty trust** *Royalty Trust* Ölgesellschaft, die ihre Gewinne in Form von Aktien einer Tochtergesellschaft ausschüttet. Solange der größte Teil der Einnahmen an die Aktionäre verteilt wird, ist das Unternehmen weitestgehend von der Zahlung von Körperschaftssteuern befreit.

r.t.b.a. Rate to be agreed *Preis ist Verhandlungssache* Angabe zum Preis einer Ware oder Dienstleistung, der zwischen Käufer und Ver-

RTD

käufer vereinbart werden muss.
RTD Research and technological development *Forschung und technologische Entwicklung* EU-Programme zur Umsetzung wissenschaftlicher Erkenntnisse in wirtschaftliche Erfolge. RTD soll dazu beitragen, die Wirtschaft zu beleben, die Wettbewerbsfähigkeit zu stärken und neue Arbeitsplätze zu schaffen. An solchen Programmen sind Unternehmen, Forschungseinrichtungen und Hochschulen gemeinsam beteiligt.
rtn(g) Return(ing) *Zurück* Telexabkürzung.
RTW Round-the-world-trip *Um-die-Welt-Reise* Rundreise, die zusammenhängend vom Ausgangspunkt über den Pazifik oder den Atlantik wieder zum Ausgangspunkt zurückführt.
RUFs Revolving underwriting facilities *Variante der Euro-Notes* Kurzfristige Geldmarkttitel mit Laufzeiten zwischen einem und sechs Monaten. Die mit der Plazierung beauftragte Bank verpflichtet sich, die Titel im Fall der Nichtplazierbarkeit selbst zu übernehmen oder notwendige Mittel zu einem bestimmten Zinssatz bereitzustellen. Die Übernahmeerklärung der Bank wird als Garantieerklärung angesehen.
R.V. Rateable value, Ratable value *Veranlagter Wert* Steuerwert. Der Wert einer Immobilie, der als Grundlage für die Berechnung der Gemeindesteuer herangezogen wird.
RWA Ready, willing and able to *Bereit, willens und in der Lage* Schriftstück, auf dem der Käufer seine Bereitschaft zum Kauf einer Ware beurkundet. Die Bank des Käufers bestätigt auf dem Dokument, dass die für die Transaktion notwendigen Gelder dem Käufer zur Verfügung stehen und jederzeit bereitgestellt werden können.
RY Railway *Eisenbahn*
R.Y.C. (In) reply to your cable *In Beantwortung Ihrer Nachricht* Kurzer Vermerk auf Telegrammen. Der Versender bezieht sich auf ein zuvor erhaltenes Telegramm oder eine telegrafische Nachricht vom Empfänger.
ryl Regarding your letter *Bezug nehmend auf Ihren Brief* Telexabkürzung.
ryt Regarding your telex *Bezug nehmend auf Ihr Telex* Telexabkürzung.

Ss

S South *Süden* Himmelsrichtung.
S Summer (sea) *Sommer* Freibordmarke. Internationale Ladelinie am Rumpf eines Schiffes. Sie gibt die maximale Eintauchtiefe eines vollbeladenen Schiffes in Gewässern zur Sommerzeit an. ☞ **ILL** (International load line)
S Steamer *Dampfschiff*
S Seller *Brief* Hinweis auf englischen Kurszetteln im Börsenhandel. Zu dem Preis bestand nur ein Angebot, aber kein Kaufinteresse.
s. GB: Shilling *Shilling* Veraltete britische Währungseinheit. 20 s. entsprachen 1 Pfund Sterling.
SA(s) US: Sweep account(s) *Konto für Sonderverwendungen* Finanzierungsform, bei der täglich automatisch Umbuchungen von einem Geschäfts- auf ein Kapitalanlagekonto erfolgen können. Bei Überschreitung eines festgelegten Bestandes auf dem Geschäftskonto wird der Betrag automatisch für den Erwerb von Wertpapieren verfügbar.
S.A. Franz.: Societé Anonyme *Französische Aktiengesellschaft oder GmbH*
S.A. Spanisch: Sociedad Anónima *Spanische Aktiengesellschaft oder GmbH*
S.A. Shipping agent *Schiffsmakler, Seehafenspediteur* Der Schiffsmakler übernimmt die Vermittlung von Schiffsraum, Ladungen und Liegeplätzen. Oft wird ihm die Verantwortung für das gesamte Frachtgeschäft und die Warenabfertigung übertragen. Zu den Abfertigungsaufgaben können die Ausfertigung von Konsulatsfakturen und Seefrachtbriefen gehören.
S/A Subject to approval *Vorbehaltlich Zustimmung, Zustimmung vorbehalten*
S/A Statement of account *Rechnungsauszug, Kontoauszug* Ein auf laufende Rechnung belieferter Kunde erhält in periodischen Zeitabständen einen Kontoauszug.
SAAFA Special Arab Assistance Fund for Africa *Sonderhilfsfonds arabischer Länder für Afrika* Ehemalige Einrichtung zur technischen und finanziellen Hilfeleistung für afrikanische Länder. 1976 Zusammenschluss mit der ☞ **ABEDA** (Arab Bank for Economic Development in Africa).
SAB US: Special assessment bond *Spezialanleihe mit Tilgung aus Steuereinnahmen* Schuldverschreibung staatlicher Behörden für die Förderung und Errichtung öffentlicher Projekte. Das Papier wird aus den Steuern getilgt, die die

SABIT

direkten Nutznießer dieser Projekte zu zahlen haben. Syn.: **SDB** (Special district bond)

SABIT *US:* **Special American Business Internship Training Program** *Sonderprogramm für Wirtschaftspraktika* Spezielles Ausbildungsprogramm in den USA, bei dem englischsprachige Führungskräfte aus unabhängigen Staaten (zunehmend aus osteuropäischen Ländern) eine 3- oder 6-monatige Ausbildung mit Praktikum in US-Unternehmen erhalten.

SAD **Single administrative document** *Einheitspapier* Einheitlicher Vordruck für die formularmäßige Abwicklung des grenzüberschreitenden Warenverkehrs gemäß den gemeinschaftsrechtlichen Bestimmungen der EU. Im innergemeinschaftlichen Warenverkehr ist das Dokument seit 1993 als Anmeldung zum Warenversand und Wareneingang weitestgehend weggefallen.

SAEF *GB:* **SEAQ (Stock Exchange Automatic Quotation) Automatic Execution Facility** *Elektronisches Effektenhandelssystem* Handelssystem der Londoner Wertpapierbörse zur Effektivierung von Börsenaufträgen. Der Broker gibt seine Kauf- oder Verkaufsaufträge direkt in den Computer ein. Das System ermittelt den günstigsten Kurs und wickelt den Auftrag automatisch ab.

SAI **Supreme Auditing Institution** *Oberster Rechnungshof* Staatliche Behörde, die die öffentlichen Einnahmen und Ausgaben sowie intern die Staatsverschuldung kontrolliert. Sie prüft die Rechnungsbelege der Regierung und ist meist den entsprechenden parlamentarischen Ausschüssen rechenschaftspflichtig.

SAL **Surface-air-lifted (parcels)** *SAL Pakete* Beschleunigte Paketbeförderung nach Übersee auf dem kombinierten Land-/Luftweg. Das Paket wird im Einlieferungs- und im Bestimmungsland auf dem Landweg, von Land zu Land jedoch auf dem Luftweg befördert. Damit ist diese Beförderung preiswerter als das Luftpostpaket.

SANR **Subject to approval, no risk** *Vorbehaltlich der Genehmigung kein Versicherungsschutz* Versicherungsklausel. Bis zur ausdrücklichen Genehmigung besteht kein Versicherungsschutz.

s.a.p.l. **Sailed as per list** *Planmäßig abgefahren* Anmerkung zur Einhaltung von Lieferterminen im Schiffstransport. Große Gesellschaften geben periodisch Listen heraus, auf denen die aktuellen oder zukünftigen Schiffspositionen in ausgesuchten Häfen verzeichnet sind. Exporteure können so den Transport ihrer Waren verfolgen.

SARL *Franz.:* **Societé Anonyme à Responsabilité Limitée** *Gesellschaft mit beschränkter Haftung in Frankreich und Belgien*

SARs *US:* **Stock appreciation rights** *Aktiengewinnbezugsrechte* Möglichkeit eines Unternehmens, Arbeitnehmer am Aktiengewinn des Unternehmens teilhaben zu lassen. Der Arbeitnehmer erhält über einen festgesetzten Zeitraum das Recht auf Auszahlung einer Rendite, ohne selbst Aktienbesitzer sein zu müssen.

SASE *US:* **Society for the Advancement of Socio-Economics** *Gesellschaft zur Förderung der Sozioökonomie* Die Gesellschaft vereint Akademiker, Politiker und Geschäftsleute, die zur Entwicklung neuer theoretischer und methodologischer Denkansätze für die Klärung von wirtschaftlichen und allgemeinen Verhaltensfragen beitragen wollen.

sat **Saturday** *Sonnabend* Telexabkürzung.

s.a.v. **Stock at valuation** *Lagerwert* Die Wertfestsetzung des Inventars und der Lagerbestände eines Unternehmens am Ende eines Rechnungsjahres. Die Zahl wird für die Bilanzerstellung benötigt.

SAYE *GB:* **Save-as-you-earn** *Ratensparen* Populärer Begriff für ein staatliches Sparförderprogramm, das Arbeitnehmern eine Möglichkeit des Sparens mit kleinen monatlichen Beträgen ermöglicht. Der Sparvertrag mit einer Bank läuft über mehrere Jahre. Am Ende der Laufzeit gewährt der Staat eine Sparprämie.

SB *US:* **Savings bond** *Sparpapiere* Schuldverschreibungen der US-Regierung, die vorzugsweise zum Nennwert in einer Stückelung von $50 bis $10.000 herausgegeben werden. Die Zinsen sind steuerfrei.

SB *US:* **Senate Bill** *Gesetz* Vom Senat der USA verabschiedetes Gesetz. Hinter der Abkürzung erscheint die Nummer des entsprechenden Gesetzes.

SBA *US:* **Small Business Administration** *Verwaltungsbehörde für Kleinbetriebe* Staatliche Einrichtung, die kleineren Firmen Langzeitkredite zu festen Zinssätzen und Hilfe bei der Unternehmensführung gewährt. Das Geld dazu wird von Investmentfirmen, den ☞ **SBICs** (Small business investment companies), und durch Kreditrückzahlungen aufgebracht. Die Behörde unterstützt die Opfer von Naturkatastrophen und vergibt Staatsaufträge an kleinere Unternehmen.

SBF *Franz.:* **Sauf bonne fin** *Unter üblichem Vorbehalt*

SBIC *US:* **Small business investment company** *Gesellschaft zur Beteiligung an kleinen und mittleren Unternehmen* Investmentfirma, die ihr Kapital (Risikokapital) zur Kreditgewährung an junge, kleinere Unternehmen einsetzt oder mit vorwiegend technologischen Produkten Beteiligungen eingeht. Der Staat übernimmt die Refinanzierung bis zu einer bestimmten Höhe

des Grundkapitals oder verbürgt Kredite.
SBU Strategic business unit *Strategische Unternehmenseinheit* Teil eines Unternehmens, das als Profit Center geführt wird und sich weitreichende strategische Ziele für das eigene Geschäft setzen kann. Die Bereichsleiter arbeiten in etwa wie eigenständige Unternehmer.
SC South Carolina *South Carolina* Bundesstaat der USA.
S.C. Salvage charges *Bergungskosten* Finanzielle Anerkennung an eine Person, die Waren, Fahrzeuge o.Ä., insbesondere bei Schiffshavarien, vor Verlust bewahrt. Die Höhe der Zahlung richtet sich nach dem Wert der geretteten Güter.
sc. Scruple *Scruple* Kleines Gewichtsmaß. 1 **sc.** = 1,296 Gramm.
s.c. Self-contained *Separat, unabhängig* Meist als zusätzliche Angabe zu angebotenem Wohnraum. Der Wohnraum hat z. B. ein eigenes Bad, Küche, WC oder einen separaten Eingang.
SCC Single column centimetre *Zentimeter pro Spalte* Standardmaß als Berechnungsgrundlage für die Plazierung einer Anzeige in Zeitungen und Zeitschriften.
sch. Schooner *Schoner* Schnelles Segelschiff mit 2 Masten.
sched(ld) Schedule(d) *Voraussichtlich, geplant* Telexabkürzung.
SCIT *GB*: **Special Commissioners of Income Tax** *Finanzgerichtshof* Die Mitglieder des Gerichts werden vom britischen Finanzministerium benannt und entscheiden Klagen in Einkommensteuerangelegenheiten.
SCO(s) *US*: **Senior commercial officer(s)** *Handelsattaché* Leiter der Handelsabteilung in Botschaften, Konsulaten, staatlichen Handelsniederlassungen etc. im Ausland.
SD South Dakota *South Dakota* Bundesstaat der USA.
S.D. Short delivery *Unvollständige Lieferung, Minderauslieferung* Eine Lieferung, die sich bei Ankunft als unvollständig herausstellt.
S/D Sight draft *Sichtwechsel* Ein Wechsel ohne bestimmtes Fälligkeitsdatum. Durch einen Vermerk wird bestimmt, dass er entweder „bei Sicht" oder eine bestimmte Zeit „nach Sicht" fällig wird und zu bezahlen ist. Der Aussteller kann dabei eine Frist, oft bis zu einem Jahr, bestimmen.
sd. Signed *Unterzeichnet, unterschrieben, gezeichnet* Syn.: **sgd.** (Signed)
s.d. *Lat.*: **Sine die** *Unbestimmt* Ein Datum für eine Leistungserbringung wird nicht festgelegt.
SDB *US*: **Special district bond** *Spezialanleihe mit Tilgung aus Steuereinnahmen* ☞ **SAB** (Special assessment bond)
S.D.M.J. September, December, March and June *September, Dezember, März und Juni* Auszahlungstermine für Aktien und Anleihen mit vierteljährlicher Zins- oder Dividendenauszahlung. Die Zinsen oder Dividenden sind in der Regel jeweils zum 1. des Monats fällig.
SDRs Special drawing rights *Sonderziehungsrechte der Mitglieder des internationalen Währungsfonds* ☞ **IMF** (International Monetary Fund). Sie werden entsprechend den Fondsquoten den Mitgliedsländern zugeteilt und dienen zunehmend als internationale Rechnungseinheit. Mit diesen Rechten lassen sich u. a. eigene Währungen aus Beständen des **IMF** oder von anderen Mitgliedsländern zurückkaufen.
SE South-east *Südosten* Himmelsrichtung.
S.E. Stock exchange *Börse*
SEA Single European Act *Einheitliche Europäische Akte* Zusatz zu den Römischen Verträgen, in dem das Ziel formuliert ist, die Europäische Gemeinschaft (EG) in eine Europäische Union (EU) umzuwandeln. Das Vertragswerk wurde im Februar 1986 von den Außenministern der EG in Luxemburg unterzeichnet.
SEAQ *GB*: **Stock Exchange Automatic Quotation (System)** *Automatisierte Börsenkursnotierung* Informationssystem zu Wertpapierkursen an der Londoner Börse. Das System erfasst etwa 3.500 in- und ausländische Wertpapiere. Handelsabschlüsse werden über Telefon getätigt und anschließend in einem elektronischen Datensystem erfasst.
SEC *US*: **Securities and Exchange Commission** *Börsenaufsicht* Oberste Aufsichtsbehörde für das Wertpapiergeschäft in den USA mit Sitz in Washington, D.C. Die Kommision legt die Vorschriften der Rechnungslegung für Gesellschaften fest, deren Wertpapiere an der Börse gehandelt werden und überwacht den Börsenhandel im Hinblick auf Insidergeschäfte. Die Behörde wurde 1934 per Gesetz, dem Federal Securities Exchange Act, eingesetzt. Die Bilanzierungs- und Bewertungsrichtlinien werden im Auftrag der **SEC** vom ☞ **FASB** (Financial Accounting Standards Board) aufgestellt.
sec(s). Section(s) *Teil, Abschnitt, Paragraph*
secy. Secretary *a) Minister in einer Regierung b) Schriftführer c) Sekretärin*
S.E.E.O. *Lat.*: **Salvo errare et omissione** *Irrtümer und Auslassungen vorbehalten* Rechnungsvermerk. ☞ **E&OE** (Errors and omissions excepted)
SEG Socio-economic grade *Sozioökonomische Graduierung* Modell zur Einteilung der Konsumenten in verschiedene Klassen. Die einzelnen Klassen müssen beim Marketing spezifisch berücksichtigt werden.
SEI Self-employment income *Einkünfte aus selbständiger Tätigkeit* Steuerkategorie.

Sen. *US:* Senator *Senator Mitglied der ersten gesetzgebenden Körperschaft der USA, dem Senat.*

sen. Senior *Senior Bei Namensgleichheit von Vater und Sohn innerhalb der gleichen Firma führt der Ältere diesen Ausdruck nach seinem Namen. Der Ausdruck wird in keinem Fall ausgeschrieben. Z. B. Michael Green,* **Sen.** *Syn.:* **Sr.** *(Senior)*

SE&O *Lat.:* Salvo errare et omissione *Irrtümer und Auslassungen vorbehalten Rechnungsvermerk.* ☞ **E&OE** *(Errors and omissions excepted)*

SEP *US:* Simplified employee pension *Rentenmodell für Angestellte Individuelle Rentenvorsorge, bei der der Arbeitgeber bis zu 15% des Bruttoeinkommens eines Arbeitnehmers zu dessen Gunsten in einen Rentenfond bei einer Bank oder anderen Anlagegesellschaft einzahlen kann. Verfügt der Arbeitnehmer vor dem Renteneintritt über Teile oder die ganze Summe, wird eine 10-prozentige Strafzahlung fällig.*

sep September *September Telexabkürzung.*

SERPS *GB:* State Earnings Related Pension Scheme *Staatliche Rentenversicherung für Arbeitnehmer Die Höhe der Rente ist einkommensabhängig.*

SEZ Special economic zones *Wirtschaftssondergebiet*

SF Sinking fund *Ablösungsfonds, Amortationsfonds Tilgungsfonds für die Rückzahlung einer Anleihe, der von einer Bank treuhänderisch verwaltet wird. Der Anleiheschuldner zahlt die vertraglich vereinbarten Tilgungsraten in den Fonds ein. Der Treuhänder kauft aus den Fondsmitteln Anleiheanteile zurück.*

S/F Shareholders' funds *Eigenkapital Die Gesamtheit des von den Eigentümern eines Unternehmens eingezahlten Kapitals und Rücklagen, die als erwirtschafteter Gewinn im Unternehmen belassen werden.*

S&FA Shipping and forwarding agent *Schiffsmakler und Spediteur* ☞ **S.A.** *(Shipping agent),* ☞ **FA** *(Forwarding agent).*

SFC *US:* Securities and Futures Commission *Wertpapier- und Börsenaufsichtsbehörde Staatliche Überwachungsbehörde für den Wertpapiermarkt und Lizenzgeber für Unternehmen, die Finanzgeschäfte tätigen möchten.*

SFO *GB:* Serious Fraud Office *Ermittlungsbehörde für Wirtschaftsstraftaten Staatliche Behörde mit umfangreichen Polizei- und Gerichtsvollmachten zur Kontrolle von größeren Finanz- und Investmentgeschäften. Ziel ist es, die Einhaltung der Gesetze zu garantieren und das Vertrauen der Anleger in Anlagegeschäfte aufrechtzuhalten.*

SG&A Selling, general and administrative expenses *Vertriebs- und allgemeine Verwaltungsausgaben Ausgabengruppe auf der Gewinn- und Verlustrechnung eines Betriebes. Sie umfasst solche Ausgaben wie Zuwendungen an Verkäufer, Provisionen, Werbe- und Reisekosten, die Gehälter der Büroangestellten und der Mitglieder der Unternehmensführung.*

sgd. Signed *Unterzeichnet, unterschrieben Syn.:* **sd.** *(Signed)*

S/HE Sundays and holidays excepted *Außer an Sonn- und Feiertagen Syn.:* **SHEX** *(Sundays and holidays excepted)*

SHEX Sundays and holidays excepted *Außer an Sonn- und Feiertagen Syn.:* **S/HE** *(Sundays and holidays excepted)*

shipt. Shipment *a) Partie b) Transport c) Verschiffung*

shl Shall *Werden, sollen Telexabkürzung.*

shpd Shipped *Versandt, verfrachtet, verschifft Telexabkürzung.*

shp(m)t Shipment *a) Partie b) Transport c) Verschiffung Telexabkürzung.*

SI Shetland Isles *Shetlandinseln Die nördlichste Inselgruppe Großbritanniens. Sie gehört zu Schottland. Die Abkürzung wird gewöhnlich hinter dem Firmennamen geführt und bezeichnet den Geschäftssitz eines Unternehmens.*

SI *Franz.:* Systeme International d'Unites *Internationales Maßsystem Es beruht auf 6 grundlegenden metrischen Einheiten (Meter, Kilogramm, Sekunde, Kelvin, Ampere und Kandela). Alle weiteren Einheiten sind von diesen abgeleitet.*

S.I. Sum insured *Versicherungssumme Die maximale Summe, die ein Versicherer im Schadensfalle auszuzahlen hat oder ein Versicherter laut Vertrag beanspruchen kann.*

SIA *US:* Securities Industry Association *Verband von Brokern und Wertpapierhändlern*

SIAC *US:* Securities Industry Automation Corporation *Gesellschaft für die Automatisierung des Wertpapierhandels Im Jahre 1972 gegründete Organisation, die die Computer- und Kommunikationssysteme an der New Yorker Wertpapierbörse* ☞ **NYSE** *(New York Stock Exchange) und der Amerikanischen Wertpapierbörse* ☞ **AMEX** *(American Stock Exchange) betreibt.*

SIB *GB:* Securities and Investment Board *Britische Aufsichtsbehörde für den Finanz- und Wertpapiermarkt Zentrale, nichtstaatliche Einrichtung zur Überwachung der Arbeit der verschiedenen Finanzdienstleister am britischen Wertpapiermarkt. Durch die Akkreditierung von freiwilligen Selbstverwaltungsorganen* ☞ **SROs** *(Self-regulatory organizations) unterstützt die* **SIB** *die Selbstregulierungstendenzen auf dem Wertpapiermarkt. Sie ist vom britischen Han-*

SIBOR

dels- und Industrieminister mit weitreichenden Kompetenzen ausgestattet worden. Sie kann Geschäfte verhindern oder untersagen, kann Gerichte anrufen und die Tätigkeit von Personen verhindern, die sie für ungeeignet hält.

SIBOR Singapore Interbank Offered Rate *Singapur Interbanken Angebotszinssatz* Äquivalent zum ☞ **LIBOR** (London Interbank Offered Rate), aber auf Singapur bezogen.

SIC Standard Industrial Classification *Standard-Industrieklassifizierung* Einteilung verschiedener Industrien und Unterzweige in ein Zahlensystem. Jeder Bereich erhält für statistische Zwecke einen Zahlencode.

SIPC US: Securities Investor Protection Corporation *Anlegerschutzvereinigung* Gemeinnütziges Unternehmen, das die Wertpapiere und Barvermögen auf den Kundenkonten der Brokerfirmen gegen Verlust versichert. Alle bei der ☞ **SEC** (Securities and Exchange Commission) registrierten Broker und Händler sind pflichtversichert. Die **SIPC** schützt keine Marktrisiken des Anlegers.

sit. Situation *Situation, Lage, Stellung*

SITC Standard International Trade Classification *Internationale Standard-Handelsklassifizierung* Internationales Warenverzeichnis für den Außenhandel. Vom Wirtschafts- und Sozialrat ☞ **ECOSOC** (Economic and Social Council) erarbeitete Einteilung aller Import- und Exportgüter in ein 5stelliges numerisches System, um die Im- und Exportströme in Bezug auf deren gütermäßige Zusammensetzung international vergleichen zu können. Die Regierungen in der Welt sind aufgefordert, das System für ihre Außenhandelsstatistiken zu nutzen.

sitrep. Situation report *Lagebericht* Ein Bericht über eine gegenwärtige Situation oder den Stand der Dinge bezüglich eines spezifischen Problems oder Themas.

sits. vac. Situations vacant *Freie Stellen* Kopfzeile bei Stellenanzeigen.

SK Saskatchewan *Saskatchewan* Provinz in Kanada.

sk. Sack *Sack* a) Gewichtsmaß, das je nach Art der im Sack transportierten Ware unterschiedlich sein kann. So beträgt ein Sack Mehl 127 kg, ein Sack Wolle 165 kg. b) Behälter aus Papier, Jute oder Plastik zum Transport von losen Gütern wie Kohle, Mehl o.Ä.

SKD Semi-knocked down *Teilweise zerlegt, demontiert* Waren, vor allem Maschinen, werden an den Käufer teilweise demontiert geliefert. Der Käufer trägt die Kosten für weiteren Aufbau und Zusammensetzung.

SL Sold *Verkauft*

S&L Sale-and-lease-back *Verkauf und Wiederanmietung* Sonderform des Finanzierungsleasing. Der Leasinggeber kauft den Leasinggegenstand, der neu oder bereits genutzt sein kann, vom Leasingnehmer und vermietet ihn an den Leasingnehmer zurück.

SLA US: Savings and Loan Association *Bausparkasse* Bausparkassenähnliches Institut. Staatliche Finanzinstitution oder Genossenschaft, die den Erwerb und den Bau privater Immobilien finanziert. Die Einrichtung funktioniert ähnlich den deutschen Bausparkassen. Syn.: **S&Ls** (Savings and loans)

SLMA US: Student Loan Marketing Association *Ausbildungsförderungs- und Kreditgesellschaft für Studenten* Aktiengesellschaft, die über die Ausgabe von Schuldverschreibungen auf dem Wertpapiermarkt Kreditzahlungen zur Ausbildungsförderung von Studenten ermöglicht. Die vom Unternehmen herausgegebenen Schuldverschreibungen werden populär als „Sallie Mae" bezeichnet.

SLO US: Stop-limit order, Stop-loss order *Limitauftrag* Limiterteilung bei Kauf- und Verkaufsaufträgen für Wertpapiere. Damit sollen Kursgewinne sichergestellt werden für den Fall, dass eine bisher aufwärts gerichtete Tendenz rückläufig wird, oder es sollen damit Kursverluste begrenzt oder verhindert werden. Ein Auftrag darf nicht ausgeführt werden, solange der Börsenkurs unter/über dem Limit notiert wird.

S&Ls Savings and loans *Bausparkasse* Bausparkassenähnliches Institut. ☞ **SLA** (Savings and Loan Association)

S/M September and March *September und März* Auszahlungstermine für Anleihen mit halbjährlicher Zins- oder Dividendenauszahlung. Die Zinsen oder Dividenden sind in der Regel jeweils zum 1. des Monats fällig.

SME Small and medium-sized enterprises *Kleine und mittelständische Unternehmen (KMU)* Umschreibung der Betriebsgröße von Selbständigen bis zu mittelständischen Unternehmen. Die Einordnung eines Unternehmens in diese Kategorie richtet sich nach der Umsatzgröße und dem Personalbestand. Beide Größen sind je nach Land unterschiedlich definiert.

SMP Statutory maternity pay *Gesetzliches Mutterschaftsgeld* Geldleistung des Staats oder eines Arbeitgebers an Mütter während der Freistellung von der Arbeit im Anschluss an die Mutterschutzfrist, wenn sie ihre Kinder in häuslicher Pflege selbst betreuen wollen.

S.N. Shipping note *Schiffszettel, Schiffsmanifest* Ein vom Schiffseigner unterzeichnetes Dokument mit der Aufstellung der geladenen Güter nach Menge und Verpackung unter Angabe des Bestimmungshafens. Das Papier ist vor allem für die Verzollung von Bedeutung.

SNA System of National Account *System der volkswirtschaftlichen Gesamtrechnung* Im Rahmen der UNO entwickeltes System von Richtlinien für die Erstellung volkswirtschaftlicher Gesamtrechnungen. Ziel der Vereinheitlichung ist es, die internationale Vergleichbarkeit von volkswirtschaftlichen Daten zu gewährleisten.

SNAs *US*: Super NOW Accounts, Super notice of withdrawal accounts *Einlagenkonto ohne Zinsobergrenzen* Bei diesem Konto entfallen die sonst üblichen Zinsobergrenzen, wenn das Guthaben mindestens US$2500 beträgt. Die Kontenbewegungen sind nicht limitiert. Das Konto kann nur von Privatpersonen, gemeinnützigen Organisationen und Regierungsstellen unterhalten werden. Das Konto unterliegt der Mindestreservepflicht.

SNB Seller(s) no buyer(s) *Verkaufsinteresse vorhanden, aber keine Käufer* Situation im Börsenalltag. Aktien werden zum Kauf angeboten, aber es findet sich kein Käufer.

SNIFs Short note issuance facilities *Absicherungsfazilität* Variante der Euro-Notes. International einsetzbares Finanzierungsinstrument für große Unternehmen. Das Unternehmen emittiert wiederholt eigene kurzfristige Geldmarktpapiere mit Laufzeiten von bis zu 6 Monaten, wobei sich das Finanzinstitut verpflichtet, die nicht absetzbaren Papiere selbst zu erwerben oder die benötigten Mittel zu einem bestimmten Zinssatz bereitzustellen. Die Übernahmeerklärung der Bank wird nicht als Garantie-, sondern lediglich als Absichtserklärung verstanden.

SNIG Sustainable non-inflationary growth *Nachhaltiges, inflationsfreies Wachstum* Theoretische Angabe zur Wachstumsrate einer Volkswirtschaft, die eine stetige Steigerung der Realeinkommen und des Bruttoinlandprodukts ermöglicht. Das **SNIG** berücksichtigt keine Preissteigerungen.

SNN *US*: Social security number *Sozialversicherungsnummer*

SO Seller's option *Verkaufsoption* Vertrag im Termingeschäft. Der Käufer der Option erwirbt gegen Bezahlung eines Betrages das Recht, jederzeit während der Laufzeit der Option eine bestimmte Anzahl von Wertpapieren zu dem bei Abschluss des Geschäftes festgesetzten Preis an den Kontrahenten zu verkaufen.

S.O. Shipowner *Schiffseigner, Reeder* Eigentümer eines Schiffes. Der Eigner haftet bei eigenem Verschulden in der Regel nur mit seinem Schiff und Fracht.

SOB Shipped on board *Bordkonnossement* Klausel im Seegüterverkehr. Der Verfrachter bestätigt in einem Übernahmekonnossement, die bezeichneten Waren zur Verschiffung übernommen zu haben, ohne bereits ein Schiff zu benennen. Durch den nachträglichen Vermerk **SOB** mit dem Schiffsnamen verpflichtet sich der Verfrachter, die Ware zu einem bestimmten Zeitpunkt auf das von ihm ausgewählte Schiff zu verladen.

soc. Society *Gesellschaft* Eine Vereinigung von Personen, die gleiche Interessen und Ziele verfolgen.

SOE State-owned enterprise *Staatliches Unternehmen* Ein Handels- oder Industrieunternehmen in den Händen des Staates, meist in Schlüsselbereichen der Wirtschaft, wie Transportwesen oder Energiewirtschaft.

SOFFEX Swiss Options and Financial Futures Exchange *Schweizer Options- und Finanzterminbörse* Terminbörse für den Handel mit Optionen auf Schweizer Aktien und Partizipationsscheine. Die **SOFFEX** verfügt über ein Clearing House und ist als eine voll computerisierte Institution konzipiert.

SOGAT *GB*: Society of Graphical and Allied Trades *Gewerkschaft der Druckindustrie*

SOJ Single open jaw (trip) *Einfache Gabelreise* Rundreise. ☞ **OJ** (Open jaw trip)

SOR Shortest operated route *Die kürzeste, ganzjährig beflogene Strecke zwischen zwei Orten* Sie ist Grundlage für die Ermittlung von Flugpreisen.

SoR Sale or return *Verkauf mit Rückgaberecht* Vereinbarung zwischen einem Einzelhändler oder Wiederverkäufer und dem Hersteller oder Vertreiber einer Ware. Der Wiederverkäufer versucht, die übernommenen Waren innerhalb einer vereinbarten Frist zu verkaufen. Nach Ablauf der Frist muss er alle nicht zurückgegebenen Artikel bezahlen. Syn.: **S/R** (Sale or return)

SOS Save our souls *SOS-Hilferuf* Meist über Funk gegebener Hilferuf im Seeverkehr, wenn sich Menschen in großer Lebensgefahr befinden.

SOYD *US*: Sum-of-the-years'-digits (method) *Methode der beschleunigten Abschreibung für Anlagevermögen* Hierbei werden in den ersten Jahren erhöhte Abschreibungsraten und größere Steuerersparnisse angerechnet als bei der linearen Abschreibungsmethode. Bei einer 4-jährigen Verwendung werden die Jahre 1, 2, 3 und 4 zusammengezählt und ergeben 10. Im ersten Jahr können dann 4/10 im zweiten Jahr 3/10 usw. abgeschrieben werden.

S&P *US*: Standard and Poor's Corporation *Agentur für die bonitätsmäßige Bewertung und Klassifizierung von Wertpapieren* Unternehmen mit einem breiten Angebot an Investmentdienstleistungen. Dazu gehören vor allem Ein-

S&P 500

schätzungen von Schuldverschreibungen, Aktien und weiteren Handelspapieren. **S&P** klassifiziert die Anlagemöglichkeiten entsprechend ihres Risikos in 4 Gruppen. AAA, AA, A und BBB verweisen auf minimale Risiken und eine gesunde finanzielle Situation. Klassifizierungen ab BB und tiefer bezeichnen spekulative Anlageformen.

S&P 500 US: Standard & Poor's 500 *Standard & Poor's Index 500* Anerkannter Börsenindex in den USA aus 400 Werten für Industrieunternehmen, 40 Werten für Versorgungsunternehmen, 20 Verkehrsunternehmen und 40 Finanzinstitutionen.

SpA *Ital.:* **Societa par Azioni** *Italienische Aktiengesellschaft*

s.p.d. Steamer pays dues *Alle Abgaben und Gebühren werden vom Schiff getragen* Klausel im Seefrachtverkehr.

specs Specification(s) *Spezifizierungen* Telexabkürzung.

SPRI *Franz.:* **Societé de Personnes a Résponsabilité Limitée** *Belgische Aktiengesellschaft bzw GmbH*

sq. Square *Platz* Verwendung in Anschriften. Auch: Quadrat.

Sr. Senior *Senior* Bei Namensgleichheit von Vater und Sohn innerhalb der gleichen Firma führt der Ältere diesen Ausdruck nach seinem Namen. Der Ausdruck wird in keinem Fall ausgeschrieben. Z. B. Michael Green, **Sr.** Syn.: **Sen.** (Senior)

S/R Sale or return *Verkauf mit Rückgaberecht* ☞ **SoR** (Sale or return)

SR&CC Strikes, riots, and civil commotion *Streiks, Aufruhr und innere Unruhen (Bürgerkrieg)* Klausel bei englischen Transportversicherungen. Schäden durch Arbeitskämpfe und politische Risiken werden in der Regel ausdrücklich ausgeschlossen.

SROs Self-regulatory organizations *Selbstverwaltungseinrichtungen* Oberbegriff für eine Reihe von Vereinigungen von Finanzdienstleistern der britischen Wertpapiermärkte. Die SROs erteilen in Zusammenarbeit mit dem ☞ **SIB** (Securities and Investment Board) und unter dessen Aufsicht Genehmigungen zum gewerbsmäßigen Betreiben von Kapitalanlagegeschäften. Sie wachen über die Einhaltung vereinbarter Geschäftsregeln durch ihre Mitglieder mit dem Ziel, die Öffentlichkeit vor unseriösen Praktiken zu schützen und das Vertrauen der Anleger zu wahren. Die Einrichtungen wurden 1986 durch das ☞ **FSA** (Financial Services Act) geschaffen.

SRP Suggested retail price *Empfohlener Wiederverkaufspreis, empfohlener Einzelhandelsverkaufspreis* Unverbindliche Preisempfehlung eines Herstellers zum Abgabepreis an den einzelnen Kunden. Syn.: **RP** (Recommended price) oder **RRP** (Recommended retail price) oder **MRP** (Manufacturer's recommended price)

SRP US: Salary reduction plan *Gehaltsabschlagmodell* Modell, das es Arbeitnehmern erlaubt, einen bestimmten Anteil ihres Bruttoeinkommens (gewöhnlich bis zu 10%) direkt in Aktien, Schuldverschreibungen oder Geldmarktfonds ihrer Wahl zu investieren. Die Gewinnne bleiben so lange steuerfrei, bis der Angestellte sein Kapital zurückzieht, das Unternehmen verlässt oder in den Ruhestand geht. Das Modell wird auch „401 (K) Plan" genannt.

SRT US: Spousal remainder trust *Treuhandverwaltung mit Ehepartneranwartschaft* Methode, die steuerlich relevanten Einkünfte aus Vermögensgegenständen auf den Ehepartner oder andere Familienmitglieder zu übertragen, die eine niedrigere Besteuerung zu erwarten haben. Das Vermögen, in der Regel Immobilienbesitz, wird für eine bestimmte Zeit in treuhänderische Verwaltung gegeben. Die Erlöse kommen dem Begünstigten zugute. Beim Auslaufen der treuhänderischen Verwaltung gehen die entsprechenden Vermögenswerte unwiderruflich an den Begünstigten.

sry Sorry *Entschuldigung, Verzeihung* Telexabkürzung.

SS US: Social Security *Sozialversicherung* Staatliche Behörde, die die Sozialversicherung verwaltet und jeden Bürger mit seinen Rentenansprüchen registriert. Angaben zur Person, wie Namensänderung bei Heirat, sind der Behörde mitzuteilen. Syn.: **SSA** (Social Security Administration)

S.S. Steamship *Dampfschiff*

s/s Same size *Eins zu eins* Originalgröße, Originalformat.

SSA US: a) Social Security Administration b) Social Security Act *a) Sozialversicherung* ☞ **SS** *(Social security) b) Sozialversicherungsgesetz*

SSAP(s) GB: Statement(s) of Standard Accounting Practice *Hinweise zu Bilanzrichtlinien* Hinweise und Richtlinien zu Grundsätzen der Buchführung und des Rechnungswesens, die vom Rechnungslegungsausschuss ☞ **ASC** (Accounting Standards Committee) bis 1990 herausgegeben wurden. Die Statements dienen der Vereinheitlichung der Rechnungslegung in GB.

St. Saint *Sankt* Zusatz bei Namen, die sich heute auf Gebäude, Plätze und Städte beziehen. Z. B. St. Martin.

St. Street *Straße* Verwendung in Anschriften.

S.T. Standard time *Standardzeit, Normalzeit* Die von einer Regierung offiziell angenommene Zeit für ein Land, die sich nach einem durch das

S.T.

Land gehenden Meridian richtet. Die Zeit wird in vollen und/oder halben Stunden zur ☞ **UTC** (Universal time coordinated) errechnet.

S.T. Summer time *Sommerzeit* Abweichung von der ortsüblichen Standardzeit zur besseren Ausnutzung des Tageslichtes während der Arbeitsstunden. Syn.: **DST** (Daylight saving time)

S&T Science and technology *Wissenschaft und Technologie* Der Begriff wird häufig synonym verwendet mit Forschung und Entwicklung ☞ **R&D** (Research and development)

st. Strait(s) *(Wasser-)Straße* Eine Wasserfläche, die sich zwischen zwei Landflächen besonders verengt und somit einen natürlichen Kanal bildet.

s.t. Short ton *Kurztonne, amerikanische Tonne* Gewichtsmaß, das vor allem in den USA Verwendung findet. 1 **s.t.** = 907 Kilogramm. (Syn.: „American ton" oder „net ton".)

Staffs Staffordshire *Staffordshire* Englische Grafschaft.

STB *US:* **Special tax bond** *Spezialanleihe mit Tilgung aus Steuereinnahmen* Schuldverschreibung kommunaler Behörden, die durch das Steueraufkommen aus Benzin-, Tabak- und Alkoholverkäufen getilgt werden. Die Obligation gehört zu den ☞ **SAB** (Special assessment bond).

STD *GB:* **Subscriber trunk dialling** *Selbstwählferndienst* Telefonsystem, das es dem Kunden erlaubt, eine telefonische Fernverbindung ohne Einschaltung einer Vermittlung im Selbstwählverfahren herzustellen.

STD Shipper's Certification for the Transport of Dangerous Goods *Verschiffungszertifikat für den Transport gefährlicher Güter* Der Eigentümer bzw. Absender einer Ware im See- oder Lufttransport bestätigt auf dem Zertifikat die Einhaltung der erforderlichen Sicherheitsvorschriften.

std Standard *Norm, Standard, gewöhnlich, üblich* Telexabkürzung.

ster. *GB:* **Sterling** *Sterling* Zusatz zur britischen Währung Pfund als Unterscheidungsmerkmal zu anderen Währungen mit den gleichen Namen sowie zum Gewichtsmaß. Syn.: **stg.** (Sterling)

stg. *GB:* **Sterling** *Sterling* ☞ **ster.** (Sterling)

stk. Stock *Lagerbestände* Begriff der Buchführung und Bilanz für einen Teil des Umlaufvermögens. Das Lager umfasst den jeweiligen Vorrat an Waren oder den Bestand an Roh-, Hilfs- und Betriebsstoffen.

STV Subscription television *Abonnementfernsehen* Fernsehübertragungen für eine monatliche Gebühr im Kabelnetz. (Syn.: „Pay-TV".)

SUB *US:* **Supplemental unemployment benefits** *Zusätzliche Arbeitslosenbezüge* Zusätzliche Bezüge eines Arbeitslosen von seinem alten Arbeitgeber aufgrund von Sondervereinbarungen mit den Gewerkschaften. Diese Einkünfte müssen wie Lohnzahlungen versteuert werden.

sub. Subsidy *Subvention* Geldzahlungen oder geldwerte Leistungen der öffentlichen Hand zumeist mit einer Zweckbindung und ohne Rückerstattungspflicht. Die Subvention ist ein Instrument der Wirtschaftspolitik.

sub. Subscription *Abonnement* Vertraglich gesichertes Anrecht auf Bezug gleichartiger Leistungen bis zum Widerruf.

subch. Subchapter *Unterkapitel*

subpar. Subparagraph *Unterparagraph*

Suff Suffolk *Suffolk* Englische Grafschaft.

sun Sunday *Sonntag* Telexabkürzung.

supp. Supplement *Ergänzung, Zusatz, Nachtrag, Anhang*

suppl Supplier *Lieferant, Zulieferer* Telexabkürzung.

S.V. Surrender value *Rückkaufwert* Bei einer Lebensversicherung die Summe, die ein Versicherter bei vorzeitiger Vertragsbeendigung ausgezahlt bekommt. Die Summe ist gewöhnlich gleich oder kleiner als die bis dahin eingezahlten Prämien.

S.V. Sailing vessel *Segelschiff*

svc Service *Service, Dienstleistung* Telexabkürzung.

SVP Senior vice president *Vorstandsmitglied in einer Aktiengesellschaft*

SW South-west *Südwesten* Himmelsrichtung.

SWIFT Society for Worldwide Interbank Financial Telecommunication *Weltweites Datenfernübertragungssystem* Es ist nach ihrem Betreiber **SWIFT** benannt. Das System dient der weltweiten elektronischen Datenübermittlung zwischen international tätigen Banken zur unmittelbaren Weitergabe von Zahlungen, Avisen oder Bestätigungen aus dem Devisengeschäft. Zahlungsaufträge werden vom eigenen Terminal über eine nationale Vermittlung ins Ausland vermittelt.

SX Sundays excepted *Außer an Sonntagen*

Sy Surrey *Surrey* Englische Grafschaft.

S. Yorkshire South Yorkshire *South Yorkshire* Englische Grafschaft.

sz. Size *Größe*

Tt

T Tropical *Tropen* Freibordmarke. Internationale Ladelinie am Rumpf eines Schiffes. Sie gibt die maximale Eintauchtiefe eines vollbeladenen Schiffes in tropischen Gewässern an. ☞ **ILL** (International load line)

T. Ton(s) *Tonne* Gewichtseinheit. Sie ist international üblich als metrische Tonne = 1000 kg definiert. Im englischsprachigen Raum sind aber weiterhin die ☞ **s.t.** (Short ton) und ☞ **l.t.** (Long ton) gebräuchlich.

T. Tare *Tara* Gewicht eines LKW oder Eisenbahnwaggons ohne Beladung oder das Gewicht der Verpackung von Waren, wie Container oder Kartons.

T.A. Temporary admission *Vorübergehende Zollgutverwendung* Internationales Zollpassierscheinheft für den vorübergehenden Export oder Import von bestimmten Gütern und den eventuell erforderlichen Transitverkehr. Nur die zuständige Industrie- und Handelskammer kann eine entsprechende Bescheinigung ausstellen. Die vorübergehende Zollgutverwendung betrifft vor allem Berufsausrüstung, Messe- und Ausstellungsgut, pädagogisches und wissenschaftliches Material, Warenmuster und Werbefilme sowie Reisegerät. ☞ **ATA** (Admission temporaire)

TAC *US:* **Tax Court of the United States** *Das Bundesfinanzgericht der USA*

TACs Total allowable catches *Fischfangquoten* Die Fangquoten und -rechte, die einem Staat aufgrund von internationalen Fischereiabkommen zugeteilt werden.

TACT The Air Cargo Tariff(s) *Luftfrachttarif(e)* Die TACT basieren auf Absprachen der ☞ **IATA** Fracht-Verkehrskonferenzen (International Air Transport Association) und berücksichtigen nur den reinen Transport von Flughafen zu Flughafen. Sie untergliedern sich in: Spezialfrachtraten (günstige Sätze für bestimmte Güter nach bestimmten Flughäfen), allgemeine Raten (Spezialraten sind nicht anrechenbar), Warengruppenraten (Zu- oder Abschläge von der allgemeinen Rate für bestimmte Warengruppen wie Tiere oder Edelmetalle) und ☞ **ULD** (Unit load device)-Raten.

T.B. *GB:* **Training board** *Amt für Aus- und Fortbildung* Staatliche Einrichtung, die in allen wichtigen Industriezweigen Weiterbildungsmaßnahmen für Arbeitnehmer, aber auch für Führungskräfte durchführt und überwacht. Die Arbeitgeber sind verpflichtet, die Einrichtung zu finanzieren und in Anspruch genommene Kurse zu bezahlen.

T.B. *GB:* **Treasury bill** *Schatzwechsel* Staatlicher Schuldtitel zur Aufnahme kurzfristiger Darlehen am freien Kapitalmarkt. Die Schatzwechsel werden von der Bank von England herausgegeben. Dem Käufer wird die Rückzahlung einer Summe zugesichert. Die Laufzeit beträgt zwischen 30 und 90 Tagen. Syn.: **T-bill** (Treasury bill)

T.B. *US:* **Treasury bond** *Schuldverschreibung des Schatzamtes* Marktfähige Staatsschuldverschreibung in den USA mit einer Laufzeit von mehr als 5 Jahren. Syn.: **T-bond** (Treasury bond)

T.B. Trial balance *Probebilanz, provisorische Bilanz* Eine Überprüfungsmethode zur Richtigkeit von Eintragungen in den Geschäftsbüchern. Dabei werden alle Schuldensalden und Kreditsalden gegenübergestellt.

t.b.a. To be advised *Wird noch bekanntgegeben*

t.b.a. To be agreed *Muss noch vereinbart werden*

T-bill Treasury bill *Schatzwechsel* Staatlicher Schuldtitel. ☞ **T.B.** (*GB:* Treasury bill)

T-bond *US:* **Treasury bond** *Schuldverschreibung des Schatzamtes* ☞ **T.B.** (*US:* Treasury bond)

TC Traffic Conference (Area) *Verkehrsgebiet* Alle vom Passagier- und Frachtflugverkehr beflogenen Gebiete in der Welt sind in Verkehrsgebiete TC unterteilt. Für jedes Verkehrsgebiet trifft eine Verkehrskonferenz die Entscheidungen über Flugpreise, Frachtraten und Beförderungsbedingungen. **TC 1** umfasst den amerikanischen Kontinent, **TC 2** Europa, Afrika, Teile von Russland und den arabischen Raum, **TC 3** Asien, Australien und die pazifischen Inseln.

TC Till cancelled *Bis auf Widerruf, bis auf weiteres* Bei Werbeaufträgen eine Anweisung des Auftraggebers an einen Werbeträger, eine Anzeige bis auf weiteres wie vorgesehen zu veröffentlichen.

T.C. Traveller's cheque *Reisescheck* Spezieller Scheck einer Bank, ausgestellt in einer fremden Währung. Diese Schecks können mit Unterschrift in Banken, Hotels oder anderswo in Barmittel der Landeswährung eingelöst werden.

TCE *US:* **Tax Counseling for the Elderly** *Steuerhilfsverein für Senioren* Die Organisation bietet vor allem älteren Bürgern kostenlose Hilfe beim Erstellen der Steuererklärung an.

TCS *GB:* **Teaching Company Scheme** *Ausbildung im Unternehmen* Staatlich gestütztes Programm, das Universitätsabsolventen 2-Jahres-Praktika in der Industrie vermittelt. Einerseits können die Studenten dadurch praktische Erfahrungen in der Industrie sammeln, andererseits erhalten die Unternehmen hochqualifizierte Mitarbeiter auf Zeit, die ihr Wissen projektbezogen einsetzen können.

T.D. US: Treasury Department *US-Finanzministerium*

TDP US: Trade and Development Program *Handels- und Entwicklungsprogramm* Staatliche Agentur zur Unterstützung von Handel und Entwicklung mit dem Ausland. Es werden finanziert: Durchführbarkeitsstudien, Trainingsprogramme und andere Projekte an denen US-Firmen teilhaben.

T&E Travel and entertainment (cards) *Reisen und Vergnügen* Kreditkarten. Die Gesellschaften ermöglichen dem Karteninhaber das bargeld- und schecklose Zahlen von Rechnungen bei den angeschlossenen, weltweit gestreuten Vertragsunternehmen. (z. B. American Express, Eurocard, Diners Club etc.) Ursprünglich geschaffen, um Ausgaben in Restaurants und auf Reisen ohne Bargeld verrechnen zu können.

TEC GB: Training and Enterprise Council *Rat für praxisnahe Ausbildung* Staatliches Programm zur Förderung der Zusammenarbeit von Schuleinrichtungen und Industrie. Ziel des Programms ist die schnelle Umsetzung wissenschaftlicher Kenntnisse in der Praxis, die praxisbezogene Berufsausbildung von Schulabgängern und die Umschulung und Weiterbildung von Arbeitnehmern und Arbeitslosen.

TED Tenders electronic daily *Elektronisches Ausschreibungssystem* Computergestütztes System der EU, das sämtliche öffentliche Ausschreibungen der Europäischen Gemeinschaft sowie teilweise aus den ☞ **EFTA** -Staaten, den USA und Japan anzeigt. Täglich werden etwa 400 Angebote veröffentlicht und um Mitternacht aktualisiert.

TEDIS Trade electronic data interchange systems *Elektronische Datenaustauschsysteme für Handel* Forschungsprogramm der Europäischen Gemeinschaft mit dem Ziel, den Aufbau eines elektronischen Datenaustauschsystems für Handel, Industrie und Verwaltung zu koordinieren.

TEEM Trans Europe Express Merchandises *Transeuropa-Expressgüter* Schnellgüterzugsystem der europäischen Eisenbahnen für den Transport leichtverderblicher Güter wie Obst und Gemüse oder tiefgekühlte Waren. Die **TEEM** - Verbindungen verbinden durch Schnellgüterzüge mindestens zwei Länder miteinander. Sie zeichnen sich durch hohe Reisegeschwindigkeiten und beschleunigte Grenzabfertigung aus.

tel Telephone *Telefon* Auch Telexabkürzung.

tel. Telegraph *Telegraf*

tel. Telegram *Telegramm*

temp Temporary *Zeitweilig, zeitweise* Auch Telexabkürzung.

temp. Temperature *Temperatur*

Tenn. Tennessee *Tennessee* Bundesstaat der USA. Syn.: **TN** (Tennessee)

TENs Trans-European Networks *Europaweites Netz* Innerhalb der Strukturfonds der EU geplante überregionale Projekte zur Verbesserung der Infrastruktur der Mitgliedsländer. Die Projekte betreffen länderübergreifende Netze in den Bereichen Energieversorgung, Rohstofftransporte und Telekommunikationsverbindungen. Insbesondere werden strukturschwache Regionen gefördert.

TESSA GB: Tax Exempt Special Savings Account *Sparkonto mit Steuerbefreiung* Spezielles Sparkonto, das bei einer Bank oder Bausparkasse eröffnet wird. Insgesamt können bis zu 9.000 Pfund in einzelnen Stufen angelegt werden. Die Zinsen nach einer Mindestanlagedauer von 5 Jahren sind steuerfrei.

TEU Twenty-foot equivalent unit *Zwanzig-Fuß-Containereinheit* Zwanzig-Fuß-Containereinheit der Internationalen Standardisierungsorganisation ☞ **ISO** (International Standardization Organization). Das Ladevermögen von Vollcontainerschiffen wird zweckmäßigerweise nicht in Tonnage, sondern in der Aufnahmekapazität an 20-Fuß-Containern angegeben. Zu diesem Zweck werden alle Container (30-, 35-, 40-Fuß-Container) auf 20-Fuß-Containergröße umgerechnet.

Tex. Texas *Texas* Bundesstaat der USA. Syn.: **TX** (Texas)

TF Tropical-fresh *Tropische Flüsse* Freibordmarke. Internationale Ladelinie am Rumpf eines Schiffes. Sie gibt die maximale Eintauchtiefe eines vollbeladenen Schiffes auf tropischen Süßwasserstraßen an. ☞ **ILL** (International load line)

TGWU GB: Transport and General Workers' Union *Gewerkschaft der Transportarbeiter und anderer Berufe* Zu ihren Mitgliedern gehören Docker, LKW-Fahrer, Industriearbeiter und Landarbeiter sowie Techniker und Ingenieure. Die Gewerkschaft ist Miglied im Gewerkschaftsdachverband ☞ **TUC** (The Trades Union Congress).

THC Terminal handling charge *Umschlagkosten für die Containerabfertigung* Kaigebühren für die Containerbehandlung. ☞ **CSC** (Container service charge)

thru Through *Durch, mittels* Telexabkürzung.

thu Thursday *Donnerstag* Telexabkürzung.

TI GB: Trade Indemnity *Außenhandelsversiche-*

TIBOR

rung Privatwirtschaftlicher Exportkreditversicherer in GB. Das Unternehmen deckt in erster Linie kommerzielle Risiken ab und steht in Konkurrenz zur staatlichen ☞ **ECGD** (Export Credits Guarantee Department).

TIBOR Tokyo Interbank Offered Rate *Tokio Interbanken Angebotszinssatz* Zinssatz unter Banken in Tokio. Er hat die gleiche Funktion wie der ☞ **LIBOR** (London Interbank Offered Rate).

TIEA *US:* **Tax Information Exchange Agreements** *Abkommen zum Austausch von Steuerinformationen* Informationssystem der Staaten im karibischen Becken, ☞ **CBI** -Staaten (Caribbean Basin Initiative).

TIN *US:* **Taxpayer identification number** *Steuernummer* Steuernummer unter der ein Steuerzahler beim Finanzamt ☞ **IRS** (Internal Revenue Service) registriert ist. Die Nummer ist entweder mit der Sozialversicherungsnummer ☞ **SSN** (Social security number) oder der Unternehmenskennummer (Employer identification number) identisch.

TIR *Franz.:* **Transport International (des Merchandises) par la Route Transport International Routier** *a) Internationaler Straßengütertransport* Internationales Dokument (Carnet) im Zollversandverkehr, das zusammen mit dem Frachtbrief den Transit des Transportmittels durch ein Land unter Zollverschluss ermöglicht. Das Carnet erleichtert den Grenzübergang von Gütern erheblich. *b) Kennzeichen an einem LKW, der bei einem Transport mehrere Länder durchfahren muss* Die Wagen werden nur am Beginn und am Zielort des Transports kontrolliert. Die Zollstationen in den Transitländern stellen lediglich die Unversehrtheit der Zollverschlüsse fest und kontrollieren die Mitnahme des dazugehörigen Begleitscheins Carnet **TIR**.

t.k. Ton-kilometre *Tonnen-Kilometer* Kennzahl der Verkehrsstatistik für die Messung der Beförderungsleistungen im Güterverkehr. Die Zahl errechnet sich als Produkt aus dem Gewicht der beförderten Güter und der Versandentfernung. 1 **t.k.** entspricht der Beförderung von Gütern im Gewicht von 1 Tonne über 1 km.

tks Thanks *Danke* Telexabkürzung.

T.L. Total loss *Totalverlust* Ein Schaden, bei dem sämtliche versicherten Waren und Güter vollständig zerstört oder so stark beschädigt sind, dass eine Reparatur nicht sinnvoll wäre. Syn.: **P.T.** (Perte total)

tlf Telephone *Telefon* Telexabkürzung.

tlx Telex *Telex* Telexabkürzung.

TLO Total loss only *Nur für Totalverlust* Versicherungsklausel im Transportwesen. Versichert ist nur der Gesamtverlust einer Ware oder des Transportmittels, jedoch keine Teilschäden. Ein Totalverlust liegt vor, wenn der versicherte Gegenstand untergegangen, vernichtet oder ohne Aussicht auf Wiedererlangung verloren gegangen oder verschollen ist.

TM *US:* **Trademark** *(Eingetragenes) Warenzeichen* Ein Name, Symbol, Werbespruch oder Emblem, das geeignet ist, ein Produkt, eine Dienstleistung oder ein Unternehmen zu identifizieren. In den USA ist es nicht unbedingt notwendig, die rechtmäßige Existenz eines Warenzeichens durch Registrierung bestätigen zu lassen.

t.m. Ton-mile *Tonnen-Meile* Kennzahl der Verkehrsstatistik in englischsprachigen Ländern für die Messung der Beförderungsleistung im Güterverkehr. Sie errechnet sich aus dem Gewicht der beförderten Güter und der Versandentfernung. 1 **t.m.** entspricht der Beförderung von Gütern im Gewicht von einer Tonne über 1 Meile.

TMO Telegraphic money order *Telegrafische Postanweisung* Postanweisung, die aus dringenden Gründen telegrafisch erfolgt. Für das Telegramm fallen zusätzliche Gebühren an.

TN Tennessee *Tennessee* Bundesstaat der USA. Syn.: **Tenn.** (Tennessee)

T.N. *US:* **Treasury note** *Schatzanweisung des Bundes* Staatsanleihe der US-Regierung mit einer Laufzeit von zwischen 1 und 10 Jahren, die etwa oder genau zum Nennwert herausgegeben wird und bei der die Zinsen halbjährlich gezahlt werden. Sie werden als Namens- oder Inhaberpapiere emittiert. Syn.: **T-note** (Treasury note)

T-note *US:* **Treasury note** *Schatzanweisung des Bundes* Staatsanleihe der US-Regierung. ☞ **T.N.** (Treasury note)

T.O. Table of organization *Organigram* Ein Diagramm, das die unterschiedlichen Verantwortlichkeiten und Tätigkeitsfelder einzelner Teile eines Unternehmens oder einer Organisation sowie deren Zusammenwirken und Wechselwirkungen beschreibt.

T/O Turnover *Umsatz, Umschlag* Die Summe der in einem bestimmten Zeitraum von einem Unternehmen verkauften und mit ihren jeweiligen Verkaufspreisen bewerteten Güter oder Leistungen. Der Umsatz gilt als Erlös.

tod Today *Heute* Telexabkürzung.

toe Tons of oil equivalent *Tonnen Rohöleinheiten* Mengeneinheit für die Erzeugung von Energie aus zumeist erneuerbaren Energien. Die Menge an erzeugter Energie wird in Rohöleinheiten angegeben und drückt aus, wie viel Tonnen Rohöl verbraucht werden müssten, um die gleiche Energiemenge zu erzeugen.

tog Together *Zusammen* Telexabkürzung.

TOJ Turnaround open jaw (trip) *Einfache Gabel-*

reise im Umkehrgebiet Eine Rundreise, bei der der Endpunkt der Hinreise nicht identisch ist mit dem Ausgangspunkt der Rückreise. Z. B. Hinreise: Berlin-London, Rückreise: Birmingham-Berlin.

tom Tomorrow *Morgen* Telexabkürzung.

t.o.o. To order only *Nur auf Bestellung* Die angebotenen Waren werden erst nach Bestellung speziell für den Kunden gefertigt oder von anderen Zulieferern angefordert.

ToT Terms of trade *Reales Austauschverhältnis* Verhältnis der Durchschnittspreise von Exportgütern und Importgütern.

tot. Total *Gesamt*

T.P. Third party *Dritte Partei* Bei Haftpflichtversicherungen die Partei, die nicht zu den vertragschließenden Seiten gehört, im Falle eines Schadens aber wegen Nachlässigkeiten des Versicherten Nutznießer sein würde.

T&P Theft and pilferage *Diebstahl* Spezielle Versicherung besonders für Einzelhandelsgeschäfte, die die Risiken des Warendiebstahls abdeckt. Gewöhnliche Versicherungen schließen dieses Risiko von der Deckung aus.

TPCC *US:* **Trade Promotion Coordinating Committee** *Koordinierungsausschuß für Außenhandelsförderung* Informationszentrum im Handelsministerium, das über alle Exportförderungsprogramme der einzelnen US-Bundesstaaten Auskunft geben kann.

TPM Ticketed points mileage *Tatsächliche Entfernung* Die tatsächliche Entfernung zwischen zwei Orten im Flugverkehr. Sie bildet die Preisgrundlage für jede Direktverbindung.

TPND Theft, pilferage and non-delivery *Diebstahl, Beraubung und Nichtauslieferung* Internationale Versicherungsklausel im Transportwesen gemäß den ☞ **ICC** (Institute Cargo Clauses). Das Risiko ist durch eine spezielle Police abzusichern.

T.Q. Total quality *Gesamtqualität* Qualitätskontrolle von Materialien und Produkten in einem Herstellungsbetrieb.

t.q. Tel quel *So wie es ist* Internationale Handelsklausel im Außenhandelsverkehr. Der Käufer hat die Ware so zu nehmen wie sie ausfällt. Der Verkäufer kann Waren der schlechtesten Sorte liefern, sofern sie noch als Handelsgut anzusehen und nicht verdorben oder unbrauchbar sind. Die Lieferung von Ausschuß ist jedoch nicht zulässig.

t.q.r. Tel quel rate, tale quale rate *So-wie-er-ist-Kurs* Devisenkurs ohne zusätzliche Berechnung von Zinsen und sonstigen Spesen.

TQC Total quality control *Umfassende Qualitätskontrolle* Planungs- und Kontrollmethode, die auf die kontinuierliche Verbesserung von Produktionsprozessen und Produkten abzielt. Ziel der Methode ist die Verringerung von Warenbeständen, Senkung der Produktionskosten und Ausschußstücken sowie die Verbesserung der Produktqualität.

Treas. Treasury *Schatzamt, Finanzministerium*

tree. Trustee *Treuhänder* Eine Person, die sich rechtskräftig verpflichtet, Land, Geld oder anderes Eigentum eines anderen zu dessen Wohle zu verwalten. Der Treuhänder hat die volle Verfügungsgewalt über die zu verwaltende Sache. Syn.: **trs.** (Trustee)

trf. Transfer *Überweisung, Transfer, Übertragung* Im internationalen Zahlungsverkehr übliche Bezeichnung für die Wertübertragung zwischen zwei Ländern oder Parteien. Syn.: **trs.** (Transfer)

trlr. Trawler *Trawler* Hochseefischereischiff für den Fang mit Schleppnetz.

trs. Transfer *Überweisung, Transfer, Übertragung* ☞ **trf.** (Transfer)

trs. Trustee(s) *Treuhänder* ☞ **tree.** (Trustee)

T.S. Transshipment *Umladung* Das sofortige Umladen von Waren von einem auf ein anderes Transportmittel.

T.S. Twin-screw *Mit zwei Schrauben* Übliche Bezeichnung bei Schiffsbeschreibungen. Das Schiff wird über zwei Schiffsschrauben angetrieben.

T.S. Typescript *Typoskript* Eine Arbeit, die auf Schreibmaschine angefertigt wurde und als Vorlage für die Drucklegung bestimmt ist. Plural: **TSS** (typescripts).

t.s. Top stowed *Oberste Lage* Verladungshinweis für Waren auf einem Schiff.

TSA *GB:* **The Securities Association** *Selbstverwaltungseinrichtung im Wertpapierhandel* Sie regelt die Zulassung und Überwachung von Personen, die gewerblich mit Wertpapieren handeln und erarbeitet Vorschriften für das Wertpapiergeschäft. Die Organisation gehört zu den ☞ **SROs** (Self-regulatory organizations) und versteht sich als Überwachungsorgan für das geschäftsmäßige Betreiben von Kapitalanlagegeschäften am britischen Wertpapiermarkt.

TSB *GB:* **Trustee Saving Bank** *Sparkasse* Private Einrichtung mit gemeinnützigem Charakter. Die ihr anvertrauten Gelder müssen auf Treuhandkonten bei der Bank von England eingelegt werden. Die Einrichtung bietet einen allgemein üblichen Bankservice.

TSBCB *GB:* **Trustee Savings Banks Central Board** *Die Spitzenorganisation der britischen Sparkassen* ☞ **TSB** (Trustee Saving Bank). Sie ist eine Körperschaft des öffentlichen Rechts, die für die angeschlossenen Sparkassen selbst keine bankmäßigen Geschäfte betreibt, ihnen gegen-

TSSA

über aber weisungsberechtigt ist. Das gilt insbesondere für die Regeln der allgemeinen Geschäftstätigkeit und der Höhe der Habenzinsen.

TSSA *GB:* **Transport Salaried Staffs Association** *Gewerkschaft für Angestellte im Transportwesen* Zu den Mitgliedern gehören technische und verwaltungstechnische Angestellte sowie Führungskräfte von Transportunternehmen zu Straße, Schiene und Wasser, von Hotels, von Reisediensten und Zulieferindustrien. Die Gewerkschaft ist Mitglied im Gewerkschaftsdachverband ☞ **TUC** (The Trades Union Congress).

TT *US:* **Testamentary trust** *Treuhandvermögen* Die Einrichtung der treuhänderischen Verwaltung für eine Sache, die im Testament des Gebers verfügt sein muss und mit dessen Tod in Kraft tritt.

TT Telegraphic transfer *Telegrafische Überweisung* ☞ **CT** (Cable transfer)

TTB Through-the-book method *Originalheftmethode, Originalheftverfahren* Methode zur Ermittlung der durchschnittlichen Leserzahl einer Zeitung oder Zeitschrift. Im Rahmen einer Umfrage wird den Befragten die Ausgabe einer Zeitung/Zeitschrift vorgelegt und danach gefragt, ob sie sich an diese Ausgabe oder einen bestimmten Artikel darin erinnern können. Auf Grund der möglichen Fehlerquote wird diese Methode allgemein als ungenau erachtet.

T.U. *GB:* **Trade union** *Gewerkschaft*

TUC *GB:* **The Trades Union Congress** *Gewerkschaftsdachverband* Dachorganisation der britischen Einzelgewerkschaften, gegründet 1868. Die jährlichen Treffen von Delegierten aller Einzelgewerkschaften vertreten etwa 90% aller Gewerkschaftsmitglieder in GB. 1993 gehörten ihm 68 Einzelgewerkschaften mit einer Gesamtmitgliederzahl von 7,3 Millionen an.

tue Tuesday *Dienstag* Telexabkürzung.

TVRs Television ratings (figures) *Fernseheinschaltquoten* Die Anzahl der Fernsehgeräte, die zu einer bestimmten Zeit auf ein Programm geschaltet waren. Die Zahl hat einen wesentlichen Einfluss auf die Kosten für Werbeplätze im Fernsehen.

TX. Texas *Texas* Bundesstaat der USA. Syn.: **Tex.** (Texas)

Uu

u You *Du, Sie* Telexabkürzung.

UAE United Arab Emirates *Vereinigte Arabische Emirate*

u/c Undercharge *Zuwenig berechnet* Ein Preis, der in einer Rechnung zu niedrig angesetzt wurde. Der Kunde wird aufgefordert, den fehlenden Betrag nachzuzahlen.

UCATT *GB:* **Union of Construction, Allied Trades and Technicians** *Baugewerkschaft* Mitglieder sind Bauarbeiter und Techniker. Die Gewerkschaft ist Mitglied im Gewerkschaftsdachverband ☞ **TUC** (The Trades Union Congress).

UCC *US:* **Uniform Commercial Code** *Einheitliches Handelsgesetz* Mustergesetz im US-amerikanischen Handelsrecht. Da das Handelsrecht in den einzelnen Bundesstaaten unterschiedlich geregelt ist, hat die National Conference of Commissioners on Uniform State Laws ein Mustergesetz erarbeitet, das von den Bundesstaaten übernommen werden soll.

UCITS Undertakings for collective investment in transferable securities *Organismen für gemeinsame Anlagen in Wertpapieren* Investmentrichtlinie der EU. Die **UCITS** -Wertpapierfonds werden als Dachfonds ausschließlich in Investmentfonds investiert, die der EU-Harmonisierung unterliegen.

UCTA *GB:* **Unfair Contract Terms Act** *Gesetz über unbillige Vertragsbestimmungen* Das 1977 verabschiedete Gesetz behandelt vor allem die Haftung im Geschäftsverkehr und legt Normen für den Schutz des Verbrauchers fest.

UDM *GB:* **Union of Democratic Mineworkers** *Gewerkschaft der demokratischen Bergarbeiter* Die Gewerkschaft spaltete sich 1985 von der Bergarbeitergewerkschaft ☞ **NUM** (National Union of Mineworkers) ab, um ihren Protest gegen einen von der **NUM** initiierten Streik zum Ausdruck zu bringen. Sie gehört dem Gewerkschaftsdachverband ☞ **TUC** (The Trades Union Congress) nicht an.

UEL Upper earnings limit *Beitragsbemessungsgrenze, obere Einkommensgrenze* Gesetzlich festgelegte Einkommensgrenze, ab der die Einkünfte nicht mehr zur Berechnung von Pflichtbeiträgen in staatliche Leistungen wie der Sozialversicherung herangezogen werden.

UGMA *US:* **Uniform Gifts to Minors Act** *Gesetz für Schenkungen an Minderjährige* Gesetz, das von den meisten US-Bundesstaaten angenommen wurde und die Verfahrensweisen für die Überschreibung von Vermögenswerten an Minderjährige und ihre treuhänderische Verwaltung regelt. Für die Verwaltung von Bankkonten der Minderjährigen sieht das Gesetz einen unabhängigen Treuhänder bzw. die Eltern vor.

UIC *Franz.:* **Union Internationale des Chemins de Fers** *Internationaler Eisenbahnverband* Verband, der die internationalen Beförderungsbedingungen und Warenklassifizierungen für den Transport mit der Bahn festlegt. Syn.: *GB:* **IUR** (International Union of Railways)

UIT *Franz.:* **Union Internationale de Telecommunication** *Internationaler Fernmeldeverein* ☞ **ITU** (*GB:* International Telecommunications Union)

UK **United Kingdom** *Vereinigtes Königreich von Großbritannien und Nordirland*

ULCC **Ultra large crude carrier** *Supertanker* Rohöltanker mit einer Tragfähigkeit von ab 320.000 Tonnen.

ULD **Unit load device** *Container-/Paletten-Ladeeinheit* Zur Beschleunigung des Frachtumschlags auf Flughäfen werden alle Güter auf oder in verschiedene Ladeeinheiten verpackt. Die Ladeeinheiten gehören zur Standardausrüstung von Großraumflugzeugen und können auf jedem Flugzeugtyp jeder Fluggesellschaft eingesetzt werden. Am bekanntesten sind die 10-Fuß- und 20-Fuß-Container sowie die 96-Inch- und 88-Inch-Paletten. Die Nutzlast pro Palette oder Container liegt zwischen 5,9 und 11,3 Tonnen.

ult. **Ultimo** *Des letzten/vorigen (Monats)* Bei der Datumsangabe in Briefen veraltete Form für den Bezug auf den vorhergehenden Monat. Z. B. „We are in receipt of your letter of the 12th **ult.** "

u/m **Under-mentioned** *Unten erwähnt, später aufgeführt* Bezug auf eine spätere Textstelle, die das Gelesene näher erklärt und ergänzt.

UMP **Unique marketing proposition** *Einzigartiges Marketingkonzept* Eigenständige, einmalige und einzigartige Marketingkonzeption, die einem Unternehmen eine überdurchschnittliche Stellung im Wettbewerb verschafft.

UNO **United Nations Organization** *Organisation der Vereinten Nationen* Internationale Organisation zur Sicherung des Weltfriedens und zur Förderung der internationalen Zusammenarbeit. Sie trat als politischer Zweckverband 1945 die Nachfolge des Völkerbundes an. Sie basiert auf den Grundsätzen der Souveränität und Gleichberechtigung der Mitgliedsländer.

UNCITRAL **United Nations Commission on International Trade Law** *UNCITRAL-Kaufrecht* 1966 von den Vereinten Nationen eingesetzte Konferenz mit Sitz in Genf für die Weiterentwicklung des Haager Handelsrechtes mit zunehmender internationaler Bedeutung. Das Kaufrecht beinhaltet Vorschriften über den Abschluss von Kaufverträgen und das materielle Kaufrecht. Insbesondere werden die Haftung für Mängel und Fragen der Schiedsgerichtsbarkeit geklärt.

UNCLOS **United Nations Conference on the Law of the Sea** *Seerechtskonferenz der Vereinten Nationen* In unregelmäßigen Abständen stattfindende Konferenz zur Neuregelung der Rechts- und Nutzungsverhältnisse der Meere. Die von der Konferenz erarbeitete Seerechtskonvention wurde nicht von allen Mitgliedern ratifiziert.

UNCTAD **United Nations Conference on Trade and Development** *Handels- und Entwicklungskonferenz der Vereinten Nationen* Sonderorganisation der Vereinten Nationen mit Sitz in Genf, gegründet 1964. Sie hat das Ziel, den internationalen Handel, insbesondere die Exportmöglichkeiten der Entwicklungsländer zu fördern. Die Konferenz findet alle 5 Jahre statt.

UNDP **United Nations Development Programme** *Entwicklungsprogramm der Vereinten Nationen* Zentralorgan für technische Hilfsleistungen. Die Einrichtung gewährt technische Hilfe und Kooperation für die wirtschaftliche Entwicklung in den Entwicklungsländern. Das **UNDP** ist ein Hilfsorgan des Wirtschaft- und Sozialrates ☞ **ECOSOC** (Economic and Social Council).

UNEP **United Nations Environmental Programme** *Umweltprogramm der Vereinten Nationen* Sonderorganisation der UNO. Gegründet 1972 mit Sitz in Nairobi, Kenia. Aufgabe ist die Koordinierung der umweltrelevanten Aktivitäten der UN-Unterorganisationen.

UNESCO **United Nations Educational, Scientific, and Cultural Organization** *Erziehungs-, Wissenschafts- und Kulturorganisation der Vereinten Nationen* Gegründet 1945 mit Sitz in Paris. Spezialorganisation zur Förderung des Austausches und der Kooperation auf den Gebieten der Bildung, Geistes- und Naturwissenschaften, Kultur und Kommunikation zwischen den Nationen.

UNFPA **United Nations Fund for Population Activities** *Fonds der Vereinten Nationen für bevölkerungspolitische Aktivitäten* Gegründet 1967 mit Sitz in New York. Zu den Aufgaben gehören die Durchführung bevölkerungspolitischer Maßnahmen, Familienplanung, Förderung von Bildung, Unter- suchungen der Bevölkerungsdynamik und die Entwicklung von Sonderprogrammen.

UNHCR **United Nations High Commissioner for Refugees** *Hoher Flüchtlingskommissar der Vereinten Nationen* Gegründet 1951 mit Sitz in Genf, Schweiz. Das Büro betreut politische Flüchtlinge und Ausgewiesene.

UNICE **Union of Industrial and Employers Confederations** *Vereinigung der Industrie- und Arbeitgeberverbände* Europäische Dachorganisation der nationalen Industrie- und Arbeitgeberverbände.

UNICEF **United Nations Children's Fund** *Kinderhilfswerk der Vereinten Nationen* Gegründet 1946 mit Sitz in New York. Die Sonderorganisation fördert Programme in Entwicklungsländern durch die Lieferung von technischen Ausrüstungen für den Aufbau von Kinderhilfsdiensten. Dabei sollen die Grundbedürfnisse der Kinder zufrieden gestellt werden.

UNIDO **United Nations Industrial Development Organization** *Organisation der Vereinten Nationen für industrielle Entwicklung* Gegründet 1965 mit Sitz in Wien. Die Organisation vermittelt Technologien und Expertenerfahrung und gewährt Kapitalhilfen an Entwicklungsländer.

UNISON *GB:* **UNISON** *Gewerkschaft öffentlicher Dienst* Ihr gehören Mitglieder aus staatlichen Verwaltungen und Angestellte im Gesundheitswesen an. Die Gewerkschaft wurde durch den Zusammenschluss der ☞ **NALGO** (The National Association of Local Government Officers), ☞ **NUPE** (The National Union of Public Employees) und ☞ **COHSE** (The Confederation of Health Service Employees) geschaffen. Sie ist Mitglied im Gewerkschaftsdachverband ☞ TUC (The Trades Union Congress).

UNIX **UNIX** *UNIX* Betriebssystem im Computerbereich.

UPC *US:* **Universal Product Code** *Allgemeingültiger Produktcode* Kennzeichnung von Handelswaren in den USA mit einem 12-stelligen Strichcode zur Rationalisierung des Vertriebs und Verkaufs. Der Code ist mit der Europäischen Artikelnummer ☞ **EAN** (European article number) kompatibel und wird von elektronischen Kassensystemen gelesen. Der Code kann von Beleglesern richtungs- und lageunabhängig gelesen werden.

UPC *US:* **Uniform practice code** *Einheitlicher Verhaltenskodex* Verhaltensregeln der ☞ **NASD** (National Association of Securities Dealers) bezüglich der Standards und Verfahrensweisen beim Handel mit Wertpapieren auf dem Freiverkehrsmarkt ☞ **OTC** (Over-the-counter market).

UPU **Universal Post Union** *Weltpostverein* Gegründet 1874. Seit 1948 Sonderorganisation der Vereinten Nationen mit Sitz in Bern, Schweiz. Er hat die Aufgabe, die Postdienste in aller Welt zu koordinieren und anzuleiten. Die Verträge des **UPU** gelten als Rechtsgrundlage für den weltweiten Postverkehr.

ur **Your** *Dein, Ihr* Telexabkürzung.

US(A) **The United States (of America)** *Vereinigte Staaten (von Amerika)*

U/S **Useless** *Unbrauchbar*

USAID *US:* **The United States Agency for International Development** *Internationaler Entwicklungsdienst* Staatlich gestützte Einrichtung zur Durchführung von Entwicklungsprogrammen in Entwicklungsländern.

USC *US:* **United States Code** *US-Patentrecht* Die rechtlichen Regelungen des ausschließlichen Benutzungsrechtes an bestimmten Erfindungen. Es existieren erhebliche Unterschiede zum deutschen und europäischen Patentrecht.

USCC *US:* **The United States Chamber of Commerce** *Zentrale Handelskammer der USA* Die Dachorganisation der regionalen Handelskammern fördert die Zusammenarbeit zwischen den regionalen Kammern und ist Interessenvertreter der gewerblichen Wirtschaft gegenüber der Regierung und den Gesetzgebungsorganen.

USD **US-Dollar** *US-Dollar* Währungseinheit in den Vereinigten Staaten. Die Buchstaben „US" sollten zur Unterscheidung von den gleichlautenden Währungen in u.a. Kanada, Australien und Äthiopien immer vor Dollar aufgeführt werden. Im Sprachgebrauch versteht man in der Regel den Dollar als US-Dollar.

USDA *US:* **The United States Department of Agriculture** *Ministerium für Landwirtschaft* Das Ministerium überwacht die landwirtschaftliche Produktion und ist bestrebt, faire Preise und stabile Märkte für Produzenten und Konsumenten zu sichern. Das **USDA** veröffentlicht Normen für die Nahrungsmittelproduktion, unterstützt Ernährungsprogramme und verwaltet Schutzprojekte für Boden, Wälder und natürliche Ressourcen. Es wurde 1862 gegründet.

USDAW *GB:* **Union of Shop, Distributive and Allied Workers** *Gewerkschaft für Beschäftigte des Groß- und Einzelhandels* Mitglieder sind Beschäftigte aus dem Groß- und Einzelhandel, aus der Lebensmittelproduktion sowie aus der chemischen Industrie. Die Gewerkschaft ist Mitglied im Gewerkschaftsdachverband ☞ **TUC** (The Trades Union Congress).

US&FCS *US:* **The United States Foreign Commercial Service** *Beratungsdienst für den Außenhandel* Einrichtung des US-Handelsministeriums an US-Botschaften zur Förderung amerikanischer Wirtschaftskontakte mit dem Ausland.

USIA

Syn.: **FCS** (Foreign Commercial Service)

USIA *US:* **The United States Information Agency** *US-Informationsdienst* Die staatlich gestützte Einrichtung fördert durch die Weitergabe von Informationen über die amerikanische Nation, Kultur und Poltik das Verständnis für die USA in anderen Ländern. Sie betreut ausländische Journalisten in den USA und informiert den Präsidenten und die verschiedenen Ministerien über die ausländische öffentliche Meinung zur US-amerikanischen Politik.

USM *GB:* **Unlisted Securities Market** *Freiverkehrsmarkt* Markt an der Londoner Börse für nicht notierte Werte. Kleinere und mittlere Unternehmen bekommen Zugang zu den Börseneinrichtungen, ohne die vollen Kosten für Börsennotierungen tragen zu müssen. Der Mindestanteil des zum Handel verfügbaren Kapitals beträgt 10%. Der **USM** entspricht in etwa dem Markt für nicht amtlich gehandelte Werte in Deutschland.

USP **Unique selling proposition** *Einzigartiges Verkaufsargument* Bei der Produktvermarktung die Hervorhebung besonderer Vorzüge, die das Produkt besonders wettbewerbsfähig machen. Durch die zunehmende Marktsättigung und den hohen Ausreifungsgrad der Produkte wurde es notwendig, tatsächliche Produktvorteile durch „künstlich" geschaffene zu ersetzen.

USPS *US:* **The United States Postal Service** *Postdienst der USA*

USPTO *US:* **The United States Patent and Trade Mark Office** *Amt für Patente und Warenzeichen* US-Patentamt mit Sitz in Arlington, Virginia. Die Behörde ist dem Handelsministerium angegliedert. Sie erteilt und verwaltet die gewerblichen Schutzrechte für Patente, Gebrauchsmuster, Warenzeichen etc. und übernimmt deren Dokumentation.

USS *US:* **The United States Senate** *Senat der USA* Die oberste gesetzgebende Körperschaft der USA.

USS *US:* **United States ship** *Schiff der USA* Oft Verwendung für militärische Schiffe. Nach der Abkürzung folgt der Schiffsname.

UT *Utah* Utah Bundesstaat der USA.

UT **Yukon Territory** *Yukon Territory* Provinz in Kanada.

UTC **Universal time coordinated** *Koordinierte Weltzeit* Die Weltzeit wird vom Bureau Internationale des Poids et Mesures bei Paris mittels Atomuhren ermittelt. Sie entspricht der ☞ **GMT** (Greenwich Mean Time).

U/W **Underwriter** *Versicherungsgesellschaft, Versicherer* Bezeichnung des Vertragpartners des Versicherungsnehmers im Versicherungsvertrag.

U/W *GB:* **Underwriter (group)** *Emissionskonsortium, Emissionsbank* Das Konsortium übernimmt eine Wertpapieremission am nationalen oder internationalen Kapitalmarkt und trägt damit das Emissionsrisiko. Das Konsortium wird in der Regel um eine Verkaufsgruppe erweitert, die dann den Verkauf der Wertpapiere an die Kapitalanleger mitorganisiert.

Vv

v. **Versus** *Gegen* Allgemeine Formel bei Gerichtssachen. Sie zeigt, wer gegen wen ein Verfahren anstrengt. Syn.: **vs** (Versus)

VA *US:* **Veterans Administration (mortgage)** *Veterans-Administration-Hypothek* Hypothekenzahlung eines Geldinstituts für die Errichtung privaten Wohnraums für ehemalige Angehörige der US-Streitkräfte oder überlebende Ehegatten. Die von der Veterans Administration gegebene Garantie reduziert das Risiko des Geldgebers für einen Teil oder den Gesamtkaufpreis. Die **VA** mortgage spielt eine bedeutende Rolle in den Immobilienfonds quasistaatlicher Unternehmen wie ☞ **FHLMC** (Federal Home Loan Mortgage Corporation) oder ☞ **GNMA** (Government National Mortgage Association).

VA **Virginia** *Virginia* Bundesstaat der USA. Syn.: **Vir.** (Virginia)

VA **Value analysis** *Wertanlayse* Wissenschaftliche Prüfung eines Produktes. Sie soll herausarbeiten, welche Produktveränderungen die Herstellungskosten verringern, ohne die Qualität oder Verkaufbarkeit zu gefährden.

vac. **Vacant** *Frei, unbesetzt* Meist in Zusammenhang mit unbesetzten Stellen in Unternehmen oder nicht belegten Zimmern in Hotels o.Ä.

VADD **Variable amounts direct debits** *Einzugsverfahren mit sich ändernden Beträgen* Bei diesem Lastschriftverfahren/Rechnungseinzugsverfahren hat die Bank den Zahler im Voraus über

VAR

den entsprechenden Betrag und Zeitpunkt des Zahlungseinzugs zu informieren.

VAR Value added reseller *Weiterverkäufer, Wiederverkäufer* Weitervertrieb von ☞ **OEM** -Geräten (Original equipment manufacturer) nach deren Veredelung.

VAT Value added tax *Mehrwertsteuer, Umsatzsteuer* Steuer auf die meisten Waren und Dienstleistungen. Je nach Bestimmungen eines Landes können einzelne Leistungen frei sein. In GB handelt es sich um eine Mehrwertsteuer mit Vorsteuerabzug.

VCI Volatile-Corrosion-Inhabitor *Flüchtiger Korrosionshemmstoff* Korrosionsschutzmethode bei Verpackungen. Papier mit aufgebrachtem Korrosionsschutz. Die zu schützenden Gegenstände werden in dieses Papier so eingeschlagen, dass der Korrsionsschutz sich dem Gut zuwendet. Das aus dem Papier entweichende Gas hat eine schützende Wirkung. Der **VCI** eignet sich besonders als Transportverpackung für Eisen, Stahl, Nickel, Kupfer, Aluminium und Chrom.

VDU Visual display unit *Bildschirmgerät in der Computertechnik*

Veep *US:* Vice president *Vorstandsdirektor* Umgangssprachliche Bezeichnung für die meist zweithöchste Position in einem Unternehmen. ☞ **VP** (Vice president)

Ver. Vermont *Vermont* Bundesstaat der USA. Syn.: **VT** (Vermont)

VFR Visiting friends and relatives *Besuchsreisen* Nutzerkategorie bei Luftverkehrsleistungen. Dabei handelt es sich um Reisen in dringenden Familienangelegenheiten sowie um sonstige Besuchsreisen zu Verwandten und Freunden.

VIP Very important person *Sehr wichtige Persönlichkeit* Bezeichnung für bedeutende Persönlichkeiten aus Politik, Kunst und Wirtschaft. Dieser festgelegte Personenkreis wird in der Regel auf Flughäfen, in Flugzeugen, auf Empfängen und bei gesellschaftlichen Ereignissen besonders betreut.

Vir. Virginia *Virginia* Bundesstaat der USA. Syn.: **VA** (Virginia)

VITA *US:* Volunteer Income Tax Assistance *Steuerhilfsverein* Die Organisation bietet für einen bestimmten Personenkreis kostenlose Hilfe beim Einreichen der Steuererklärung an, und zwar vor allem für Ältere, Behinderte und Personen, die kein oder kaum Englisch sprechen.

viz. *Lat.:* Videlicet *Nämlich*

VLCC Very large crude carrier *Sehr großer Rohöltanker* Rohöltanker mit einer Tragfähigkeit von ab 160.000 Tonnen.

vol. Volume *a) Lautstärke, Größe b) Band, Ausgabe*

VORAD Vehicle detection and driver alert system *Kraftfahrzeugwarnsystem* Ein ☞ **AVCS** -Produkt (Advanced vehicle control system). Ein mittels Radar arbeitender Sensor misst die Geschwindigkeiten und Entfernungen zu anderen Kraftfahrzeugen und warnt den Fahrer vor potenziellen Gefahren. Das System soll vor allem in Bussen eingesetzt werden.

VP Vice president *Vorstandsdirektor* Meist zweithöchste Position in einem Unternehmen, die die Leitung einzelner Bereiche und spezieller Abteilungen wie Finanzen oder ☞ **R&D** (Research and Development) einschließt. Im Deutschen existiert kein Äquivalent. Eine Übersetzung mit „Vizepräsident" ist irreführend. Syn.: **Veep** (Vice president)

VRM Variable rate mortgage *Hypothekenkredit mit Zinsanpassung* Hypothekenkredit für die Errichtung privaten Wohnraums mit variablen Zinssätzen, die sich an den Geldmärkten oder den wechselnden Fondskosten des Kreditgebers orientieren. Syn.: **ARM** (Adjustable rate mortgages)

vs. *Lat.:* Versus *Gegen* Allgemeine Formel bei Gerichtssachen. Sie zeigt, wer gegen wen ein Verfahren anstrengt. Z. B. Green vs. Young. Syn.: **v.** (Versus)

VT Vermont *Vermont* Bundesstaat der USA. Syn.: **Ver.** (Vermont)

Ww

W West *Westen* Himmelsrichtung.
W Winter (sea) *Winter* Freibordmarke. Internationale Ladelinie am Rumpf eines Schiffes. Sie gibt die maximale Eintauchtiefe eines vollbeladenen Schiffes in Gewässern zur Winterzeit an.
☞ **ILL** (International load line)
WA Washington *Washington* Bundesstaat der USA.
W.A. With average *Mit Beschädigung* Strandungsfalldeckung. Frühere englische Versicherungsklausel beim Seetransport. Später von der sog. Deckung B abgelöst. Auch bekannt unter dem Namen Institute Cargo Clause **W.A.** Die Versicherung deckt u. a. folgende Gefahren zur See: Feuer und Explosion, Strandung und Kentern, Kollision, Überbordspülen, Totalverlust von Fracht beim Be- und Entladen sowie einige Naturereignisse. Syn.: **WPA** (With particular average)
WAN Wide area network *Computernetz mit geographisch weiter entfernten Endstellen*
W/B Waybill *Frachtbrief* Frachtdokument für den Inlandtransport, das als Quittung für die Übernahme der Ware durch den Empfänger und als Transportvertrag gültig ist. Der Frachtbrief dient als Empfangsbescheinigung, Beweisurkunde, Begleit- und Sperrpapier. Syn.: **CN** (Consignment note)
w/c Without charge *Ohne Gebühren/Abgaben*
wd. Warranted *Garantiert* Eine Garantieerklärung des Herstellers zur Beschaffenheit seines Produktes. Syn.: **wtd.** (Warranted)
WDA *GB:* Writing-down allowance *Abschreibung* Die jährlichen Abschreibungen auf Vermögenswerte. Dabei werden die im Laufe der Nutzung eingetretenen Wertminderungen an den einzelnen Vermögensgegenständen erfasst und als Aufwand angesetzt.
wed Wednesday *Mittwoch* Telexabkürzung.
WET Western European Time *Westeuropäische Zeit* Oft Syn. für die ☞ **UTC** -Zeitzone (Universal time coordinated) gebraucht. Sie gilt für Großbritannien, Irland, Island und Portugal.
wf. Wharf *Kai* Ein Kai, der mit Lagerhäusern, Ladevorrichtungen, Treibstoffzufuhr, Zoll, Transportanbindung und anderen wesentlichen Dienstleistungen für die Abwicklung des Seeverkehrs ausgestattet ist. Syn.: **whf** (Wharf)
w.g. Weight guaranteed *Garantiertes Gewicht* Klausel in Lieferverträgen. Die Ware kann auf dem Transport einen Gewichtsverlust erleiden. Ein Minimalgewicht beim Empfänger wird aber garantiert.
WGP World gross product *Weltnettoprodukt* Wirtschaftliche Gesamtleistung aller Staaten in der Welt.
whf. Wharf *Kai* ☞ **wf.** (Wharf)
WHO World Health Organization *Weltgesundheitsorganisation* Sonderorganisation der Vereinten Nationen. Gegründet 1948 mit Sitz in Genf. Ziel der Organisation ist die Bekämpfung von Krankheiten, die Förderung des körperlichen, geistigen und sozialen Wohlbefindens der Menschen, der Ausbau der Gesundheitssysteme u.v.m.
whse. Warehouse *Lager, Depot* Jedes Gebäude, jeder Raum oder Platz zur Lagerung von Waren, unabhängig davon, ob es sich um ein allgemeines Lager oder Speziallager (Getreidesilo, Kühlhaus) handelt. Lager werden als Freigut-, Freihafen- oder Zollgutlager und als Verteilungslager (Fabrikauslieferungslager) betrieben.
WI Wisconsin *Wisconsin* Bundesstaat der USA.
WI When issued, When, as, and if issued *Bei Herausgabe* Anmerkung in Zeitungen hinter dem Preis eines Wertpapiers. Alle Transaktionen gelten vorbehaltlich des endgültigen Erscheinens des Wertpapiers. Gewöhnlich werden neue Ausgaben von Aktien und Obligationen, Teilungen und Schuldverschreibungen des Finanzministeriums auf **WI** -Basis gehandelt.
Wilts Wiltshire *Wiltshire* Englische Grafschaft.
WIP Work(s) in progress *In Arbeit* Der Wert von Gütern am Ende eines Bilanzjahres, wenn sie sich noch in der Herstellungsphase, also im unfertigen Zustand befinden.
WIPO World Industrial Property Organisation (Ehemals: World Intellectual Property Organization). *Weltorganisation zum Schutz der Urheberrrechte* Weltorganisation für geistiges Eigentum. Gegründet 1970 mit Sitz in Genf. Die Organisation ist zuständig für internationale Patentanmeldungen gemäß dem ☞ **PCT** -Übereinkommen (Patent Cooperation Treaty). Sie soll den Schutz des geistigen Eigentums weltweit fördern und die auf diesem Gebiet tätigen nationalen Vereinigungen zusammenfassen.
wk. Week *Woche*
wl Will *Werden (Zukunft)* Telexabkürzung.
W/M Weight or measurement *Gewicht oder Aufmaß* Die Frachtberechnung kann wahlweise nach Gewicht oder Aufmaß erfolgen.
W. Midlands West Midlands *West Midlands* Englische Grafschaft.

WNA

WNA Winter North Atlantic *Winter im Nordatlantik* Freibordmarke. Internationale Ladelinie am Rumpf eines Schiffes. Sie gibt die maximale Eintauchtiefe eines vollbeladenen Schiffes in nordatlantischen Gewässern zur Winterzeit an. ☞ **ILL** (International load line)

w/o Without *Ohne*

WOC Without compensation *Ohne Entschädigung*

WOG With other goods *Mit anderen Waren* Der Begriff aus dem Gütertransportwesen zeigt den Transport von Waren unterschiedlicher materieller Beschaffenheit in einem Laderaum an.

Worcs Worcestershire *Worcestershire* Englische Grafschaft.

W.P. Without prejudice *Unbeschadet (irgendwelcher Ansprüche)* Anmerkung im Kopf eines Dokumentes. Der Schreiber gibt bekannt, dass seine jetzige Zustimmung zu einer bestimmten Verfahrensweise nicht automatisch auf gleiche oder ähnliche Sachverhalte übertragen werden kann.

WPA With particular average *Mit Beschädigung* Frühere Deckungsform der ☞ **ICC** (Institute Cargo Clauses). Deckung B. Strandungsfalldeckung. ☞ **W.A.** (With average)

WPO World Packaging Organization *Weltorganisation der Verpackungsindustrie*

W.R. Warehouse receipt *Lagerquittung, Lagerempfangsschein* Gezeichnete Bescheinigung, die die in ein Lager/Depot aufgenommenen Waren verzeichnet. Die Quittung ist in erster Linie eine Empfangsbestätigung über den Wareneingang.

w.r. War risk *Kriegsrisiko* Das durch einen Krieg begründete Katastrophenrisiko. Versicherer können das Kriegsrisiko als Katastrophenrisiko in der Regel nicht tragen, denn der Krieg ruft eine Gefahrensteigerung hervor, die nicht zu kalkulieren ist. Durch besondere Klauseln und Bedingungen kann die Kriegsgefahr in einigen Versicherungsarten wie in der Transportversicherung ganz oder teilweise versichert werden.

w.r.i. *US:* War risk insurance *Kriegsversicherung* Lebensversicherung für Angehörige der US-Streitkräfte gegen Schäden im Kriegsfall.

WRAC World Radiocommunications Administrative Conference *Haupttreffen der Mitgliedstaaten der* ☞ **UIT** *(Union Internationale de Telecommunication)* Auf dem Treffen werden Bestimmungen zu den drahtlosen Kommunikationsverbindungen neu erarbeitet bzw. verändert.

WSJ *US:* Wall Street Journal *Das Wall Street Journal* Das bekannteste New Yorker Börsenblatt. Der Name geht auf eine Straße im Südteil von Manhattan zurück, wo sich das Finanzzentrum der Stadt befindet. Die wichtigste Wertpapierbörse der USA, die ☞ **NYSE** (New Yorker Börse), hat hier ihren Sitz.

W. Sussex West Sussex *West Sussex* Englische Grafschaft.

wt. Weight *Gewicht*

wtd. Warranted *Garantiert* Eine Garantieerklärung des Herstellers zur Beschaffenheit seines Produktes. Syn.: **wd.** (Warranted)

WTO World Tourism Organisation *Welttourismusorganisation* Internationale Interessenvertretung nationaler Fremdenverkehrsverbände. Sie setzt sich für eine Förderung des freien Reiseverkehrs insbesondere für die Reduzierung der Einreiseformalitäten ein.

WV West Virginia *West Virginia* Bundesstaat der USA.

W.W. Warehouse warrant *Lagerschein* Der Lagerhalter bescheinigt die Einlagerung eines Gutes. Auf dem Dokument wird außerdem das Versprechen gegeben, dem legitimierten Inhaber das Gut nur gegen Vorlage des Lagerscheines auszuliefern.

WWD Weather working days *nach Wetterlage mögliche Arbeitstage* Termine für die Beendigung von Lade- und Löscharbeiten im Seefrachtverkehr müssen nur eingehalten werden, wenn die Wetterbedingungen die Weiterführung der Arbeiten erlauben. Schlechtwettertage verlängern den Termin.

WY Wyoming *Wyoming* Bundesstaat der USA.

W. Yorkshire West Yorkshire *West Yorkshire* Englische Grafschaft.

Xx

x. Ex *Ab* Ortsangabe für die Übergabe für Waren. Sie werden dem Käufer ab dem benannten Ort (Werk, Lager, Schiff etc.) zur Verfügung gestellt. Alle weiteren Risiken und Kosten sind vom Käufer ab benanntem Ort zu tragen.
x. Excluding *Ausschließlich*
x.a. Ex all *Ohne alle Rechte* Zusatz bei Börsennotierungen. Die aufgeführte Kursnotiz gilt ohne die in Kürze zur Auszahlung kommenden Dividenden und ohne Bezugsrechte auf Neuemissionen oder weitere Ansprüche.
x.b. Ex bonus *Ohne Bonus* Ex Berechtigungsaktien. Zusatz bei Börsennotierungen. Die aufgeführte Kursnotiz berücksichtigt nicht die in Kürze herausgegebenen Gratisaktien. Syn.: **x.c.** (Ex capitalization)
x.c. Ex capitalization *Ohne Kapitalisierung* ☞ **x.b.** (Ex bonus)
x.cp. Ex coupon *Ohne Kupon* Abkürzung auf Kurszetteln bei festverzinslichen Papieren. Der Zinskupon ist abgetrennt, der Handel erfolgt ohne ihn. Syn.: **ex cp.** (Ex coupon)
xD Ex dividend *Ex Dividende, Ohne Dividende* Kurszusatz. Die betreffenden Aktien werden von diesem Tage an ohne Anspruch auf die fällige Dividende gehandelt. Syn.: **ex D** oder **e/d** (Ex dividend)
x.i. Ex interest *Ohne Zinsen* Kurszusatz bei Börsennotierungen. Ohne Berücksichtigung der in Kürze anstehenden Zinszahlungen.

XL Excess loss *Schadenexzedentenrückversicherung* Um das Versicherungsrisiko nicht alleine tragen zu müssen, schließen Erstversicherer Rückversicherungen bei anderen Versicherungsunternehmen ab. Im Falle von Großschäden verpflichtet sich der Rückversicherer, solche Schadensüberschüsse zu tragen, die eine vereinbarte Höchstsumme pro Schaden übersteigen. Der Erstversicherer kommt für die Schäden bis zur vereinbarten Höchstsumme auf, alle weiteren Ansprüche werden vom Rückversicherer gedeckt.
Xmas Christmas *Weihnachten* Eine konventionelle und handelsübliche Abkürzung, die sich vom griechischen Buchstaben „X" ableitet. Dieser Buchstabe wurde von den frühen Christen als Symbol für Christus benutzt.
xml. Ex mill *Ab Mühle* ☞ **x** (Ex)
xs. Excess *Überschuss* Meist in Zusammensetzung mit anderen Begriffen als Übergewicht oder Nachgebühr.
xshp. Ex ship *Ab Schiff* ☞ **x** (Ex)
xstk. Ex stock *Ab Lager* ☞ **x** (Ex)
xstr. Ex store *Ab Lager* ☞ **x** (Ex) Ab Lager des Verkäufers.
xwhf. Ex wharf *Ab Lagerplatz, Kai* ☞ **x** (Ex)
xwhse. Ex warehouse *Ab Lager* ☞ **x** (Ex). Ab Lager des Verkäufers.
xwks. Ex works *Ab Fabrik, Hersteller, Werk* ☞ **x** (Ex)
xxxxx Error *Fehler* Telexabkürzung. Verweis auf ein falsch eingegebenes Wort.

Yy

y. Year *Jahr*
y. Yard *Yard* Längenmaß. ☞ **yd(s)** (Yard(s))
YAR York-Antwerp-Rules *York-Antwerpen-Vorschriften* Internationale Vereinbarung von 1974 über die Kostenbeteiligung bei großen Havarieschäden im Seeverkehr.
YCANs Yield curve adjustable notes *Variabel verzinsliche Wertpapiere* Ihre laufende Verzinsung ergibt sich als Differenz zwischen einem festgelegten Höchstzinssatz und dem gegenwärtigen Marktzins (z. B. ☞ **LIBOR,** ☞ **FIBOR**). Die Renditeentwicklung verhält sich dadurch umgekehrt zum Zinsniveau.
yd.(s) Yard(s) *Yard(s)* Übliches Längenmaß in englischsprachigen Ländern. 1 **yd.** = 0,9144 Meter.
YER Yearly effective rate (of interests) *Effektiver Jahreszins* Effektiver Ertrag oder Zins einer Anleihe in Prozenten auf ein ganzes Jahr berechnet. Da die effektive Verzinsung u.a. vom Börsenkurs der Anleihe, dem Zinsertrag, Disagio oder Agio und dem Zeitpunkt und deren Form

YLD

der Tilgung abhängt, stimmt sie in der Regel nicht mit der nominellen Verzinsung überein.
YLD Yield *Ertrag, Rendite, Verzinsung* Gesamterfolg des angelegten Kapitals pro Jahr, insbesondere von Wertpapieren. Die Zinsen werden mit den Kursgewinnen bzw. -verlusten verrechnet. Die Rendite wird oft in Prozent des angelegten Kapitals ausgedrückt.
yld.grs. Yield gross *Bruttoertrag* Zusatz bei veröffentlichten Börsennotierungen. Er bezeichnet die Rendite vor Steuern, die ein Aktionär für je 100 Pfund oder Dollar erwarten kann, wenn er in die betreffende Aktie investiert hat.
yly Yearly *Jährlich* Meist im Zusammenhang mit dem Termin zur Auszahlung fälliger Zinsen auf dem Geldmarkt.
YOB Year of birth *Geburtsjahr*
yr. Year *Jahr*

yr Your *Ihr, Dein* Telexabkürzung.
yrs. Yours *Mit freundlichem Gruß* Grußformel in Briefen. In der abgekürzten Form nur in Telegrammen oder Kurznotizen üblich.
yt. Yacht *Jacht* Nichtkommerzielles Wasserfahrzeug, meist in Privatbesitz.
YTC Yield to call *Rendite bis zur Kündigung* Rendite einer Schuldverschreibung bis zur Kündigung einer Obligation durch den Herausgeber zum erstmöglichen Termin.
YTM Yield to maturity *Rendite bis Fälligkeit* Rendite einer langfristigen Schuldverschreibung, die bis zum Fälligkeitstermin gehalten wird.
YTS *GB:* Youth Training Scheme *Berufsausbildungsprogramm für Jugendliche* Staatlich gestütztes Programm, das 16-jährigen Schulabgängern eine zweijährige Ausbildung an einer Schule oder in einem Betrieb ermöglicht.

Zz

Z.B. Zeal building *Begeisterung schaffen* Verfahren zur Motivierung von leitenden Angestellten.
ZBA *US:* Zero-bracket amount *Steuerfreibetrag* Einkommen, das als pauschaler Standardabzug bereits in den Steuertabellen eingearbeitet ist und nicht der Einkommensteuerpflicht unterliegt.
ZBB Zero-base budgeting *Haushaltsführung nach Bedarf* Methode der Budgetzuweisung an Firmen oder staatliche Stellen, bei der sämtliche Ausgaben nachgewiesen und begründet werden müssen. Der entsprechende Haushalt beginnt quasi bei Null und wird bei Notwendigkeit versorgt. Der Haushaltsverbrauch aus dem vorangegangenen Jahr ist ohne Bedeutung.
ZIP *US:* Zone Improvement Plan code *Postleitzahl* Zahlenfolge mit 5 Ziffern zur Bezeichnung der Postzustellbereiche in den USA. Die ersten drei Ziffern bezeichnen den Bundesstaat und Zustellbereich, die letzten zwei Ziffern das zuständige Postamt.
ZOO *US:* Zoo *Null-Kupon-Anleihen* Sammelname für verschiedene Null-Kupon-Anleihen wie **CATS** (Certificates of accrual on treasury securities), **TIGRES** (Treasury investment growth receipts), **LIONS** (Lehmann investment opportunity notes), die meist von amerikanischen Emissionshäusern ausgegeben werden.
Z-score Z-score *Z-Ergebnis* Wahrscheinlichkeit, mit der ein Unternehmen insolvent werden kann.

Sachregister

A

A

A classification of residential neighbourhoods **ACORN**
A licence **A licence**
A programming language **APL**
A road **A road**
A vista **a v.**
Abbreviation **abb./abbrev.**
Able seaman **A.S.**
About **abt**
Above **abv**
Above-mentioned **a/m**
Abridgement **abr.**
Absent **abs.**
Absolute **abs.**
Accelerated Cost Recovery System **ACRS**
Accelerated surface post **ASP**
Acceptable **accptbl**
Acceptance **acc.**
Accepting Houses Committee **AHC**
Accident frequency rate **AFR**
According(ly) **acc(ly)**
Account **a/c, acc.**
Account current **A/C**
Account of **a/o**
Account purchases **A.P.**
Account sales **A.S.**
Accounting Principles Board **APB**
Accounting rate of return **ARR**
Accounting Standards Board **ASB**
Accounting Standards Committee **ASC**
Accumulated earnings tax **AET**
Acknowledged **ack'd**
Acre **a.**
Actual gross weight **a.g.w.**
Actual total loss **A.T.L.**
Ad valorem According to value **a.v., ad. val.**
Additional premium **A.P.**
Additional voluntary contributions **AVCs**
Adjustable rate mortgages **ARM**
Adjustable rate preferred stocks **ARPS**
Adjusted gross income **AGI**
Adjusted selling price **ASP**
Administration **Admin., admin.**
Admission temporaire Temporary admission **ATA**
Admitted **adm.**
Advance-decline **A-D**
Advance-purchase excursion (ticket) **APEX**
Advance **advnce**
Advanced Corporation Tax **ACT**
Advanced manufacturing technology **AMT**
Advanced passenger train **APR**
Advanced postcard **APC**
Advanced technology product **ATP**
Advanced traffic management system **ATMS**
Advanced traveler information system **ATIS**
Advanced vehicle control system **AVCS**
Advertisement **ad**
Advertising and promotion **A&P**
Advertising manager **adman**
Advertising Standards Authority **ASA**
Advice **adv**
Advisory and service (responsibility) **A&S**
Advisory, Conciliation and Arbitration Service **ACAS**
Aetna Health Plan **AHP**
Afloat **aflt.**
Aforesaid **afsd.**
African Development Bank **ADB**
African Development Bank **AfDB**
African Development Fund **ADF**
African Posts and Telecommunications Union **APTU**
African, Caribbean and Pacific (states) **ACP**
Afro-Asian Organization for Economic Cooperation **AFRA-SEC**
After **aft.**
After arrival **a/a**
After date **a/d**
After event letter **AEL**
After sight **a/s**
Again **agn**
Against all risks **AAR**
Agency **agcy.**
Agency for International Development **AID**
Agent **ag.**
Agent **agt.**
Agreed **agd.**
Agricultural Mortgage Corporation Ltd **AMC**
Agricultural unit of account **AUA**
AIBD, CEDEL, EURO-CLEAR system **ACE**
Air cushion vehicle **ACV**
Air waybill **AWB**
Airborne **a/b**
Airmail, air mail **A/M**
Airmail transfer **a.m.t.**
Alabama **AL, Ala.**
Alaska **AK, Alas.**
Alberta **AB**
Algorithmic language **ALGOL**
All ordinaries (index) **AO**
All risks **A/R**
All-terrain vehicle **ATV**
Alternative depreciation system **ADS**
Alternative minimum tax **AMT**
Altitude **alt.**
Always afloat **a.a.**
Amalgamated Engineering and Electricians Union **AEEU**
Amalgamated Union of Engineering Workers **AUEW**
American Accounting Association **AAA**
American Arbitration Association **AAA**
American Association of Individual Investors **AAII**
American Association of Retired Persons **AARP**
American Bankers Association **ABA**
American Bureau of Shipping **ABS**
American Business Initiative **ABI**
American Business Women's Association **ABWA**
American depositary receipt **ADR**
American Federation of Labor and Congress of Industrial Organizations **AFL/CIO**
American Institute of Certified Public Accountants **AICPA**
American Institute of Management **AIM**
American Management Association **AMA**
American Medical Association **AMA**
American National Standards Institute **ANSI**
American Retail Federation **ARF**
American selling price **ASP**
American Society of Mechanical Engineers **ASME**

A

American Standard Code for Information Interchange **ASCII**
American Standards Association **ASA**
American Stock Exchange **AMEX, AMSE, ASE**
American Stock Exchange Clearing Corporation **ASECC**
Americans with Disabilities Act **ADA**
AMEX Commodities Exchange **ACE**
Amount **amt.**
Anchored **anch.**
And **n**
And/or **a/or**
Andean Trade Initiative **ATI**
Annual general meeting (of shareholders) **AGM(S)**
Annual(ized) percentage rate (of interest) **APR**
Annualized income installment method **AIIM**
Ante meridiem Before noon **a.m.**
Any other business **a.o.b.**
Apothecaries' (weight) **ap.**
Appendix **app.**
Appendixes **apps.**
Approval **appro.**
Approved deferred share trust **ADST**
Approximately **appr.**
April **apr**
April and October **A/O**
April, July, October and January **A.J.O.J.**
Arab accounting dinar **AAD**
Arab Bank for Economic Development in Africa **ABEDA**
Arab Fund for Economic and Social Development **AFESD**
Arab Monetary Fund **AMF**
Arbitrager **arb.**
Are **r**
Argentina, Brasil, Chile (countries) **ABC**
Arizona **Ariz., AZ**
Arkansas **AR, Ark.**
Around **ard**
Arrangements **arrgmts**
Arrival **ARR, arrvl**
Arrival, arrive **arv**
Arrived **ar., arrd.**
Article **art(cl)**
Articles **arts.**
Artificial intelligence **A.I.**

As soon as possible **asap**
Asian Development Bank **ADB**
Asian Development Bank **AsDB**
Asian Development Fund **ADF**
Assembly **assly**
Assessment center **AC**
Asset depreciation range system **ADR(S)**
Asset management account **AMA**
Assistant **asst.**
Assistant manager **AM**
Associate member **AM**
Associate of the Institute of Chartered Accountants in England and Wales **ACA**
Associated Banks' of Europe Corporation **ABECOR**
Associated Society of Locomotive Engineers and Firemen **ASLEF**
Association of Scientific, Technical and Managerial Staffs **ASTMS**
Association Cambiste Internationale **ACI**
Association for Payment Clearing Services **APCS**
Association of British Chambers of Commerce **ABCC**
Association of Certified and Corporate Accountants **ACCA**
Association of European Airlines **AEA**
Association of Futures Brokers and Dealers **AFBD**
Association of International Bond Dealers **AIBD**
Association of Professional, Executive, Clerical and Computer Staff **APEX**
Association of South-East Asian Nations **ASEAN**
Association of Teachers and Lecturers **ATL**
Association **Assn.**
Atlantic **Atl.**
Atlantic, Gulf, West Indies (warranty) **AGW**
Attached **att.**
Attention **attn**
Attention, interest, desire, action (model) **AIDA**
Attention, interest, desire, proof, action **AIDPA**
Audit Bureau of Circulations **ABC**
August **aug**

B

August und February **A/F**
Australian Development Assistance Bureau **ADAB**
Automated Real-Time Investment Exchange Limited **ARIEL**
Automated screen trading **AST**
Automated teller machine **ATM**
Automatic data processing **ADP**
Automatic transfer services **ATS**
Avenue **Av.**
Average **av.**
Average Indexed Monthly Earnings **AIME**
Average-issue audience **AIA**
Average-issue readership **AIR**
Avoirdupois **avdp.**
Avoirdupois (weight) **av., avoir.**

B

B licence **B licence**
B road **B road**
B shares **B shares**
Bachelor of Arts **BA**
Bachelor of Business Administration **BBA**
Bachelor of Science **BS, BSc**
Backwardation **bk.**
Bag **b., bg.**
Bags **bgs.**
Balance **bal.**
Balance of payments **BOP**
Balance of trade **BOT**
Balance sheet **B.S.**
Bale **b.**
Bale, Bundle **bl.**
Bales **bls.**
Bales; bags **bs.**
Ballast **ball.**
Baltic and International Maritim Council **BIMCO**
Bank **bk., bnk**
Bank draft, banker's draft **B.D.**
Bank for International Settlements **BIS**
Bank identifier code **BIC**
Bank of England **BE**
Bank rate **B.R..**
Bank settlement plan **BSP**
Bank-note **B.N.**
Bankable asset **B.A.**
Banker's acceptance (bank acceptance) **B.A.**
Banker's selling rate **BSR**
Banking, Insurance and Finance Union **BIFU**

B

Banking **bkg**
Bankrupt **bkrpt.**
Bargain **barg.**
Barge aboard catamaran **BACAT**
Barge-container (ship) **Baco**
Barge-on-board **b.o.b.**
Barrel **bar., bl., brl.**
Barrels **bbl., bls.**
Barrels per day **b.p.d., b/d**
Barrister **bar.**
Basic motion timestudy **BMT**
Bath(room) **bth.**
Be **b**
Bearer bond(s) **B.B.**
Bedfordshire **Beds.**
Beginner's All Purpose Symbolic Instruction Code **BASIC**
Belgium-Luxemburg Economic Union **BLEU**
Below bridges **b.b.**
Bench mark **B.M.**
Berkshire **Berks**
Berth terms **B.T.**
Bid bond **b.b.**
Bid wanted **BW**
Bilateral Investment Treaty **BIT**
Bill discounted **B/D**
Bill of entry **B/E**
Bill of exchange **B/E**
Bill of health **B.H.**
Bill of Lading **B/L**
Bill of materials **BoM**
Bill of sale **B/S**
Bill of sight **B/S**
Bill of store **B/S**
Billion **bn.**
Bills for collection **B/C**
Bills payable **B.P.**
Bills receivable **B.R.**
Bills receivable **b/rec**
Blind (carbon) copy **b.(c.)c.**
Board **Bd.**
Board measure **B.M.**
Board of Customs and Excise **BCE**
Board of Customs and Excise **BOCE**
Board of Trade **BOT**
Bond **bd.**
Bonded goods **b.g.**
Bonded warehouse **B.W.**
Book value **B.V.**
Booked **bkd**
Bookings **bkgs**
Born **b.**
Both days inclusive **b.d.i.**
Bottle **bot.**

Bottom stowed **b.s.**
Bought **bot.**
Boulevard **Blvd., Boul.**
Box(es) **bx.(s)**
Branch office **BO**
Brand rating index **BRI**
Break-even-point **BEP**
Break-even-time **BET**
Breakage **bkge**
British Actors Equity Association **EQUITY**
British Broadcasting Corporation **BBC**
British Chamber of Commerce in Germany **BCCG**
British Columbia **BC**
British Dental Association **BDA**
British Nuclear Fuels (PLC) **BNF**
British Overseas Trade Board **BOTB**
British Rail **BR**
British Standard **BS**
British Standards Institution **BSI**
British summer time **BST**
British Technology Group **BTG**
British Telecom International **BTI**
British Telecom **BT**
British thermal unit **BTU**
British Wool Marketing Board **BWMB**
Broker/Dealer **B/D**
Brother; brothers **Bro.**
Brought down **b.d.**
Brought forward **b.f(wd).**
Brussels Tariff Nomenclature **BTN**
Buckinghamshire **Bucks**
Build-own-operate-transfer **BOOT**
Building(s) **bldgs.**
Building risks **B/R**
Building society **B.S.**
Bulk **blk.**
Bulletin(s) **bull(s).**
Bundle **bdl.**
Bunker adjustment factor **BAF**
Bureau Veritas **BV**
Bushel **bsh., bu., bush.**
Business Development Center **BDC**
Business environment risk information (index) **BERI**
Business Expansion Scheme **BES**
Business Strategy Reviews **BSR**
Buyer(s) no seller(s) **BNS**
Buyer's option **BO**
Buying power index **BPI**

C

Buying power quota **BPQ**
Bytes per inch, Bits per inch **b.p.i.**
Bytes per second, Bits per second **b.p.s**

C licence **C licence**
Cable transfer **CT**
Calendar **cal.**
California **CA, Cal(if).**
Cambridgeshire **Cambs**
Canada Free Trade Agreement **CFTA**
Canada **Can.**
Canadian International Development Agency **CIDA**
Cape **C**
Cape of Good Hope **CGH**
Capital account **C/A**
Capital asset pricing model **CAPM**
Capital gains tax **CGT**
Capital transfer tax **CTT**
Captain **capt.**
Car load **c.l.**
Carat **c, car., ct.**
Carbon copy **cc**
Care and maintenance basis **C&M**
Care of **c/o**
Cargo **cgo.**
Cargo Registration and Review Board **CRRB**
Caribbean Basin Initiative **CBI**
Caribbean Common Market **CARICOM**
Carriage **cge.**
Carriage and insurance paid (to) **CIP**
Carriage forward **c./fwd., c.f., carr.fwd.**
Carriage paid **c/p**
Carriage paid to **CPT**
Carribean Development Bank **CDB**
Carried down **c.d.**
Carried forward **c./fwd., cd.fwd.**
Carried over **c.o.**
Carrier's haulage **CH**
Carrier's risk **C.R.**
Cartage **ctge.**
Carton **ctn**
Case **c.**
Cases **c/s**

C

Cash against documents **CAD**
Cash before delivery **c.b.d.**
Cash on delivery **c.o.d.**
Cash on shipment **c.o.s.**
Cash order **C/O**
Cash surrender value of life insurance **CSVLI**
Cash versus documents **c.v.d.**
Cash with order **c.w.o.**
Cash-management **CM**
Cask **ck., csk.**
Catalogue **cat(alg)**
Caveat emptor Let the buyer beware **c.e.**
Cent **c.**
Cent(s) **ct.(s)**
Center for Disease Control **CDC**
Centigrade heat unit **CHU**
Central American Common Market **CACM**
Central Bureau for Nuclear Measurements **CBNM**
Central business district **CBD**
Central European Time **CET**
Central Government Borrowing Requirements **CGBR**
Central heating **c.h.**
Central Office of Information **COI**
Central order processing system **COP**
Central processing unit **CPU**
Central Product Classification **CPC**
Central Standard Time **CST**
Central Statistical Office **CSO**
Central Valley Project **CVP**
Centrale de livraison de valeurs mobilières **CEDEL**
Century **C**
Certificate **cert.**
Certificate of Insurance **c/i**
Certificate of origin **C.O.**
Certificate of Secondary Education **CSE**
Certificate(s) of Deposit **CD(s)**
Certified Financial Planner **CFP**
Certified invoice **cert.inv.**
Certified public accountant **CPA**
Chafage **chaf.**
Chain **ch.**
Chairman **chn.**
Chamber of Commerce **CC**
Channel Islands **CI**
Chapter(s) **ch(s).**
Characters per second **c.p.s.**
Charge **ch.**

Charge(s) **chg(s)**
Charges collect **cc**
Charges forward **ch.fwd**
Charges paid **ch.pd.**
Charges prepaid **ch.ppd.**
Charter party **CP**
Chartered accountant **CA, CTA**
Charterer pays dues **c.p.d.**
Chartering Broker **C.B.**
Cheapest-to-deliver **CTD**
check **ck**
Chemical Manufacturers Association **CMA**
Cheque **chq.**
Cheshire **Ches**
Chicago Board of Options Exchange **CBOE**
Chicago Board of Trade **CB(O)T**
Chicago Mercantile Exchange **CME**
Chicago Rice and Cotton Exchange **CRCE**
Chief Executive Officer **CEO**
Chief financial officer **CFO**
Chief investment officer **CIO**
Chief operating officer **COO**
Chlorofluorocarbons **CFCs**
Christmas **Xmas**
Circa **c, ca.**
Circle trip **CT**
Citizen's Advice Bureau **CAB**
Civil Aeronautics Board **CAB**
Civil and Public Services Association **CPSA**
Civil Aviation Authority **CAA**
Civil commotion **C.C.**
Civil Service **CS**
Civil Service Retirement System **CSRS**
Classification of Commodities by Industrial Origin **CCIO**
Classification of products by activity **CPA**
Clause **cl.**
Clean credit **C/C**
Clean payment **CP**
Cleared without examination **CWE**
Cleared **cld.**
Clearing house **CH**
Clearing House Automated Payment System **CHAPS**
Clearing House Interbank Payment System **CHIPS**
Closer economic relations **CER**
Closing date **c.d.**
Co-operative **CO**

Co-operative Wholesale Society **CWS**
Code Général des Impôts **CGI**
Coffee, Sugar and Cocoa Exchange **CSCE**
Collateralized mortgage obligation **CMO**
Collection and delivery **C/D**
Collector **collr.**
College of further education **CFE**
Collision **coll(n)**
Collision course **C.C.**
Collision damage waiver, Car damage waiver **CDW**
Colorado **CO, Col(o).**
Column(s) **col(s).**
Combined nomenclature **CN**
Combined transport bill of lading **CT-B/L**
Combined transport operator **CTO**
Commercial **cml.**
Commercial agent **C.A.**
Commercial Letter of Credit **CLC**
Commercial Paper **CP**
Commercial vehicle operations **CVO**
Commercial weight **c/w**
Commission **com.**
Commission agent **CA**
Committee for International Cooperation between Cotton Associations **CICCA**
Committee on Trade Procedures **COMPROs**
Committee on Uniform Securities Identification Procedures **CUSIP**
Commodities Exchange **COMEX**
Commodity Classification for Transport Statistics in Europe **CTSE**
Commodity Credit Corporation **CCC**
Commodity Futures Trading Commission **CFTC**
Common Agricultural Policy **CAP**
Common Business Oriented Language **COBOL**
Common external tariffs **CET**
Common fisheries policy **CFP**
Commonwealth of Independent States **CIS**
Communication Workers Union **CWU**

139

C

Community Patent Convention **CPC**
Compagnie Francaise d' Assurances pour le Commerce Extérieur **COFACE**
Compagnie **Cie.**
Compañía **Cia.**
Company **Co.**
Company branch (telephone) exchange **CBX**
Compare **cp.**
Compensation fee **C.F.**
Completely built-up **CBU**
Completely knocked down **CKD**
Composite rate of tax **CRT**
Compounded annual rate (of interest) **CAR**
Computer input on microfilm **CIM**
Computer output on microfilms **COM**
Computer reservation system **CRS**
Computer-aided manufacturing Computer-assisted, manufacturing **CAM**
Computer-aided auditing testing, Computer-assisted auditing testing **CAAT**
Computer-aided design, Computer-assisted design **CAD**
Computer-aided engineering, Computer-assisted engineering **CAE**
Computer-aided instruction, Computer-assisted instruction **CAI**
Computer-aided planning, Computer-assisted planning **CAP**
Computer-aided quality (assurance), Computer-assisted quality **CAQ**
Computer-aided telephone interviewing (system), Computer-assisted telephone interviewing **CATI**
Computer-aided testing, Computer-assisted testing **CAT**
Computer-aided trading, Computer-assisted trading **CAT**
Computer-based training **CBT**
Computer-integrated manufacturing **CIM**
Computerized branch exchange **CBX**
Computerized numerical control **CNC**

Confederation of British Industry **CBI**
Confederation of Health Service Employees **COHSE**
Confederation of Irish Industry **CII**
Conferatur Compare **cf.**
Conference terms **C.T.**
Confirmation **cfmtn**
Confirmed **cfm(d)**
Congressional Budget Office **CBO**
Connecticut **Conn., CT**
Consecutive-weeks discount **CWD**
Consignment **consgt.**
Consignment note **CN**
Consols **con(s).**
Constant hot water **c.h.w.**
Construction Forecasting and Research **CFR**
Constructive total loss **CTL**
Consul **con.**
Consular invoice **C.I., con.inv.**
Consultative Committee for International Telephony and Telegraphy **CCITT**
Consultative Committee of Accountancy Bodies **CCAB**
Consumer Price Index **CPI**
Consumer's Consultative Council **CCC**
Container **cont.**
Container freight station **CFS**
Container service charge **CSC**
Container yard **CY**
Container-dock (ships) **condock**
Containing **contg.**
Content(s) **cont.**
Continent **cont.**
Continuation-in-part application **CIP**
Continued **cont., ctd.**
Contra **con.**
Contra credit **con.cr.**
Contract year **CY**
Contractor's all risk insurance **CAR**
Convention internationale concernant le transport des marchandises par chemin de fer **CIM**
Convention internationale concernant le transport des voyageurs et des bagages par chemins de fer **CIV**

Convention on contracts for the international sale of goods **CISG**
Convention on International Trade in Endangered Species of Wild Fauna and Flora **CITES**
Convention relative au contract de Transport international de Marchandises par Route **CMR**
Convention relative aux transports internationaux ferroviares **COTIF**
Conversation **conv**
Convertible **C/V**
Cooperative research and development agreements **CRADAs**
Coordinating Committee for Multilateral Export Controls **COCOM**
Copy circulated to **cc**
Copyright **C**
Cornwall **Corn**
Corporate Identity **CI**
Corporate income fund **CIF**
Corporation tax **CT**
Cost and freight **C&F, C/F, CFR**
Cost per mille **CPM**
Cost per order **CpO**
Cost per thousand **CPT**
Cost plus a percentage of cost (contract) **CPPC**
Cost plus fixed fee (contract) **CPFF**
Cost, Assurance, Freight **CAF**
Cost, freight, and insurance **CFI**
Cost, insurance, freight **CIF**
Cost, insurance, freight and interest **c.i.f.i.**
Cost, insurance, freight and war risk **c.i.f.w.**
Cost, insurance, freight, commission **c.i.f.c.**
Cost, insurance, freight, commission and interest **c.i.f.c.i.**
Cost, insurance, freight, exchange variations **c.i.f.e.**
Cost-benefit analysis **CBA**
Cost-of-Living-Adjustment **COLA**
Council for Mutual Economic Assistance, Communist Economy **COMECON**
Council for Mutual Economic Assistance **CMEA**
Council of American States in Europe **CASE**
Council of Economic Advisors **CEA**

C

Council of Europe **CE**
Counterfeitung Intelligence Bureau **CIB**
Countertrade **CT**
County **Co.**
County Durham **Co. Durham**
Court **Ct.**
Court of Appeal for the Federal Circuit **CAFC**
Court of Auditors **COA**
Court of Queen's Bench **QB**
Courtage **court.**
Cover **cvr**
Cover-note **CN**
Credit account **C.A.**
Credit insurance **C/I**
Credit memorandum **C.M.**
Credit note **C.N.**
Credit Union National Association **CUNA**
Creditor **cr.**
Critical incidents technique **CIT**
Critical path analysis **CPA**
Critical path method **CPM**
Cubic **cu(b).**
Cubic centimetre **cc**
Cubic feet **c.f.**
Cubic foot **c.ft., cbf., cu. ft.**
Cum dividend **c.d.**
Cum dividend **cum div.**
Cum interest **cum int.**
Cumbria **Cumb**
Cumulative preference (share) **cum.pref.**
Currency **cur., cy.**
Currency adjustment factor **CAF**
Current **cur.**
Current account **C/A**
Current cost account **CCA**
Current market value **CMV**
Current rate **C/R**
Curriculum Vitae **CV**
Customs **cstms.**
Custom(s) House **C.H.**
Customs Cooperation Council **CCC**
Customs Cooperation Council Nomenclature **CCCN**

D

Daily **dly.**
Dangerous deck **d.d.**
Dangerous Goods Regulations **DGR**
Data Telecommunications Service **DATEL**
Data Universal Numbering System, Dun's number **DUNS**
Date **d., dte**
Date to be advised **d.t.b.a.**
Dated **dd**
Day book **D.B.**
Daylight saving time **DST**
Days after acceptance **D/A**
Days after date **D/d**
Days after sight **D/S**
Dead freight **d.f.**
Dead Letter Office **DLO**
Dead weight **d.w.**
Deadline delivery date **DDD**
Deadweight all told **dwat**
Deadweight (cargo) carrying capacity **d.w.c.(c.)**
Deadweight loading capacity **DLC**
Deadweight tonnage **d.w.t.**
Deals, boards, battens **d.b.b.**
Debenture **deb.**
Debenture stock **D.S.**
Debit **deb.**
Debit note **D/N**
Debt-equity ratio **D/E (ratio)**
Debtor **dr.**
December **dec.**
December, March, June and September **D.M.J.S.**
Decimal **dec.**
Decision support system **DSS**
Decision-making unit **DMU**
Deck **dk.**
Deck load **Dk.L**
Deck loss **Dk.L**
Declaration **dec(l).**
Deed of arrangement Deed of assignment **D/A**
Defendant **def(t)., dft.**
Defense Advanced Research Projects Agency **DARPA**
Deferred account **def. a/c**
Deferred ordinary (shares) **D.O.**
Deficit **def.**
Degree **deg**
Delaware **DE, Del.**
Delete **del.**
Delivered **dd, del., dlvd.**
Delivered alongside ship **DAS**
Delivered at docks **d/d**
Delivered at frontier **DAF**
Delivered duty paid **DDP**
Delivered duty unpaid **DDU**
Delivered ex quay (duty paid) **DEQ**
Delivered ex ship **DES**
Delivery **del(y), dy.**
Delivery against payment **d.a.p.**
Delivery clause **d/c**
Delivery order **D/O**
Delivery point **D/P**
Delivery verification (certificate) **D/V**
Delivery versus payment **DVP**
Demand **dem.**
Demand draft **D.D.**
Democrat **D-**
Demurrage **dem.**
Denmark **Den.**
Department **dep(t), dpt.**
Department of Defense **DOD**
Department of Energy **DOE**
Department of Health and Human Services **HSS**
Department of Health and Social Security **DHSS**
Department of Health, Education and Welfare **HEW**
Department of Housing and Urban Development **HUD**
Department of Social Security **DSS**
Department of Trade and Industry **DTI**
Department of Transportation **DOT**
Departure **dep**
Deposit account **D/A**
Deposit pass book **DPB**
Deposit receipt **D/R**
Depository Institutions Deregulatory Committee **DIDC**
Depository Trust Company **DTC**
Deposits **Ds**
Depot **dep, dpt.**
Derbyshire **Derbys**
Despatch, Dispatch **desp.**
Destination **destn., dstn.**
Developed market economy countries **DMECs**
Development Assistance Committee **DAC**
Deviation clause **d/c**
Devonshire **Devon**
Diameter **dia(m).**
Dictaphone **dicta.**
Dictation **dict.**
Died **d.**
Difference in conditions (insurance) **DIC.**

D

Difference **diff.**
Digit **dig.**
Digital European Cordless Telephone **DECT**
Diluted **dil.**
Dime **d.**
Dimension **dim.**
Dinner **din.**
Diploma in Management Studies **DMS**
Direct debit **DD**
Direct distance dialing **DDD**
Direct Marketing Association **DMA**
Direct numerical control **DNC**
Direct(ly) **dct(ly)**
Director **dir., dr.**
Director of Public Prosecutions **DPP**
Disagio **dis.**
Disbursements **disbs.**
Discharge **dis.**
Discount **dis(c)., disct**
Dispatch loading only **d.l.o.**
Displacement **displ.**
Disposable personal income **DPI**
Disregard tape **DRT**
Distant **dist.**
Distribution **distr.**
District of Columbia **DC**
Ditto, The same **d/o**
Dividend **d., div(i).**
Dividend investment plan **DIP**
Dividend net **div net**
Dividend per share **div./share, DPS**
Dividend reinvestment plan **DRP**
Dividends **divs.**
Division **div.**
Dock **dk.**
Dock dues and shipping **DD/Shpg.**
Dock dues **DD**
Dock warrant **D.W.**
Dockyard **dkyd., DY, Dyd.**
Doctor **Dr**
Doctor of Business Administration **DBA**
Doctor of medicine **MD**
Document(s) **doc(s)**
Documents (against) cash **D/C**
Documents against acceptance **D/A**
Documents against payment **D/P**
Dollar **d., dol., USD**
Dollars **dols.**
Domestic **dom.**
Domestic credit expansion **DCE**
Domestic International Sales Corporation **DISC**
Don't know **DK**
Dorset **Dors**
Dots per inch **dpi**
Double **dble**
Double A **AA**
Double entry **DE**
Double income-tax (relief) **DIT**
Double open jaw (trip) **DOJ**
Double taxation relief **DTR**
Double-declining-balance (depreciation method) **DDB**
Dow Jones Index **DJI**
Dow Jones Industrial Average **DJIA**
Dow Jones Transportation Average **DJTA**
Dow Jones Utilities Average **DJUA**
Dozen **doz**
Draft **df., dft.**
Dram **dr.**
Drawback **dbk.**
Drawer **Dr.**
Drive **Dr.**
Dry dock **DD**
Dun & Bradstreet **D&B**
Dunnage **dun.**
Duplicate **dup.**
Durham **Dur**
Duty paid **D/P**

E

Each **ea.**
Each and every **ee**
Earned income tax credit **EITC**
Earnings before interests and taxes **EBIT**
Earnings per share **EPS**
East **E**
East African Community **EAC**
East coast of South America **E.C.S.A.**
East European Time **EET**
East Midlands **E. Midlands**
East Sussex **E. Sussex**
Eastern Daylight Time **EDT**
Eastern Standard Time **EST**
Economic and Monetary Institute **EMI**
Economic and Monetary Union **EMU**
Economic and Social Commission for Asia and the Pacific **ESCAP**
Economic and Social Committee **ESC**
Economic and Social Council **ECOSOC**
Economic Commission for Africa **ECA**
Economic Commission for Asia and the Far East **ECAFE**
Economic Commission for Europe **ECE**
Economic Commission for Latin America **ECLA**
Economic Commission for West Asia **ECWA**
Economic Community of West African States **ECOWAS**
Economic Development Committee **EDC**
Economic Recovery Tax Act **ERTA**
Economic(al) order quantity **EOQ**
Edition(s), Editor, Edited by **ed(s).**
Electrical, Electronic, Telecom and Plumbing Union **EETPU**
Electronic cash **EC**
Electronic data interchange **EDI**
Electronic data processing **EDP**
Electronic funds transfer **EFT**
Electronic Funds Transfer at the Point of Sale **EFTPOS**
Electronic Funds Transfer System **EFTS**
Electronic point of sale **EPOS**
Electronic random number indicator equipment **ERNIE**
Employee Retirement Income Security Act **ERISA**
Employee share ownership trusts **ESOTs**
Employee stock ownership plan **ESOP**
Enclosure(s) **Encl.**
End of month **EOM**
End of month payment **EMP**
Engineer **Eng.**
Engineering design automation **EDA**
England, English **Eng.**
Entered **entd.**
Environmental information and observation network **EIONET**

E

Environmental Protection Agency **EPA**
Equal Employment Opportunity Commission **EEOC**
Equal **eq.**
Equivalent **eq(uiv).**
Erection all risks (insurance) **EAR**
Error **eee, xxxxx**
Errors and omissions excepted **E&O E**
Errors excepted **e.e.**
Esquire **Esq.**
Essex **Ess**
Established **est.**
Estimated **est.**
Estimated delivery date **EDD**
Estimated maximum loss **EML**
Estimated time of arrival **ETA**
Estimated time of completion **ETC**
Estimated time of departure **ETD**
Et alii, et alia And others **et al.**
Et cetera And so on, and the others **etc.**
Et sequentes, et sequentia And the following, and what follows **et seq.**
Euro-commercial paper **ECP**
Euro-Info Centre (networks) **EICs**
Eurocheque **ec**
Europe, Australia, Far East **EAFE**
European Accounting Association **EEA**
European Agreement Concerning the International Carriage of Dangerous Goods by Road **ADR**
European Agricultural Guidance and Guarantee Fund **EAGGF**
European Air Carrier Assembly **EURACA**
European Article Number **EAN**
European Atomic Energy Community **EURATOM**
European Bank for Reconstruction and Development **EBRD**
European Banks' International Company **EBIC**
European Central Bank **ECB**
European Civil Aviation Conference **ECAC**
European Coal and Steel Community **ECSC**
European Common Market **ECM**
European Community **EC**
European Computer Manufacturers Association **ECMA**
European Conference of Ministers of Transport **ECMT**
European Currency Unit **ECU**
European Development Fund **EDF**
European Direct Marketing Association **EDMA**
European Documentation Centre **EDC**
European Economic Area **EEA**
European Economic Community **EEC**
European Environment Agency **EEA**
European Exchange Rate Mechanism **ERM**
European Federal Reserve Bank **Eurofed**
European forestry information and communication system **EFICS**
European Free Trade Association **EFTA**
European inventory of existing commercial chemical substances **Einecs**
European Investment Bank **EIB**
European Investment Fund **EIF**
European Monetary Agreement **EMA**
European Monetary System **EMS**
European Options Exchange **EOE**
European Organisation for the Safety of Air Navigation **Eurocontrol**
European Patent Convention **EPC**
European Patent Office **EPO**
European Payment Union **EPU**
European Recovery Program **ERP**
European Regional Development Fund **ERDF**
European Research Coordinating Agency **Eureca**
European Society for Opinion and Marketing Research **ESOMAR**
European Space Agency **ESA**
European Strategic Programme for Research and Development in Information and Technology **ESPRIT**
European Union **EU**
European unit of account **EUA**

F

European University Institute **EUI**
Ex all **x.a.**
Ex bonus **x.b.**
Ex capitalization **x.c.**
Ex coupon **ex cp., x.cp.**
Ex dividend **e/d, ex D, xD**
Ex interest **x.i.**
Ex mill **xml.**
Ex ship **xshp.**
Ex stock **xstk.**
Ex store **xstr.**
Ex warehouse **xwhse.**
Ex wharf **xwhf.**
Ex works **EXW, xwks.**
Exampli gratia For example **e.g.**
Except as otherwise noted **e.a.o.n.**
Excess **xs.**
Excess loss **XL**
Exchange **exch.**
Exchange equalization account **EEA**
Exchequer **Exch.**
Excluding **ex., excl., x.**
Executed **ex.**
Executive **EIS, exec.**
Executive vice president **EVP**
Expected to complete **ETC**
Expected to sail **ETS**
Expenses **exes.**
Export Credits Guarantee Department **ECGD**
Export management company **EMC**
Export Market Information Centre **EMIC**
Export Representative Service **ERS**
Export-Import Bank **Eximbank**
Extended coverage (insurance) **EC**
Extension **ext.**
Extraordinary general meeting **EGM**
Eyes open in front of advertisement **EOFA**

F

Facsimile **fac., Fax**
Fahrenheit **F, Fahr.**
Fair average quality **FAQ**
Fair copy **f.co.**
Fair market value **FMV**
Fair merchantable **f.m.**

F

Fair wear and tear **f.w.t.**
Faithfully **ffy**
Family income supplement **FIS**
Fare calculation unit **FCU**
Fast as can **f.a.c.**
Fast as can as customary **f.a.c.a.c.**
Fast-moving consumer goods **FMCG**
Fathom **fm., fth(m).**
February **feb**
Federal Accounting Standards **FAS**
Federal Communications Commission **FFCS**
Federal Home Loan Bank Board **FHLB**
Federal Home Loan Mortgage Corporation **FHLMC**
Federal Housing Administration **FHA**
Federal Intermediate Credit Bank **FICB**
Federal National Mortgage Association **FNMA**
Federal Open Market Committee **FOMC**
Federal Reserve Act **FRA**
Federal Reserve Bank **FRB**
Federal Reserve Board **FRB**
Federal Reserve District **FRD**
Federal reserve notes **FRN**
Federal Reserve System **Fed**
Federal Reserve system **FRS**
Federal Savings and Loan Insurance Company **FSLIC**
Federal Trade Commission **FTC**
Fédération Internationale des Associations des Transporteurs et Assimés **FIATA**
Fédération Internationale des Ingenieurs Conseils **FIDIC**
Federation **F**
Feet board measure **FBM**
Fellow of the Association of Certified and Corporate Accountants **FACCA**
Fellow of the Institute of Chartered Accountants **FCA**
Fellow of the Institute of Incorporated Practitioners in Advertising **FIPA**
FIATA warehouse receipt **FWR**
Fieri facias See that it is done **fi.fa.**
Figurative(ly) **fig.**
Figure(s) **fig.(s)**

File wrapper continuation **FWC**
Fill-or-kill **f.o.k.**
Finance, financial **fin.**
Financial Accounting Standards Board **FASB**
Financial Intermediaries, Managers, and Brokers Regulatory Association **FIMBRA**
Financial Services Act **FSA**
Financial Services Staff Association **FSSA**
Financial Times (Industrial Ordinary Share) Index **FT Index**
Financial Times-Actuaries All-Share Index **FTASI**
Financial Times-Stock Exchange Index of 100 Shares **FT-SE**
Financial year **FY**
Fine paper, First-class paper **F.P.**
Finite Life Real Estate Investment Trust **FREIT**
Fire and allied perils **FAP**
Fire Brigades Union **FBU**
Fire policy **F.P.**
Fire risk only **FRO**
Firkin **fir.**
Firm offer **F.O.**
First in, first out **FIFO**
First open water (chartering) **FOW**
Fiscal year **FY**
Fishing vessel **FV**
Flight **flt**
Floating policy **F.P.**
Floating rate note **FRN**
Florida **FL, Fla.**
Fluid ounce **fl.oz.**
Following **flwg, folg.**
Following (pages) **ff.**
Food and Agriculture Organization **FAO**
Food and Drug Administration **FDA**
Foolscap **f/cap**
Foot, feet **ft.**
For the attention of **f.a.o.**
For valuation only **FVO**
For your information **FYI**
Fore hatch, Forward hatch **F.H.**
Foreign Agricultural Service **FAS**
Foreign and Commonwealth Office **FCO**
Foreign Commercial Service **FCS**
Foreign Credit Insurance Association **FCIA**
Foreign direct investment **FDI**
Foreign Exchange Club **FOREX**

Foreign exchange **forex**
Foreign government approval **FGA**
Foreign interest payment security **FIPS**
Foreign service officer **FSO**
Foreign **for.**
Formula Translation **FORTRAN**
Forward **fwd**
Forwarder's Certificate of Transport **FCT**
Forwarding agent **FA**
Forwarding Agent's Certificate of Receipt **FCR**
Forwarding charges **F/Chgs.**
France **Fr.**
Franco **fco.**
Frankfurt Interbank Offered Rate **FIBOR**
Free (from) particular average **FPA**
Free alongside quay **FAQ**
Free alongside ship **FAS**
Free carrier **FCA**
Free delivery **f/d**
Free discharge **f.d.**
Free in **f.i.**
Free in and out **FIO**
Free in and out and free stowed **f.i.o.s.**
Free in and out and free trimmed **f.i.o.t.**
Free into barge **f.i.b.**
Free into bunker **f.i.b.**
Free into store **f.i.s.**
Free into waggon **f.i.w.**
Free of all average **FAA**
Free of capture and seizure **f.c.s.**
Free of capture, seizure, riots and civil commotion **f.c.s.r.&c.c.**
Free of charge **FOC**
Free of damage **FOD**
Free of income tax **FIT**
Free of tax **FOT**
Free on aircraft **f.o.a.**
Free on board **FOB**
Free on quay **f.o.q.**
Free on rail **f.o.r.**
Free on steamer **f.o.s.**
Free on truck **f.o.t**
Free standing additional voluntary contributions **FSAVC**
Freight **frt.**
Freight all kind(s) **FAK**
Freight and demurrage **F&D**
Freight bill **FB**

F

Freight forward (US: freight collect) **frt.fwd.**
Freight payable at destination **FPAD**
Freight prepaid **frt.ppd.**
Freight release **F.R.**
Fresh **F**
Fresh water damage **FWD**
Friday **Fr., fri**
Fringe benefit tax **FBT**
From **fr.**
Full container load **FCL**
Full interest admitted **f.i.a.**
Full terms **f.t.**
Fully paid **f.p.**
Fully-paid (share) **F.P.**
Fundamental equilibrium exchange rate **FEER**
Furlong **fur.**
Furnished (with) **furn.**
Future rate agreement **FRA**
Futures and options exchange **FOX**
Futures **fut.**

G

G.P (mortgage), Graduated-payment (mortgage) **JEEP**
Gallon **gal.**
Gallons capacity **gal.cap.**
Gardens **Gdns.**
General Accounting Office **GAO**
General Agreement on Tariffs and Trade **GATT**
General Agreement to Borrow **GAB**
General average, gross average **G.A.**
General cargo rate **GCR**
General manager **GM**
General Post Office **GPO**
General sales manager **GSM**
General, Municipal, Boilermakers and Allied Trade Unions **GMBATU**
Generalized System of Preferences **GSP**
Generally accepted accounting principles **GAAP**
Geographical mile **G mile**
Georgia **GA**
German Democratic Republic **GDR**
German Lloyd **GL**
Germany, German **G.**
Gibraltar **Gib.**
Gill **gl.**
Glazed imitation parchment **GIP**
Global System for Mobile Communication **GSM**
Gloucestershire **Glos**
Good merchantable brand **g.m.b.**
Good merchantable quality **g.m.q.**
Good ordinary brand **g.o.b.**
Good, sound, merchantable **g.s.m.**
Good-this-month (order) **GTM**
Good-this-week (order) **GTW**
Good-till-cancelled **GTC**
Good-till-date **GTD**
Goods and services tax **GST**
Goods in bad order **g.b.o.**
Government **Govt., gvmt**
Government appropriations for relief in occupied areas **Garioa**
Government National Mortgage Association **GNMA**
Governor **Gov.**
Graduate Management Admission Test **GMAT**
Graduated-payment mortgage **GPM**
Grain **gr.**
Grams per square metre **g./s.m.**
Grand Old Party **GOP**
Grantor retained income trust **GRIT**
Graphical, Paper and Media Union **GPMU**
Great **gt.**
Great gross **g.gr.**
Greenwich Mean Time **GMT**
Gross **Gr., gr.**
Gross domestic product **GDP**
Gross national product **GNP**
Gross profit **G.P.**
Gross register tonnage **GRT**
Gross ton **Gr.T.**
Gross weight **gr.wt.**
Gross world product **GWP**
Group **gp.**
Group executive management **GEM**
Group of Five **G5**
Group of Seven **G7**
Group of Ten **G10**
Growth **grth**
Guarantee(d) **guar.**
Guaranteed Access Level **GAL**
Guaranteed investment contracts **GICs**
Guinea **g., gu.**
Guinea(s) **gn(s).**
Gulf Cooperation Council **GCC**

H

Hampshire **Hants**
Handle **hdl**
Harmonized tariff system **HTS**
Have **hv**
Hawaii **HI**
Head **hd.**
Head office **H.O.**
Health and Safety Executive **HSE**
Health maintenance organization **HMO**
Heating, ventilation and air conditioning **HVAC**
Heavy goods vehicle **HGV**
Heavy lift **H.L.**
Hectare **ha**
Hellenic Register of Shipping **HRS**
Helping Urban Business **HUB**
Her (His) Majesty's **H.M.**
Her (His) Majesty's Government **HMG**
Her (His) Majesty's Ship **HMS**
Hertfordshire **Herts**
High water **H.W.**
High water mark **H.W.M.**
High water ordinary neap tides **HWONT**
High water ordinary spring tides **HWOST**
Highest in – first out **HIFO**
Highly protected risk **HPR**
Highway **hwy.**
Hire-puchase (agreement) **H.P.**
Hogshead **hhd.**
Hold covered **H/C**
Home-using-radio (rating) **HUR**
Home-using-television (rating) **HUT**
Honorary **hon.**
Honourable **Hon.**
Horsepower **HP**
Hour **h**
Hour(s) **hr(s).**
House of Representatives **HR**
Houses of Parliaments **HP**
However **hwvr**
Human resources management **HRM**

Hundredweight **cwt.**

I

I am **m**
I owe you **IOU**
IATA Clearing House **ICH**
Ibidem In the same place **ib, ibid**
ID card, identity card **ID**
Id est That is, that is to say **i.e.**
Idaho **ID**
Idem The same **id**
Illicit diamond-buying **IDB**
Illinois **IL, Ill.**
Illustrated Picture Letter **IPL**
Imaginary profit **i.p.**
Immediate(ly) **imm(ed)**
Immediate-or-cancelled (order) **IOC**
In bond **i.b.**
In charge (of) **i/c**
In full **i.f.**
In reply to your cable **R.Y.C.**
In transit **i.t., in trans.**
Inch(es) **in.**
Including **inc., incldg**
Income and Corporation Taxes Act **ICTA**
Income tax **I.T.**
Incorporated (with limited liability) **Inc.**
Incurred but not reported **IBNR**
Independent financial advisers **IFAs**
Index of class position **ICP**
Index of social position **ISP**
Index of status characteristics **ISC**
Indexed currency option note **Icon**
Indian Standard Time **IST**
Indiana **IN, Ind.**
Individual retirement account
Individual retirement arrangement **IRA**
Industrial Development Bond **IDB**
Industrial Revenue Bond **IRB**
Industrial Trends Survey **ITS**
Inform **ifm**
Information **info**
Information and communication technologies **ICTs**
Information resource management **IRM**
Information technology **I.T.**

Informed **ifmd**
Inheritance tax **IHT**
Initial public offering **IPO**
Inland Revenue Staff Association **IRSF**
Inland Revenue **IR**
Input/output **I/O**
Inside back cover **IBC**
Inside front cover **IFC**
Instant **inst.**
Institute **Inst.**
Institute Cargo Clauses **ICC**
Institute of Bankers **I.B.**
Institute of Chartered Accountants in England and Wales **ICAEW**
Institute of Chartered Accountants in Ireland **ICAI**
Institute of Chartered Accountants in Scotland **ICAS**
Institute of London Underwriters **ILU**
Institution of Professionals, Managers and Specialists **IPMS**
Institutional Broker's Estimate System **IBES**
Insufficient funds **I/F**
Insurance **ins(ce)., insur.**
Integrated Programme for Commodities **IPC**
Integrated Services Digital Network **ISDN**
Intellectual property rights **IPR**
Intelligence quotient **IQ**
Intelligent vehicle highway system **IVHS**
INTELSAT business service **IBS**
Inter-American Development Bank **IADB**
Inter-American Development Bank **IDB**
Inter-Governmental Maritime Consultive Organization **IMCO**
Interbourse Data Information System **IDIS**
Interest **int.**
Interest credited **Int Cr**
Interest equalization tax **IET**
Intergovernmental Bureau for Informatics **IBI**
Interim Commission for the International Trade Organization **ICITO**
Intermarket trading System **ITS**
Intermediate range plans **IRP**
Intermodal Surface Transportation Efficiency Act **ISTEA**

Internal rate of return (method) **IRR**
Internal Revenue Code **IRC**
Internal Revenue Service **IRS**
International **int.**
International Accounting Standards Committee **IASC**
International accounting standards **IAS**
International Air Carrier Association **IACA**
International Air Transport Association **IATA**
International Association of Options Exchanges and Clearing Houses **IAOECH**
International Atomic Energy Agency **IAEA**
International auditing guidelines **IAG**
International Bank for Economic Cooperation **IBEC**
International Bank for Reconstruction and Development (World Bank) **IBRD**
International Banking Facilities **IBFs**
International Bar Association **IBA**
International Center for Settlement of Investment Disputes **ICSID**
International Chamber of Commerce **ICC**
International Chamber of Shipping **ICS**
International Civil Aviation Organization **ICAO**
International Coffee Organisation **ICO**
International Commercial Terms **INCOTERM**
International Commodities Clearing House **ICCH**
International Commodity Agreement **ICA**
International competetive bidding **ICB**
International Confederation of Free Trade Unions **ICFTU**
International Congress of Supreme Auditing Institutions **INCOSAI**
International Cooperation Administration **ICA**
International Court of Justice **ICJ**

I

International Development Association **IDA**
International Energy Agency **IEA**
International Federation for Information Processing **IFIP**
International Federation of Operational Research Societies **IFORS**
International Federation of Accountants **IFAC**
International Finance Corporation **IFC**
International Finance Services Centre **IFCS**
International Fund for Agricultural Development **IFAD**
International Group Plans **IGP**
International Iron and Steel Institute **IISI**
International Labour Organization **ILO**
International load-line **ILL**
International Maritime Bureau **IMB**
International Maritime Dangerous Goods (Code) **IMDG**
International Maritime Organization **IMO**
International Monetary Fund **IMF**
International Monetary Market **IMM**
International money order **IMO**
International Organization of Securities Commissions **IOSC**
International Organization of Supreme Auditing Institutions **INTOSAI**
International packet switched service **IPSS**
International Petroleum Exchange **IPE**
International Road Transport Union **IRU**
International Rubber Agreement **INRA**
International Securities Regulatory Organization **ISRO**
International standard book number **ISBN**
International Standard Classification of all Goods and Services **ICGS**
International Standard Classification of Occupations **ISCO**
International Standard Industrial Classification of all Economic Activities **ISIC**
International standard serial number **ISSN**
International Standardization Organization **ISO**
International Stock Exchange **ISE**
International subscriber dialling **ISD**
International Telecommunication Union **ITU**
International Telecommunications Satellite Consortium **INTELSAT**
International Tin Council **ITC**
International Trade Center **ITC**
International Union of Railways **IUR**
Interoffice memorandum **iom**
Interstate Commerce Commission **ICC**
Investment Management Regulatory Organization **IMRO**
Investment promotion and protection agreement **IPPA**
Investment tax credit **ITC**
Investor Information Service **IHS**
Investor relations **IR**
Investors compensation scheme **ICS**
Invoice **inv**
Invoice book **I.B.**
Invoice value **i.v.**
Iowa **IA**
Iron and Steel Trades Confederation **ISTC**
Irrespective of percentage **IOP**
Irrevocable corporate purchase order **ICPO**
Isle of Man **IOM**
Isle of Wight **IOW**
Issue **iss.**

J

Jamaica **Jam.**
January **jan**
January and July **J/J**
January, April, July and October **J.A.J.O.**
Japan, Japanese **Jap.**
Jettison and washing overboard **j.w.o.**
Job diagnostic survey **JDS**
Job Training Scheme **JTS**
Joint **jt.**
Joint account **J.A.**
Joint Research Centre **JRC**
Joint venture **JV**
Joint-stock bank **JSB**
July **jul**
July, October, January and April **J.O.J.A.**
June **jun**
June and December **J/D**
June, September, December and March **J.S.D.M.**
Junior **jnr., Jr.**
Just-in-time **JIT**
Justice **J.**
Justice of the Peace **JP**
Justices **JJ.**

K

Kansas **Kan., KS**
Karat **kt.**
Keep it simple and stupid **KISS**
Kelvin **K.**
Kentucky **Ken., KY**
Kidnap and ransom (insurance) **K&R**
Kilderkin **kil., kld.**
Kilometre per hour **km/h, kph**
Kilometre **km.**
King's Counsel **KC**
Knock down **k.d.**
Knocked down **k.d.**
Knocked down condition **KDC**
Know your customers (rules) **KYC**
Kuwait Fund for Arab Economic Development **KFAED**

L

Labrador **LB**
Lancashire **Lancs**
Landing, storage and delivery (charges) **LSD**
Landing **ldg.**
Language for special purposes **LSP**
Large **lg.**
Last in, first out **LIFO**
Last telecast **LTC**
Latin America and the Caribbean **LAC**

L

Latin-American Free Trade Association **LAFTA**
Latitude **lat.**
Leader effectiveness and adaptability description **LEAD**
Leaderless group discussion **LGD**
Leakage **lkge.**
Least developed countries **LLDC**
Leaving **leavg**
Legal **leg.**
Legum baccalaureus Bachelor of Laws **LLB**
Legum doctor Doctor of Laws **LLD**
Legum magister Master of Laws **LLM**
Leicestershire **Leics**
Length lift **L.L.**
Length over all **LOA**
Less developed countries **LDC(s)**
Less developed nation **LDN**
Less than container (load) **LCL**
Less-than truckload **LTL**
Less-than-carload **LCL**
Letter **ltr**
Letter of credit **L/C**
Letter of intent **L/I**
Leveraged buy-out **LBO**
Liability insurance supplement **LIS**
Librae, solidi, dinarii Pounds, shilling and pence **l.s.d.**
Licensed deposit-taker **LDT**
Life Assurance and Unit Trust Regulatory Organization **LAUTRO**
Life insurance policy **LIP**
Life Offices' Association **LOA**
Life-cycle costing **LCC**
Lift on/lift off **lo/lo**
Light-weight-coated (paper) **LWC**
Lighter-aboard-ship **LASH**
Lighter **ltr.**
Limited international bidding **LIB**
Limited Partnership **LP**
Lincolnshire **Lincs**
Lines per inch **l.p.i.**
Lines per minute **l.p.m.**
Liquefied natural gas **LNG**
Liquefied petroleum gas **LPG**
Liquid Yield Option Note **LYON**
List processing **LISP**
Littera **lit.**
Lloyd's (of London) **Llds.**
Lloyd's Policy Signing Office **LPSO**
Lloyd's Register (of Shipping) **L.R.**
Loading **ldg.**
Loads **lds.**
Local area network **LAN**
Local competitive bidding **LCB**
Local Enterprise Companies **LECs**
Local standard time **LST**
Local time **l.t.**
Location of Offices Bureau **LOB**
Locus sigilli The place for a seal **l.s.**
Logogram **logo.**
London Association for the Protection of Trade **LAPT**
London Chamber of Commerce and Industry **LCC**
London Commodity Exchange **LCE**
London Docks **L.D.**
London Interbank Bid Rate **LIBID**
London Interbank Mean Rate **LIMEAN**
London Interbank Offered Rate **LIBOR**
London International Financial Futures Exchange **LIFFE**
London International Petroleum Exchange **LIPE**
London Metal Exchange **LME**
London School of Economics (and Political Science) **LSE**
London Stock Exchange **LSE**
Long ton **L/T**
Long-time-certificate **LTC**
Longitude **long.**
Loss and damage waiver **LDW**
Louisiana **LA**
Low water **L.W.**
Low water ordinary spring tides **LWOST**
Lower case **l.c.**
Lower earnings limit **LEL**
Lowest in, first out **LOFO**
Lump sum **l.s.**
Lump sum tax **LST**
Luncheon voucher **L.V.**
Luxembourg Interbank Offered Rate **LUXIBOR**

M

M nought **M0**
Machine(s) **MC**
Machinery **mchy.**
Madame **Mme.**
Magazine **mag.**
Magnetic character reading **MCR**
Magnetic ink charachter recognition **MICR**
Mail order **M.O.**
Mail steamer **M/S**
Mail transfer **M/T**
Maine **ME**
Malicious damage **M.D.**
Management **mngmt**
Management buyout **MBO**
Management by delegation **MBD**
Management by exception **MBE**
Management by objectives **MBO**
Management information system **MIS**
Manager **mngr.**
Managing director **MD**
Manchester Ship Canal **MSC**
Manitoba **MB**
Manpower Services Commission **MSC**
Manufacturer's recommended price **MRP**
Manufacturing Science Finance **MSF**
Manufacturing **mfg**
Manuscript **msc.**
March **mar**
March and September **M/S**
March, June, September, December **M.J.S.D.**
Marché à terme des instruments financiers French financial futures market **MATIF**
Marginal Credit **MC**
Marine insurance **mar.insce.**
Marine insurance policy **MIP**
Marine **mar.**
Market **mkt.**
Market if touched (order) **MIT**
Market information enquiry **MIE**
Maryland **MD**
Massachusetts **MA, Mass.**
Master air waybill **MAWB**
Master Limited Partner-ship **MLP**
Master of Arts **MA**
Master of Business Administration **MBA**
Master of Science **MSc**

M

Mate's receipt **M/R**
Material requirements planning **MRP**
Maximum **max.**
Maximum permitted mileage **MPM**
Maximum residue limits **MRLs**
May and November **M/N**
May, August, November and February **M.A.N.F.**
Mean high water springs (tides) **MHWS**
Mean low water neap (tides) **MLWN**
Mean sea level **MSL**
Measurement ton **m.t.**
Medium (size) **med.**
Meeting **mtg**
Member of Congress **MC**
Member of Parliament **MP**
Member of the European Parliament **MEP**
Member of the U.S House of Representatives **MHR**
Memorandum of deposit **M.D.**
Memorandum **mem(o)**
Mercantile marine **M.M.**
Merchandise **mdise., mdse.**
Merchandise assortment planning process **MAPP**
Merchandise information system **MIS**
Merchant navy **M.N.**
Merchant's haulage **MH**
Mergers and acquisition **M&A**
Meridies **m**
Message **msg**
Messieurs **Messrs.**
Methods-time-measurement **MTM**
Metric ton **M/T**
Metric unit **MTU**
Michigan **MI, Mich.**
Mid-America Commodity Exchange **MACE**
Mid-America-Commodity Exchange **MIDAM**
Midnight **mn.**
Mile **m**
Mile(s) **mi.**
Miles per gallon **mpg**
Miles per hour **mph.**
Milligram **mgm**
Million **m**
Minim **m, min**
Minimum lending rate **MLR**
Minimum retirement age **MRA**
Minimum **min**
Mining **min**
Minnesota **Minn., MN**
Minute(s) **min(s)**
Miscellaneous **misc**
Miss oder Mrs **Ms.**
Mississippi **Miss., MS**
Missouri **MO**
Monday **mon**
Monetary aggregate (money) 1 **M1**
Monetary aggregate (money) 2 **M2**
Monetary aggregate (money) 3 **M3**
Monetary compensatory amount **MCA**
Money **M**
Money market certificates of deposit **MMCs**
Money market deposit account(s) **MMDA(s)**
Money market fund **MMF**
Money market mutual funds **MMMFs**
Money order **M.O.**
Monopolies and Mergers Commission **MMC**
Montana **Mont., MT**
Month **m, mo.**
Month(s) after sight **m/s**
Monthly **mly**
Monthly account **M/A**
Monthly operational summary **MOS**
Months **mos.**
Months after date **m/d**
Months old **m.o.**
Moody's Investment Grade 1 **MIG-1**
More developed countries **MDCs**
Morgan Stanley Capital International (Indices) **MSCI**
Mortgage interest relief at source **MIRAS**
Mortgage-backed security **MBS**
Most favoured nation **MFN**
Most seriously affected countries **MSAC**
Motor barge **M.B.**
Motor boat **M.B.**
Motor cycle **m/c**
Motor launch **M/L**
Motor ship **M/S**
Motor vessel **M/V**
Motorway **M**
Mount, mountain **mt.**
Mountain Standard Time **MST**
Mr, Mister **Mr.**
Mrs **Mrs.**
Multilateral Investment Fund **MIF**
Multimodal transport operator **MTO**
Multinational company/ corporation **MNC**
Multinational enterprise **MNE**
Multiple option financing facility **MOF**
Municipal Bond Insurance Association **MBIA**
Municipal Investment Trust **MIT**
Municipal Securities Rulemaking Board **MSRB**
Municipal **mun.**
Mutual savings bank **MSB**

N

National and Local Government Officers' Association **NALGO**
National Association of Homebuilders **NAHB**
National Association of Schoolmasters-Union of Women Teachers **NASUWT**
National Association of Securities Dealers **NASD**
National Association of Securities Dealers Automatic Quotation **NASDAQ**
National Council for Urban Economic Development **CUED**
National Credit Union Association **NCUA**
National Economic Development Council **NEDC**
National Enterprise Board **NEB**
National Health Insurance **NHI**
National Health Service **NHS**
National Institute of Standards and Technology **NIST**
National insurance **N.I.**
National Insurance contributions **NICs**
National Market System **NMS**
National Research and Education Network **NREN**
National savings **NS**
National Savings Certificates **NSC**
National statistical institute **NSI**
National Trade Data Bank **NTDB**

N

National Union of Civil and Public Servants **NUCPS**
National Union of Journalists **NUJ**
National Union of Mineworkers **NUM**
National Union of Public Employees **NUPE**
National Union of Rail, Maritime and Transport Workers **RMT**
National Union of Railwaymen **NUR**
National Union of Students **NUS**
National Union of Teachers **NUT**
Nautical mile **n.m.**
Navigation Navigator **nav(ig).**
Neap **np.**
Near **nr.**
Nebraska **NE, Nebr.**
Necessary **nec**
Negative **neg.**
Negative earnings **NE**
Negative income tax **NIT**
Negligence **neg.**
Negotiable FIATA combined transport bill of lading **FBL**
Negotiable order of withdraw **NOW**
Nemine contradicente No one disagreeing **nem.con.**
Nemine dissentiente No one disagreeing **nem.dis.**
Net advertising circulation **NAC**
Net asset value **NAV**
Net book value **NBV**
Net change **net chg.**
Net national product **NNP**
Net orders processed **NOP**
Net personalty **n.p.**
Net proceeds **n/p**
Net rating points **NRPs**
Net realizable value **NRV**
Net register tonnage **NRT**
Net reproduction rate **NRR**
Net tangible assets **NTA**
Net weight **n.wt., nt.wt.**
Neutral unit of construction **NUC**
Nevada **Nev., NV**
New account **N/A**
New Brunswick **NB**
New Community Instrument **NCI**
New edition **N.E.**
New for old **NFO**
New Hampshire **NH**
New International Economic Order **NIEO**
New Jersey **NJ**

New Mexico **NM**
New product development **NPD**
New York **NY**
New York City **NYC**
New York Interbank Offered Rate **NIBOR**
New York Mercantile Exchange **NYME(X)**
New York Stock Exchange **NYSE**
New Zealand **NZ**
New Zealand-Australia Free Trade Agreement **NAFTA**
Newfoundland **NF**
Newly industrializing country **NIC**
Next **nxt**
No account **N/A**
No advice **N/A**
No carbon required **NCR**
No charge **n/c**
No commercial value **NCV**
No date, not dated **n/d**
No effects **n/e**
No fixed date **NFD**
No funds **N/F**
No load **NL**
No orders **n/o**
No protest **NP**
No risk **n/r**
No-claim bonus **NCB**
No-par-value (share) **NPV**
Nomenclature générale des Activités économiques dans les Communautés Européennes **NACE**
Nomenclature uniforme de marchandises pour les statistiques de transport **NST**
Non vessel operating common carrier **NVOCC**
Non vessel operator **NVO**
Non-acceptance **N/A**
Non-governmental organization **NGO**
Non-participating (share) **n/p**
Non-voting shares **A shares**
Nontariff barriers to trade **NTBs**
Normal trading unit **NTU**
North **N**
North America **NA**
North American Free Trade Agreement **NAFTA**
North Atlantic Charter **NAC**
North Britain **NB**
North Carolina **NC**
North Dakota **ND**
North latitude **NL**

O

North Yorkshire **N. York-shire**
Northeast **NE**
Northern Ireland **NI**
Northhamptonshire **Northants**
Northumberland **Northd**
Northwest **NW**
Northwest Territories **NT**
Not always afloat but safe aground **n.a.a.b.s.a.**
Not always afloat **n.a.a.**
Not applicable **n/a**
Not available **n.a.**
Not elsewhere specified **n.e.s.**
Not exceeding **n.e.**
Not held **NH**
Not meaningful **NM**
Not provided for **n.p.f.**
Not rated **NR**
Not sufficient (funds) **n/s**
Not sufficient funds **n.s.f.**
Nota bene Note well **n.b.**
Notary-public **N.P.**
Note issuance facilities **NIFs**
Nottinghamshire **Notts**
Nova Scotia **NS**
November **nov**
November and May **N/M**
Nuclear Energy Agency **NEA**
Number **No**
Numbers **Nos.**

O

Ocean bill of lading **Oc B/L**
October **oct**
October and April **O/A**
October, January, April and July **O.J.A.J.**
Offer wanted **OW**
Office automation **O.A.**
Office of Fair Trading **OFT**
Office of Management and Budget **OMB**
Office of Personnel Management **OPM**
Office of Technology Assessment **OTA**
Office of Worker's Compensation **OWCP**
Official **off.**
Official receiver **O.R.**
Ohio **O., OH**
Oil-bulk-ore (vessel) **OBO**
Oklahoma **OK, Okla.**
Old age and survivors and disability insurance **OASDI**

O

Old-age-pensioner **OAP**
On account (of) **o/a**
On deck **o.d.**
On demand **o.d.**
On Her Majesty's Service **OHMS**
On maturity **OM**
On or before **o/b**
On order **o/o**
On truck **o/t**
One thousand **K**
One way (trip) **OW**
Ontario **ON**
Open general licence **OGL**
Open jaw (trip) **OJ**
Open network provision **ONP**
Open policy **O.P.**
Open-to-buy (amount) **OTB**
Opening delayed **OPD**
Operations research **O.R.**
Opportunities-to-see **OTS**
Opportunity to hear **OTH**
Optical character recognition **OCR**
Options Clearing Corporation **OCC**
Options on Treasury Bond Futures **OTBF**
Or best offer **o.b.o.**
Or better **OB**
Or near offer **o.n.o.**
Or very near offer **o.v.n.o.**
Order(s) **odr(s)**
Order confirmation **o/c**
Order now – pay later **ONPL**
Order number **o/no**
Order of Merit **O.M.**
Order to negotiate **OtN**
Ordinary (shares) **ord.**
Ordinary business **o.b.**
Ordinary working hour **o.w.h.**
Ordnance Survey **O.S.**
Ore/oil (carricr) **O/O**
Oregon **OR**
Organisation intergouvernementale pour les transports internationaux ferroviaires **OTIF**
Organization and method **O&M**
Organization for Economic Cooperation and Development **OECD**
Organization for European Economic Cooperation **OEEC**
Organization of African Unity **OAU**
Organization of American States **OAS**
Organization of Arabian Petroleum Exporting Countries **OAPEC**
Organization of Central American States **OCAS**
Organization of Petroleum Exporting Countries **OPEC**
Origin open jaw (trip) **OOJ**
Original equipment manufacturer **OEM**
Original issue disccount **OID**
Other people's money **OPM**
Others **ors.**
Ounce(s) **oz.**
Out of print **o/p**
Out of stock **o/s**
Outside back cover **OBC**
Outside front cover **OFC**
Outsize **O.S.**
Outstanding **O.S.**
Over-the-Counter (-Market) **OTC**
Over-the-counter (options) **OTCs**
Overdraft **o/d**
Overseas countries and territories **OCTs**
Overseas money order **OMO**
Overseas Private Investment Corporation **OPIC**
Owner's risk **O/R**
Owner's risk of breakage **o.r.b.**
Oxfordshire **Oxon**

P

Pacific **Pac.**
Pacific Standard Time **PST**
Pack **pk.**
Package, packing **pk(ge).**
Page **p.**
Pages **pp.**
Paid **pd.**
Pair **pr.**
Paragraph(s) **par(s).**
Parcel post **P.P.**
Paris Interbank Offered Rate **PIBOR**
Part(s) **pt(s).**
Part-time **p.t.**
Partial loss **P.L.**
Participation certificate **PC**
Particular average.**P.A.**
Parts per million **ppm**
Parts per million by volume **ppmv**
Parts per million mass **ppmm**
PASCAL **PASCAL**
Passbook **P.B.**
Passenger **pass.**
Patent Cooperation Treaty **PCT**
Pay up **p.u.**
Pay-as-you-earn **PAYE**
Pay-as-you-use **PAYU**
Payment by result **PBR**
Payment in kind **PIK**
Payment on delivery **p.o.d.**
Payment **paymt, pt.**
Peck **pk.**
Peninsula **pen.**
Pennsylvania **PA, Penn.**
Penny, pence **p**
Pennyweight **dwt., pwt.**
Pension Benefit Guaranty Corporation **PBGC**
Per **p.**
Per annum Per year **p.a.**
Per annum Per year **per an.**
Per cent **p.c.**
Per diem Per day, for each day **p.d.**
Per hour **p.h.**
Per month **p.m.**
Per pro On behalf of **p.p.**
Per procurationem By procuration **p.p., p.pro.**
Per week **p.w.**
Perch **p.**
Performance bond **P.B.**
Permanent **perm.**
Personal accident insurance **PAI**
Personal assistant **PA**
Personal computer **PC**
Personal Equity Plan **PEP**
Personal identification number **PIN**
Personal pension plan **PPP**
Personal representative **P.R.**
Perte total Total loss **P.T.**
Pesetas **ptas.**
Petroleum revenue tax **PRT**
Petty cash **p.c.**
Petty cash book **PCB**
Philosophiae Baccalaureus Bachelor of Philosophy **PhB**
Philosophiae Doctor Doctor of Philosophy **PhD**
Physical distribution management **PDM**
Piece **pc, pce.**
Pint **p., pt.**
Place **Pl.**
Plaintiff **plf.**
Planned unit development **PUD**

P

Planning-programming-budgeting-system **PPBS**
Please **pls**
Please turn over **PTO**
Plug compatible manufacturer **PCM**
Point **pt.**
Point of sale **POS**
Point-and-figure (chart) **P&F**
Point-of-purchase **POP**
Pole **pl.**
Political, environmental, social and technological **PEST**
Population **pop.**
Port **pt.**
Port dues **P.D.**
Port of call **POC**
Port of embarkation **POE**
Port of London Authority **PLA**
Port of refuge **POR**
Port risks **P.R.**
Position analysis questionnaire **PAQ**
Post meridiem **pm**
Post office **PO**
Post office Box **POB**
Post paid **p.p.**
Post-postscript **PPS**
Post-telegraph-telephone **PTT**
Postage and packing **P&P**
Postal order **P/O**
Postal savings system **PSS**
Postcard **PC**
Postscript **P.S.**
Potentially exempt transfers **PET**
Pound(s) **lb.(s)**
Power of attorney **PA, POA**
Preference **pref.**
Preferential trade area **PTA**
Preferred stocks **PF, PFD, PR**
Preliminary **prelim**
Premium **pm.**
Prepaid **pp., ppd**
Present value **PV**
President **pres.**
Press agent **PA**
Presumed **pres.**
Previous (to) **prev**
Price information project Europe **PIPE**
Price(s) **prc(s)**
Price-dividend-ratio **PDR**
Price-earnings (ratio) **P/E**
Price-earnings-ratio **PER**
Prices current **P/C**
Primary earnings per share **PES**
Primary marketing area **PMA**

Prime commercial paper **PCP**
Prime Minister **PM**
Prince Edward Island **PE**
Principal, interest, taxes, insurance **PITI**
Prior-preferred stocks **PPS**
Priority foreign country **PFC**
Prison Officers Association **POA**
Private **priv**
Private automatic branch exchange **PABX**
Private branch exchange **PBX**
Private exchange **PX**
Private Export Funding Corporation **PEFCO**
Private Limited Company, With limited liability **Ltd.**
Pro-forma invoice **p/i**
Probability of receiving an impression **PRI**
Probable maximum loss **PML**
Prodcom **Prodcom**
Producer price index **PPI**
Product acceptance test **PAT**
Product liability **P.L.**
Product life cycle **PLC**
Professional and Executive Recruitment **PER**
Professional Association of Teachers **PAT**
Professional indemnity policy **P.I.**
Professional, administrative, technical, clerical, other **PATCO**
Profit and loss account **P/L a/c**
Profit rate **P.R.**
Profit related pay **PRP**
Programming in logic **PROLOG**
Project Evaluation and Review Technique **PERT**
Project note **PN**
Promissory note **P/N**
Prompt **ppt**
Proprietary (company) **pty.**
Proprietor **Prop.**
Protecting and Indemnity (Associations) **P&I**
Proximo **prox.**
Public accountant **PA**
Public Accounts Committee **PAC**
Public domain **PD**
Public Limited Company **PLC**
Public relations **PR**
Public relations officer **PRO**
Public sector borrowing requirement **PSBR**
Public sector loan **PSL**

R

Public Securities Association **PSA**
Public service announcement, Public service advertising **PSA**
Public service vehicle **PSV**
Publication **pubn.**
Publisher, published **pub.**
Purchase **pur.**
Purchase tax **P.T.**
Purchase-excursion **PEX**
Purchasing power parity **PPP**
Put and call (option) **PAC**

Q

Quadruplicate **quad.**
Qualified terminal interest property trust **QTIP**
Quality **qlty.**
Quality control **QC**
Quality of work life **QWL**
Quantity **qty**
Quart **qr.**
Quarter **qr., qtr.**
Quarterly **qly**
Quarterly index **QI**
Quarto **qto.**
Quebec **PQ**
Queen's Counsel **QC**
Query **qy.**
Questioned trade **QT**
Quintuplicate **quint.**
Quire **qr.**
Quod vide **q.v.**
Quotation **quot.**

R

Railway **rly., RY**
Railway-receipt **R/R**
Random access memory **RAM**
Rate of exchange **ROE**
Rate to be agreed **r.t.b.a.**
Rate-support grant **RSG**
Rateable value, Ratable value **R.V.**
Re-insurance **R.I.**
Read only memory **ROM**
Readership involvement commitment **RIC**
Ready, willing and able to **RWA**
Real estate **RE**
Real estate investment trust **REIT**
Ream **rm.**
Receipt of goods **ROG**

R   S

Received **rcv(d), recd.**
Receiving order **R.O.**
Recency frequency monetary ratio **RFMR**
Reception **recep.**
Recognized clearing houses **RCG**
Recognized investment exchanges **RIEs**
Recognized professional bodies **RPD**
Recommended price **R.P.**
Recommended retail price **RRP**
Recommended retail selling price **RRSP**
Redeemable **red.**
Refer to drawer **r/d**
Reference **re, ref.**
Regarding my letter **rml**
Regarding my telex **rmt**
Regarding your letter **ryl**
Regarding your telex **ryt**
Regarding, With regard to **re**
Regards **rgds**
Regional Selective Assistance **RSA**
Registered **reg(d).**
Registration **reg.**
Règlement international concernant le transport des merchandises dangereuses par chemin de fer **RID**
Regolamento Internazionale Veicoli **RIV**
Regulation **reg.**
Reinsurance Offices Association **ROA**
Renewable energy **RE**
Repeat **rpt**
Repertory-Grid-Technique **REP**
Reply paid **R.P.**
Répondez s'il vous plaît Please reply **RSVP**
Report **rep.**
Representative **rep**
Reprint **R.P.**
Reproduction **repr.**
Republic of South Africa **RSA**
Republican **R-**
Repurchase agreement **R.P., Repo**
Request for quotation **RFQ**
Request(ing) **rqst(g)**
Required **reqd.**
Resale price maintenance **RPM**
Research and development **R&D**
Research and technological development **RTD**

Restricted Articles Regulations **RAR**
Retail price index **RPI**
Return(ing) **rtn(g)**
Return of premium **R.P.**
Return on asset **ROA**
Return on assets managed **ROAM**
Return on capital (employed) **ROC(E)**
Return on equity **ROE**
Return on investment **ROI**
Return on sales **ROS**
Return trip **RT**
Returned **retd.**
Returned Letter Office **RLO**
Revenue accounts **rev. a/c**
Revenue anticipation note **RAN**
Reverse annuity mortgage **RAM**
Reverse repurchase agreement **RRP**
Revolutions per minute **r.p.m.**
Revolving underwriting facilities **RUFs**
Rhode Island **RI**
Riot and civil commotion **R&CC**
River **R.**
Ro-ro (ship); roll on-roll off (ship) **ro-ro**
Road feeder service **RFS**
Road(s) **Rd.(s)**
Roadstead **rds.**
Room **rm**
Round-the-world-trip **RTW**
Routing order **R/O**
Royal Automobile Club **RAC**
Royal Society of Arts **RSA**
Royalty trust **RT**
Run-of-day **ROD**
Run-of-month **ROM**
Run-of-paper (position) **ROP**
Run-of-schedule Run-of-station **ROS**
Run-of-the-book (position) **ROB**
Run-of-week **ROW**
Run-of-year **ROY**
Running days **r.d.**

S

Sack **sk.**
Sailed as per list **s.a.p.l.**
Sailing vessel **S.V.**
Saint **St.**
Salary reduction plan **SRP**
Sale or return **S/R, SoR**

Sale-and-lease-back **S&L**
Salvage charges **S.C.**
Salvo errare et omissione Errors and omissions excepted **S.E.E.O., SE&O**
Same size **s/s**
Saskatchewan **SK**
Saturday **sat**
Sauf bonne fin **SBF**
Save our souls **SOS**
Save-as-you-earn **SAYE**
Savings and Loan Association **SLA**
Savings and loans **S&Ls**
Savings bond **SB**
Schedule(d) **sched(ld)**
Schooner **sch.**
Science and technology **S&T**
Scruple **sc.**
SEAQ (Stock Exchange Automatic Quotation) Automatic Execution Facility **SAEF**
Secretary **secy.**
Section(s) **sec(s).**
Securities and Exchange Commission **SEC**
Securities and Futures Commission **SFC**
Securities and Investment Board **SIB**
Securities Industry Association **SIA**
Securities Industry Automation Corporation **SIAC**
Securities Investor Protection Corporation **SIPC**
Self-contained **s.c.**
Self-employment income **SEI**
Self-regulatory organizations **SROs**
Seller **S**
Seller(s) no buyer(s) **SNB**
Seller's option **SO**
Selling, general and administrative expenses **SG&A**
Semi-knocked down **SKD**
Senate Bill **SB**
Senator **Sen.**
Senior **sen., Sr.**
Senior commercial officer(s) **SCO(s)**
Senior vice president **SVP**
September **sep**
September and March **S/M**
September, December, March and June **S.D.M.J.**
Serious Fraud Office **SFO**

153

S · T

Service **svc**
Shall **shl**
Shareholders' funds **S/F**
Shetland Isles **SI**
Shilling **s.**
Shipment **shipt., shp(m)t**
Shipowner **S.O.**
Shipped **shpd**
Shipped on board **SOB**
Shipper's Certification for the Transport of Dangerous Goods **STD**
Shipping agent **S.A.**
Shipping and forwarding agent **S&FA**
Shipping note **S.N.**
Short delivery **S.D.**
Shortest operated route **SOR**
Short note issuance facilities **SNIFs**
Short ton **s.t.**
Sight draft **S/D**
Signed **sd., sgd.**
Simplified employee pension **SEP**
Sine die Without a day **s.d.**
Singapore Inter-Bank Offered Rate **SIBOR**
Single A **A**
Single administrative document **SAD**
Single column centimetre **SCC**
Single European Act **SEA**
Single open jaw (trip) **SOJ**
Sinking fund **SF**
Situation **sit.**
Situation report **sitrep.**
Situations vacant **sits.vac.**
Size **sz.**
Small and medium-sized enterprises **SME**
Small Business Administration **SBA**
Small business investment company **SBIC**
Social Security Administration **SSA**
Social Security **SS**
Social security number **SNN**
Sociedad Anónima **S.A.**
Societa par Azioni **SpA**
Société Anonyme à Responsabilité Limitée **SARL**
Societé Anonyme **S.A.**
Societé de Personnes a Résponsabilité Limitée **SPRI**
Society for the Advancement of Socio-Economics **SASE**

Society for Worldwide Interbank Financial Telecommunication **SWIFT**
Society of Graphical and Allied Trades **SOGAT**
Society **soc.**
Socio-economic grade **SEG**
Sold **SL**
Sorry **sry**
South **S**
South Carolina **SC**
South Dakota **SD**
South-East **SE**
Southwest **SW**
South Yorkshire **S. York-shire**
Special American Business Internship Training Program **SABIT**
Special Arab Assistance Fund for Africa **SAAFA**
Special assessment bond **SAB**
Special Commissioners of Income Tax **SCIT**
Special district bond **SDB**
Special drawing rights **SDRs**
Special economic zones **SEZ**
Special tax bond **STB**
Specification **specs**
Spousal remainder trust **SRT**
Square **sq.**
Staffordshire **Staffs**
Standard **std**
Standard & Poor's 500 **S&P 500**
Standard and Poor's Corporation **S&P**
Standard Industrial Classification **SIC**
Standard International Trade Classification **SITC**
Standard time **S.T.**
State Earnings Related Pension Scheme **SERPS**
State-owned enterprise **SOE**
Statement of account **S/A**
Statement(s) of Standard Accounting Practice **SSAP(s)**
Statutory maternity pay **SMP**
Steamer pays dues **s.p.d.**
Steamer **S**
Steamship **S.S.**
Sterling **ster., stg.**
Stock **stk.**
Stock appreciation rights **SARs**
Stock at valuation **s.a.v.**
Stock Exchange Automatic Quotation (System) **SEAQ**
Stock exchange **S.E.**

Stop-limit order Stop-loss order **SLO**
Strait(s) **st.**
Strategic business unit **SBU**
Street **St.**
Strikes, riots, and civil commotion **SR&CC**
Student Loan Marketing Association **SLMA**
Subchapter **subch.**
Subject to approval **S/A**
Subject to approval, no risk **SANR**
Subparagraph **subpar.**
Subscriber trunk dialling **STD**
Subscription **sub.**
Subscription television **STV**
Subsidy **sub.**
Suffolk **Suff**
Suggested retail price **SRP**
Sum insured **S.I.**
Sum-of-the-years'-digits (method) **SOYD**
Summer (sea) **S**
Summer time **S.T.**
Sunday **sun**
Sundays and holidays excepted **S/HE**
Sundays and holidays excepted **SHEX**
Sundays excepted **SX**
Super NOW Accounts, Super notice of withdrawel account **SNAs**
Supplement **supp.**
Supplemental unemployment benefits **SUB**
Supplier **suppl**
Supreme Auditing Institution **SAI**
Surface-air-lifted (parcels) **SAL**
Surrender value **S.V.**
Surrey **Sy**
Sussex **Sx**
Sustainable non-inflationary growth **SNIG**
Sweep account(s) **SA(s)**
Swiss Options and Financial Futures Exchange **SOFFEX**
System of National Account **SNA**
Systeme International d'Unites International Systems of Units **SI**

T

Table of organization **T.O.**
Tare **T.**
Tax Counseling for the Elderly **TCE**
Tax Court of the United States **TAC**
Tax Exempt Special Savings Account **TESSA**
Tax Information Exchange Agreements **TIEA**
Taxpayer identification number **TIN**
Teaching Company Scheme **TCS**
Tel quel rate; tale quale **t.q.r.**
Tel quel **t.q.**
Telegram **tel.**
Telegraph **tel.**
Telegraphic money order **TMO**
Telegraphic transfer **TT**
Telephone **tel, tlf**
Television ratings (figures) **TVRs**
Telex **tlx**
Temperature **temp.**
Temporary **temp**
Temporary admission **T.A.**
Tenders electronic daily **TED**
Tennessee **Tenn., TN**
Terminal handling charge **THC**
Terms of trade **ToT**
Testamentary trust **TT**
Texas **Tex., TX.**
Thanks **tks**
The Air Cargo Tariff **TACT**
The Securities Association **TSA**
Theft and pilferage **T&P**
Theft, pilferage and non-delivery **TPND**
Third party **T.P.**
Through-the-book method **TTB**
Through **thru**
Thursday **thu**
Ticketed points mileage **TPM**
Till cancelled **TC**
To be advised **t.b.a.**
To be agreed **t.b.a.**
To order only **t.o.o.**
Today **tod**
Together **tog**
Tokyo Interbank Offered Rate **TIBOR**
Tomorrow **tom**
Ton(s) **T.**
Ton-kilometre **t.k.**
Ton-mile **t.m.**
Tons of oil equivalent **toe**
Top stowed **t.s.**
Total **tot.**
Total allowable catches **TACs**
Total loss **T.L.**
Total loss only **TLO**
Total quality **T.Q.**
Total quality control **TQC**
Trade and Development Program **TDP**
Trade electronic data interchange systems **TEDIS**
Trade Indemnity **TI**
Trade Promotion Coordinating Committee **TPCC**
Trade union **T.U.**
Trademark **TM**
Trades Union Congress **TUC**
Traffic Conference (Area) **TC**
Training and Enterprise Council **TEC**
Training board **T.B.**
Trans Europe Express Merchandises **TEEM**
Trans-European Networks **TENs**
Trans-shipment **T.S.**
Transfer **trf., trs.**
Transport and General Workers' Union **TGWU**
Transport International (des Merchandises) par la Route Transport International Routier **TIR**
Transport Salaried Staffs Association **TSSA**
Travel and entertainment (cards) **T&E**
Traveller's cheque **T.C.**
Trawler **trlr.**
Treasury **Treas.**
Treasury bill **T-bill, T.B.**
Treasury bond **T-bond, T.B.**
Treasury Department **T.D.**
Treasury note **T-note, T.N.**
Trial balance **T.B.**
Triple A **AAA**
Triple A1 **AAA1**
Tropical **T**
Tropical fresh **TF**
Troy ounce **oz.T.**
Trustee **tree.**
Trustee Saving Bank **TSB**
Trustee Savings Banks Central Board **TSBCB**
Trustee(s) **trs.**
Tuesday **tue**
Turnaround open jaw (trip) **TOJ**
Turnover **T/O**
Twenty-foot equivalent unit **TEU**
Twin-screw **T.S.**
Typescript **T.S.**

U

Ultimo **ult.**
Ultra large crude carrier **ULCC**
Under-mentioned **u/m**
Undercharge **u/c**
Undertakings for collective investment in transferable securities **UCITS**
Underwriter **U/W**
Underwriter (group) **U/W**
Unfair Contract Terms Act **UCTA**
Uniform Commercial Code **UCC**
Uniform Gifts to Minors Act **UGMA**
Uniform practice code **UPC**
Union Internationale de Telecommunication **UIT**
Union Internationale des Chemins de Fers **UIC**
Union of Construction, Allied Trades and Technicians **UCATT**
Union of Democratic Mineworkers **UDM**
Union of Industrial and Employers Confedera-tions **UNICE**
Union of Shop, Distributive and Allied Workers **USDAW**
Unique marketing proposition **UMP**
Unique selling proposition **USP**
UNISON **UNISON**
Unit load device **ULD**
United Arab Emirates **UAE**
United Kingdom **UK**
United Nations Children's Fund **UNICEF**
United Nations Commission on International Trade Law **UNCITRAL**
United Nations Conference on the Law of the Sea **UNCLOS**
United Nations Conference on Trade and Development **UNCTAD**
United Nations Development Programme **UNDP**
United Nations Educational, Scientific, and Cultural Organization **UNESCO**

U

United Nations Environmental Programme **UNEP**
United Nations Fund for Population Activities **UNFPA**
United Nations High Commissioner for Refugees **UNHCR**
United Nations Industrial Development Organization **UNIDO**
United Nations Organization **UNO**
United States (of America) **US(A)**
United States Agency for international Development **USAID**
United States Chamber of Commerce **USCC**
United States Code **USC**
United States Department of Agriculture **USDA**
United States Foreign Commercial Service **US&FCS**
United States Information Agency **USIA**
United States Patent and Trade Mark Office **USPTO**
United States Postal Service **USPS**
United States Senate **USS**
United States ship **USS**
Universal Post Union **UPU**
Universal Product Code **UPC**
Universal time coordinated **UTC**
UNIX **UNIX**
Unlisted Securities Market **USM**
Upper earnings limit **UEL**
Useless **U/S**
Utah **UT**

V

Vacant **vac.**
Value added reseller **VAR**
Value added tax **VAT**
Value analysis **VA**
Variable amounts direct debits **VADD**
Variable rate mortgage **VRM**
Vehicle detection and driver alert system **VORAD**
Vermont **Ver., VT**
Versus Against **v., vs.**
Very important person **VIP**
Very large crude carrier **VLCC**
Veterans Administration (mortgage) **VA**
Vice president **Veep, VP**
Videlicet **viz.**
Virginia **VA, Vir.**
Visiting friends and relatives **VFR**
Visual display unit **VDU**
Volatile-Corrosion-Inhabitor **VCI**
Volume **vol.**
Volunteer Income Tax Assistance **VITA**

W

Wall Street Journal **WSJ**
War risk **w.r.**
War risk insurance **w.r.i.**
Warehouse **whse.**
Warehouse receipt **W.R.**
Warehouse warrant **W.W.**
Warranted **wd., wtd.**
Washington **WA**
Waybill **W/B**
Weather working days **WWD**
Wednesday **wed**
Week **wk.**
Weight **wt.**
Weight guaranteed **w.g.**
Weight or measurement **W/M**
West **W**
West Midlands **W. Midlands**
West Sussex **W. Sussex**
West Virginia **WV**
West Yorkshire **W. York-shire.**
Western European Time **WET**
Wharf **wf., whf.**
When issued; When, as, and if issued **WI**
Wide area network **WAN**
Will **wl**
Wiltshire **Wilts**
Winter (sea) **W**
Winter North Atlantic **WNA**
Wisconsin **WI**
With average **W.A.**
With other goods **WOG**
With particular average **WPA**
Without **w/o**
Without charge **w/c**
Without compensation **WOC**
Without prejudice **W.P.**
Worcestershire **Worcs**
Work(s) in progress **WIP**
World gross product **WGP**
World Health Organization **WHO**
World Industrial Property Organisation (World Intellectual Property Organization) **WIPO**

Z

World Packaging Organization **WPO**
World Radiocommunications Administrative Conference **WRAC**
World Tourism Organisation **WTO**
Writing-down allowance **WDA**
Wyoming **WY**

Y

Yacht **yt.**
Yard **y.**
Yard(s) **yd.(s)**
Year of birth **YOB**
Year **y., yr.**
Yearly effective rate (of interests) **YER**
Yearly **yly**
Yield **YLD**
Yield curve adjustable notes **YCANs**
Yield gross **yld.grs.**
Yield to call **YTC**
Yield to maturity **YTM**
York-Antwerp-Rules **YAR**
You **u**
Your **ur, yr**
Yours **yrs.**
Youth Training Scheme **YTS**
Yukon Territory **UT**

Z

Z-score **Z-score**
Zeal **building Z.B.**
Zero-base budgeting **ZBB**
Zero-bracket amount **ZBA**
Zone Improvement Plan code **ZIP**
Zoo **ZOO**

Anhang

Maße und Gewichte

Die Maße und Gewichte in den USA und GB sind nicht immer einheitlich. Da die Unterschiede oft erst einige Stellen hinter dem Komma sichtbar sind, können sie hier vernachlässigt werden. Einheiten, die vorzugsweise oder ausschließlich in einem der beiden Länder verwendet werden, sind mit der Länderkennung hervorgehoben.

1. Längenmaße

in.	inch	2,54 cm
li.	link	20,12 cm
ft.	foot	30,48 cm
yd.	yard	91,44 cm
rd.	rod	5,029 m
ch.	chain	Vermessung: 20,12 m
ch.	chain	Maschinenbau: 30,84 m
fur.	furlong	201,2 m
mi.	(statute) mile	1,609 km

2. Flächenmaße

sq. in.	square inch	6,4516 cm^2
sq.li.	square link	404,7 cm^2
sq.ft.	square foot	0,0929 m^2
sq.yd.	square yard	0,8361 m^2
sq.rd.	square rod	25,29 m^2
sq.ch.	square chain	404,7 m^2
sq.mi.	square mile	2,59 km^2

3. Raummaße

cu.in.	cubic inch	16,387 cm^3
cu.ft.	cubic foot	28,317 dm^3
cu.yd.	cubic yard	0,7646 m^3
cu.rd.	cubic rod	127,199 m^3

4. Hohlmaße für Flüssigkeiten

min.	minimum	61,61 mm^3 (USA)	59,19 mm^3 (GB)
fl.dr.	fluid dram	2,957 cm^3 (USA)	3,552 cm^3 (GB)
fl.oz.	fluid ounce	29,574 cm^3 (USA)	28,4131 cm^3 (GB)
pt.	pint	473,163 cm^3 (USA)	568,261 cm^3 (GB)
qt.	quart	0,946 l (USA)	1,136 l (GB)
gal.	gallon	3,785 l (USA)	4,546 l (GB)
bar.	barrel	158,758 l	

Maße und Gewichte

5. Schüttmaße (Hohlmaße für trockene Stoffe)

pt.	(dry) pint	0,550 l (USA)	0,568 l (GB)
qt.	(dry) quart	1,101 l (USA)	1,136 l (GB)
gal.	(dry) gallon	4,405 l (USA)	4,546 l (GB)
pk.	(dry) peck	8,810 l (USA)	9,092 l (GB)
bu.	bushel	35,24 l (USA)	36,37 l (GB)
qr.	quarter	281,90 l (USA)	290,94 l (GB)

6. Massen/Gewichte

Das gebräuchlichste System für Masse- und Gewichtseinheiten in GB und USA heißt Avoirdupois. Wenn eine Unterscheidung zu den seltener genutzten Apothekergewichten (apothecaries' weights) notwendig ist, sollten die Maßeinheiten mit den Abkürzungen „avdp." bzw. „ap." kombiniert werden. Die Maßeinheit „grain" (gr.) ist die einzige, die in allen drei Systemen (Avoirdupois, Apothecaries' und Troy) gleich ist.

Avoirdupois

gr.	grain	64,799 mg	
dr.	dram	1,722 g	
oz.	ounce	28,3495 g	
lb.	pound	0,4536 kg	
qr.	quarter	11,34 kg (USA)	12,70 kg (GB)
cwt.	(long/gross) hundredweight	50,80 kg (GB)	

Apothecaries' weights

gr.	grain	64,799 mg
s.	scruple	1,29598 g
dr. ap.	dram apothecaries'	3,88794 g
oz. ap.	ounce apothecaries'	31,10352 g
lb. ap.	pound apothecaries'	373,2422 g

7. Edelmetallgewichte

Troy weights

gr.	grain	64,799 mg
car.	carat of gold or silver	0,2592 g
dwt.	pennyweight	1,5552 g
oz. t.	ounce troy	31,1035 g
lb. t.	pound troy	373,242 g
qr.	quarter	9,331 kg
cwt.	hundredweight	37,324 kg

Währungen

Die Internationale Standardisierungsorganisation (ISO) hat aufgrund der internationalen Bedeutung von Währungsbezeichnungen den sog. ISO-Code entwickelt, der sich aus drei Buchstaben zusammensetzt. Die ersten beiden Buchstaben bezeichnen jeweils den Staat, der letzte Buchstabe die Währung. Trotzdem finden sich traditionell in Finanzpublikationen und Nachschlagewerken auch weiterhin Schreibweisen, die dieser Norm nicht angepaßt wurden. Aus diesem Grund werden hier weitere Varianten aufgeführt.

	ISO-Code	Varianten
Australian Dollar	**AUD**	*AD, A$*
Austrian Shilling	**ATS**	*AS*
Belgian Franc	**BEC**	*BF, BEF*
Canadian Dollar	**CAD**	*CD, CAN$*
Danish Krone	**DKK**	*DK*
Deutsche Mark	**DEM**	*DM*
European Currency Unit	**ECU**	*EC*
Finnmark	**SFM**	*FM, FIM*
French Franc	**FRF**	*FF*
Greek Drachm	**GRD**	*GD*
Hong Kong Dollar	**HKD**	*HK, HK$*
Irish Punt	**IEP**	*IP*
Israelian Shekel	**ILS**	*IS*
Italian Lira	**ITL**	*IL*
Japanese Yen	**JPY**	*YE, JYE*
Luxembourgian Franc	**LUF**	*LF*
Netherlands Guilder	**NLG**	*NG*
Norwegian Krone	**NOK**	*NK*
New Zealand Dollar	**NZD**	*NZ$*
Pound Sterling	**GBP**	*UK*
Singaporean Dollar	**SGD**	*SI$*
Spanish Peseta	**ESP**	*PE, Pta.*
South African Rand	**SAR**	*SA*
South Korean Won	**KRW**	*KW, SKW*
Swedish Krone	**SEK**	*SK*
Swiss Franc	**CHF**	*SF*
Taiwanese Dollar	**TWD**	*TD$*
US Dollar	**USD**	*US$*

Börsen

ACE	AMEX Commodity Exchange, New York, USA
AIM	Amsterdam Interprofessional Market, Amsterdam, Niederlande
AMEX	American Stock Exchange, New York, USA
ASX	Australian Stock Exchange, Adelaide, Brisbane, Hobart, Melbourne, Perth, Sydney, Australien
BELFOX	Belgian Futures and Options Exchange, Brüssel, Belgien
BIFFEX	Baltic International Freight Futures Exchange, London, GB
BMF	Bolsa de Mercadorias y Futuros, Sao Paulo, Brasilien
BOVESPA	Bolsa de Valores de Sao Paulo, Sao Paulo, Brasilien
BSE	Bombay Stock Exchange, Bombay, Indien
CBOE	Chicago Board Options Exchange, Chicago, USA
CBOT	Chicago Board of Trade, Chicago, USA
CME	Chicago Mercantile Exchange, Chicago, USA
COMEX	Commodity Exchange Inc., New York, USA
CRCE	Chicago Rice & Cotton Exchange, Chicago, USA
CSCE	Coffee, Sugar & Cocoa Exchange, New York, USA
CSE	Cincinnati Stock Exchange, Cincinnati, USA
DTB	Deutsche Terminbörse, Frankfurt/M., Deutschland
EOE	European Options Exchange, Amsterdam, Niederlande
FINEX	Financial Instruments Exchange, Abteilung der NYCE, New York, USA
FOM	Finnish Options Market, Helsinki, Finland
FOX	Futures and Options Exchange, London, GB
GES	Gold Exchange of Singapore, Singapur
HKFE	Hongkong Futures Exchange, Hongkong
IMM	International Money Market, Chicago, USA
INTEX	International Futures Exchange, Hamilton, Bermudas
IPE	International Petroleum Exchange, London, GB
JSE	Jakarta Stock Exchange, Jakarta, Indonesien
KCBOT	Kansas City Board of Trade, Kansas, USA
KLCE	Kuala Lumpur Commodity Exchange, Malaysia
KLOFFE	Kuala Lumpur Options and Financial Future Exchange, Malaysia
KSE	Karachi Stock Exchange, Karachi, Pakistan
LCE	London Commodity Exchange, London, GB
LGFM	London Grain Futures Market, London, GB
LIFFE	London International Financial Futures and Options Exchange, London, GB
LIPE	London International Petroleum Exchange, GB
LMFE	London Meat Futures Exchange, London, GB
LME	London Metal Exchange, London, GB
LPFA	London Potato Futures Association, London, GB
LSE	London Stock Exchange, London, GB
LTOM	London Traded Options Market, London, GB
MACE	Mid-America Commodity Exchange, Chicago, USA
MATIF	Marché à Terme International de France, Paris, Frankreich
ME	Montreal Exchange, Montreal, Kanada
MEFF	Mercado de Futuros Financieros, Madrid, Spanien
MGE	Minneapolis Grain Exchange, Minneapolis, USA

Börsen

MICEX	Moscow Interbank Currency Exchange, Moskau, Rußland
MidAM	Mid-America Commodity Exchange, Chicago, USA
MSE	Midwest Stock Exchange, Chicago, USA
NOM	Norwegians Options Market, Oslo, Norwegen
NYCE	New York Cotton Exchange, New York, USA
NYCSCE	New York Coffee, Sugar and Cocoa Exchange, New York, USA
NYFE	New York Futures Exchange, New York, USA
NYMEX	New York Mercantile Exchange, New York, USA
NYSE	New York Stock Exchange, New York, USA
NZFOE	New Zealand Futures and Options Exchange, Auckland, Neuseeland
OSE	Osaka Stock Exchange, Osaka, Japan
ÖTOB	Österreichische Termin- und Optionsbörse, Wien, Österreich
PBOT	Philadelphia Board of Trade, Philadelphia, USA
PE	Philadelphia Stock Exchange, Philadelphia, USA
PHLX	Philadelphia Stock Exchange, Philadelphia, USA
PHSE	Philadelphia Stock Exchange, Philadelphia, USA
PSE	Philadelphia Stock Exchange, Philadelphia, USA
PSE	Pacific Stock Exchange, Los Angeles und San Francisco, USA
RASCE	RAS Commodity Exchange, Singapur
RIMSE	Russian International Money & Stock Exchange, Moskau, Rußland
SEB	Schweizerische Effektenbörse, Schweiz
SFE	Sydney Futures Exchange, Sydney, Australien
SIMEX	Singapore International Monetary Exchange, Singapur
SOFFEX	Swiss Options and Financial Futures Exchange, Schweiz
SOMFA	Soybean Meal Futures Association, London, GB
TFE	Toronto Futures Exchange, Toronto, Kanada
TIFFE	Tokyo International Financial Futures Exchange, Tokio, Japan
TSE	Taipeh Stock Exchange, Taipeh, Taiwan
TSE	Tokyo Stock Exchange, Tokio, Japan
TSE	Toronto Stock Exchange, Toronto, Kanada
VSE	Vancouver Stock Exchange, Vancouver, Kanada
WCE	Winnipeg Commodity Exchange, Winnipeg, Kanada

Credit-Rating

Die zwei bekanntesten Credit-Rating Unternehmen sind Moody's und Standard & Poor's (S&P). Sie beurteilen vor allem die Fähigkeit des Herausgebers der Schuldverschreibung oder eines anderen Anlageinstruments, seinen eingegangenen Verpflichtungen gegenüber dem Käufer nachkommen zu können. Neben der Einstufung von Anlagemöglichkeiten (Emissionsrating) unterscheidet man weiterhin das Länderrating, das sich auf die Einschätzung der Kreditwürdigkeit von Staaten ausrichtet und das Bankrating, das sich auf die Einschätzung der Bonität international tätiger Finanzinstitute bezieht. Bei letzteren spielt dabei die Bewertung von Einlagensicherungen und Haftungsregeln eine besondere Rolle.

Moody's	S&P	Rating
Aaa	AAA	Höchste Qualität: beste Qualität mit geringstem Risiko; steht auf der gleichen Stufe wie Staatsanleihen; Kapital- und Zinszahlungen sind außerordentlich gut gesichert.
Aa	AA	Ausgezeichnet: hohe Qualität; die Bedienung von Zinsen und Kapital ist sehr stark; langfristig sind Änderungen bei Sicherheitsfaktoren nicht ausgeschlossen.
A	A	Sehr gut: gute Qualität, über Marktdurchschnitt; Bonitätsverschlechterungen in der Zukunft sind jedoch nicht ausgeschlossen.
Baa	BBB	Gut: durchschnittliche Bonität; Zins- und Kapitaldienst scheinen gegenwärtig gesichert; gewisse spekulative Züge
Ba	BB	Spekulativer Charakter; die Bedienung von Zinsen und Kapital ist nicht gesichert und wird bei Verschlechterung der wirtschaftlichen Daten wahrscheinlich beeinträchtigt.
B	B	Gewährleistung der Zins- und Kapitalbedienung ist langfristig gering.
Caa	CCC	Hoch spekulativ: geringe Bonität; Zins- und Kapitaldienst sind im Zeitablauf stark gefährdet.
Ca	CC	Die Einstellung der Bedienung von Zins und Kapital erscheint wahrscheinlich.
C	C	Zins- und Kapitaldienst ist eingestellt, die Einstellung des Schuldendienstes steht unmittelbar bevor.
	D	Extrem spekulativ: Zins- und Kapitaldienst ist eingestellt; das Papier kann nur im Falle der Liquidation oder Sanierung des Emittenten wieder einen gewissen Wert erlangen.

Literatur

- Adam, J.H. *Longman Dictionary of Business English* Longman York Press 1989
- Bestmann, Uwe *Börsen und Effekten von A-Z* Deutscher Taschenbuchverlag, München 1991
- Bernstein, Peter W. (Hrsg.) *The Ernest & Young Tax Guide 1992* John Wiley & Sons, Inc., New York 1992
- Berthel, Jürgen *Personalmanagement* Verlag C.E. Poeschel, Stuttgart 1992
- Block *1992 Income Tax Guide* H & R Block, Inc. New York 1992
- Braun, Stefan *Transport* Gabler-Verlag, Wiesbaden 1993
- Bruhn, Manfred *Marketing* Gabler-Verlag, Wiesbaden 1990
- Büschgen, Hans E. *Das Kleine Börsenlexikon* Verlag Wirtschaft und Finanzen GmbH, Düsseldorf 1994
- Dichtl, Prof. Dr. Erwin und Issing, Prof. Dr. Otmar (Hrsg.) *Vahlens Großes Wirtschaftslexikon in 4 Bänden* Verlag C.H.Beck Deutscher Taschenbuch Verlag, München 1987
- Downes, John und Goodman, Jordan Elliot *Barron's Finance and Investment Handbook* Barron's Educational Series, Inc., Woodbury, New York 1986
- Feldbausch, Friedrich K. *Bankwörterbuch* Verlag die Wirtschaft, Berlin 1990
- Gerlach, Achim *Leitfaden der Export-Akkreditivabwicklung* Institut für Außenwirtschaft, Köln 1986
- Herrling, Erich *Der Zahlungsmittel-Ratgeber* Deutscher Taschenbuchverlag, München 1991
- Herrling/Krapf *Der Wertpapier- und Anlageratgeber* Deutscher Taschenbuchverlag, München 1991
- Horvath, Peter, Hrsg. *Internationalisierung des Controlling* Carl Ernst Poeschel Verlag GmbH, Stuttgart 1989
- Jahrmann, Ulrich *Außenhandel* Friedrich Kiehl Verlag GmbH, Ludwigshafen (Rhein) 1988
- Jaeger, Gudrun und Laudel, Heinz *Transportmanagement* Feldhaus Verlag, Hamburg 1994
- Kamphausen, Rudolf E. *Geographie für die Verkehrswirtschaft* Gabler-Verlag, Wiesbaden 1991
- Kemp, Hermann *Rationalisierung der Auftrags-, Versand- und Transportabwicklung im Exportgeschäft* Bundesstelle für Außenhandelsinformation, Köln 1982
- Koblischke, Heinz *Großes Abkürzungsbuch* Bibliographisches Institut, Leipzig 1980
- Langendorf, Hans *Rechtsverfolgung bei Auslandsgeschäften* Bundesstelle für Außenhandelsinformation, Köln 1982
- Lasser, J.K. *Your Income tax 1992* Simon & Schuster General Reference, New York 1992
- Lettau, Hans-Georg *Ganzheitliches Marketing* Verlag Moderne Industrie, Landsberg/Lech 1990
- Münch, Volker *Patentbegriffe von A-Z* VCH Verlagsgesellschaft mbH, Weinheim 1992
- Müssig, Karlheinz, Red. *Bank-Lexikon* Gabler-Verlag, Wiesbaden 1988
- Neufeldt, Victoria, Hrsg. *Webster's New World Dictionary* Simon & Schuster, Inc. USA 1989
- Obermann, Christof *Assessment Center* Gabler-Verlag, Wiesbaden 1992
- Oelfke, Wolfgang *Speditionsbetriebslehre in Frage und Antwort* Gabler-Verlag, Wiesbaden 1990
- Oelfke, Wolfgang *Güterverkehr-Spedition-Logistik* Verlag Dr. Max Gehlen, Bad Homburg vor der Höhe 1992
- Olfert, Prof. Klaus *Finanzierung* Friedrich Kiehl Verlag GmbH, Ludwigshafen 1992
- Pompl, Prof. Dr. Wilhelm *Luftverkehr* Springer-Verlag, Berlin Heidelberg New York Tokyo 1991
- Rohde/Ziegler/Müller *Steuern Versicherungen Zölle* Verlag Die Wirtschaft Berlin GmbH 1991
- Room, Adrian *Dictionary of Britain* Oxford University Press, Oxford 1986
- Rosenthal, Georg von und Verschuer, Nikolaus Frhr. von *Kaufverträge im Auslandsgeschäft* Institut für Außenwirtschaft, Köln 1990
- Rother, Klaus und Schauwecker, Hans-Peter *Exportieren mit Erfolg* Forkel-Verlag, Wiesbaden 1993
- Rump, Paul, Hrsg *Kaufmännisches Lexikon* Lexikographisches Institut, München 1990
- Schäfer, Wilhelm *Management & Marketing Dictionary Teil I + II* Deutscher Taschenbuchverlag
- Schäfer, Wilhelm *Wirtschaftswörterbuch Band I* Verlag Vahlen, München 1990
- Schäfer, Wilhelm *Financial Dictionary Teil I + II* Deutscher Taschenbuchverlag

Literatur

- Schmidt, Prof. Dr. Reiner *Versicherungsalphabet* Verlag Versicherungswirtschaft e.V., Karlsruhe 1987
- Schroeder, Richard C *An Outline of American Government* United States Information Agency. 1990
- Schroth, Klaus-Dieter *Das Kleine Lexikon des Aussenwirtschaftsverkehrs* Verlag Wirtschaft und Finanzen GmbH, Düsseldorf 1993
- Sellien, Dr. Dr. h.c. Reinhold und Dr. Helmut, Hrsg. *Gabler Wirtschaftslexikon* Gabler-Verlag, Wiesbaden 1988
- Sester, Dr. Franz & Elfriede *Englisch für Kaufleute* Langenscheidt, Berlin München 1990
- Tindall, George B. and Shi, David E. *America, Brief Second Edition* W.W. Norton & Company, Inc., New York 1989
- Uszczapowski, Igor *Optionen und Futures Verstehen* Deutscher Taschenbuchverlag, München 1991
- *Webster's Encyclopedic Unabridged Dictionary of the English Language* Random House, New York 1994
- Westphalen, Graf von (Hrsg.) *Handbuch des Kaufvertragsrechts in den EG-Staaten* Verlag Dr. Otto Schmidt, Köln 1992
- Wittenstein, Dr. jur. M. *Gestaltung von Verträgen mit Eigenhändlern im Ausland* Bundesstelle für Außenhandelsinformation, Köln 1985
- Wockenforth und Reichwald *Zoll-Leitfaden für die Betriebspraxis* Erich-Schmidt-Verlag, Köln 1990
- *Your Federal Employees Retirement System* Government Retirement and Benefits Inc., Alexandria VA 1986

Zeitschriften

- *Bulletin* Official Journal of the British Chamber of Commerce in Germany, Köln
- *Business America. The Magazine of International Trade* U.S. Department of Commerce. Washington, D.C.
- *CBI News. Britain's Business Voice* London
- *Challenge. The Magazine of Economic Affairs* M.F. Sharpe, Inc. New York
- *EUR-OP News. Information from the European Communities' Publication Office* Luxembourg.
- *Financial World* Financial World Partners, New York
- *Forbes* Forbes Inc. New York
- *Insight* The Washington Times Corporation, New York
- *Location USA* Area Development Magazine and SH Publications, New York
- *Overseas Trade* Department of Trade and Industry, London
- *The International* A Financial Times Publication London
- *USA – Handel* American Embassy, Bonn
- *Which* The Independent Consumer Guide, London

Außerdem: Authentische Handelskorrespondenz, Tageszeitungen, Messekataloge, Werbeannoncen usw.